Vincent KANGULUMBA MBAMBI
Professeur à l'Université de Kinshasa
Avocat aux Barreaux de Kinshasa/Gombe et de Bruxelles

PRÉCIS DE DROIT CIVIL DES BIENS

Tome 1

Théorie générale des biens et théorie spéciale des droits réels fonciers et immobiliers congolais

Préface de Jacques VANDERLINDEN

BIBLIOTHÈQUE DE DROIT AFRICAIN 6

ACADEMIA
A B
BRUYLANT

Du même auteur :

1. *Réparation des dommages causés par les troubles en droit congolais. Responsabilité des pouvoirs publics et assurance des risques sociaux (émeutes, pillages, grèves et attroupements)*, Éd. RDJA Asbl, Bruxelles, 2000, 168 p.

2. *Indemnisation des victimes des accidents de la circulation et assurance de responsabilité civile automobile. Étude de droit comparé belge et congolais*, Academia-Bruylant, Louvain-la-Neuve, 2002, 556 p.

3. *La loi du 20 juillet 1973 portant régime général des biens, régime foncier et immobilier et régime des sûretés au Congo. Trente ans après : quel bilan ? Essai d'évaluation*, Academia-Bruylant, Louvain-la-Neuve, Kazi, Kinshasa, 2004, 237 p.

Mise en page : La Belle Page, Louvain-la-Neuve

www.academia-bruylant.be

D/2007/4910/25 ISBN : 978-2-87209-875-0

Grand'Place, 29
B-1348 LOUVAIN-LA-NEUVE

À ma très chère épouse et à mes enfants bien aimés, victimes consentantes, pour tout le temps précieux que mon engagement scientifique vous prive de ma présence maritale et de mon attention paternelle.

«Les choses les plus absurdes sont celles auxquelles la multitude croit». (X.)

«Le sol est un code de droits, un document historique, une carte géographique que seuls les initiés savent lire et déchiffrer».

F. NGOMA NGAMBU, «Politiques et problèmes fonciers au Bas-Congo», in LAPIKA DIMONFU (dir.), *Politiques et problèmes fonciers en Afrique centrale*, Kinshasa, Éd. Cerdas, 1988, p. 55.

PRÉFACE

Accepter d'introduire un ouvrage par un « texte placé en tête d'un livre et qui sert à le présenter au lecteur » (selon le Robert pour tous) est toujours un exercice délicat. Qui risque d'ailleurs de passer pour convenu et donc pour « conventionnel, artificiel » (toujours selon le même, dans l'acception seconde et péjorative de l'adjectif). Difficile enfin, dans l'évitement de ce double obstacle, lorsqu'on connaît l'auteur et qu'on entretient avec lui des relations de parenté affective et intellectuelle.

Voilà donc le lecteur prévenu. Voire convaincu. Et cela l'encouragera peut-être à sauter cette préface pour se pencher immédiatement sur l'essentiel de sa démarche : s'informer du droit des biens de la République démocratique du Congo. Qu'il sache seulement que le signataire de ces lignes ne lui en tiendra pas rigueur. Comme lui maintenant, ce dernier était d'emblée conscient du chemin sur lequel il s'engageait en acceptant l'invitation de l'auteur.

Rédigeant, il y a quelques années déjà, une notice relative aux droits du Burundi, du Congo (encore Zaïre à l'époque) et du Rwanda dans une encyclopédie consacrée à l'Afrique, j'écrivais que parler du droit dans ces trois pays tenait de la fiction ou, davantage encore, d'un total mépris pour la condition de leurs habitants confrontés à une absence quasi-totale d'état de droit. Ce dernier terme était entendu dans son sens classique de « nom que mérite seul un ordre juridique dans lequel le respect du Droit est réellement garanti aux sujets de droit, notamment contre l'arbitraire (selon G. Cornu, *Vocabulaire juridique*). » Ce constat n'était pas pour réjouir tous ceux dont le cœur battait souvent au rythme des nouvelles leur parvenant de pays qui, à des titres divers, leur étaient chers.

Nombreux cependant étaient également ceux qui ne désespéraient pas de l'avenir de leurs populations et s'armaient pour être prêts à relever les défis d'une nécessaire reconstruction juridique dès que les circonstances permettraient que ce ne soit pas pour eux un vain labour de la mer. Ceux-là pensaient que les droits africains du futur se situeraient au carrefour de deux mondes, celui des droits originellement africains et des droits importés, étant entendu que les seconds devraient nécessairement s'inscrire dans une perspective irriguée par les valeurs profondément ancrées dans la mentalité des populations du continent africain. Vincent Kangulumba Mbambi était de ceux-là.

Diplômé de l'Université de Kinshasa (autrefois Université Lovanium), titulaire d'un D.E.S. en droit privé et judiciaire de la même université, licencié spécial en droit et économie des assurances de l'Université libre de Bruxelles et enfin docteur en droit de celle-ci pour sa thèse consacrée aux droits belge et congolais de l'assurance de responsabilité civile automobile, Vincent Kangulumba Mbambi mène parallèlement, depuis des années, une inlassable activité d'avocat à Bruxelles et Kinshasa, ainsi que d'enseignant de droit des biens aux universités de Bandundu à Kikwit, de Butembo et de Kinshasa, sans oublier une participation aux enseignements de l'Académie africaine de théorie du droit à Bruxelles et Paris. Pareil emploi du temps épuiserait quiconque s'y risquerait, mais l'auteur de ce volume crée et dirige aussi depuis une décennie la *Revue de droit africain*, publiée au rythme de quatre numéros par an à Bruxelles. C'est dire que c'est un praticien et un scientifique en pleine possession de son sujet qui présente ce précis au lecteur.

Un précis? Au sens 1. de mon *Robert pour tous*, «Exposé précis et succinct» ou, au sens 2., «Petit manuel». Ce n'est sans doute pas l'image que je me fais d'un volume dépassant largement les 400 pages. Mais qu'importe, du moment que la matière est digne de susciter l'intérêt du lecteur. Dans ce qui constitue le premier volume d'une entreprise qui en comptera deux, l'auteur a choisi de centrer son propos sur les biens fonciers. Il entre ainsi dans une description rigoureuse et parfaitement documentée de l'état actuel d'une matière dans laquelle lui-même et d'autres – auxquels il rend scrupuleusement ce qu'il leur doit – se sont déjà engagés jusque dans des temps récents sans parvenir toutefois à épouser l'évolution constante d'une matière «vaste, complexe et technique» dont l'importance est capitale au moment où de nouvelles perspectives se dessinent pour les populations de la République démocratique du Congo. Le précis est donc avant toute chose un ouvrage qui, malgré les délais inévitables de l'édition, tend à coller au droit tel que le vivent aujourd'hui les Congolais.

Pays dont l'intérêt que suscitent les ressources minérales a constamment été mis en évidence dans les médias, le Congo n'en doit pas moins nourrir sa population de quelque 60 millions d'habitants et, à cette fin, l'agriculture revêt une importance particulière; ceci sans compter le fait que la valeur de ses exportations agricoles égalait, il y a quelques décennies, celle de ses exportations de minerais et que le redressement économique et politique ne pourra que lui profiter dans la paix retrouvée. Or c'est bien la terre qui constitue le support matériel de cette double activité économique et le droit foncier qui en définit le régime juridique dans un état de droit enfin rétabli. C'est dire que l'objet même de l'ouvrage est d'actualité.

Mais il ne l'est pas seulement pour les milieux ruraux, centres multiples de l'activité agricole. La société congolaise est plurale et fortement (certains diraient exagérément) urbanisée. Dans ce cadre, la sécurité que fournit le droit en matière foncière est aussi importante, d'autant que l'on y passe fréquemment d'une perception individuelle davantage que communautaire du rapport entre les personnes à propos de la terre. Or, l'essentiel du droit positif des biens immeubles tel qu'il se présente à l'heure actuelle au Congo, reflète davantage les conceptions exogènes importées par le colonisateur; celles-ci sont donc particulièrement adaptées à l'environnement urbain dans lequel se développent les attentes légitimes d'une partie non négligeable de la population congolaise. Le colonisateur avait déjà compris combien l'accès à la propriété individuelle pouvait être un moteur important de l'acculturation «civilisatrice» dont il avait fait un objectif de sa politique. Aujourd'hui que cet objectif a heureusement disparu depuis bientôt un demi-siècle et que tous les citoyens congolais ont, dans leur liberté retrouvée, accès à cette forme de propriété, la maîtrise de l'outil législatif que constitue le livre du Code civil consacré aux biens est d'autant plus importante.

Grâces soient rendues à Vincent Kangulumba Mbambi d'apporter sa contribution à ces temps nouveaux, non seulement d'une efficacité retrouvée du droit congolais, mais aussi d'un rétablissement de l'État de droit au bénéfice de tous ses concitoyens.

Jacques VANDERLINDEN

Professeur émérite des facultés de droit
[ULB/Bruxelles et Moncton/Canada]
Membre honoraire de l'Académie royale des sciences d'outre-mer
Ancien Secrétaire général de l'Association internationale de droit africain

AVANT-PROPOS

La publication du présent *Précis de droit civil des biens* répond essentiellement au besoin de connaissance, de développement et de l'efficacité du droit congolais. Elle entend, par le même fait, pallier l'insuffisance des publications en droit congolais notamment en matière de droit des biens, au regard de ses particularités et de son évolution depuis l'option levée par l'ordonnance-loi n° 66-343 du 7 juin 1966 [assurant à la République démocratique du Congo la plénitude de ses droits de propriété sur son domaine et la pleine souveraineté dans la concession des droits fonciers, forestiers et miniers sur toute l'étendue de son territoire, *M.C.*, n° 15, 15 août 1966, p. 560], connue sous l'appellation de «loi Bakajika» [du nom du député, auteur du projet].

Certes, des articles ont été publiés sur tel ou tel autre point de la loi du 20 juillet 1973 et quatre thèses au moins ont été consacrées à certains de ses aspects, à savoir celles défendues par C. Lukombe Nghenda (1973), G. Kalambay Lumpungu (1973), Dikete Onatshungu (1976) et Kifwabala Tekilazaya (2002) ; quelques ouvrages publiés, essentiellement depuis les deux éditions de G. Kalambay Lumpungu (1989 et 1999), et plus récemment encore par Lukombe Nghenda (2003), V. Kangulumba Mbambi (2004) et par J.-P. Kifwabala Tekilazaya (2004). Mais le droit évolue et les praticiens sont souvent confrontés à des nouvelles questions qui requièrent des solutions actuelles et appropriées.

La matière du droit des biens est vaste, complexe et technique. Elle demande, pour une meilleure maîtrise, plus de temps de recherches, une prise en compte de l'évolution légale, une étude minutieuse de la jurisprudence et de la pratique tant professionnelle, sociale qu'administrative. Elle nécessite donc d'être régulièrement revisitée.

Il y a exactement quelque sept années académiques que nous assurons les cours du *Droit civil des biens* et de *Évolution du droit civil des biens*, ainsi que des *Séminaires de droit civil*, dans les Universités congolaises (Kinshasa, Butembo et Kikwit). Un temps d'étude, de renseignements croisés et de critiques, à notre sens, suffisant pour pouvoir consigner, de façon constante, les leçons tirées de ces années d'enseignements du cours de droit civil des biens.

De toutes les matières du droit positif congolais, le droit civil des biens est, à ce jour, la seule qui ait échappé au clonage du droit belge. Encore que, comme le soulignait Dufrénoy [*Précis de droit colonial*, Bruylant, Bruxelles, 1946, n° 96], et cela se vérifie depuis l'avènement de la loi du 20 juillet 1973, le décalque qu'il donne de l'*Act Torrens* est mal réussi, du moins, pensons-nous, dans la pratique. Il reste, toutefois, avec le droit de la famille, l'une des branches à pouvoir intégrer des ressources du droit coutumier congolais dans son ordonnancement. Il comprend des aspects originaux, ayant des ramifications sur d'autres branches du droit: les obligations, le droit de la famille et des personnes, les régimes matrimoniaux, les successions et les libéralités, le droit administratif (domaine public), le droit judiciaire (contentieux), le droit du travail, le droit coutumier, etc. C'est dire qu'il est impérieux de rester dans le contexte particulier du système juridique congolais dont plusieurs autres aspects demandent à être explicités, compris et maîtrisés, pour éventuellement en suggérer des pistes de réforme. D'où, l'idée d'un *Précis de droit civil des biens congolais.*

Notre ambition la plus secrète est de rencontrer toutes ces préoccupations dans les développements qui constituent le présent *Précis*. Pour ce faire, nous avons entendu rester dans les principales qualités d'un *Précis*: celles d'être simple, clair et complet dans l'étude des questions ou des problèmes pratiques les plus récurrents en orientant les mécanismes de leur résolution, au départ des différentes sources de droit congolais. Nous ferons, autant que possible, l'état de la question en recourant aux ressources légales, jurisprudentielles et doctrinales les plus pertinentes ainsi qu'au droit comparé. Nous avons pris en compte les préoccupations et les difficultés éprouvées par nos étudiants, les milieux judiciaires et académiques ainsi que les questions soulevées et les observations de ceux qui ont relu notre manuscrit et que nous remercions déjà pour leur disponibilité. En définitive, c'est la somme de tous ces éléments, mais complétés et précisés, qui constitue la base essentielle de la présente publication.

Notre plus grand vœu est que cette première édition puisse répondre aux nombreuses préoccupations rencontrées par ceux qui sont intéressés aux questions de droit congolais des biens.

Nous ne saurons finir ces propos sans exprimer notre pleine et grande gratitude à M. le professeur Jacques Vanderlinden non seulement pour avoir accepté de préfacer cet ouvrage mais aussi pour tout l'accompagnement et la collaboration scientifiques dont nous avons toujours bénéficiés de lui.

Nos remerciements vont également à Richard Ipala Ndue Nka, Jean Marcel Mulenda Kipoke, John Liwoke Losambea et McArthur Mfundani

Nsilulu pour avoir consacré plusieurs heures de leur temps à relire notre manuscrit.

Qu'il soit entendu que la paternité de tout ce qui est écrit nous revient et nous en restons seul responsable.

Enfin, comme pour notre précédente publication (2002), nous disons à nouveau toute notre gratitude à la Fondation A. Ryckmans (Waterloo), prise en la personne de Madame Geneviève Ryckmans, Présidente du Conseil d'Administration, pour le prêt à l'édition de ce *Précis*.

Bruxelles, le 21 février 2007.

PRINCIPAUX SIGLES ET ABRÉVIATIONS

A.R.S.O.M.:	Académie Royale des Sciences d'Outre-Mer (Bruxelles)
A.U.:	Acte Uniforme (OHADA)
An. Jur.:	Les Analyses Juridiques (Lubumbashi)
Bull. Arr.:	Bulletin des Arrêts (CSJ, Kinshasa)
Bull. civ.:	Bulletin civil (France)
C.A.:	Cour d'Appel (RDC)
C.E. b.:	Conseil d'État belge
C.E. fr:	Conseil d'État français
C.G.:	Conseil de Guerre
C.N.S.:	Conférence Nationale Souveraine (Zaïre)
C.S.J.:	Cours Suprême de Justice (RDC)
Cass. b.:	Cassation belge
Cass. fr.:	Cass. française
CCC:	Code civil congolais
D.:	Dalloz
Gaz. Pal.:	Gazette du Palais
J.C.P.:	Juris Classeur périodique (France)
J.D.I.:	Journal de Droit International
J.J.P.:	Journal des Juges de Paix et de Police
J.L.M.B.:	Jurisprudence de Liège, Mons et Bruxelles
J.O.:	Journal Officiel
J.T.:	Journal des Tribunaux
J.T.O:	Journal des Tribunaux d'Outre-Mer
Jur. Col:	Jurisprudence Coloniale
M.C.:	Moniteur Congolais
Pas.:	Pasicrisie (Belgique)
Prem. Inst.:	Tribunal de première instance
R. J. Pol. Ind. Coop.:	Revue juridique politique indépendance et Coopération
R. Jud. C.:	Revue judiciaire Congolaise
R.A.:	Rôle (du contentieux) administratif
R.A.J.C.:	Revue Analytique de Jurisprudence Congolaise
R.A.J.Z.:	Revue Analytique de Jurisprudence Zaïroise
R.C.:	Rôle civil (RDC)
R.C.A.:	Rôle civil des appels (RDC)
R.C.J.B.:	Revue Critique de Jurisprudence Belge
R.F.D.A.:	Revue Française de Droit Administratif

R.G.E.N.:	Revue Générale de l'Enregistrement et du Notariat
R.J.A.C.:	Revue Juridique de l'Afrique Centrale (Élisabethville)
R.J.C.:	Revue juridique du Congo (Lubumbashi)
R.J.C.B.:	Revue juridique du Congo Belge (Élisabethville)
R.J.Z.:	Revue juridique du Zaïre (Kinshasa)
R.W.:	Rechtskunig Weekblad
Rev. de Dr. Afric.:	Revue de Droit Africain (Bruxelles)
Rev. de Dr. Cong.:	Revue de Droit Congolais (Kinshasa)
Rev. gén. not. b.:	Revue générale de notariat belge
S.:	Sirey
TGI:	Tribunal de Grande Instance

INTRODUCTION GÉNÉRALE

« *Omne ius quo utimur vel ad personas vel ad res vel ad actiones pertinet* ». (« Tout le droit dont nous nous servons est relatif aux personnes, aux biens ou aux actions »).

GAÏUS, *Institutes*, I, 8.

I. Objet de l'ouvrage

1. **Autour du droit civil des biens congolais.** Le présent Précis se propose d'étudier l'essentiel des principes et des règles du droit congolais des biens. Mais, l'on s'en douterait et comme l'indique son intitulé, il est ici question de n'en étudier que les aspects civils en excluant, en partie, de ce fait le domaine des biens qui n'appartiennent pas aux particuliers et qui ne sont pas soumis aux règles de droit privé.

L'objet de l'ouvrage est donc l'étude du droit commun des biens connu sous l'appellation de « droit civil des biens »[1].

Mais qu'est-ce à dire exactement?

A. Biens – droits des biens – droits réels – droits patrimoniaux

2. **Terminologie.** Ces expressions sont généralement rencontrées dans l'étude d'autres branches du droit. Mais nous les retrouvons de façon quasi permanente dans les enseignements du droit civil en général et, en particulier, ceux du droit civil des biens.

Aux termes de l'article 1, alinéa 1 de la loi du 20 juillet 1973, *« **les biens ou les droits patrimoniaux** sont de trois sortes : les droits de créance ou d'obligation, **les droits réels**[2] et les doits intellectuels »*.

Ainsi énoncées, si ces expressions paraissent équipollentes, elles sont, dans bien de cas, sujettes à caution au point de susciter une étude approfondie surtout dans un système juridique dualiste comme le système juridique congolais.

3. **Dualisme juridique congolais : loi écrite – coutume comme sources du droit.** Aux termes de l'article 153, alinéa 4 de la Constitution du 18 février 2006, *« les cours et tribunaux, civils et militaires, appliquent les traités internationaux dûment ratifiés, les lois, les actes réglementaires pour*

---

[1] Bien que nous puissions y revenir à l'occasion, il est exclu donc du champ de ce *Précis*, notamment l'étude des biens de l'État (ou des pouvoirs publics) en tant que relevant du domaine public de l'État ; les biens des époux en tant que relevant des régimes matrimoniaux ; la propriété intellectuelle ou la propriété industrielle, les investissements d'autant que ces biens sont régis par des dispositions spéciales.

[2] Mis en gras par nous.

autant qu'ils soient conformes aux lois ainsi que la coutume pour autant que celle-ci ne soit pas contraire à l'ordre public et aux bonnes mœurs»[3].

La coutume a une place importante dans la loi du 20 juillet 1973. Elle y est reconnue en tant que source des droits en rapport avec les droits fonciers acquis en vertu de la coutume. Ces droits sont soumis à conversion et c'est elle qui régit les droits de jouissance des communautés locales (art. 387).

La coutume est donc reconnue constitutionnellement comme source du droit. Elle mérite de l'être d'autant qu'elle exprime bien des concepts et des principes qui sont, à ce jour, si pas traduits en règles de droit écrit, mais dignes d'être étudiés. Il en est ainsi de la définition et de la portée du concept «bien». Comme nous le verrons, le droit coutumier n'en distingue pas les catégories: choses corporelles ou incorporelles, biens immatériels comme la parole, choses inanimées ou non, toutes ces choses sont régies par les mêmes principes de responsabilité du seul fait qu'ils peuvent être rattachés à une personne[4]. Aussi, est-il indiqué de maîtriser ces notions de droit coutumier afin de les rendre intelligibles et compatibles aux prescriptions du droit écrit.

4. Il est généralement admis, de toutes les distinctions juridiques, que la plus importante est celle qui est faite entre «les personnes» et «les biens». En fait, plus qu'une distinction, il s'agit là d'une hiérarchie: la personne humaine est la plus grande des richesses, car elle a une valeur infinie. C'est elle, ainsi que nous le verrons dans la théorie juridique du concept «bien», qui donne une certaine valeur économique aux biens. D'ailleurs, ne lui est-il pas donné de «remplir la terre et de la soumettre»[5] pour dire que les richesses (biens) du monde sont données à l'homme pour qu'il en soit le maître bien que «parfois, la richesse devient la maîtresse de l'homme».

C'est dans cette vue que le présent ouvrage s'inscrit: l'étude et l'approfondissement du droit relatif aux biens.

---

[3] Formulation plus complète des sources de droit qu'habituellement consacrée: Comp. art. 143 de la Constitution de transition du 5 avr. 2003: *«Les cours et tribunaux appliquent la loi et la coutume pour autant que celle-ci soit conforme à la loi, à l'ordre public et aux bonnes mœurs.»*

[4] Voy. P. VANDE WIELE, *Le droit coutumier négro-africain et son évolution. Livre II, Le droit des biens dans la coutume*, Léopoldville, ENDA, 1961, 229 p.; V. KANGULUMBA MBAMBI, *Indemnisation des victimes des accidents de la circulation et Assurance de responsabilité civile automobile. Étude de droit comparé belge et congolais,* Louvain-la-Neuve, Academia-Bruylant, 2002, 556 p., spéc. «Responsabilité civile du fait des choses en droit coutumier traditionnel», pp. 125-145.

[5] La Bible, Genèse, 1: 28.

5. **Place du droit des biens dans le programme d'études en droit.** Les enseignements du «*Droit civil: les biens*« figurant au programme des cours des facultés de droit des universités congolaises portent essentiellement sur l'étude de la loi du 20 juillet 1973 telle que modifiée et complétée par la loi du 18 juillet 1980[6]. L'incidence de cette législation en droit congolais est très caractéristique. Il s'agit d'une loi «révolutionnaire» du fait qu'elle a eu comme objectif principal de modifier la nature des droits réels fonciers et, par voie de conséquence, de limiter les modes d'accession immobilière et foncière[7]. Depuis, le sol et le sous-sol congolais appartiennent à l'État congolais. Il s'agit d'une propriété exclusive, inaliénable et imprescriptible de l'État congolais. Ces dispositions plantent ainsi le décor de la législation congolaise en matière des droits réels immobiliers et fonciers.

B. Biens fonciers – droits réels fonciers

6. **Distinction fondamentale et spécifiquement en droit congolais.** La loi du 20 juillet 1973 a institué une catégorie des nouveaux droits réels relativement aux biens fonciers.

Dans le système romano-germanique, dont le droit congolais fait partie, l'on connaît une division binaire des biens: meubles et immeubles. Mais le droit congolais connaît une nouvelle catégorie des biens. En effet, en plus des deux catégories classiques, il y a les biens fonciers. Il s'agit des droits réels relatifs au fonds envisagé séparément des biens qui peuvent y être incorporés (bâtiments, arbres ou plantations). Contrairement à ces derniers, qualifiés d'immeuble par incorporation, le sol [et les mines] sont des immeubles par nature[8].

7. **Conséquence juridique de cette distinction.** Aux termes de l'article 6 de la loi du 20 juillet 1973, «le sol et les mines sont des immeubles par nature». En considération du fait que le sol est la *propriété* du seul État, les droits que les particuliers pourraient avoir sur le fonds (le sol) ne sont que des *droits de jouissance foncière* autrement appelés «concession» (perpétuelle ou ordinaire). Ces droits sont des *droits réels*

---

[6] Cf. *Journal Officiel de la République du Zaïre*, n° spécial, juil. 1980.

[7] Voyez les articles 9 de la Constitution du 18 févr. 2006 et 53 de la loi du 20 juil. 1973.

[8] Contrairement aux droits civils belge et français qui qualifient les bâtiments d'immeubles par nature (art. 518 du Code civil).

fonciers dans la mesure où ils font exister un lien juridique entre le fond et le titulaire du droit de jouissance[9].

En rapport avec la loi du 20 juillet 1973 qui détermine les régimes juridiques applicables aux biens, il importe de souligner que le présent ouvrage ne se limite qu'à l'étude du *régime général des biens et à celle des régimes foncier et immobilier*. En effet, *le régime des sûretés*, s'agissant plus des obligations contractuelles, est souvent détaché du régime général des biens et il fait l'objet d'un enseignement particulier dispensé, selon le programme en vigueur[10], en 1re année de licence en droit.

Au regard des précisions qui viennent d'être données, il va de soi que l'étude des biens ou des droits réels congolais présente un intérêt évident.

II. Intérêt de l'étude du droit des biens

8. **Droit des biens: au carrefour des droits.** «*Omne ius quo utimur vel ad personas vel ad res vel ad actiones pertinet*» en français, [«tout le droit dont nous nous servons est relatif aux personnes, aux biens ou aux actions»], écrivait Gaius. Et c'est tout dire.

La nécessité de l'étude du droit des biens ne peut être mise en doute: «*dans le droit civil, c'est le droit des biens qui a plus le poids, parfois pesant: celui de la terre, des maisons, de la propriété, de la richesse; tellement lourd que l'argent rend (parfois) bête et méchant*»[11], en générant des conflits des plus complexes[12]. Il est évident qu'entre l'être et l'avoir, entre la personne et les biens, il existe un lien naturel, psychologique, économique, sociologique… que le droit enregistre et organise. L'ensemble des relations juridiques qui se tissent ainsi entre les personnes et les biens peut dès lors constituer le toile de fond d'un «droit des biens» au sens large[13].

---

[9] Voy. J.-P. KIFWABALA TEKILAZAYA, *Droit civil, Les droit réels fonciers*, t. 1, Lubumbashi, Éd. Saint-Paul, PUL, 2004, 482 p.

[10] Arrêté départemental du 18 sept. 1978.

[11] Ph. MALAURIE et L. AYNES, *Droit civil, les biens*, Paris, Défrenois, 2004, 379 p., avant-propos à la 6e édition.

[12] Nous en voulons pour preuve les différents conflits sous-tendus par l'accès aux terres fertiles (Zimbabwé), à l'extension ou à l'annexion de certains territoires frontaliers entre différents États (Israël et Palestine, Nigeria et Cameroun (île de Bakassi); à l'intérieur d'un État, les conflits entre différentes ethnies ou tribus pour le contrôle de certaines richesses naturelles (RDC, Ouganda, Rwanda), etc.

[13] J.-L. BERGEL *et alii*, (sous la dir. GHESTIN, J.), *Traité de droit civil, les Biens*, Paris, LGDJ, 2000, p. 1.

La lecture de l'article 1er de la loi du 20 juillet 1973, particulièrement en son alinéa 2, aux termes duquel «*les seuls droits réels sont: la propriété, la concession perpétuelle, les droits d'emphytéose, de superficie, d'usufruit d'usage et d'habitation, les servitudes foncières, le gage, le privilège et l'hypothèque*», permet de considérer les biens ou les droits réels comme une matière d'ordre public.

Le droit de propriété est l'une des prérogatives que les instruments internationaux et la constitution congolaise garantissent et reconnaissent aux particuliers[14]. Seulement, comme toute règle de droit, il n'est pas étonnant que celle-ci soit tributaire des aspects culturels et sociaux, en rapport avec le type d'économie, les croyances, les convictions sociales ou l'état de l'évolution sociale.

9. **Intérêt théorique et pratique.** L'on peut mesurer l'intérêt à étudier la législation congolaise relative aux biens sous deux points de vue:

- *sur le plan théorique*, il suffit de considérer la place qu'occupent les biens, et spécialement le droit de la propriété, la nature des droits réels et immobiliers en droit congolais, dans le droit en général pour se rendre compte de l'importance et de l'utilité de cette branche du droit. Par rapport aux droits étrangers (p. ex. le droit belge ou le droit français), le droit congolais des biens qui a échappé au clonage du droit belge comporte des aspects spécifiques et originaux. Ce qui l'éloigne de ces droits même s'il en reconduit, ici et là, certaines de leurs règles;
- *sur le plan pratique*, au regard de l'ampleur des litiges relatifs aux droits immobiliers et fonciers, particulièrement depuis l'entrée en vigueur de la loi du 20 juillet 1973, et compte tenu de la conception de la propriété en droit coutumier congolais, il devient intéressant de voir, d'analyser, de critiquer et d'apprécier le traitement que les cours et tribunaux congolais réservent aux différents aspects de toutes ces questions.

C'est, conséquemment, autour de ces considérations que se dessinent la présentation, la méthode d'exploitation des données et la structure de l'ouvrage.

[14] Voy., au titre des droits économiques et sociaux, notamment les articles 9 de la Constitution de transition de la République démocratique du Congo du 4 avr. 2003, 34 de la Consitution du 18 févr. 2006 et 45 de la Charte congolaise des droits de l'homme et des peuples adoptée le 30 juin 2001.

III. Méthode de présentation et d'exploitation des données du présent **Précis**

10. **Approches juridique et juridico-anthropologique...** L'étude du régime général des biens, régimes immobilier et foncier tend à la connaissance des dispositions légales y afférentes, de la jurisprudence qui en résulte et des critiques élevées par la doctrine. Il est évident, en théorie, que toute méthodologie doit répondre à une vue ou un objectif bien défini. En ce qui concerne notre *Précis*, nous allons nous référer aux différentes sources de droit congolais dans le respect de leur hiérarchie. Par ailleurs, il nous sera indiqué de recourir, de temps en temps, à l'anthropologie juridique afin de restituer certaines règles de droit ou certains énoncés juridiques dans le contexte culturel congolais.

11. **... et pratique.** Dès lors, s'impose en premier, la méthode exégétique et critique. Concrètement, autant que faire se pourra, pour chaque concept ou règle évoquée, il nous reviendra d'en rechercher d'abord le siège légal, ensuite le traitement jurisprudentiel, l'opinion de la doctrine et la pratique (légale, administrative ou sociale), pour enfin donner notre appréciation personnelle par rapport à l'état général de la question.

Ce procédé a l'avantage de rapprocher les données d'étude plus près du «droit vivant» ou du «droit réel» (droit en action, *«law in action»*) au regard des dispositions légales applicables en la matière (droit prescrit par la loi, *«law in book»*). Car, bien souvent dans la pratique, le fossé est assez grand entre ces différents aspects avec cette conséquence, dans la plupart des cas, que la loi s'éloigne de plus en plus de la réalité quotidienne. Pourtant, quand bien même il serait conservateur, le droit ou la loi doit être le rendu des attitudes adaptées à une société.

Pour tout dire, nous pensons guider le lecteur dans l'exploration des différents compartiments de la loi du 20 juillet 1973 et faire en sorte, en parcourant les développements du présent *Précis*, que le lecteur se retrouve dans l'écriture de ladite loi comme s'il en était le producteur essentiel.

IV. Sources et fondement des droits réels patrimoniaux

12. Le concept de bien, ainsi que nous le verrons, n'est concevable juridiquement (ou économiquement) que par rapport à l'utilité qu'une personne peut en tirer. Les biens sont faits ou n'existent que pour être utilisés, pour servir ou faciliter la vie de l'homme.

Le droit de propriété est un droit vital, précisément lié aux nécessités de l'existence d'une personne. L'on ne peut en effet concevoir la vie d'une personne sans «biens». Les instruments internationaux garantissent l'accession à la propriété; de même les textes de loi internes, à commencer par la constitution. Le fondement ou les sources des droits réels patrimoniaux peuvent être ramenés à quatre: le droit naturel, la constitution, les instruments juridiques internationaux, la loi et la coutume auxquelles nous ajouterons volontiers le fondement économique.

A. Droit naturel

13. **De la nécessité humaine et existentielle...** Le droit de propriété relève de la nature des choses, mieux de la nature humaine avant que le droit positif n'en réglemente les modalités d'acquisition, de transfert et d'extinction. Tout homme possède en tous cas quelque chose, à titre personnel ou à titre collectif. L'origine de la propriété est ainsi liée à la nature même humaine. Le patrimoine est l'émanation de la personnalité. Sans bien l'homme n'est rien. Nous le verrons, le patrimoine d'une personne peut même être négatif, mais il n'en reste pas moins un.

B. Constitution

14. **... à la consécration constitutionnelle.** Dans la plupart des législations, le droit naturel à la propriété est constitutionnalisé. En conséquence, ce droit bénéficie d'une protection supérieure par rapport à d'autres droits réels.

Ainsi, aux termes de l'article 34 de la Constitution du 18 février 2006,

> *«La propriété privée est sacrée.*
>
> *L'État garantit les droits à la propriété individuelle ou collective acquise* ***conformément à la loi ou à la coutume****».*
>
> *Nul ne peut être privé de sa propriété que pour une cause d'utilité publique et moyennant une préalable et équitable indemnité octroyée dans les conditions fixées pas la loi»* [15].

---

[15] L'article 37, alinéa 1 de la Constitution de Transition du 4 avr. 2003 comportait le même prescrit mais avec une formulation plus classique: *«L'expropriation pour cause d'intérêt général ou d'utilité publique ne peut intervenir qu'en vertu d'une loi prévoyant le versement préalable d'une indemnité équitable»* (...). Voy. aussi article 21 de loi n° 93-001 du 2 avr. 1993 portant Acte constitutionnel harmonisé relatif à la période de transition.

Nul ne peut être saisi dans ses biens qu'en vertu d'une décision prise par une autorité judiciaire compétente.»

Enfin, l'article 9 de la Constitution dispose que

> *«L'État exerce une souveraineté permanente notamment sur le sol, le sous-sol, les eaux et les forêts, sur les espaces aérien, fluvial, lacustre et maritime congolais ainsi que sur la mer territoriale congolaise et sur le plateau continental.*
>
> *Les modalités de gestion et de concession du domaine de l'État visé à l'alinéa précédent sont déterminées par la loi.»* [16]

15. Ces dispositions parlent d'elles-mêmes quant à la garantie et à la protection que la Constitution confère au droit de propriété. Elles consacrent ainsi le fondement et la valeur constitutionnels des droits réels en général et, en particulier, celui du droit de propriété.

C. Instruments juridiques internationaux ou conventionnels

16. Traités et conventions internationaux. En effet, en son article 153, la Constitution du 18 février 2006 dit, de façon plus claire et nette, que «les Cours et Tribunaux, civils et militaires, appliquent les *traités internationaux dûment ratifiés*, les lois, les actes réglementaires pour autant qu'ils soient conformes aux lois ainsi que la coutume pour autant que celle-ci ne soit pas contraire à l'ordre public ou aux bonnes mœurs» [17].

La République démocratique du Congo (RDC, dans la suite) a adhéré ou ratifié plusieurs traités et conventions internationaux en matière de droits de l'homme, de droits culturels, économiques et sociaux. Ces instruments sont ainsi des sources des droits subjectifs pour les particuliers tant sur le plan international que sur le plan interne et, dans

---

Souligné par nous pour rappeler que la coutume est, en droit congolais, une des sources du droit des biens.

[16] Comparé à l'article 9 de la Constitution de transition du 4 avr. 2003 qui disposait que *«le sol et le sous-sol appartiennent à l'État. Les conditions de leur concession sont fixées par la loi, qui doit protéger les intérêts des populations locales»*, l'article 9 de la Constitution du 18 févr. 2006 a donné naissance à de vives controverses dans la doctrine congolaise. Voy. par ex. MUKADI BONYI, *Plaidoyer pour une relecture de la constitution de la troisième république*, Kinshasa, CRDS, 2005, n° 33, p. 36. Nous y reviendrons dans la deuxième partie de l'ouvrage lors de l'examen des caractéristiques de la propriété foncière de l'État.

[17] Mis en italiques par nous.

ce dernier cas, ils prévalent à la loi[18]. Il en sera, très probablement, ainsi des actes uniformes du droit OHADA, si l'adhésion de la RDC devenait effective.

17. **Le droit de l'Organisation pour l'Harmonisation en Afrique du droit des Affaires (OHADA)**. Il s'agit du droit matériel issu du Traité de Port-Saint-Louis signé le 17 octobre 1993. Le traité OHADA compte actuellement 16 États parties (Bénin, Burkina Faso, Cameroun, Centrafrique, Comores, Congo, Côte d'Ivoire, Gabon, Guinée Conakry, Guinée Bissau, Guinée Équatoriale, Mali, Niger, Sénégal, Tchad, Togo). Il tend à s'élargir jusqu'à comprendre la RDC et les autres pays de tradition juridique anglophone (Nigeria, par ex.) et lusophone (Angola, Cap-Vert). Il a donc pour vocation d'organiser l'unification du droit des affaires, le règlement des litiges par une juridiction supranationale ainsi que la promotion de l'arbitrage.

Ce traité a pour objectif de favoriser, au plan économique, le développement et l'intégration régionale ainsi que la sécurité juridique et judiciaire. Dans la vue du Traité, celle-ci passe par trois moyens :

- doter les États parties d'un même droit des affaires simple, moderne et adapté à la situation de leurs économies ;
- promouvoir l'arbitrage comme instrument de règlement des différends contractuels ;
- concourir à la formation et assurer la spécialisation des magistrats et des auxiliaires de justice.

Entreprise ardue, au regard des spécificités de chaque droit national, l'OHADA a pour ambition de comprendre tout le continent africain, en dépit de la diversité des systèmes juridiques et des droits nationaux ; mais uniquement en matière de droit des affaires. Déjà, les matières ci-après font l'objet d'actes uniformes : droit commercial général, sociétés et groupements d'intérêt économique (GIE), sûretés, procédures simplifiées de recouvrement et voies d'exécution, procédures collectives (faillite), arbitrage, comptabilité, transport de marchandises par route. L'harmonisation de certaines autres matières est en cours. C'est le cas notamment du droit des contrats. Il est espéré, en plus de « l'amélioration du climat des affaires », que l'adhésion de la RDC à l'OHADA

[18] Cfr Ministère des Droits humains, *Charte congolaise des droits de l'homme et du peuple*, Kinshasa, 30 juin 2001 ; « Instruments internationaux relatifs aux droits de l'homme et au droit international humanitaire ratifiés par la RDC », *J.O. de la RDC*, n° spécial, sept. 2001.

aurait pour effet de « renforcer l'attractivité et de permettre l'intégration régionale, clé du développement et de la paix en Afrique ».

Sans vouloir en discuter ici, relevons que plusieurs raisons sont avancées, pour amener la RDC à adhérer à l'OHADA, notamment :

- « d'abord, que le droit congolais des affaires est « lacunaire et archaïque, désuet et obsolète » (règles relatives à l'exercice du commerce par les étrangers, ignorance du bail commercial, inefficacité du registre du commerce, survivance d'un droit de la faillite répressif), en dépit de quelques efforts de modernisation (droit minier, code des investissements) ;
- ensuite, sur le plan judiciaire, la possibilité qu'offre l'OHADA de faire trancher un litige définitivement par une juridiction supranationale se substituant aux cours suprêmes nationales apparaît comme l'élément le plus attractif pour les opérateurs économiques nationaux ou étrangers » [19].

Par rapport au droit des biens, nous pensons qu'il n'y aura pas de grands bouleversements, seuls les actes uniformes relatifs au droit des sûretés (nantissement et cautionnement [20]) et aux procédures (simplifiées) de recouvrement (saisies conservatoires, exécution et saisies immobilières) intéressent le droit des biens [21].

Recherchée plus par certains États et organisations internationales que par les milieux scientifiques [22] et judiciaires [23] congolais, et même par

---

[19] R. MASAMBA MAKELA, « Modalités d'adhésion de la RDC au traité de l'OHADA. vol. I., Rapport final », *Document*, COPIREP, Kinshasa, 04 févr. 2005. Mais, rien ne semble être dit des éventuels inconvénients…

[20] Voy. G. KALAMBAY LUMPUNGU, « Les sûretés en droit congolais et en droit de l'OHADA », *Rapport fait au Séminaire organisé par le COPIREP*, Cycle de formation en droit OHADA, Kinshasa, Mars 2005. Voy. aussi : www.cabemery.org

[21] Acte uniforme portant sur les procédures simplifiées de recouvrement et des voies d'exécution, *J.O. de l'OHADA*, n° 6, 1er juin 1998, p. 1 et s.

[22] Voy. par ex. G. KALAMBAY LUMPUNGU, *op. cit.* en ce qui concerne le droits des sûretés qui ne devrait pas du tout changer ; LUKOMBE NGHENDA, *Le règlement du contentieux commercial.* T. 1, *Les tribunaux de commerce*, PFDUC, Kinshasa, 2005, p. 225, n° 226 et 227, pour l'auteur, de par son article 10, le traité OHADA institue l'applicabilité directe et obligatoire du droit OHADA dans les États parties. De ce fait, si la RDC adhérait à ce traité, il y aura une sorte de « table rase » des dispositions antérieures. La RDC se retrouvera ainsi sans « passé juridique ». En plus, dans bien d'institutions [par ex. des commerçants et des actes de commerce], le droit congolais est « plus évolué » que le droit OHADA. Ce qui sera un recul.

[23] Voy. en ce qui concerne « l'hostilité des milieux judiciaires » qui craindraient « un dépouillement de leurs compétences » : MATADI NENGA GAMANDA, *Droit judiciaire privé*, Louvain-la-Neuve, Academia-Bruylant, 2006, n° 19.

les milieux politiques, si l'adhésion de la RDC à l'OHADA se réalisait, le droit des biens ne connaîtra pas de grands changements même si le droit OHADA sera la source première et directe du droit des matières comme les sûretés, surtout que les actes uniques ont posé cette règle de garantie à partir du titre foncier.

D. Loi

18. **Texte organique: loi n° 73-021 du 20 juillet 1973 telle que modifiée et complétée à ce jour par la loi n° 80-008 du 18 juillet 1980**[24]. La lecture de l'article 1er alinéa 2 de la loi du 20 juillet 1973 nous renseigne que les droits réels sont limitativement déterminés. En d'autres termes, en dehors de ceux énumérés par loi, il n'en existe pas d'autres.

Par ailleurs, diverses dispositions particulières des lois protègent la propriété: nous pensons notamment au droit pénal (infractions contre la propriété); aux droits intellectuels (en tant que législation spéciale) aux côtés de la loi du 20 juillet 1973 telle que modifiée par la loi du 18 juillet 1980 portant régime général des biens, régime immobilier et foncier et régime des sûretés[25]. Touts ces lois sont des sources des droits subjectifs patrimoniaux.

E. Coutume

19. **Source à valeur constitutionnelle.** La coutume est une source de droit en droit congolais sous la réserve[26] qu'elle ne soit pas contraire

[24] *J.O. de la République du Zaïre*, 1er févr. 1974, p. 65 et *J.O. de la République du Zaïre*, 1er août 1980, pp. 3-47.

[25] Ainsi, toutes les législations complémentaires, éparses, telles que les «Mesures d'exécution de la loi du 20 juil. 1973» portées par l'Ordonnance n° 74-148 du 2 juil. 1974; «Nombre et limites des circonscriptions foncières» ordonnance n° 74-149 du 2 juil. 1974, in KALONGO MBIKAYI, *Code civil et commercial congolais*, Kinshasa, Éd. CRDJ, 1997, p. 231 et s.

[26] En droit congolais, la coutume est une source de droit. Elle vient en troisième rang après la loi (écrite) et elle a la même force que la loi. La violation de la coutume donne lieu à cassation (article 155 du Code de l'OCJ). Il est bon de ne point s'accrocher à cette idée, survivance de la conception coloniale de la coutume, puisque basée sur l'oralité, qui taxait la coutume «d'inférieure» ou de «primitive» consacrant ainsi la primauté du droit écrit occidental et donc de la loi écrite sur la coutume. Comme si le droit n'est toujours exprimé que par écrit! Voy. notamment V. KANGULUMBA MBAMBI, «L'écriture de l'oralité: sémiotique et métalangage comme support expressif du droit traditionnel africain», in *Le langage du droit: accessible à tous?,* Actes du Colloque

à l'ordre public et aux bonnes mœurs. Il en résulte ainsi de l'article 153 de la constitution du 18 février 2006[27].

Il importe d'attirer l'attention sur le fait que toute coutume n'est pas forcément juridique. Dès lors, il y a une différence entre la coutume et le droit coutumier. La coutume est un ensemble des traditions ou usages répétés par une société sans qu'ils ne soient obligatoires ni sanctionnés. Tandis que le droit coutumier constitue un ensemble des règles obligatoires et sanctionnées par l'autorité dont la particularité est qu'elles dérivent de la pratique et des usages souvent répétés et qui, par la force du temps, sont devenus obligatoires[28]. C'est dans ce sens, dans une espèce intéressante, qu'il avait été jugé que «la coutume dans le langage juridique employé par le législateur à l'article 4, aliéna 2 de la Charte coloniale signifie l'usage que le temps et un certain nombre d'actes conformes ont transformé en règle obligatoire»[29].

20. Droit de propriété et droit coutumier. L'on se demande souvent si le concept de «propriété» est connu du droit coutumier! Une telle question peut étonner et, paradoxalement, d'un même contexte, elle paraît compréhensible. Elle étonne en ce sens que le droit étant lié à l'existence d'une société, l'on ne peut concevoir que les sociétés traditionnelles africaines eussent été dépourvues de règles sociales.

D'autre part, la question est pertinente, si l'on part de l'idée que le droit étant fonction de société, de culture et d'époque, il n'est pas sûr que toutes les sociétés humaines aient la même conception de la propriété. Dès lors, mérite une réponse mesurée, la question de savoir si la conception [européenne] de la propriété est pareille à celle du droit coutumier africain.

Aux termes de l'article 34, alinéa 2, de la constitution du 18 février 2006, il est affirmé que «*l'État garantit le droits à la propriété individuelle ou collective acquise conformément à la loi ou **à la coutume***».

---

du 27 nov. 1999, Ambassade de France/Délégation culturelle et pédagogique en Flandre, KU Brussel et RDJA Asbl, Bruxelles, Éditions RDJA, 2000, pp. 69-90.

[27] Le principe a toujours été le même dans les textes constitutionnels congolais. Voy. Article 149 de la Constitution de transition du 4 avr. 2003; loi n° 93-001 du 2 avr. 1993 portant Acte Constitutionnel rmonisé relatif à la période de transition, *Journal Officiel*, numéro spécial, avr. 1993; Art. 100 de la loi n° 78-010 du 15 févr. 1978 portant révision de la constitution du 24 juin 1967.

[28] Voy. E. LAMY, *Droit privé zaïrois. Introduction au droit écrit et au droit coutumier zaïrois*, Kinshasa, PUZ, 1975, 285 p., spéc., p. 92.

[29] Trib. Elis., 9 mars 1914, *Rev. de doctrine et Jurisprudence Coloniale*, 1924, p. 290.

Le droit coutumier connaît donc le droit de propriété[30]. Il reste entendu que le concept «propriété», et c'est là une source de conflit des normes, n'y a pas la même portée qu'en droit écrit. Dans les coutumes, elle est généralement dite «collective» alors que la conception de la propriété en droit écrit est «individualiste». Il n'a pas ainsi échappé au législateur tant de l'État Indépendant du Congo[31] que de celui de 1973 de prévoir le sort des «terres occupées par les communautés locales pour le besoin d'habitation, de culture ou de toute exploitation quelconque, à titre individuel ou collectif conformément ***aux coutumes et usages locaux***[32]».

21. **Tempérament.** Il est donc incontestable que le droit coutumier fait partie intégrante du système juridique congolais dont l'effort d'unification est toujours actuel vu la complexité qu'implique le dualisme juridique[33]. Et, en tant que telle, la coutume est source du droit de propriété bien qu'en vertu des articles 204 et 395 de la loi foncière «le droit coutumier des biens ne soit plus d'application[34]», certes, envisagé surtout par rapport à la propriété foncière dont le titulaire n'est plus que le seul État congolais.

F. Jurisprudence

22. **Notion.** La jurisprudence est l'ensemble des décisions rendues dans le même sens sur un même point de contestation par les cours et tribunaux. Il s'agit en quelque sorte de la force obligatoire du précédent. Toutefois, étant tenus d'appliquer la loi, les décisions des cours et tribunaux ne doivent être que conformes à la loi.

Parlant justement de la loi, il importe de noter que l'histoire politique de la RDC comporte trois grandes périodes par rapport à la législation sur les biens. Il s'agit:

- de la période de l'État Indépendant du Congo, en sigle EIC, (1885-1908),
- le Congo belge (colonisation 1908-1960),

---

[30] Voy. LUKOMBE NGHENDA, *Droit civil. Les biens*, Kinshasa, Publications des facultés de droit des Universités du Congo, 2003, p. 35.

[31] Décret du 12 sept. 1886.

[32] Cf. articles 387 et 388 de la loi du 20 juil. 1973. Souligné par nous.

[33] LUKOMBE NGHENDA, *Droit civil. Les biens, op. cit.*, pp. 65-69.

[34] Voy. CSJ, RC 334, 9 avr. 1988, *RJZ*, 1988, p. 8.

- et le Congo indépendant (et ici, 1960-1964, 1965-1973, 1973 à ce jour).

Il y a lieu de souligner également, alors qu'elle est florissante en matière immobilière et foncière, il y a une carence significative de la jurisprudence congolaise en matière de régime général des biens. Comme le souligne l'exposé des motifs :

> *«La matière des biens et le régime général des privilèges et des hypothèques n'entraient pas dans le cadre de la mission qui avait été impartie au Conseil Législatif National, lors du Premier Congrès Ordinaire du Parti. Néanmoins, l'impact des options arrêtées par le Bureau Politique sur ces matières est tel qu'il a paru opportun de mettre d'ores et déjà les dispositions du livre II du Code civil en harmonie avec les options définies par les instances supérieures du Parti.*
>
> *Le régime général des biens n'a pas subi des retouches profondes quant à ses principes essentiels. (...) Il y a lieu de considérer que son champ d'application a été réduit. En effet, en matière foncière, l'appropriation privative du sol a été abolie, car le sol est devenu, suite à l'option du Bureau Politique, propriété inaliénable de l'État. En conséquence, le droit de propriété tel qu'il est défini dans les dispositions légales [relatives au droit de propriété] ne peut porter que sur les immeubles par nature»*[35].

23. En considération de cet état des choses, s'agissant donc de la jurisprudence sur les questions du *régime général des biens*, références serontelles faites, souvent mais avec toutes les réserves d'usage et à titre d'informations, au droit comparé (belge, français et à celui des pays africains). Mais l'attention devrait être attirée sur le fait que bien que le droit civil congolais soit une copie des lois belges, encore que le droit civil congolais ait pris ses distances du droit civil belge, il n'en a pas été cependant du droit des biens. En effet, comme l'a si bien écrit Paulus[36], *«les droits belge et congolais sont frères sans être jumeaux»*.

En droit des biens, il existe un grand nombre des décisions en rapport avec le régime foncier et immobilier. La raison est à trouver dans la fonction sociale de la propriété et notamment de la propriété immobilière et des droits de jouissance foncière. En effet, bien souvent, les biens meubles n'ont pas une très grande importance aux yeux des Congolais. L'on ne va pas en procès pour le vol d'un pigeon ou la mise à mort d'un chat[37] ! Par contre, arracher à un paysan son champ ; à un agriculteur,

---

[35] Exposé des motifs de la loi du 20 juil. 1973, § 2-6.

[36] J. PAULUS, *Droit public du Congo belge*, Bruxelles, Institut Solvay, ULB, 1959, p. 7.

[37] Mais cela n'est pas exclu, tout dépend de la catégorie des propriétaires : ainsi, Trib. de Paix de Kinshasa/Lemba, RP 16.395/I, 20 sept. 2003, MP et PC

sa ferme; à un concessionnaire sa «parcelle» peut donner lieu à des conflits interminables[38]. C'est que l'immobilier de façon générale, et le foncier plus particulièrement, constituent des biens de très grande valeur.

Ainsi donc, dans la mesure de leur compatibilité avec l'ordre juridique congolais, nous ferons souvent recours, sans qu'elle ait une force obligatoire en droit congolais, à la jurisprudence étrangère, au titre d'informations comparatives.

24. Mode d'emploi des ressources jurisprudentielles disponibles. La stratification de l'histoire politique et juridique du Congo a un sens. En effet, dans l'exploitation de la jurisprudence, il est impérieux d'avoir égard au moment politique au cours duquel soit la loi, soit la jurisprudence sont produites. Depuis la constitution de Luluabourg, en passant notamment par la «loi Bakajika» (art. 1er), la loi du 20 juillet 1973 (art. 53) jusqu'au controversé article 9 de la constitution du 18 février 2006, seul l'État congolais est déclaré propriétaire du sol et du sous-sol. Les particuliers n'en auraient plus qu'un droit de jouissance appelé «concession». Il convient donc d'être prudent et de ne pas extrapoler les conséquences d'une loi ou d'un arrêt pris en une époque déterminée à une autre: il y a un gros risque de contrariété et de conflits.

25. Limite de l'obligatoriété de la force du «précédent». Si le recours à la jurisprudence peut s'imposer, il y a lieu de noter que seule, et dans des cas déterminées (renvoi après cassation, art. 155 du Code de l'OCJ), la jurisprudence de la Cour Suprême de Justice s'impose aux cours et tribunaux inférieurs de la RDC, en dehors de toute autre, notamment étrangère au droit congolais. Seule, la loi oblige. Les juges ne sont tenus qu'à la seule autorité de la loi. La violation de la jurisprudence ne donne pas lieu à cassation comme le serait celle de la loi ou de la coutume (art. 155 précité).

NSIMIRE GISHUGI et crts c. KANINDA KATUMBANA, inédit, le prévenu Kaninda a-t-il été poursuivi et condamné pour avoir tué le chat de la partie civile.

[38] Voy. B. LAPIKA DIMONFU et N. KIYULU, «Les enjeux fonciers et les conflits en République démocratique du Congo», in *La loi du 20 juil. 1973, op. cit.*, pp. 161-169; LAINGULIA NJEWA et V. KANGULUMBA MBAMBI, «Conflits des pouvoirs coutumiers et conflits fonciers dans le territoire de Lubero (Nord-Kivu», *idem*, pp. 171-180 ou des conflits de terre prenant 50 ans sans règlement définitif! Cas par exemple de l'affaire Boko.

G. Principes généraux du droit

26. **Notion.** Les principes généraux du droit sont des sources supplétives du droit. Ils sont définis comme des principes, des règles d'allure générale ou universelle qui permettent à un système juridique déterminé de combler les lacunes ou les insuffisances des sources principales du droit[39].

27. **Précisions systémiques.** Il convient d'observer qu'il y a une distinction à faire entre les principes généraux du droit et l'ordonnance du 14 mai 1886. La pratique en droit congolais est de souvent confondre la qualité des principes généraux du droit avec la loi[40] mais surtout avec l'ordonnance de l'Administrateur général du Congo du 14 mai 1886 prise sous l'État Indépendant du Congo. En effet, il nous semble qu'il y a une erreur monumentale que de se référer à ce texte de loi suranné[41] parce qu'abrogé par l'article 199 du code de procédure civile.

28. **Portée juridique réelle**. À y regarder de plus près, le recours aux principes généraux du droit se justifie parce que tel est le principe souvent admis dans le système romano-germanique en ce qui concerne les sources du droit. Tout au plus, en droit congolais, en matière civile, l'article 116 du Code de l'organisation et de la compétence judiciaires prévoit, en cas d'absence de coutume, que l'on recoure aux principes généraux du droit et à l'équité. Dans cette mesure, si fondement il y a à rechercher, et notamment en matière civile, il conviendrait de recourir à cette disposition et non à un texte abrogé[42].

---

[39] Voy. E. LAMY, *op. cit.*, spéc. pp. 106-109 et 149.

[40] NKATA BAYOKO, *De la violation des principes généraux du droit, moyen de cassation,* Kinshasa, Éditions Kinsel, 2004, 57 p.; R. MUSHIGO A GAZANGA, *Les principes généraux de droit et leurs applications par la Cour Suprême de Justice du Congo*, Louvain-la-Neuve, Academia-Bruylant, 2002, 264 p.; E. MUKENDI WAFWANA, *Droit minier,* vol. I, *Principes de gestion du domaine minier*, Kinshasa, Juricongo, Bruxelles, Bruylant, 2005, p. 32, n° 35, note de bas de page 46 qui soutient, en se basant sur l'arrêt ci-après, que ce texte est toujours d'application.

[41] Voy.: CSJ, RS, 002/2001, Acte relatif à la prestation de serment de M. Joseph Kabila en qualité de Président de la RDC, *J.O.*, n° spécial, mai 2001, pp. 5-7. La Haute Cour s'y réfère allègrement et sans aucune appréhension!

[42] Voy. MATADI NENGA GAMANDA, *Droit judiciaire privé*, Louvain-la-Neuve, Academia-Bruylant, 2006, V° principes généraux du droit; A. RUBBENS, *Droit judiciaire zaïrois*, t. I, Bruxelles-Kinshasa, Larcier, Université Lovanium, 1970, p. 280, n° 244, note 22 où il écrit: «ordonnance du 14 mai 1886 approuvée par le décret du 12 nov. 1886, en l'état où elle se trouvait en vigueur jusqu'au 15 avr. 1960».

Mais de façon plus consistante: V. KANGULUMBA MBAMBI, «L'ordonnance de l'Administrateur général au Congo du 14 mai 1886: un ancêtre (il)légalement vénéré

29. Cela étant précisé, il importe de dire que beaucoup de principes gouvernent le droit des biens sans qu'ils soient nécessairement écrits. Ces principes peuvent, en l'absence des sources principales de droit, être une source supplétive de droit puisqu'ils permettent d'éclairer la ou les questions lacunaires. En ce sens, ils sont donc sources du droit des biens[43].

H. Fondement économique des biens

30. Monnaie: mesure de la valeur et de l'intérêt des biens. Nous l'avons stigmatisé: les biens n'ont d'intérêt que s'ils ont une certaine valeur économique; en d'autres termes, s'ils sont utiles pour l'homme et s'ils lui confèrent un certain avantage.

En effet, un bien (patrimonial), est tout celui qui peut entrer dans le patrimoine d'une personne pour augmenter et enrichir ledit patrimoine. Dans l'étude du patrimoine, nous verrons que les biens patrimoniaux sont dans le commerce [*commerce juridique*, bien entendu], ils sont évaluables en argent, cessibles et transmissibles. Personne ne posséderait une chose qui ne lui serait d'aucune utilité. Les biens ne sont tels que s'ils ont une certaine valeur ou fonction économique dont la monnaie ou l'agent reste le dénominateur commun.

En définitive, le droit naturel, la constitution, les traités et conventions internationaux dûment ratifiés, la loi (au sens général), la jurisprudence et les principes généraux du droit, en tant que sources du droit en général, constituent des sources des droits réels ou des biens.

I. Doctrine

31. Droit comparé du système romaniste. Le droit congolais des biens est issu, de façon globale, des droits belge et français en sorte que la doctrine de ces deux droits particulièrement et, plus généralement, celle des droits appartenant à la même famille juridique ou partageant les mêmes réalités d'éclosion et d'évolution que le droit congolais (droits des pays africains), peuvent aider à la compréhension ou à la maîtrise de quelques uns de ses concepts. Toutefois, ainsi que nous le soulignons, il

---

en droit congolais? Considérations critiques sur l'application d'un texte dégénéré», *Revue de Droit Africain*, n° 36, 2005, Bruxelles, pp. 317-363.

[43] Il en est ainsi du principe de la bonne foi; de l'accessoire suit le principal; de la fraude corrompt tout (*fraus omnia corrumpit*), de l'antériorité dans le droit (*prior in tempore, prior in jus*), des droits acquis, etc.

convient d'y aller avec beaucoup de circonspections: il est des matières dans lesquelles le droit congolais se démarque nettement.

32. **Mais à consommer avec modération**. En effet, l'on ne devrait pas perdre de vue que l'identité probable des textes belges, français ou africains avec ceux congolais n'impliquerait forcément pas celle de leur contenu ou de l'application qui en est faite. Les lois sont souvent adaptées au climat, à l'environnement, aux habitudes et au temps, enseigne Montesquieu[44]. Le juriste, ou de façon plus particulière, le juge congolais n'irait pas jusqu'à appliquer une loi étrangère dans son propre système: la constitution le lui interdit[45] d'autant que les cours et tribunaux sont tenus d'appliquer la loi [congolaise] puisque le juge n'est tenu d'obéir qu'à l'autorité de la loi[46].

Il est dramatique de constater que des juristes congolais se complaisent souvent à invoquer une loi ou une doctrine étrangère, mais de préférence belge, pour la solution d'un problème de droit interne congolais! Pourtant, dans certains cas, comme l'écrit Sohier,

> *«[M]ême lorsqu'il copiait le texte belge, le législateur congolais [colonial] ne l'a pas toujours pris dans le sens qu'on lui donne actuellement en Belgique [...]. Quand nous recourons à la législation belge (et à la doctrine y afférente) pour éclairer le droit congolais, ce n'est pas à la loi actuelle qu'il faut aller, mais aux dispositions en vigueur quand les textes congolais ont été édictés.»* [47]

M. Verstraete notait, à juste titre, que

> *«[L]e législateur [congolais et colonial] avait estimé que dans ces matières extrêmement délicates, devant reposer sur une longue tradition, il importait avant de légiférer, de posséder des éléments sur lesquels on pouvait solidement construire. Il s'est souvenu de cette vérité profonde que, bien qu'une loi soit faite pour l'avenir, sa meilleure qualité est d'être une synthèse du passé. Il a ainsi préféré en conséquence laisser agir la jurisprudence ainsi que la coutume plutôt que de devoir procéder par tâtonnement et retouches successives*[48]*».*

---

[44] Ch. L. de S. MONTESQUIEU, *Esprit des lois, I,* Paris, Flammarion, 1979, Liv. I *(Des lois, dans les rapports qu'elles ont avec les divers êtres)*, p. 123 et s.; Liv. XIV, p. 373 et s.; Liv. XVI *(Des lois, dans les rapports qu'elles ont avec la nature du climat),* p. 409 et s.

[45] Art. 153, 4e alinéa, de la Constitution du 18 févr. 2006.

[46] Art. 150, al. 2, *idem.*

[47] J. SOHIER, «Droit de procédure congolais», *Novelles*, «Droit colonial», n° 7, pp. 192-193.

[48] J. VERSTRAETE, «Introduction à la jurisprudence congolaise», *R.J.*, 1930, p. 3.

Aussi, particulièrement en matière foncière, l'attention doit-elle être attirée sur le fait que la comparaison ou la référence à la doctrine couvrant ces droits a des limites : la propriété en droit congolais, qu'elle soit mobilière, immobilière ou foncière connaît une spécificité[49]. Et pour ce faire, la lecture des ouvrages et des articles de droit congolais, spécialement à partir de 1973, est absolument indiquée.

33. Doctrine congolaise. Dans le même contexte, il faut souligner, outre les contributions suffisamment connues de Kalambay Lumpungu, G., *Droit civil, Régime général des biens* (vol. I) et *Régime foncier et immobilier et régime des sûretés* (vol. II), Kinshasa, 1989 et 1999, en plus du présent *Précis*, que le droit civil des biens congolais a été enrichi par les ouvrages de base récents de :

- KANGULUMBA MBAMBI, V., *La loi du 20 juillet 1973 portant régime général des biens, régime foncier et régime immobilier et régime de sûreté au Congo. Trente ans après : Quel bilan ? Essai d'évaluation,* Louvain-la-Neuve, Academia-Bruylant, 2004, 237 p.).
- KIFWABALA TEKILAZAYA, J.-P., *Droit civil les biens. Les droits réels fonciers,* t. I, Lubumbashi, Éd. Saint Paul, 2004, 446 p. et de
- LUKOMBE NGHENDA, *Droit civil, les Biens,* Kinshasa, PFUC, 2003, 1259 p. ;

34. Revues juridiques. Les articles et la jurisprudence publiés dans certains ouvrages et revues sont également recommandés notamment, la *Revue Juridique du Zaïre, Bulletin des Arrêts de la Cour Suprême de Justice, Revue Analytique de la Jurisprudence Congolaise, Justice Science et Paix, Revue de Droit Congolais, Justice et Paix* (paraissant à Kinshasa) et *Les Analyses Juridiques* (paraissant à Lubumbashi, depuis 2004) et dans les revues internationales comme la Revue *Penant*, la *Revue Juridique Indépendance, Politique et Coopération* (Paris), la *Revue Africaine de Droit International Comparé* (RADIC) (Londres) et *la Revue de Droit Africain* (paraissant à Bruxelles depuis 1997).

Sans préjudice des indications bibliographiques en début de titre, chapitre ou section et des renvois aux notes de bas de page, pour permettre la poursuite des recherches, une liste bibliographie principale de droit congolais est tenue à la fin de l'ouvrage.

---

[49] Th. HEYSE, *La propriété immobilière*, n° 5 ; *Novelles*, « Droit colonial », t. II, p. 105.

V. *Plan sommaire de l'ouvrage*

35. À l'ombre de la structure de la loi. Le droit des biens comporte beaucoup d'aspects nécessitant une étude approfondie. Si le plan général du présent *Précis* s'articule autour des subdivisions mêmes de la loi du 20 juillet 1973, nous y ajoutons, cependant, dans une perspective de systématisation théorique, formelle et critique de la matière, une troisième partie.

Il importe toutefois de noter, pour des raisons pratiques et didactiques que la matière relative aux sûretés, bien que faisant partie intégrante de la loi du 20 juillet 1973, n'est pas abordée dans ce *Précis*. Elle fait généralement l'objet d'un enseignement à part entière relatif aux « Voies de sûretés et d'exécution ».

Par rapport à la matière qui nous intéresse et en vue d'obéir à la nature et à la fonction d'un *Précis*, nous avons opté pour une étude en deux tomes.

Ainsi, s'agissant du tome 1, constitué par le présent ouvrage, il comporte deux grandes parties :

- Première partie : *Théorie générale des biens ;*
- Deuxième partie : *Théorie spéciale des droits réels fonciers et immobiliers congolais.*

Pour les mêmes raisons pratiques et didactiques, le *tome II*, lui, est consacré à la troisième partie, soit le *Régime du contentieux foncier et immobilier congolais.* Il fait donc l'objet d'un volume à part entière.

PREMIÈRE PARTIE

THÉORIE GÉNÉRALE DES BIENS

36. **Énoncé.** Le législateur congolais n'a pas tellement innové en matière de régime général des biens. Certes, pour se mettre en conformité avec les principes du régime foncier, certaines dispositions du régime général ont subi quelques adaptations. Mais, dans l'ensemble, il n'y a pas de différence substantielle avec les droits du système romano-germanique (belge, français et anciennes colonies belges et françaises).

37. **Bibliographie.** Nous venons de l'évoquer [voy. n° 31], dans les développements et pour la compréhension de certains concepts, nous ferons souvent appel à la doctrine et à la jurisprudence de ces pays sauf à relever, ici et là, les particularités du droit congolais.

38. **Plan sommaire**. Les matières étudiées dans cette première partie sont réparties en quatre titres, et font, sauf pour le titre II (art. 613 à 660 du code civil, livre III), l'objet des articles 1er à 50 de la loi du 20 juillet 1973, à savoir :

1. Théorie générale des biens et du patrimoine
2. Apparence de propriété ou droits proches de la propriété : la possession et la détention précaire
3. Théorie analytique et critique de la propriété
4. Les modes généraux d'accession à la propriété ou les différentes manières de devenir propriétaire

TITRE PREMIER

THÉORIE GÉNÉRALE DES BIENS ET DU PATRIMOINE

1. *Liminaire*

39. **L'avoir et l'être.** La propriété en général et les biens en particulier ont toujours joué une fonction considérable dans la vie. Déjà, selon la bible, il a été donné à l'homme de dominer la terre, de se rendre *maître* de tout ce qui existe dans la nature. «Heureux ceux qui possèdent» (*«Beati possedentes»*). L'avoir génère le pouvoir. Celui qui n'a rien ne peut, en principe, rien non plus! Toutefois, entre l'être et l'avoir, il n'est pas exclu qu'il y ait une démesure. En effet, beaucoup d'êtres ont besoin d'avoir pour être; mais souvent ceux qui ont, ont cessé d'être!

40. **Importance de l'avoir.** De nos jours, ainsi qu'on le verra, les «biens» constituent des valeurs d'acquisition, d'échange et de ressources. Ils permettent, dans un monde où les services sont des facteurs de progrès économique et social, à ceux qui les possèdent, de les fructifier.

C'est autant dire que la vie de l'homme serait aléatoire si elle ne repose pas ou si elle n'est pas soutenue par des choses ou biens. Ces deux concepts sont souvent pris pour pareils. Pourtant, sur le plan du droit, ils sont loin de l'être. Une chose est différente d'un bien. De même, un homme, le corps humain ou certains organes du corps humain ne peuvent être juridiquement pris pour des choses ou des biens. Nous reviendrons sur ces précisions.

41. **Biens et patrimoine.** Dans l'étude des droits réels, les «biens» apparaissent comme l'élément essentiel, l'assiette du droit ou, en d'autres termes, l'objet sur lequel s'exerce le droit. Parfois, ainsi que nous le verrons, cet objet se confond avec le droit qui y est relatif. Par ailleurs, les biens entendus comme des «contenus» supposent un «contenant», dans lequel ils se meuvent dans le commerce juridique: le *patrimoine* est ainsi le cadre ou le réceptacle universel des biens. Aussi, parle-t-on des droits patrimoniaux pour dire que ces droits ou ces biens se trouvent dans le patrimoine d'une personne déterminée.

2. *Annonce du plan du titre*

42. Le droit congolais, d'après l'indépendance, n'a pas tellement innové au point de vue de la théorie générale des biens par rapport au droit colonial. Aussi, en relisant la loi du 20 juillet 1973, se rend-on compte de ce que cette loi est subdivisée presque de la même manière que le code civil belge ou français. Il en résulte que l'étude des biens peut porter soit sur leur nature propre soit par rapport à leur objet (chapitre 1).

Elle peut être envisagée également dans leurs rapports avec ceux qui les possèdent (chapitre 2).

Dans le premier cas, nous étudierons la *catégorisation objective* des biens alors que dans le second, nous nous pencherons sur la *catégorisation subjective* des biens ou la *titularisation* des droits réels.

CHAPITRE 1

CATÉGORISATION OBJECTIVE DES BIENS : LES BIENS CONSIDÉRÉS EN EUX-MÊMES ET PAR RAPPORT À LEUR OBJET

43. **Énoncé et plan.** L'étude des biens pris dans ces deux aspects nécessite sur le plan théorique, la compréhension des concepts «bien» et «chose»; la définition du cadre dans lequel ils se meuvent; l'analyse de leur contenu et que l'on essaye de déterminer les influences qu'ils subissent selon l'organisation sociale.

Ainsi, pour mieux cerner le concept de patrimoine (contenant) (section 2), il paraît judicieux de définir d'abord celui de «bien» (contenu) (section 1).

Section 1 :

LES BIENS

44. Les droits réels en général et, en particulier, le droit de propriété ont pour objet un bien ou une chose. La loi ne donne pas une définition précise du concept «bien». C'est à peine si elle ne prend pas pour synonyme et si elle n'assimile pas le «droit» au «bien» ou «chose». Il importe donc de définir les concepts «bien» et «chose» avant de distinguer les différentes sortes de biens.

§1. NOTION DE «BIEN»

45. **Du point de vue de l'acception générale.** L'on désigne par le terme «bien» toute une catégorie hétéroclite des choses. Ce qui en complexifie la définition[1]. Comme le souligne le professeur Hansenne, le bien est tout autant votre maison, votre véhicule automobile que le droit que vous avez d'occuper une maison en tant que locataire ou en tant

[1] Voy. dans ce sens, LUKOMBE NGHENDA, *Droit civil, les biens, op. cit.*, p. 109 : «à la recherche de la définition de biens».

qu'usufruitier, la créance de somme dont vous pouvez réclamer le paiement à un quelconque débiteur. Dans cette mesure, l'on ne peut s'étonner que l'intitulé «Les biens» soit taxé de titre mensonger. Sauf au civiliste[2]. Il y a lieu d'indiquer d'abord la base légale avant de définir le concept «bien». À partir de cette définition, nous pourrons alors évoquer l'évolution actuelle de l'appropriation de certains biens ou produits.

A. *Siège légal: article 1, 1° de la loi du 20 juillet 1973 (dans la suite «la loi» ou «loi foncière»)*

46. ***Biens – Droits patrimoniaux.*** Cet article dispose que, *«les biens ou droits patrimoniaux sont de trois sortes: les droits de créance ou d'obligation, les droits réels et les droits intellectuels»*. Il paraît évident, pour le législateur, que le «bien» est synonyme de «droit patrimonial». Pourtant, cette approche n'est pas toujours vérifiée[3].

En effet, par «bien» on entend toute chose qui sert à l'usage de l'homme. C'est-à-dire les choses qui peuvent tomber sous l'appropriation et pour l'usage de l'homme[4]. C'est avec justesse qu'une partie de la doctrine opine que les choses ne seraient rien pour le législateur sans l'utilité qu'en tirent les hommes[5].

Par droits patrimoniaux, il convient d'entendre les droits qui sont susceptibles de tomber dans le patrimoine d'une personne. C'est-à-dire des droits qui peuvent être appréciés en argent et conséquemment susceptibles de cession, de saisie ou de transmission.

47. ***Biens – Choses.*** Ces deux concepts doivent être distingués. Si une chose est un bien, tous les biens ne sont pas des choses. Les choses sont des biens qui sont susceptibles d'appropriation par une personne et qui ont une certaine utilité économique. Une chose devient bien quand elle est ou s'avère utile[6]. L'influence économique (argent) détermine ainsi la notion de bien.

---

[2] J. HANSENNE, *Les biens*, *op. cit.*, t. I, introduction.

[3] Voy. LUKOMBE NGHENDA, *op. cit.*, p. 111.

[4] *Idem*, p. 108.

[5] Ph. MALAURIE et L. AYNES, *Droit civil. Les Biens, La publicité foncière*, Paris, Cujas, 1998, V° Biens.

[6] R. DEKKERS, *Précis de droit civil belge*, p. 444, n° 719 et s.

Pour tout dire, selon l'acception classique adoptée par l'unanimité des civilistes, le «bien» est un concept qui recouvre une réalité juridique plus restreinte. Ce qui est propre à toute notion civiliste.

Aussi, par ce vocable, vise-t-on essentiellement:

- les différentes manières de classer les biens (entendus au sens large): sont-ils meubles? Immeubles? Appartiennent-ils à une personne morale de droit public ou de droit privé? Font-ils partie du domaine public ou du domaine privé de l'État? Telle chose serait-elle fongible, consomptible ou non? etc.;
- l'étude de la propriété des choses et des droits réels dits principaux (usufruit, servitudes, et dans une mesure prudente, les sûretés). Tous ces aspects sont traités dans le présent ouvrage.

48. ***Biens exclus de l'appropriation.*** Étant donné qu'ils ne répondent pas à la condition d'appropriation, et de par leur nature, les biens comme l'air, la lumière, la haute mer ne sont pas des choses. Nous le verrons, il s'agit des biens «communs», c'est-à-dire des biens qui sont à l'usage de tous mais non susceptible de propriété ou d'appropriation privée *(res communes)*. Il en serait ainsi des biens du domaine public (art. 10 de la loi). Toutefois, cela ne veut pas dire que la propriété soit indifférente au domaine public. En effet, il est constant, comme l'a décidé le Conseil d'État français, que des biens ne peuvent faire partie du domaine public s'ils sont la propriété d'une personne privée[7]; d'autre part, les personnes publiques peuvent défendre leurs biens, y compris du domaine public, en exerçant les prescriptions et les actions des propriétaires. Mais la propriété n'est ni nécessaire ni suffisante pour reconnaître et protéger le domaine public. Ainsi, par exemple, certains biens font partie du domaine public sans être la propriété d'une personne publique (cas des eaux ou du domaine fluvial)[8].

En revenant à l'appropriation, l'on peut forcer la compréhension de la disposition légale qui assimile les «biens» aux «droits patrimoniaux» pour dire que ces biens ou ces droits patrimoniaux ne peuvent être que ceux qui font partie du patrimoine d'une personne.

---

[7] CE, 8 mai 18970, *Soc.*, note. Cité par P. DEVOVE, «Le code général de la propriété des personnes publiques (ordonnance du 21 avr. 2006)», in *RFDA* (Revue française de droit administratif, «Dossier: propriété publique. Domaine public», n° 5, sept.-oct. 2006, Paris, Dalloz, pp. 899-1102, spéc. p. 904.

[8] Voy. F. MELLERAY, «Définition et critères du domaine public», in *RFDA, op. cit.*, p. 906.

Entendu de la sorte, nous pouvons définir le bien comme *toute chose qui a une valeur économique, donc patrimoniale, dont un sujet de droit est titulaire.*

B. Aspects problématiques du concept «chose»

49. ***Nouvelles catégories des choses.*** Tel que défini, le concept «bien» n'est pas cependant à l'abri de quelques difficultés d'interprétation. Les biens peuvent avoir une valeur matérielle en tant que chose et une valeur immatérielle en tant que droit. De nos jours, plusieurs objets reçoivent la qualification de «chose» sans pour autant qu'ils ne rentrent dans la conception classique de ce terme. Il y a actuellement problème, avec l'évolution technologique, quant à la qualification exacte de certains produits, objets ou organes.

50. ***Jurisprudence.*** Il existe donc une variété des biens qui reçoivent la qualification de «bien». Tel est le cas de la propriété littéraire, artistique, les marques de fabrique, les *know how*, l'image des biens, les valeurs des biens[9], le numéro d'une carte de crédit[10], l'électricité[11]... Il y a diversification et fragmentation du concept «bien».

Il a été ainsi décidé, bien qu'immatérielle, qu'une chose est susceptible d'une appropriation, elle peut faire l'objet de vol, peu importent l'état et la forme sous lesquels elle se présente[12] (compteur d'eau ou d'électricité).

51. ***Exclusion de la personne humaine de la catégorie des «choses».*** En droit, une chose est tout ce qui a une existence corporelle et tangible, hormis l'homme. En effet, le droit distingue deux réalités sociales importantes: la personne humaine et les choses. L'une est sujet de droit et l'autre est objet de droit. Le corps humain ne peut être traité

---

[9] Voy. J. CARBONNIER, «L'entrée dans le monde juridique de ces biens qui n'en sont pas», *Les Biens*, n° 254, p. 394.

[10] Dans un arrêt, la Cour de cassation française a décidé que le détournement d'un numéro de carte de crédit constitue un abus de confiance en vertu de l'article 314-1, du Code pénal qui parle de «bien quelconque». Un numéro de carte de crédit constitue donc un bien, Cass. Crim., 14 nov. 2000, *D.*, 2001, 1423, note B. Lamy.

[11] Elis., 27 févr. 1940, *R.J. (Revue Juridique du Congo)*, 1943, p. 103.

[12] Conseil de Guerre (CG) Gombe, 11 juin 1983 (s'agissant d'un forage d'une pipe-line afin d'en retirer du carburant, vol d'usage par un militaire), in LIKULIA BOLONGO, *Droit pénal spécial zaïrois*, Paris, LGDJ, 1985, p. 371.

de «chose»[13], ni la pensée humaine, même matérialisée. Cependant, à l'heure actuelle, le sang et certaines parties d'organes humains utiles pour la transfusion, les greffes et la transplantation sont «commercialisés»; de même, les microbes et les virus humains qui font des milliers de victimes, ne peuvent-ils pas être considérés comme des choses?

52. Jurisprudence. Sous l'angle de la responsabilité civile, ces choses sont susceptibles de tomber sous la garde d'une personne et donc de rendre cette dernière responsable en cas de dommage[14]. Il en a été ainsi dans une espèce où un médecin a été condamné pour n'avoir pas exercé son pouvoir de surveillance sur les membres de son service qui se sont permis de prélever quelques organes sur un cadavre dont le corps était sous la garde dudit médecin[15]. Mais cela ne suggère aucunement que le corps et les organes humains soient des choses appropriables et donc dans le commerce[16].

53. ***Biens et choses dérivées.*** Il existe également des catégories de choses qui peuvent tomber dans l'appropriation à la suite de transformation ou d'adaptation technologique: il en est ainsi du courant électrique, de la lumière, des rayons solaires ou du gaz. Dès que transformées, ces choses changent de régime pour devenir des «biens».

---

[13] Y.H. LELEU, *Droit des personnes et des familles*, Collection de la faculté de droit de l'Université de Liège, 2003, n° 13, p. 27.

[14] Voy. J.-L. FAGNART, «La responsabilité du fait des microbes», *R.G.A.R.*, 1969, 8302; «Les assurances et le SIDA», Extrait des Actes du Colloque, ULB, 10, 11 et 12 mai 1990, Bruylant, Bruxelles, 1990, p. 678 et s.; Y. LAMBERT-FAIVRE, «Principes d'indemnisation des victimes post-transfusionnelles de SIDA», CA., 27 nov. 1992, *D.*, 1993, Chron., 67; J.M. FORGES, «SIDA, responsabilité et indemnisation des préjudices résultant de contamination sanguine», *Rev. de droit sanitaire et social*, 1992, p. 555; J.-P. BAUD, *L'affaire de la main volée, une histoire juridique du corps*, Seuil, Paris, coll. des travaux, 1993; «La nature juridique du sang», in *Sang et droit*, Colloque, Université de Paris Nanterre, *Rev. Trimestrielle*, CA. Versailles, oct.-déc. 1993, n° 30, p. 57 et s.; Chr. BYK, «La jurisprudence française relative à la contamination des produits sanguins, une clarification de la perception juridique du sang humain», *Journal international de bioéthique*, n° 2, juin 2001, p. 49 et s.; Cl. LABBE, *SIDA et Assurances – Aspects médicaux, assurances de personnes, responsabilités et assurances de responsabilités*, Bruxelles, Larcier, 1995, 218 p.; Chr. DALCQ et Fr. TULKENS, «La transmission du virus du SIDA à l'occasion des transfusions sanguines et la responsabilité civile: enseignements de la jurisprudence française», in *Mélanges R. O. Dalcq, Resp. et Assurances,* Bruxelles, Larcier, 1994, pp. 67-85; X. DIJON, «Vers un commerce du corps humain?», *J.T.*, 2006, 6233, p. 501 (indisponibilité du corps comme de l'état civil).

[15] Trib. civil Charleroi, 2 avr. 1993, *RGAR*, 1994, 12315.

[16] I. MOINE, *Les choses hors commerce. Une approche de la personne humaine juridique*, Paris, LGDJ, 1997, pp. 317, n° 121 et p. 393.

54. **Distinction inconnue du droit coutumier.** Par ailleurs, convient-il de le rappeler, le droit des biens peut trouver sa source dans la coutume. Mais celle-ci ne connaît pas les distinctions subtiles et théoriques entre «biens» et «choses» d'abord et, ensuite, les différentes catégories des biens[17]. Ainsi, par exemple, une décision n'a-t-elle pas osé assimiler une maison à un bien meuble[18].

C. *Critique de l'article 1er, alinéa 1 de la loi du 20 juillet 1973*

55. *Écriture douteuse.* Aux termes de cet article, *«les biens ou droits patrimoniaux sont de trois sortes: les droits de créance ou d'obligation, les droits réels et les droits intellectuels»*.

Nous savons que toute chose est un bien mais tout bien n'est pas nécessairement une «chose». Cela dépend de la possibilité ou non d'appropriation de ladite chose. Pourtant, cet énoncé *«les biens ou les droits patrimoniaux»* prête à confusion en laissant, d'une part, supposer que tout bien est un droit patrimonial et, d'autre que le législateur fait une distinction entre les biens et les droits patrimoniaux. La bonne écriture aurait été de préciser que les *«biens patrimoniaux ou les droits patrimoniaux sont* (…)». La répétition aurait eu sa raison d'être.

56. *Droits intellectuels: droits réels? Double nature.* Poursuivant la critique, il nous semble qu'il aurait été adéquat de ne pas reprendre les droits intellectuels dans l'énumération des biens patrimoniaux à cause de leur nature hybride ou immatérielle et matérialisée à la fois. En effet, en tant que droits incorporels ou immatériels, c'est-à-dire non palpables, si les droits intellectuels peuvent faire l'objet de titularisation et être évalués en argent, il ne reste pas moins vrai qu'ils sont insaisissables en tant que tels.

La propriété intellectuelle – qu'elle soit artistique, industrielle ou littéraire – implique l'existence de deux types de droits sur le même bien: le droit moral de l'auteur sur l'œuvre (droit d'auteur) et le droit de propriété du titulaire ou de la personne qui acquiert ledit bien (droit réel). Il est certes vrai que l'auteur de l'œuvre a une double maîtrise sur le bien:

[17] Voy. J. VANHOVE, «Éléments du droit privé coutumier du Congo belge», in *Les Novelles, Droit colonial,* t. III, Bruxelles, Larcier, 1938, pp. 623-649.

[18] Pq Haut-Katanga, 4 juin 1956, *JTO*, 1958, 11, note A. SOHIER, in J. PAUWELS, *Répertoire de droit coutumier congolais, Jurisprudence et doctrine, 1954-1967*, Kinshasa, ONRD, 1970, p. 58, n° 7.

un droit de nature économique (profit procuré par la reproduction de son œuvre) et un droit moral (interdiction à d'autres personnes de dénaturer sa pensée ou son œuvre). Le titulaire du droit intellectuel a, ainsi, des droits pécuniaires (reproduction, traduction, vente, etc.), un droit moral (paternité de l'œuvre, interdiction et répression de la contrefaçon) [19]. En raison de cette ambivalence, le législateur du 20 juillet 1973 a cru bon, en son article 1, dernier alinéa, de prévenir que *«les droits intellectuels sont régis par une législation spéciale»* (autre que celle réglant les biens) en l'occurrence la loi n° 82-001 du 7 janvier 1982 sur la propriété industrielle [20] et l'ordonannce-loi n° 86-033 du 5 avril 1986 portant protection des droits d'auteurs et des droits voisins [21].

§2. CATÉGORIES DE BIENS

57. ***«Summa divisio»*: division binaire.** De façon classique, on distingue deux catégories de biens: les biens meubles et les biens immeubles. Mais entre ces deux catégories, plusieurs combinaisons sont possibles. Rappelons toutefois que le droit coutumier ne distingue pas au point de vue juridique, les biens meubles des immeubles: fruits de la terre, bétail, ustensiles, armes, cases et greniers, etc. [22]

A. Siège légal: articles 2 à 8 de la loi du 20 juillet 1973

58. **Énoncé.** Aux termes de l'article 2 de la loi *«Tous les biens sont mobiliers ou immobiliers»*. Dans un arrêt du 1er octobre 1980 [23], la CSJ avait dû confirmer cette catégorisation. Mais cette distinction entre «meubles et immeubles» est critiquée, avec raison, par une partie de la doctrine.

---

[19] Voy. LUKOMBE NGHENDA, *Le règlement du contentieux commercial*, t. I, *Les tribunaux de commerce*, Kinshasa, PUFDUC, févr. 2005, p. 609, n° 376.

En matière de propriété commerciale, différente de la propriété intellectuelle, une décision avait admis qu'un fonds de commerce et plus spécialement la clientèle, peut être donné en location: Liège, 25 mai 1955, *J.T.*, 1956, p. 129.

[20] *J.O. de la République du Zaïre*, n° 2, 15 janv. 1982, p. 9.

[21] *J.O. de la République du Zaïre*, n° spécial, avr. 1986, p. 33.

[22] J. VANHOVE, «Éléments du droit privé coutumier du Congo belge», *Les Novelles, Droit colonial*, t. III, Bruxelles, Larcier, 1938, pp. 623-649, n° 32; P. VANDE WIELE, *Le droit coutumier négro-africain et son évolution, op. cit.*, p. 17.

[23] CSJ, RC 220, 1er oct. 1980, in KALONGO MBIKAYI, *Code civil et commercial congolais*, Kinshasa, Éd. CRDJ, 1997, p. 173.

A priori, cette catégorisation ne permet pas de circonscrire matériellement ce que l'on peut entendre par biens meubles ni par biens immeubles. En effet, par biens meubles l'on désigne généralement tous les biens qui peuvent être déplacés sans qu'ils soient détruits. Et par biens immeubles, ceux qui par nature sont immobilisés, attachés ou incorporés au sol de sorte, une fois détachés, qu'ils perdraient leur essence. Appliquée à d'autres réalités (biens incorporels), cette distinction entre biens meubles et biens immeubles semble «*fausse, désuète et néfaste*».

En effet, pour de Page, cette définition est *fausse* «parce qu'il existe des biens qui ne sont ni meubles ni immeubles. Il en est ainsi des biens incorporels; *désuète*, car elle supposait un état de droit plus simple que le nôtre [actuel] où «immeuble» était synonyme de chose précieuse et «meuble», de chose méprisable; enfin, *néfaste*, car elle oblige à verser dans la catégorie moins précieuse de meubles tous les biens de nature incertaine eu égard aux bases de classification et conduit ainsi à une foule de fictions»[24].

59. Particularités des biens meubles. Les biens meubles sont des choses qui peuvent se déplacer ou être transportés. L'on distingue deux sortes de meubles:

- les meubles par nature;
- les meubles par détermination de la loi.

60. *Meubles par nature.* Ce sont des corps qui peuvent se déplacer d'un lieu à un autre, soit qu'ils se meuvent par eux-mêmes, comme les animaux, soit qu'ils ne puissent changer de place que par l'effet d'une force étrangère, comme les choses inanimées.

Il en est ainsi de:

- bateaux, bacs, navires, moulins et bains sur bateaux et généralement toutes usines non fixées par des piliers et ne faisant point partie de la maison;
- des matériaux provenant de la démolition d'un édifice, ceux assemblés pour en construire un nouveau, jusqu'à ce qu'ils soient employés par l'ouvrier dans une construction[25].

61. *Meubles et immeubles.* La division des biens en «meubles et immeubles» est un héritage légué au droit français par le Code Napoléon. La doctrine

---

[24] *Conseil colonial*, 1911-1912, p. 555; H. de PAGE, *Traité*, t. V, n° 737.
[25] Voy. articles 527-532 des Codes civils belge et français.

belge et française l'avait déjà critiquée avant que le Conseil colonial n'y fût revenu lors de la discussion du projet [de l'ancien livre II du code civil congolais]. En effet, cette distinction va jusqu'à classer des biens incorporels qui, par leur nature, ne sont ni l'un ni l'autre, comme des biens meubles ou immeubles. Pour parer à cette imperfection, le législateur colonial a remplacé la division en *meubles* et *immeubles* par celle en *biens mobiliers* et *immobiliers*. Ce qui permet d'y inclure les biens incorporels[26].

B. Biens mobiliers et biens immobiliers

62. ***Notion.*** L'article 4 de la loi du 20 juillet 1973 définit les biens mobiliers par exclusion. Ainsi, tout ce qui n'est pas immobilier est donc mobilier. Tel est le cas notamment des actions et intérêts dans les sociétés[27], dans les associations et communautés qui jouissent de la personnalité civile encore que des immeubles appartiennent à l'être moral.

Quant aux biens immobiliers, l'article 3 de la même loi les définit comme les droits réels qui ont pour objet des immeubles ainsi que les droits de créance tendant à acquérir ou à recouvrer un droit réel sur un immeuble.

Il importe de souligner que sur le plan pénal, en vertu du principe de l'autonomie du droit pénal, le juge pénal n'est pas tenu par les fictions du droit privé.

Ainsi,

- est meuble ce qui, étant immeuble par nature, par destination et, même par incorporation, reste susceptible d'être enlevé, déplacé par l'acte délictueux;
- se rend coupable de vol, l'agent qui s'empare de sable, de pierres précieuses, minerais de carrière; métaux précieux; le locataire qui soustrait des lustres incorporés au bâtiment;
- la confiscation des biens immeubles par destination est possible;

---

[26] Voy. L. DE CLERCK, «Le régime foncier», in *L'ordre juridique colonial belge en Afrique centrale. Éléments d'histoire. Recueil d'études*, Bruxelles, ARSOM, 2004, p. 293.

[27] Pour des amples développements, voy. LUKOMBE NGHENDA, *Droit congolais des sociétés*, t. 1, Kinshasa, PUK, 2000.

- le stellionat s'applique à la vente d'un immeuble appartenant à autrui (que celui-ci soit un bâtiment ou une maison de type africain)[28].

63. ***Distinction meubles et immeubles – Biens mobiliers et biens immobiliers.*** Les biens meubles et immeubles ont déjà été définis comme étant respectivement des biens qui peuvent être déplacés, transportés pour les premiers sans être détériorés et, pour les seconds, qui sont rattachés au sol et qui ne peuvent être déplacés sans les détériorer ou en changer de nature.

Les biens mobiliers et immobiliers sont, non des meubles ou immeubles, plutôt des droits qui se rapportent à un bien meuble ou immeuble. Ainsi, le loyer d'une maison, payable en argent (bien meuble) est un droit plutôt immobilier car relatif à un bien immeuble.

C. *Biens mobiliers par détermination de la loi : article 4 de la loi du 20 juillet 1973*

64. Il s'agit des droits qui se rapportent à des biens meubles et ils ne sont tels que parce que la loi en a ainsi disposé. Tel est le cas des obligations (dettes) et actions (créances) qui ont pour objet des sommes exigibles ; des actions ou intérêts dans les sociétés et associations ; des rentes perpétuelles ou viagères soit sur l'État soit sur des particuliers ; de l'usufruit des choses mobilières[29].

Cela noté, il convient de relever, entre les différentes sortes des biens, qu'il peut y avoir des catégories particulières ou des subdivisions internes. C'est ce que laisse entendre l'article 5 de la loi du 20 juillet 1973 lorsqu'il dit : *« Les choses*[30] *sont immeubles soit par leur nature, soit par leur incorporation, soit par leur destination. »*

D. *Immeubles par nature : article 6 de la loi*

65. ***Particularités du droit congolais.*** Cet article ne prévoit que deux sortes d'immeubles par nature en droit congolais : le sol et les mines.

---

[28] NYABIRUNGU MWENE SONGA, *Traité de droit pénal général congolais*, Kinshasa, Éd. DES, 2001, p. 93.

[29] Art. 533-536 du code civil belge.

[30] Encore une preuve de la synonymie entre bien, chose et droit (patrimonial).

De toute évidence, il s'agit des biens qui sont naturellement immobiles. Cette catégorie d'immeubles par nature est différente de celle prévue par les droits belge et français. En effet, aux termes de l'article 518 du code civil belge (et français): *«Les fonds de terre et les bâtiments sont immeubles par nature»*.

Dans ces droits, «un bien est immeuble par nature dès lors que le dispositif de liaison, d'ancrage ou de fondation révèle qu'il ne repose pas simplement sur le sol et n'y est pas maintenu par son seul poids, même s'il s'agit de constructions légères et temporaires»[31].

66. Jurisprudence – droit comparé. Dans plusieurs décisions, les cours et tribunaux belges ont considéré les biens suivants comme immeubles:

- les fonds de terre, les bâtiments, moulins à vent ou à eau, fixés sur piliers et faisant partie du bâtiment (article 519, CC belge et français);
- les chambres froides construites en briques, pierres et moellons incorporés au sol[32];
- les boiseries intimement et spécialement incorporées à un bâtiment, dont elles ne sauraient être séparées sans porter atteinte à son intégrité[33];
- les poteaux électriques, lorsqu'ils sont incorporés au sol avec lequel ils adhèrent profondément[34];
- des améliorations portées à un fonds par des pratiques culturales, qui ne peuvent être matériellement dissociées du fonds de terre auquel elles ont profité[35];
- le terril[36].

En droit congolais, tel n'est donc pas le cas. Comme nous le verrons, une distinction fondamentale existe entre les immeubles par nature (le sol et les mines) et les immeubles par incorporation (arbres, bâtiments).

---

[31] Com. 10 juin 1974, *Bull. civ.*, IV, n° 183.

[32] Angers, 1er déc. 1964, *J.C.P.*, II, 1965, 14 258.

[33] Civ. 1er, 19 mars 1963, *J.C.P.*, II, 1963, 13 190 note ESMEIN.

[34] Civ., 4 mai 1937, *D.H.*, 1937, 471.

[35] Civ., 24 mars 1981, *Bull. civ.*, IV, n° 154.

[36] Liège, 9e ch., 31 mai 1991, *J.T.*, 1992, p. 15; Liège, 13 nov. 1990, *Rev. Gén. de l'Enregistrement et du Notariat* (RGEN), 1991, p. 240. Voy. aussi en ce qui concerne les parties de terre déplacées: CSJ, RC 220, 1er oct. 1980, in DIBUNDA KABUINJI, *Répertoire général de la jurisprudence..., op. cit.*, p. 103.

E. *Immeubles par incorporation: article 7 de la loi*

67. ***Tous les autres immeubles hormis le sol et les mines.*** Il s'agit des biens immeubles corporels qui sont rattachés au sol perpétuellement. C'est le cas des bâtiments et des arbres (qui sont, notamment en droit belge, des immeubles par nature). Il est opportun de relever que les immeubles par nature sont en droit congolais inaliénables (art. 53 de la loi) alors que les immeubles par incorporation sont en principe cessibles et transmissibles à la condition d'appartenir aux particuliers ou au domaine privé de l'État.

Aux termes de l'article 7 de la loi,

> *«Sont immeubles par incorporation:*
>
> – *les bâtiments et leurs accessoires nécessaires tels que les tuyaux servant à la conduite des eaux, de la vapeur ou du gaz et des fils conducteurs de l'électricité;*
>
> – *toutes constructions inhérentes au sol;*
>
> – *les arbres et plantes quelconques tant qu'ils ne sont pas détachés du sol;*
>
> – *les fruits et récoltes, tant qu'ils n'ont pas d'existence séparée».*

68. ***Jurisprudence – droit comparé.*** Le concept «bâtiment» est équivoque. La jurisprudence belge a eu à examiner la question de savoir, telle que définie à l'article 518 du code civil belge («les fonds de terre et les bâtiments sont immeubles par nature»), si ce concept couvre les bâtiments définis par des lois particulières (bâtiments, constructions ou propriétés bâties)!

Il a été ainsi jugé,

– qu'un pavillon, démontable, constitué de 5 modules assemblés, ancré au sol après assemblement de ses différents composants; le fait qu'il ait été chargé sur un camion et transporté par route ne saurait lui enlever la nature d'immeuble, dès l'instant où la mise en service de tous les raccordements de l'installation impliquait que l'assise ne soit plus modifiée[37];

– qu'une citerne avec conduites et installation de pesage est considérée comme un tout avec les cuves, socles et fondations incorporées au

[37] Liège, (7e ch.), 13 nov. 1990, *JLMB*, 1991, p. 622, note P. KILESTE; Civ. Bruges, 17 juin 1987, *R.W.*, 1990, p. 509.

fonds et constitue un bâtiment au sens de l'article 518 du Code civil belge[38];

- que les cuves et réservoirs d'hydrocarbures enfouis de manière durable et habituelle dans le sol. En conséquence, la vente de l'immeuble emporte la vente des cuves qui y sont enfouies[39].

L'incorporation au sol de manière durable et habituelle est le critère déterminant retenu par la Cour de cassation belge dans son arrêt du 15 septembre 1988[40]. Il reste qu'il s'agit là d'une question de fait soumise à l'appréciation du juge.

Dès lors, si un ouvrage peut être détaché du sol sans être fracturé, brisé ou détérioré, déplacé en desserrant et en enlevant les écrous vissés sur les boulons d'ancrage au sol et dégagé sans la moindre détérioration du fonds, suivant une technique spéciale, l'incorporation n'est pas suffisante pour lui conférer le caractère d'immeuble par nature[41]. Cette notion n'est pas applicable non plus au chalet de camping non fixé par fondations ou canalisations et déplaçable sans démontage[42]. Mais elle est retenue pour une construction en bois faite d'éléments assemblés, reposant sur des blocs de cendrée et de béton simplement posés sur le sol en vue d'assurer l'isolement[43].

69. ***Quid des huttes et des cases en droit congolais?*** Le concept de bâtiment suppose une installation destinée à rester en place sans forcément recourir à l'incorporation; que celle-ci soit provisoire ou définitive. Dès lors, en droit congolais, il n'y aurait, à notre avis, pas de peine à appliquer cette notion aux huttes, cases ou autres abris fixés au sol pour y rester rattachés.

70. ***Jurisprudence congolaise.*** Dans une affaire, la Cour Suprême de Justice (CSJ) a jugé qu'une maison acquise de l'Office National de Logement (O.N.L.) est un immeuble par incorporation tandis que le fonds sur lequel elle est bâtie, un immeuble par nature. Les droits qui s'y

---

[38] Anvers, 2 juin 1994, *F.J.F.*, 1994, p. 534.
[39] Mons, 25 oct. 1994, *RGEN*, 1996, p. 121.
[40] Cass., 15 sept. 1988, *Pas.*, 1989, I, 52.
[41] Liège, 1re ch., 11 sept. 1990, *JLMB*, 1991, p. 843.
[42] Gand, 17 mai 1966, *R.G.E.N.*, 1967, 403; N. VERHEYDEN-JEANMART, «Examen de jurisprudence (1989-1998), Les biens», *Rev. critique de jurisprudence belge* (RCJB), 2001, p. 70.
[43] Trib. civil Bruxelles, 10 juin 1964, *RGEN*, 1965, n° 20 823.

rapportent sont immobiliers. Aussi, viole les articles 3, 5, 7 et 390 de la loi du 20 juillet 1973, le jugement qui qualifie de *meubles* des fonds et bâtisses qui n'ont pas fait l'objet d'un certificat d'enregistrement alors que la loi qualifie d'immeubles par nature les parcelles, et d'immeubles par incorporation les constructions érigées sur lesdites parcelles[44].

F. *Meubles par anticipation*

71. ***Notion.*** Il importe de dire que les biens que l'on désigne par « meubles par anticipation » sont, de par leur nature, des biens encore immeubles mais que, dans un acte juridique, les parties au contrat envisagent comme des « meubles » dans leur état futur puisqu'ils sont destinés à être détachés de l'immeuble qui les porte[45].

72. Les biens meubles par anticipation sont une construction jurisprudentielle proche d'une fiction consistant à considérer certains biens naturellement immeubles comme étant meubles lorsque certains actes s'exercent sur lesdits biens.

L'article 7 de la loi du 20 juillet 1973, *in fine* comporte donc une *fiction juridique*. En effet, alors que les immeubles sont des biens attachés au sol et qui ne peuvent être détachés sans en changer ou en détériorer la nature, la loi insère dans la catégorie des « meubles » les fruits et les récoltes qui, avec les arbres qui les portent, sont en réalité incorporés ou rattachés au sol. Il en est ainsi de la vente d'herbes de fermage[46] ou des coupes de bois[47].

Il s'agit d'une *présomption* que ces biens sont destinés un jour à être détachés sans pour autant remettre en cause l'incorporation des arbres qui les portent. L'on parle alors des meubles par anticipation. Ces biens perdent le bénéfice de ce régime par cessation naturelle ou par suite d'une opération juridique. Il en est ainsi des moissons, fruits (art. 1529 du Code civil belge) et récoltes, coupes de bois, matériaux à retirer d'une carrière ou de la démolition d'un édifice, le sable extrait d'une carrière, si ces biens sont vendus, l'anticipation s'arrête.

---

[44] CSJ, RC 220, 1er oct. 1980, in DIBUNDA KABUINJI, *Répertoire général de la jurisprudence de la Cour Suprême de Justice (1965-1989)*, Kinshasa, Éd. CPDZ, 1990, p. 103. Souligné par nous (italiques).

[45] J. HANSENNE, *Précis*, t. 1, n° 66 et s.

[46] Pau, 28 nov. 1985, *J.C.P.*, 1986, II, 20 2662 et note.

[47] Com. 24 nov. 1981, *Bull. civ.*, IV, n° 408. Cette qualification n'est pas applicable à la vente des arbres à abattre qui sont des biens immobiliers par nature: Reims, 10 mai 1982, *J.C.P.*, 1984, II, 20 226 et note D.

73. ***Vente des biens meubles par anticipation.*** Celle-ci comporte un régime juridique complexe. Elle ne doit pas être considérée comme une vente des choses futures. Il ne s'agit pas non plus d'une vente immobilière et l'adage «en fait de meubles, possession vaut titre», ne leur est point applicable.

G. *Immeubles par destination: article 8, loi du 20 juillet 1973*

Il s'agit de la troisième catégorie d'immeubles mais qui ne sont tels, comme le cas des meubles par anticipation, que par fiction légale.

74. ***Notion.*** La loi les définit comme «*les objets mobiliers placés par leur propriétaire dans un immeuble qui lui appartient ou sur lequel il exerce un droit réel immobilier qui est de nature à lui permettre d'user ou de jouir de l'immeuble, soit pour les nécessités de l'exploitation dudit immeuble*[48] *soit à perpétuelle demeure*[49] *pour son utilité ou son agrément*[50]».

75. ***Jurisprudence – droit comparé.*** Il a été jugé que constituent des immeubles par destination, et partant susceptibles de saisie mobilière:

- une cuisine équipée, des poêles à gaz installées dans une maison destinée à la location des chambres d'étudiants;
- des postes de radio et télévision dans un immeuble exploité comme maison de repos et qui servent à la distraction de ses pensionnaires;
- de même le véhicule qui sert à leur transport[51].

76. ***Critères de qualification.*** De la définition donnée par l'article 8, il ressort:

---

[48] Tels, les téléviseurs y placés, les matériels ou machines pour l'agriculture.

[49] Cas d'une niche placée par un propriétaire pour y mettre la statue de la Vierge Marie: Turnhout (1re ch.), 23 sept. 1981, *Turnh. Rechtsl.*, 1993, p. 124 confirmé par Anvers (1re ch.), 20 avr. 1988, *idem*, 1993, p. 127.

[50] Par exemple, un tableau ou une œuvre d'art.

[51] Civ. Huy, (saisie), 6 juin 1988, *R.R.D.*, 1988, n° 47, p. 298; N. VERHEYDEN-JEANMART, «Examen de jurisprudence (1989-1998), Les biens», *Rev. critique de jurisprudence belge* (RCJB), 2001, p. 75 et s., n° 7-13. L'on peut appliquer cette notion aux téléviseurs placés dans les chambres des malades; dans les hôtels dans certaines cliniques ou aux cuisinières et gazières des restaurants.

- que les immeubles par destination sont des meubles par leur nature ;
- que ces meubles ne peuvent être immobilisés que par leur propriétaire ou par celui qui exerce un droit réel immobilier (ex. : locataire, concessionnaire, fermier...) ;
- que le but de l'immobilisation est d'empêcher le démembrement de l'immeuble (pour son utilité et son agrément) ;
- que cette immobilisation a la même étendue et elle prend fin en même temps que le droit réel qui lui sert de base.

77. Conditions pour immobiliser par destination. La loi prévoit quatre conditions :

- l'affectation doit être faite au profit de l'immeuble ;
- seul, le propriétaire ou le titulaire du droit réel a qualité pour ce faire (art. 8, 2°, *in fine*)[52] ;
- l'immobilisation par destination doit l'être pour les nécessités de l'exploitation ou attachés à perpétuelle demeure (de façon définitive) pour l'utilité ou l'agrément dudit immeuble ;
- il faut être titulaire du droit réel immobilier et propriétaire du meuble immobilisé.

L'article 1, 1° et 2° de la loi cite en exemples :

- les animaux attachés à la culture ou à l'exploitation agricole, les instruments et ustensiles aratoires, les animaux, machines, ustensiles et autres objets nécessaires à l'exploitation industrielle ou commerciale[53] ;
- les objets attachés par un travail de maçonnerie quelconque ; ceux qui ne peuvent être détachés sans être fracturés ou détériorés, ou sans briser ou détériorer la partie de l'immeuble à laquelle ils sont attachés ; les glaces, tableaux et autres ornements lorsque l'intention du propriétaire de les laisser à perpétuelle demeure résulte clairement de leurs dimensions et de leur emplacement dans l'immeuble.

---

[52] En droits belge et français, il faut être propriétaire de l'immeuble et du meuble immobilisé (article 524). Voy. Civ., 3e, 5 mars 1980, *Bull. civ.*, III, n° 51 ; Reims, 1er déc. 1975, *J.C.P.*, éd. N., 1977, II, 54 s'agissant d'un immobilisé par une personne demeurée inconnue : pas d'immobilisation par destination.

[53] Même si cela cessait d'être indispensable : Agen, 1er déc. 1988, *Defrénois*, 1982, 1213, note V. ; *RTDC*, 1990, 107 obs. Zennati. Application aux emballages et récipients, tonneaux de brasseries : Civ., 24 janv. 1912, *D.P.*, 1913, I, 337 note F. B. ; Chambéry, 19 janv. 1904, *D.P.*, 1907, 2, 361 note P.

78. ***Immobilisation par destination économique.*** La doctrine admet que l'immobilisation peut être par *destination économique* ou *pour l'agrément*. Dans la seconde hypothèse, l'immobilisation répond simplement à un besoin d'agrément alors que dans la première, il s'agit de donner des *raisons d'ordre économique ou industriel à l'immobilisation.* Il en est ainsi des animaux de traite, des machines agricoles y compris les véhicules y affectés, dans l'espèce, les véhicules de transport et de manutention.

79. ***Jurisprudence.*** Dans une espèce, la Cour de cassation belge a décidé que les moyens de transport peuvent être immobilisés par destination économique lorsqu'ils sont affectés par le propriétaire à l'exploitation d'un fonds spécialement aménagé à cette fin et pour autant que les véhicules soient nécessaires ou tout simplement utiles à l'exploitation[54].

Toutefois, il existe des conditions:

- que la destination soit effectivement à perpétuelle demeure pour les besoins de l'exploitation;
- de même, l'immeuble doit être aménagé en vue de cette exploitation;
- qu'il y ait un rapport de destination;
- que l'immeuble par destination soit attaché à la culture (cas des animaux de traite);
- et ce, pour les nécessités de l'exploitation.

80. ***Autonomie de qualification au pénal.*** Il est important de noter, sur le plan pénal, au regard de l'autonomie dont jouit cette branche du droit, qu'il est fait peu de cas à cette distinction.

81. ***Jurisprudence.*** Ainsi, il a été décidé que l'article 96 du Code pénal livre II (réprimant le stellionat) a une portée générale et intéresse tous les biens *réellement immeubles peu importe le régime immobilier le réglementant en droit privé*; que ce soit le régime de l'enregistrement ou bien celui du droit spécial urbain constaté par le titre d'occupation qualifié de livret de logeur ou bien enfin le régime foncier coutumier rural[55]. Dès lors, la transformation en meuble d'un bien qui, par sa nature intrinsèque, est immobilier, ne peut être retenue vu que le droit

---

[54] Cass., 11 sept. 1980, *Pas.*, 1981, I, 37 et note J. V.

[55] CSJ, RP 130, 15 avr. 1975, *Bull. des Arrêts*, 1976, p. 119 et *Bull. des Arrêts*, 1979, p. 53. Souligné (italiques) par nous.

pénal ne prend pas en considération les fictions de droit privé, vu son autonomie d'interprétation[56].

Sur le plan civil, des questions peuvent se poser quant à la qualité pour immobiliser et quant à la durée de l'immobilisation par destination.

82. ***De la qualité pour immobiliser à la présomption légale de l'immobilisation par destination.*** En droit congolais[57], la loi ne reconnaît qu'au propriétaire ou au titulaire du droit réel immobilier la capacité d'immobiliser par destination, contrairement au droit belge ou français[58]. Cela a pour conséquence que s'il y a immobilisation, l'on *présume* qu'elle doit avoir été le fait du propriétaire ou du titulaire d'un droit réel et qu'elle l'est à perpétuelle demeure ou pour l'agrément de l'immeuble. Dès lors, le titulaire du droit ne peut plus changer la nature du bien ainsi immobilisé.

83. ***Cessation de l'immobilisation par destination.*** Aux termes de l'article 8 de la loi du 20 juillet 1973, *in fine*, l'immobilisation par destination prend fin comme elle a commencé. C'est-à-dire par la volonté du propriétaire ou du titulaire du droit réel de mettre fin à l'immobilisation ou même par un acte matériel indépendant de la volonté du titulaire du droit réel. Il en est ainsi de la perte d'immobilisation par un accident ou un fait d'un tiers (destruction de l'immeuble principal, incendie ou cession de droit de propriété).

Par ailleurs, la loi (article 8, dernier alinéa) précise que la durée de l'immobilisation par destination est fonction de celle du droit réel qui le sous-tend. Dès que le droit réel expire, l'immobilisation cesse automatiquement. L'accessoire suit le principal.

Il a ainsi été décidé qu'à la suite d'une vente publique, les biens immeubles par destination cessent d'être immeubles et redeviennent meubles car, par cette vente, a cessé le droit réel sur eux et ils sont ainsi détachés du fonds[59].

---

[56] *Idem.*

[57] Voy. dans ce sens, LUKOMBE NGHENDA, *op. cit.*, p. 160.

[58] Contra : article 524 du Code civil belge ou français qui définit les immeubles par destination comme « les objets que **le propriétaire d'un fonds** y a placés pour le service de l'exploitation de ce fonds. Ainsi, sont immeubles par destination, quand ils ont été placés par **le propriétaire** pour le service et l'exploitation du fonds (...) ». Soulignés par nous.

[59] CA Matadi, RCA 019, 7 mai 1979, *RJZ*, 1979, p. 129 et note (*contra*) de DIBUNDA KABUINJI.

84. ***Jurisprudence.*** Il a été décidé que si l'on admettait que les machines à coudre sont des immeubles par destination, il est cependant un fait que le caractère immobilier a cessé dès le moment où la partie demanderesse avait, par préavis, perdu le droit réel qu'elle avait sur l'immeuble d'autant plus qu'en réalité, lesdites machines avaient cessé de tourner au moment de la saisie [60].

De même, à la suite d'une vente publique, les biens immeubles par destination cessent d'être immeubles et redeviennent meubles car par cette vente, le droit réel portant sur eux a cessé et ils sont détachés du fonds [61].

H. Distinction en droit congolais entre immeubles par incorporation et immeubles par destination

85. ***Au point de vue de leur nature intrinsèque.*** Nous l'avons souligné, les immeubles par incorporation sont intrinsèquement ou de par leur nature des «immeubles» du fait qu'ils sont rattachés au sol soit naturellement (arbres) soit artificiellement (bâtiments) [62]. Tandis que les immeubles par destination, qui sont par nature des «meubles», sont le fait de l'homme, en l'occurrence, du propriétaire ou du titulaire du droit réel immobilier (fermier, concessionnaire, locataire) qui immobilise un bien meuble à des fins précises, légalement prévues.

86. ***Biens soumis à l'expropriation.*** Une autre distinction tient du fait que les mesures d'expropriation pour cause d'utilité publique, une des causes d'extinction du droit de propriété [63], ne concernent que les immeubles par incorporation et non les immeubles par destination. De même, le privilège [64] ne peut porter sur les immeubles par incorporation (qui sont

---

[60] Voy., V. KANGULUMBA MBAMBI, «Revue critique de la jurisprudence de la Cour Suprême de Justice en matières immobilière et foncière», in *La loi du 20 juil. 1973 portant régime général des biens, régime foncier et régime immobilier et régime des sûretés. Trente après: quel bilan? Essai d'évaluation,* Louvain-la-Neuve, Academia-Bruylant, Kinshasa, Éd. Kazi, 2004, spéc., p. 122, n° 4.

[61] Matadi RCA 019, 7 mai 1979 et Note DIBUNDA KABUINJI, *RJZ*, 1979, p. 129; 1re Inst. Lushi, RC 67 280, 24 janv. 1973, *RJZ,* 1973, p. 135, in V. KANGULUMBA MBAMBI, *op. cit.*, p. 123.

[62] Cette notion connaît aussi des extensions que nous avons déjà examinées. Cf. *supra* (immeubles par incorporation).

[63] Cf. *infra*: restrictions au droit de propriété.

[64] C'est une des modalités de sûreté réelle à l'instar de l'hypothèque et du gage sauf que le privilège n'est pas en soi une sûreté plutôt qu'une modalité d'exécution de celle-ci. Il est défini comme le droit que la loi reconnaît à un créancier, en raison

véritablement des droits réels immobiliers) mais sur les immeubles par destination (en tant que meubles).

87. ***Preuve de leur existence légale.*** Enfin, conformément à l'article 219 de la loi foncière (établissement et preuve du droit de jouissance d'un fonds) seuls, en tant que tels, les immeubles par incorporation (notamment les bâtiments) font l'objet d'un certificat d'enregistrement alors que les immeubles par destination ne sont pas soumis à cette formalité.

Une question, bien qu'elle soit l'objet des développements ultérieurs (biens appartenant à l'État), est d'actualité en droit congolais : les immeubles par incorporation appartenant à l'État doivent-ils être enregistrés, par qui et comment ?[65]

À notre connaissance, aucune disposition légale ne dispense l'État de faire immatriculer certains bâtiments qu'il a en propriété et émargeant de son domaine privé. Sinon, comment ce dernier prouverait légalement son droit de propriété immobilière restant entendu que seule la propriété du sol (propriété foncière) lui est reconnue, de façon non équivoque, par la loi !

Toutefois, sans pour autant anticiper sur les développements ultérieurs, notons que les immeubles par nature (le sol et les mines, articles 9 de la Constitution du 18 février 2006 et 53 de la loi du 20 juillet 1973) ne font pas l'objet de certificat d'enregistrement. Car de par la loi, que nul n'est censé ignorer, ils sont la propriété de l'État. Dès lors, il n'y a point lieu à une publicité supplémentaire : le fait de la loi suffit.

88. ***Sol soumis à l'exigence du certificat d'enregistrement.*** Il s'agit des terres faisant partie du domaine privé de l'État qui sont par définition concessibles. Dès lors, lorsque le sol est donné en jouissance aux particuliers, ceux-ci doivent se faire établir un certificat d'enregistrement constatant leurs droits de concession perpétuelle ou de concession ordinaire en vertu de l'article 219 de la loi du 20 juillet 1973.

89. ***Immeubles exclus : les arbres et plantations.*** S'agissant toujours de l'obligation d'enregistrement, il convient de relever que les arbres et plantes tant que non détachés du sol, les fruits et les récoltes ne font pas l'objet d'enregistrement : il s'agit des meubles par anticipation

---

de la qualité de la créance, d'être préféré aux autres créanciers sur l'ensemble des biens de son débiteur ou sur certains d'entre eux seulement.

[65] Voy. Rapport de la Sous-Commission parlementaire chargée des biens saisis, spoliés, confisqués ou abandonnés et sans maître, Palais du Peuple, 21-24 mai 2005 : http// :www.pnud-ait/rapport.biensaisie/

dont l'incorporation, comme les immeubles par destination, n'est que temporaire.

I. Biens immobiliers incorporels

90. ***Notion.*** Contrairement aux biens immobiliers corporels qui sont matérialisés, palpables et visibles, les biens immobiliers incorporels sont plutôt immatériels ou abstraits. Leur existence provient du droit et ce sont eux-mêmes des droits subjectifs. Le droit qui s'y rattache est incorporel du fait que l'objet du droit l'est également.

Il importe de souligner la différence entre «biens» ou «choses» et «droit». En effet, certains biens ont une existence matérielle: on les désigne par «biens corporels» ou «choses». Tandis que d'autres n'ont qu'une existence intellectuelle ou immatérielle, ce sont alors des «biens incorporels» ou «droits».

À titre d'exemple des droits incorporels, les articles 3 et 4 de la loi citent:

- les droits de créance tendant à donner un immeuble;
- les actions en justice, qu'elles soient *confessoire*, lorsqu'elles portent sur l'existence d'une servitude; *négatoire*, lorsqu'elles consistent à contester qu'un bien est grevé de servitude ou *possessoire*, lorsqu'il y a trouble de possession (*complainte*, en cas de trouble actuel ou futur; *réintégrande*, en cas de recouvrement d'une possession);
- les actions en bornage d'une propriété;
- l'action du créancier hypothécaire;
- l'action en revendication...

J. Biens meubles corporels et biens mobiliers incorporels

91. ***Notion.*** Les biens meubles corporels sont ceux qui sont matérialisés, que l'on peut toucher. Il en est ainsi de toutes les choses qui peuvent tomber sous la possession physique d'une personne. Les biens mobiliers incorporels sont plutôt immatériels. Et de façon générale, ils sont qualifiés de tels par la loi et ils sont alors appelés: *meubles par détermination de la loi* (article 4 de la loi).

Il s'agit des droits portant sur une chose mobilière par nature (droit réel, droit personnel, action en justice) ou des droits détachés de tout support matériel mais que la loi considère arbitrairement comme des meubles[66].

Il en est ainsi, aux termes de l'article 4 de la loi du 20 juillet 1973, des obligations (désignant les créances), les parts sociales, les actions et intérêts (en droit des sociétés) ; les actions (en matière de justice).

§ 3. AUTRES CLASSIFICATIONS DES BIENS

92. Les biens peuvent également être classés selon leur nature, leur valeur ou leur mode d'appropriation.

A. Selon leur nature

93. Les biens sont répartis en biens consomptibles et en biens non consomptibles ; en biens ou choses fongibles et biens ou choses non fongibles et en biens simples et biens composés.

1° Biens consomptibles et biens non consomptibles

94. ***Notion.*** Les biens sont dits consomptibles lorsqu'ils sont susceptibles de disparaître après leur premier usage. Dans le cas contraire, ils sont non consomptibles, c'est-à-dire, ils résistent au premier usage que l'on peut en faire. Tel est le cas des denrées alimentaires qui sont des biens consomptibles. Dès leur consommation, elles cessent d'exister. Un véhicule est un bien non consomptible, il peut être utilisé autant de fois sans disparaître dès le premier usage qu'on en fait.

95. ***Intérêt de la distinction.*** Elle se mesure en matière contractuelle notamment lorsqu'il y a d'obligation de restitution. Il en est ainsi de l'usufruit, fondé par nature sur l'usage et la jouissance du bien, qui ne peut porter que sur des biens non consomptibles. Car, il y a obligation de restituer le bien à la fin de l'usufruit. Or, pour restituer un bien, le bien qui en fait l'objet doit pouvoir résister au premier usage qu'on en fait. De façon générale, ce ne sont que des biens non consomptibles qui peuvent faire l'objet de restitution.

---

[66] LUKOMBE NGHENDA, *Droit civil. Les biens, op. cit.*, p. 174.

En revanche, en matière de prêt à la consommation, il ne peut s'agir que des biens consomptibles. La nature de ce contrat implique la consommation des biens qui en sont l'objet.

96. ***Consomptibilité et non consomptibilité subjective.*** Si de par leur nature les biens sont objectivement soit consomptibles soit non consomptibles, il est fait état d'une autre situation des biens: *la non consomptibilité subjective.* Les parties peuvent, selon leur volonté, considérer tel bien, pourtant naturellement non consomptible, comme étant consomptible ou vice versa.

2° Biens fongibles et biens non fongibles

97. ***Notion.*** Un bien est fongible lorsqu'il peut être échangé contre un autre. Il est non fongible lorsqu'il n'est pas interchangeable. En droit des obligations, cette distinction repose sur une autre, celle entre chose de genre et chose certaine.

Une chose est de genre lorsqu'elle peut être remplacée par une autre. C'est le cas des objets de série: un verre par un autre verre; un cahier de brouillon par un autre cahier de brouillon. Par contre, une chose certaine, puisqu'individualisée, ne peut être remplacée ou échangée que contre une autre de même nature ou de même qualité.

Il en serait ainsi d'un bien suffisamment individualisé. En ce moment, le bien est identifié et catégorisé et il devient une chose certaine qui ne pourrait, le cas échéant, s'échanger que contre une autre de même nature et de même qualité. Par exemple, une voiture de marque déterminée par une autre de même marque et de même série, etc.

98. ***Intérêt de la distinction.*** Il est encore perceptible en matière du droit des obligations. En effet, aux termes de l'article 144 du code civil congolais, livre III, «si la dette est d'une chose de genre qui ne soit déterminée que par son espèce, le débiteur ne sera pas tenu, pour être libéré, de la donner de la meilleure espèce; mais il ne pourra l'offrir de la plus mauvaise».

Par ailleurs, aux termes de l'article 182 du CC livre III, la compensation n'a lieu qu'entre deux dettes qui ont également pour objet une somme d'argent ou une certaine quantité de *choses fongibles* de *la même espèce* et qui sont également liquides et exigibles.

99. ***Jurisprudence.*** Il a été jugé que rien dans la loi n'interdit de prononcer la compensation en l'absence de conclusions des parties sur ce point lorsque les parties élèvent des contestations parmi lesquelles le juge découvre deux dettes compensables. Dans ce cas, la compensation s'opère de plein droit en vertu de l'article 182, même si les parties ne l'ont pas alléguée[67]. La compensation peut être invoquée pour la première fois en appel[68].

Enfin, l'article 467 du CC livre III dispose que l'on ne peut pas donner, à titre de prêt de consommation, des choses qui, quoique de même espèce, diffèrent dans l'individu, comme les animaux alors, c'est un prêt d'usage.

100. ***Principes.*** Pour les choses de genre, l'on applique donc l'adage *«generalia non pereunt» (les choses de genre ne périssent pas)*. En effet, le débiteur est libéré en restituant n'importe quelle chose, puisqu'il s'agit des choses de série.

En effet, lorsque le corps certain et déterminé qui était l'objet de l'obligation vient à périr, est mis hors du commerce ou se perd de manière qu'on en ignore absolument l'existence, l'obligation est éteinte si la chose a péri ou a été perdue sans la faute du débiteur et avant qu'il fût en demeure (art. 194 alinéa 1, Code civil congolais, livre III).

Cela veut dire que la chose certaine périt. Et en ce cas, la restitution éventuelle se fait, en payant une autre chose mais de même valeur et de même qualité. Le débiteur ne sera libéré que s'il rend une chose de même nature et de même qualité.

101. ***Fongibilité et non fongibilité subjective et affective.*** Autant pour la consomptibilité, la doctrine fait également état de la *fongibilité* et de *la non fongibilité subjective et affective*. Il peut arriver en effet, de par la volonté des parties contractantes, qu'une chose pourtant certaine soit réputée de genre et vice-versa.

Il en est souvent le cas des souvenirs de famille ou des biens entourés d'une affection particulière et dont les titulaires ne tiennent pas à perdre ni à échanger tellement qu'ils portent la charge affective, ils deviennent individualisés. De choses de genre, ces biens de famille deviennent, par affection particulière, des corps certains.

102. ***Rapport consomptibilité et fongibilité***. Ces deux concepts vont souvent de pair : une chose consomptible est toujours fongible. Ce qui ne va pas sans avoir des incidences sur le plan du droit.

---

[67] Elis., 11 juil. 1936, *RJCB*, 1937, p. 128.

[68] Elis., 29 juin 1912, *Jur. Congo*, 1914-1919, p. 119 ; Léo., 16 mars 1948, *RJCB*, 1948, p. 169.

En effet, aux termes de l'article 447 du Code civil congolais livre III, il existe deux sortes de prêt:

- celui des choses dont on peut user sans les détruire;
- et celui des choses qui se consomment par l'usage qu'on en fait.

La première espèce est le prêt à usage ou commodat (chose certaine) régi par l'article 448 du Code civil congolais livre III qui comporte une obligation de restitution après usage.

La deuxième espèce concerne le prêt à consommation ou simplement le prêt (chose consomptible et fongible et donc de genre) réglementé par l'article 465 et qui comporte une obligation de restituer une certaine quantité de mêmes espèce et qualité.

3° Biens simples et biens composés

103. ***Notion.*** Un bien est dit simple lorsque dans sa composition, il n'est constitué que d'un seul élément, d'une unité indivisible et ne donne lieu qu'à un régime juridique homogène. Dans le cas contraire, il sera dit composé et il sera soumis à l'application de diverses règles juridiques.

B. Selon la valeur des choses

Il est bon de rappeler que n'est réputé «bien» qu'une chose ayant une certaine importance ou une certaine valeur économique aux yeux de son titulaire. Dans cet ordre d'idées, l'on distingue d'une part, les biens de capitalisation des biens de consommation et, d'autre part, les fruits des produits.

1° Biens de capitalisation et biens de consommation

104. ***Notion.*** Les biens de capitalisation sont ceux qui permettent d'entretenir ou de fructifier le capital. Il en est ainsi, d'un immeuble, d'une ferme, des parts sociales ou des actions dans une société commerciale et généralement tout ce qui peut être un bien de production.

105. Les biens de consommation sont plutôt ceux de la consommation courante ou qui se prêtent à l'usage courant; c'est-à-dire destinés à être consommés ou à être utilisés régulièrement. C'est le cas de la nourriture ou d'un véhicule.

2° Fruits et produits

106. ***Notions.*** Sur le plan de la théorie juridique, un fruit n'est pas un produit. Il est vrai que le piège de la synonymie ou de l'analogie entre les deux concepts est à craindre.

Un bien est frugifère lorsqu'il est susceptible de produire des fruits. Le fruit est donc ce qu'une chose produit périodiquement et sans altération ni diminution sensible de sa substance. Il en est ainsi des fruits naturels (mangue, avocat).

Le produit, quant à lui, est le résultat de l'exploitation d'une chose dont la substance se trouve de ce fait altérée. Il implique un certain amortissement.

107. ***Fruits naturels, civils et industriels.*** Dans la distinction des fruits, l'on retient qu'ils peuvent être soit naturels, soit civils soit encore industriels.

Les fruits naturels sont ceux produits par les plantes, de façon naturelle sans intervention particulière de l'homme. Tandis que les fruits civils sont des revenus produits par des biens dont une personne est titulaire ou dont elle a la jouissance. C'est le cas des loyers des maisons ou des dividendes sociaux.

Enfin, les fruits industriels, s'ils sont en fait des fruits naturels, il reste qu'ils sont en grande partie la résultante d'un investissement, du travail, de l'industrie[69] ou de l'intelligence humaine.

108. ***Intérêt de cette distinction.*** Il réside, comme pour les autres cas, en matière contractuelle et spécialement en matière d'usufruit. Celui-ci est un contrat par lequel une personne use et jouit d'une chose comme son propriétaire mais à charge de la restituer à la fin du contrat. Dans cette occurrence, l'usufruitier ne restitue que les produits et non les fruits. Un adage dit bien que «l'usufruitier fait les fruits siens». Il ne peut restituer alors que les produits. S'agissant des fruits, il est ainsi considéré comme en étant un possesseur de bonne foi alors que pour

---

[69] Allusion peut être faite à ce que l'on appelle, en droit des sociétés, les apports en industrie. Il s'agit, non pas, d'un apport en argent ou en nature mais de l'intelligence, des connaissances particulières d'un associé dans tel ou tel autre domaine intéressant la société ainsi créée. Ce qui peut constituer une économie des dépenses puisque les associés auraient dû faire recours à une expertise et en supporter les coûts. Cf. LUKOMBE NGHENDA, *Droit congolais des sociétés*, *op. cit.*

les produits, il est présumé de mauvaise foi car il doit savoir qu'ils ne lui reviennent pas.

C. Selon leur mode d'appropriation

Sous cet angle, les biens sont appréciés par rapport à la possibilité ou non de tomber dans le patrimoine d'une personne. Ainsi, il y a les biens ou choses sans maître et les choses hors commerce.

1° Choses sans maître

109. ***Base légale: article 12 de la loi? Non.*** Aux termes de cet article, *toutes les choses sans maître appartiennent à l'État, sauf ce qui sera dit au sujet du droit d'occupation.* Tel qu'énoncé, la question qui se pose est celle de savoir si cet article servirait-il de base légale aux biens ou choses sans maître?

Nous devons relever que dans cette catégorie, l'on range les *res nullius* et les *res communes.* Il s'agit dans les deux cas des choses qui n'appartiennent à personne ou qui n'ont pas de propriétaire ou de maître.

En effet, à notre avis, cet article est sujet à caution en ce que le concept «occupation» est amphibologique: il renvoie à trois réalités juridiques différentes en droit congolais:

- il y a *l'occupation des choses* [meubles] *perdues*, article 51 de la loi [Cfr infra, titre IV, modes d'accession à la propriété];
- *le droit d'occupation*, supprimé par l'article 390 de la loi en ce qu'il est soumis à conversion, constaté à l'époque par le «livret de logeur» ou tout autre «titre équivalent» délivré dans une ville ou une cité par l'autorité administrative;
- et *l'occupation des terres*, au sens du droit de l'État Indépendant du Congo (EIC) et du droit colonial, laquelle se rapporte aux terres «vacantes» des indigènes, actuellement «terres des communautés locales» prévues par les articles 387 à 389 de la loi.

Par ailleurs, il y a une certaine incohérence dans sa formulation: ou bien ces choses n'appartiennent à personne, y compris l'État, ou ils appartiennent à ce dernier et non les deux à la fois. Sauf à préciser que les choses sans maître ne peuvent appartenir à des particuliers encore que ce serait, de surcroît, un non sens dans la mesure où les *«res nullius»* sont susceptibles d'appropriation!

110. ***Portée exacte et exégèse de l'article 12 de la loi.*** Pour mieux comprendre la portée de cette disposition, il faut remonter à l'époque de l'État Indépendant du Congo, spécialement à la législation sur les terres (vacantes). Il en ressort que le droit d'occupation auquel l'article 12 fait allusion n'est pas celui relatif au régime de l'occupation regardée comme un des modes d'accession à la propriété[70].

111. À ce sujet, le *rapport* du Conseil colonial est des plus clairs. Déjà, à propos dudit article 12 (inchangé dans la loi du 20 juillet 1973), il est dit que

> *«[L]e principe de la domanialité des choses sans maître ne s'applique que sous la réserve expresse du respect des droits coutumiers des indigènes»*[71].

Cet article visait (et continue de viser) les «terres vacantes»[72] qui ne revenaient ni aux indigènes (dépossédés) – *et qui étaient par ailleurs exclus du régime de la propriété individuelle du droit écrit jusqu'en 1953* – ni à quiconque. Ces terres revenaient alors à l'État Indépendant du Congo.

Dans sa version du 31 juillet 1912, il était énoncé que

> *«[T]outes les choses sans maître appartiennent à la Colonie, sauf le respect des droits coutumiers des indigènes et ce qui sera dit au sujet du droit d'occupation»*[73].

Le Conseil colonial estimait donc en 1912 que «le principe de la domanialité des choses sans maîtres, sous réserve expresse des droits coutumiers indigènes, est à l'abri de toute critique. On sait d'ailleurs qu'il est appliqué par tous les États colonisateurs sans aucune exception»[74].

Il est manifeste que ce «droit d'occupation» n'a jamais été défini par le législateur colonial – et même par celui actuel – alors qu'il laissait entendre qu'il le ferait. Il fallait attendre le décret du 3 juin 1906 pour qu'une précision soit apportée au droit d'occupation en ce qu'il portait qu'il s'agit des terres occupées par les indigènes et qui ne font pas

---

[70] La matière fait l'objet du dernier chapitre de la première partie de ce cours.

[71] Voy. le texte de cet extrait dans le *Code Piron*, Éd. 1960, sous l'article 12 du Code civil, liv. II.

[72] Voy. sur cette question, L. DE CLERCK, *op. cit.*, pp. 256-257.

[73] Décret du 31 juil. 1912, *B.O.*, 1912, p. 799. Ce décret deviendra le titre 1 du Livre II du Code civil (actuelle loi du 20 juil. 1973).

[74] Rapport du projet du Conseil colonial sur le projet du décret du 31 juil. 1912», *B.O.*, 1912, p. 799.

partie du domaine de la Colonie et que « [les indigènes] habitent, qu'ils cultivent, qu'ils exploitent d'une manière quelconque conformément aux coutumes et usages locaux ». L'on se rend compte que cette définition est la même que celle que la loi du 20 juillet 1973 (article 388) a donnée aux terres des communautés locales mais avec cette particularité que ces terres sont devenues plutôt des terres domaniales (article 387).

S'agissant des immeubles par incorporation, différents en droit congolais des immeubles par nature, il est précisé que « l'article 12 du code civil attribue à l'[État] la propriété des choses sans maître. Mais cette seule disposition de principe ne permet pas à [l'État] de devenir effectivement propriétaire des immeubles abandonnés qui se trouvent enregistrés au nom d'un propriétaire disparu ou d'une personne morale dissoute, sans que [l'État] puisse produire un acte sur la base duquel le conservateur des titres [immobiliers] annulera le certificat d'enregistrement existant et en établira un nouveau.

Or, continue le *Rapport*, il ne s'indique pas de laisser en dehors du circuit des affaires des immeubles dont la destination normale est d'être mis en valeur et exploités, pas plus qu'il n'est souhaitable, au point de vue juridique, que la propriété d'un bien reste suspendue et incertaine pendant un certain temps.

S'il s'agit des biens en déshérence, l'État doit se faire envoyer en possession définitive par le tribunal de grande instance. C'est sur base du jugement ainsi rendu que l'enregistrement au nom de l'État aura lieu »[75].

En définitive, le droit d'occupation de l'article 12 porte sur les terres des communautés locales et non sur des *res nullius*. Un immeuble par incorporation, ni encore moins un immeuble par nature, ne peut tomber sous le régime d'abandon.

112. ***« Res nullius ».*** Les *« res nullius »* peuvent être soit des biens meubles soit immeubles soit des immeubles. S'agissant des biens meubles *res nullius*, pour lesquels cet article trouve, à notre sens, à s'appliquer, la personne qui se l'approprie la première en devient propriétaire. Tel est le cas des biens trouvés, abandonnés.

Il s'agit de biens soit qui n'ont *jamais eu de maître* (animaux à l'état sauvage) ou qui ont été *abandonnés par leur maître* (objets jetés). Un bien perdu n'est pas un bien abandonné ! Il a un maître mais le lien de droit s'est involontairement arrêté. Un bien abandonné est celui

[75] *Idem*, sous l'article 50*bis* de l'ancien code civil, livre II.

dont le propriétaire s'est volontairement débarrassé. Ce type de bien appartient à quiconque s'en emparera le premier[76].

Il convient encore de préciser qu'un immeuble ne peut tomber sous le régime des biens abandonnés au point de revenir à l'État d'autant, par ailleurs, que l'ordonnance-loi qui portait sur les biens abandonnés a été abrogée en ce qu'elle contrariait frontalement les principes de la propriété immobilière et des droits de jouissance foncière en vigueur en droit congolais[77].

Les *res nullius* doivent être distingués de *res communes*, des choses dites «communes». En fait, les *«res communes»* ne sont pas des biens qui appartiendraient à tous (ce qui serait soit une copropriété soit une indivision) mais des biens plutôt destinés à l'usage commun ou de tous.

113. ***«Res communes».*** En droit congolais, il n'y a pas une disposition explicite et précise comme l'article 714 du code civil belge disposant que *«les choses communes n'appartiennent à personne et leur usage est commun à tous. Des lois de police règlent la manière d'en jouir*[78]».

Une partie de la doctrine[79] soutient que les *«res communes»* ne sont pas des biens. Ces biens ne peuvent être appropriés. S'ils peuvent même être appropriés (parc privé, par exemple) au départ mais ils tombent dans l'usage commun de tous (parc public). À notre avis, nous pensons que ces choses sont des biens mais ils ne peuvent pas devenir des biens patrimoniaux, c'est-à-dire tomber sous la propriété d'une personne déterminée tant que leur nature n'aura pas changé.

Il en est ainsi des ondes radiophoniques lesquelles, une fois émises, peuvent être également considérées comme des *«res communes»*. De même l'œuvre intellectuelle, après l'expiration du délai de 50 ans; de l'air, du soleil, de la lune ou de l'eau. Toutefois, il peut arriver que par une industrie ou travail de l'homme que ces biens soient appropriés: l'eau peut être transformée et apprivoisée pour être vendue; l'air peut

---

[76] C'est le régime du droit d'occupation. Cf., *infra*, titre IV: Modes d'accession à la propriété.

[77] Voy. Exposé des motifs de cette ordonnance, *Code foncier, op. cit.*, p. 223.

[78] B. JADOT, «L'article 714 du Code civil et la protection de l'environnement», in *Actualité du droit de l'environnement*, Bruxelles, Bruylant, 1995, p. 53 et s.; «Le droit à la conservation de l'environnement», in *Aménagement-Environnement*, n° spécial, 1996, pp. 229-236; D. LAGASSE, «Le droit d'action en cessation environnementale au regard de la notion d'intérêt à agir en justice: vers une privatisation du ministère public?», *Revue de Droit judiciaire et de la Preuve (RDJP)*, 2003-2, 11e année, Kluwer, pp. 148-157; Y. HAMULI KABUMBA, «Plaidoyer pour l'effectivité du droit à l'environnement sain en Afrique», *Rev. de Dr. Afric.*, n° 19/2001, pp. 277-297.

[79] H. de PAGE et R. DEKKERS, *Traité*, t. V, n° 534.

être conditionné (via le Split, climatiseur), les rayons solaires transformés en fourneaux (panneau solaire).

114. Régime juridique des «*res communes*». Il importe de distinguer deux aspects juridiques:

- le droit subjectif d'usage commun revenant à chacun;
- le droit d'un chacun ou de tous de se prévaloir d'une action tendant à protéger une «*res communes*».

Sous leur premier angle, les «*res communes*» ne peuvent se prêter comme des biens car ne tombant pas dans le patrimoine d'une personne déterminée même si l'usage en est reconnu à tous. Dans leur deuxième aspect, et dans cette mesure, toute personne peut avoir intérêt à agir pour préserver cette jouissance[80].

115. Portée exacte. En définitive, les «*res communes*» sont, à notre sens, des choses à l'usage de tous et non des choses appartenant à tous (*res communes* = choses communes) ! Sont communes, des choses indivises entre plusieurs propriétaires; des biens de certaines personnes morales ou des choses appartenant divisément à plusieurs personnes. Les «*res communes*» sont des choses qui échappent à toute appropriation privée et dont l'usage est collectif ou commun (cas des biens de famille ou successoraux).

2° Choses hors commerce

116. Bibliographie indicative: CHAMARD, C., *La distinction des biens publics et des bines privés. Contribution à la définition de la notion des biens publics*, Paris, Dalloz, 2004, 764 p.; DIJON, X., «Vers un commerce du corps humain», *J.T.*, 2006, 6233, p. 501; MOINE, I., *Les choses hors commerce. Une approche de la personne juridique*, Paris, LGDJ, 1997, 438 p.; PAUL., F., *Les choses qui sont dans le commerce au sens de l'article 1128 du code civil*, Paris, LGDJ, 2002, 287 p.

117. Base légale: article 10 de la loi. Dans l'étude du patrimoine, les biens qui y font partie sont des biens ou droits patrimoniaux. Ces biens sont ceux qui sont appréciables en argent ou susceptibles de faire l'objet d'aliénations. Ils sont ainsi dans le commerce.

---

[80] Par exemple, les actions des écologistes ou des membres de Greanpeace. Le droit à un environnement sain est justifié dans une action pareille: Civ. Namur (réf.), 27 mars 1998, *A.-E.*, 1998/4, p. 329.

Cependant, il existe une catégorie des biens qui ne peuvent ni être vendus ni être appropriés par les particuliers et qui sont donc *hors commerce*. Il s'agit des biens du domaine public. Comme nous le verrons, ces biens connaissent un régime juridique particulier basé sur leur affectation et leur désaffectation préalables.

118. Il est prévu à l'article 9 de la loi que «les biens qui n'appartiennent pas à des particuliers ne sont administrés et ne peuvent être aliénés que dans les formes et suivant les règles qui leur sont particulières». Y faisant suite, l'article 10 de la même loi dispose que *«les biens de l'État qui sont affectés à un usage ou à un service public sont hors commerce, tant qu'ils ne sont pas régulièrement désaffectés»*. Toutefois, il importe de préciser ce que l'on peut entendre par «être dans le commerce».

119. ***Portée de l'expression* «être dans le commerce».** En parlant des biens, nous avons relevé que ceux-ci ne sont qualifiés de tels que s'ils représentent une certaine utilité ou s'ils ont une certaine valeur économique pour une personne. Déjà, à ce niveau, la tentation serait grande d'assimiler le terme «commerce» au sens strict connu en droit commercial.

Le décret du 2 août 1913 relatif aux commerçants et aux preuves des engagements commerciaux[81], en ses articles 1 et 2, précise ce que l'on entend par «commerçant» et par «acte de commerce». Aux termes de l'article 1, «sont commerçants, ceux qui font profession des actes qualifiés commerciaux par la loi».

120. **Jurisprudence.** Dans une espèce lui soumise, le tribunal de 1re instance d'Élisabethville a jugé que la loi n'a pas distingué entre profession principale et accessoire. Elle n'impose même pas l'habitude. Un seul acte suffit, tant que la personne se montre prête à exercer le commerce, pour que la qualité de commerçant lui soit immédiatement acquise[82]. Mais il appartient à celui qui prétend qu'une personne est commerçante à le prouver car cette qualité ne se présume pas[83].

Aux termes de l'article 2 dudit décret: «la loi répute actes de commerce:

- tout achat des denrées et marchandises pour les revendre soit en nature, soit après les avoir travaillées et mises en œuvre, ou même

[81] *Bull. Off.*, 1913, p. 775.
[82] 1re Elis., 22 juil. 1924, *Kat.*, I, p. 58.
[83] Léo., 26 juin 1941, *RJCB*, 1941, p. 201.

pour en louer simplement l'usage; toute vente ou location qui est la suite d'un tel achat [...];

- toute entreprise de construction et tous achats, ventes et reventes volontaires de bâtiments pour la navigation intérieure et extérieures [...].

Comme on le voit, ces deux concepts sont rattachés à la personne qui fait le commerce et, en vertu de ce lien et de cette qualité, la personne commerçante se trouve soumise à certaines obligations.

121. Portée exacte de l'expression «hors commerce». Le commerce juridique n'est donc pas le commerce au sens général ou mieux au sens du décret du 2 août 1913. Une chose ne peut être hors le commerce juridique et être dans le marché. De même, une chose peut ou ne plus se retrouver dans le commerce général et être cependant dans le commerce juridique. Il en serait ainsi des produits défectueux retirés du marché mais qui peuvent faire l'objet d'un commerce juridique[84] ou des biens expropriés et affectés à un usage ou un service publics.

Par «commerce juridique», il convient d'entendre la possibilité pour une chose ou un bien de faire l'objet des transactions ou des actes juridiques indépendamment de la possibilité de tirer de ces transactions un intérêt économique. Les biens ainsi considérés sont aliénables. Leurs propriétaires ont la latitude d'en disposer.

C'est ce «commerce juridique» qui est exclu par l'article 10 de la loi qui dispose que *«les biens de l'État qui sont affectés à un usage ou à un service public sont hors commerce, tant qu'ils ne sont pas régulièrement désaffectés»*. Il en est ainsi des biens nationaux, des biens des communes ou des établissements publics régis par des règlements particuliers[85]. Dès lors, tous les autres biens de l'État restent dans le commerce, sauf les exceptions établies par la loi (article 11 de la loi).

Les choses hors commerce ne sont pas nécessairement hors appropriation. De même, l'extra-commercialité ne s'oppose pas ni n'exclut pas l'extra-patrimonialité. La doctrine enseigne que certaines choses hors commerce peuvent être appropriées[86].

---

[84] I. MOINE, *Les choses hors commerce. Une approche de la personne humaine juridique*, Paris, LGDJ, 1997, n° 21.

[85] Voy. article 1712 du Code civil belge.

[86] F. PAUL, *Les choses qui sont dans le commerce au sens de l'article 1128 du Code Civil*, Paris, LDGJ, 2002, p. 29.

122. Considérations. En définitive, nous pouvons dire qu'un bien est dans le commerce lorsqu'il peut être compté dans le patrimoine d'une personne ou lorsqu'il peut faire l'objet de transactions juridiques aboutissant à la naissance, au transfert ou à l'extinction d'un droit déterminé. Dans ce sens, l'expression «être dans le commerce» signifie «être susceptible d'aliénation». Ainsi, à la suite de l'article 10 de la loi, devient-il compréhensible que les biens du domaine public de l'État soient «hors commerce» ou inaliénables. Pour être aliénés, il faudrait une procédure préalable et spéciale (désaffectation).

La commercialité a donc des liens avec la patrimonialité. C'est dans cette mesure que le patrimoine est conçu comme étant l'ensemble des biens ayant une valeur commerciale et qu'un sujet de droit peut avoir. Le patrimoine se prête ainsi comme étant le «contenant» des biens. C'est l'instant de voir les règles qui lui sont applicables.

Section 2:

LE PATRIMOINE

123. Rappel. Les biens ou les choses ne peuvent être juridiquement appréhendés sans faire appel au concept «patrimoine».

Ce concept est assez récent en droit. Il était ignoré du droit coutumier français. Il a apparu au XIXe siècle et il est l'œuvre d'Aubry et Rau. Mais il a été fortement critiqué. Si le concept a été adopté, aujourd'hui, le patrimoine a un sens plus large et s'applique à différentes situations: patrimoine culturel, patrimoine commun de l'humanité, patrimoine génétique, etc.[87]

Aussi, est-il impérieux de définir d'abord le concept de patrimoine, de voir sa composition et l'incidence de sa définition en droit pour enfin relever les conséquences juridiques de la théorie du patrimoine.

§1. NOTION DE PATRIMOINE ET DES DROITS PATRIMONIAUX

124. *À la recherche d'une introuvable base légale.* La loi ne définit pas le concept de patrimoine. En son article 1, elle ne parle qu'incidemment

[87] Ph. MALAURIE et L. AYNES, *Droit civil. Les biens*, *op. cit.*, p. 16, n°s 7-8; Sur l'historique de l'institution 'patrimoine': LUKOMBE NGHENDA, *op. cit.*, p. 213 et s.

des *«biens ou droits patrimoniaux»* sans pour autant dire ce que l'on doit entendre par «patrimoine». Il en est de même des autres branches du droit: nulle part, il n'est donné une définition au terme «patrimoine». Dans ces conditions, force est de recourir aux différentes définitions proposées par la doctrine[88], pour en relever les éléments les plus permanents.

Dans le *Vocabulaire juridique*, le patrimoine est défini comme «l'ensemble des biens et obligations d'une personne». Il est aussi un «nom donné à une certaine masse des biens à une affectation spéciale (fondation) ou à un régime particulier (patrimoine commun de l'humanité, patrimoine respectif des époux). Il est encore «un ensemble des biens communément reconnus comme ayant une valeur éminente» (patrimoine commun de l'humanité, patrimoine culturel et mondial)[89].

D'après le *Dictionnaire du droit privé* de Serge Brando[90], «le patrimoine est constitué par l'ensemble des biens qui appartiennent à une personne physique ou morale. Le patrimoine inclut les droits et actions s'y rapportant. Lors du décès d'une personne, on désigne l'ensemble du patrimoine du défunt qui fait l'objet de partage par le mot "héritage" ou encore par l'expression "masse successorale"».

«Le patrimoine est ce qui est considéré comme un bien propre, une richesse. Il est l'ensemble des biens, droits, éléments aliénables et transmissibles qui sont la propriété, à un moment donné, d'une personne (individu ou société).»[91]

Ces définitions méritent d'être appréciées et précisées.

125. ***Définition retenue.*** De façon générale, le patrimoine est défini comme l'ensemble des biens qu'une personne possède. Cette définition pêche par une incohérence en ce sens, en ne parlant que des biens, qu'elle ne retient que les droits dans le patrimoine en omettant les dettes (obligations). Or, le patrimoine d'une personne constitue en réalité une universalité composée des éléments actifs et des éléments passifs. Dès lors, nous pouvons retenir que *le patrimoine est l'ensemble abstrait des droits et charges d'une personne.*

---

[88] J. GHESTIN (dir.), *Les biens*, Paris, LGDJ, 2000, 694 p., n° 2; Ph. MALAURIE et L. AYNES, *op. cit.*, n° 19.

[89] G. CORNU, *Vocabulaire juridique*, Paris, PUF, 2005, p. 654.

[90] Voy. www.dictionnairejuridique.com.

[91] Voy. www.dicodunet.com.

§ 2. COMPOSITION DU PATRIMOINE

126. Base légale: art. 1, al. 1 de la loi. Les droits patrimoniaux sont des éléments actifs du patrimoine. Aux termes de l'article 1, alinéa 1 de la loi, *les biens ou droits patrimoniaux sont de trois sortes:*

- *les droits de créance ou d'obligation;*
- *les droits réels;*
- *les droits intellectuels.*

127. *Notion de droits patrimoniaux*. Par «droits patrimoniaux», il faut entendre les biens qui sont appréciables en argent alors que les droits extrapatrimoniaux ne le sont pas. Il en est ainsi des droits politiques, des droits civiques, du droit à l'honneur ou du droit de la personnalité.

Il y a lieu d'éviter une confusion: les droits de créance ou d'obligation sont aussi appelés des droits personnels. Ce n'est point pour dire qu'ils seraient extrapatrimoniaux par ce qu'attachés à la «personne» mais plutôt pour signifier qu'il existe ou qu'ils font supposer un lien ou un rapport juridique entre deux ou plusieurs personnes dont l'une ou les unes peuvent être créancières ou débitrices des autres. Cela étant précisé, il importe de voir la composition du patrimoine.

En fin de compte, nous retenons que le patrimoine d'une personne est composé des éléments actifs (droits, créances) et des éléments passifs (obligations, dettes).

128. *Éléments actifs: droits ou créances*. Il s'agit de tous les éléments ou tous les biens appréciables en argent et qui constituent des droits pour son titulaire. Tel est le cas des créances (loyers échus, rémunérations, salaires, prix d'une chose vendue...), des droits réels (les meubles, les immeubles).

129. *Éléments passifs: obligations ou dettes.* Le passif d'un patrimoine est composé de tous les éléments qui se présentent comme des dettes ou des obligations de son titulaire. Autant pour les éléments actifs, les éléments passifs du patrimoine, c'est-à-dire les dettes, doivent être également appréciables en argent.

130. Au bout du compte, le patrimoine se présente ainsi comme une universalité des droits et des obligations (D = O); l'actif doit répondre du passif (A = P). Quand les droits ou actifs (créances) sont supérieurs aux obligations (dettes), le patrimoine est positif. Dans le cas contraire, il est négatif. Mais l'on ne dirait jamais qu'il n'existe pas de patrimoine:

il en est un mais il est négatif. Cela peut être mieux compris en étudiant la théorie et le caractères juridiques du patrimoine.

§3. THÉORIE ET CARACTÈRES JURIDIQUES DU PATRIMOINE

131. Le patrimoine constitue un tout. C'est-à-dire une universalité. Ses éléments sont indissociables. Les uns répondent des autres. Les droits sont corollaires aux obligations. Chaque sujet de droits possède un patrimoine.

De ce qui précède, deux postulats peuvent être énoncés:

- le patrimoine est une émanation de la personnalité;
- le patrimoine constitue une universalité de droits et d'obligations.

A. Théorie juridique du patrimoine

132. Elle est construite à partir de trois déductions procédant des postulats ci-dessus énoncés, à savoir:

- tout patrimoine suppose nécessairement à sa tête une personne;
- toute personne a nécessairement un patrimoine;
- une personne a nécessairement un seul patrimoine.

133. ***Tout patrimoine suppose nécessairement à sa tête une personne***. Le patrimoine n'est concevable que s'il est rattaché à une personne, sujet de droits et d'obligations qui en est titulaire. En effet, le patrimoine étant défini comme l'ensemble des droits et d'obligations, il ne peut être reconnu qu'à celui qui jouit de cette prérogative ou de cette qualité.

Ainsi donc, une personne morale a un patrimoine parce qu'elle a une personnalité juridique faisant d'elle un sujet de droits et d'obligations. Une personne décédée n'est plus sujet de droit et donc ne devrait plus avoir de patrimoine. Les éléments de son patrimoine passeraient à ses héritiers.

134. ***Toute personne a nécessairement un patrimoine***. Il y a lieu de rappeler qu'un patrimoine peut être simplement négatif. C'est-à-dire constitué uniquement de dettes. Il y a toujours un patrimoine tant que l'on peut le rattacher à une personne. En d'autres termes, le patrimoine ne se réduit pas à la richesse ou aux acquisitions. Dans cette occurrence, la doctrine qualifie le patrimoine de réceptacle idéal (qui reçoit tout ou même rien du tout) mais il a le mérite ou la vertu d'exister[92].

135. ***Une personne a nécessairement un seul patrimoine.*** Le patrimoine est un tout. Il est autant indivisible (ne pas recueillir que les éléments actifs tout en délaissant ceux passifs) que ses éléments sont indissociables (universalité). Il est l'émanation d'une personne, sujet de droit. Ce dernier ne doit avoir qu'un patrimoine et ne peut en avoir qu'un seul.

136. *Patrimoine: universalité des droits.* Le patrimoine est composé des éléments actifs et des éléments passifs; des droits et des obligations. Dès lors, le patrimoine se présente comme un tout cohérent. Cette cohérence se traduit dans la corrélation de l'actif et du passif.

Ainsi, si X achète de Y un immeuble et si celui-ci est grevé de servitudes, dans le patrimoine de X, du coté actif (droits) nous aurons l'immeuble (qui est évaluable en argent) et, du coté passif, l'argent déboursé pour acquérir l'immeuble et éventuellement les charges qui grèvent cet immeuble.

Dans le patrimoine de Y, l'argent sorti du patrimoine (passif) de X se retrouve du côté actif. Au droit de l'un correspond l'obligation de l'autre.

137. *Équivalence des éléments actifs du patrimoine.* L'universalité des éléments du patrimoine se traduit également par l'équivalence des éléments actifs. Cela signifie que les éléments actifs se prêtent comme des gages des éléments passifs. C'est-à-dire n'importe quel élément d'actif peut répondre de quel autre élément du passif. Ainsi, l'argent encaissé par «Y» (dans l'exemple ci-devant) peut servir à «Y» de liquider certaines dettes qu'il a vis-à-vis de ses créanciers.

Aux termes de l'article 245 de la loi du 20 juillet 1973, *tous les biens du débiteur, présents et à venir, sont le gage commun de ses créanciers et le prix s'en distribue entre eux par contribution, à moins qu'il y ait entre les créanciers des causes légales de préférence.*

Il résulte donc de cette disposition que tout ce qui entre dans le patrimoine d'une personne répond de toutes les dettes non encore acquittées par le titulaire dudit patrimoine.

---

[92] J. CARBONNIER, *Droit civil, Les biens et les obligations*, PUF, Paris, 1967, pp. 9-10.

138. *Fongibilité des éléments du patrimoine.* La cohésion caractérisant le patrimoine implique la fongibilité[93] des éléments actifs et des éléments passifs. Cela signifie que les éléments du patrimoine sont interchangeables. En effet, une chose est dite fongible lorsqu'elle peut être remplacée ou échangée contre une autre. En ce qui concerne le patrimoine, il s'agit de considérer le fait que les éléments du patrimoine sont remplaçables (dans les droits comme dans les obligations) les uns par les autres.

B. Caractères des éléments du patrimoine

139. Les éléments du patrimoine présentent trois caractères: la cessibilité, la transmissibilité et la saisissabilité.

140. ***Cessibilité.*** D'emblée, il est important de noter que le patrimoine en tant qu'émanation d'une personne est incessible. L'on ne peut concevoir ni logiquement, ni encore moins juridiquement, une personne sans patrimoine. Car à chaque sujet de droit correspond et doit correspondre un et un seul patrimoine.

Le titulaire peut aliéner, céder des biens ou des droits faisant partie de son patrimoine. Il s'agit bien des éléments actifs du patrimoine (et non de tout le patrimoine). La cession peut se faire soit du vivant du titulaire soit à son décès. Dans le premier cas, l'on parle de *cessibilité entre vifs* et dans le second, de *transmissibilité pour cause de mort*[94]. Les biens cessibles doivent être dans le commerce.

141. Toutefois, bien que pécuniaire et faisant partie du patrimoine, certains droits ne sont pas cessibles. Il en est ainsi du droit aux aliments (art. 716 à 764 du Code de la famille), du droit au maintien dans le lieu d'un locataire; le droit à une sépulture[95].

142. ***Transmissibilité.*** Elle suppose le transfert des biens du *de cujus* pour le patrimoine de ses héritiers. Encore une fois, il ne s'agit pas du transfert de son patrimoine (lequel disparaît avec son titulaire) mais

---

[93] Voy. *supra*: «Autres classifications des biens (selon leur nature)», n° 101.

[94] Ces questions sont réglées par le droit droits des contrats (en cas de cession entre vifs) et, pour cause de mort, par le droit des successions et des libéralités. Voy. *Code de la famille*, art. 758 et s. Pour plus d'informations, on peut consulter avec profit: TSHIBANGU TSHIASU KALALA, *Droit civil*: *Regimes matrimoniaux, successions et libéralités*, Éd. Cadicec, Kinshasa, 2002, 480 p., H.F. MUPILA NDJIKE KAWENDE, *Les successions en droit congolais*, Kinshasa, Éd. Pax Congo, 2001, 237 p.

[95] Ph. MALAURIE et L. AYNES, *op. cit.*, n° 19, p. 13.

des éléments du patrimoine. Les héritiers ne pourraient pas recueillir uniquement les éléments actifs. Ils répondront également des éléments passifs (dettes contractées par le *de cujus*).

143. ***Saisissabilité***. Aux termes de l'article 34 alinéas 1 et 2 de la constitution du 18 février 2006, «*la propriété privée est sacrée. L'État garantit le droit à la propriété individuelle ou collective acquise conformément à la loi ou à la coutume*». Et, selon les dispositions du dernier alinéa de la même disposition, «*nul ne peut être saisi en ses biens qu'en vertu d'une décision prise par une autorité judiciaire compétente*».

La constitution et les lois particulières protégent ainsi les droits garantis aux citoyens. La saisie d'un bien ne peut résulter que d'une décision judiciaire. Il importe, en cette matière, de distinguer les lois protectrices des lois répressives.

144. ***Garantie des droits subjectifs patrimoniaux***. Il s'agit de toutes les dispositions légales qui consacrent et protègent les droits réels. Elles sont sources des droits subjectifs relatifs aux biens: les instruments internationaux garantissent l'accession à la propriété; de même les textes de loi interne, à commencer par la constitution (art. 34), la loi et la coutume.

145. Il est assez significatif de noter que la protection des droits réels, et notamment celle de la propriété, est souvent liée aux changements politiques en République démocratique du Congo.

En effet, il semble constant, chaque fois qu'un régime succède à un autre, qu'il a été souvent mis sur pied des mécanismes pour rétablir les personnes lésées d'une façon ou d'une autre dans leurs droits, spécialement dans leurs biens. La politique étant un facteur de droit, elle influence à coup sûr la prise des décisions et des lois.

Il en a été ainsi:

- à la création de l'État Indépendant du Congo (1885) et avec les régimes des terres vacantes et de la dépossession des indigènes du Congo de certaines de leurs propriétés communautaires au profit du domaine de la couronne ou du Roi (décret du 19 janvier 1886), la colonisation avec la poursuite de la politique foncière de l'E.I.C.;
- sous le régime Mobutu (1965-1997), des décisions relatives à la nationalisation (1967), de la décision du Bureau Politique du 15 septembre 1971 concernant les biens des sujets ouest-africains; des mesures de la zaïrianisation, de la rétrocession et de la radicalisation (1973-1977);

- de l'accord belgo-zaïrois du 16 juillet 1985 sur les biens des sujets belges expropriés ;
- des recommandations de la « Commission biens mal acquis » issues des travaux de la Conférence Nationale Souveraine (C.N.S.) en 1992 ;
- avec l'accession au pouvoir de feu président Mzee Laurent Désiré Kabila, en 1997, de la création de « l'Office des biens mal acquis » dont la mission consiste au recouvrement de leurs droits par les victimes des « spoliations », l'État y compris ;
- et, sous le régime du président Joseph Kabila, issu du Dialogue inter-congolais (2001-2006), avec la mise sur pied de la Commission spéciale du Parlement chargée des « biens saisis, spoliés, abandonnés, sans maître et les biens de l'État spoliés par les particuliers »[96] ;
- du Gouvernement de la 3e république, issu des élections démocratiques de 2006, avec la mise sur pied d'une commission gouvernementale chargée de la « récupération des biens de l'État » avec la décision du Premier Ministre Gizenga donnant « 15 jours à ceux qui ont mal acquis ces biens de les restituer »[97].

146. ***Incrimination des atteintes aux droits patrimoniaux subjectifs.*** L'article 34 de la Constitution du 18 février 2006 garantit le droit de propriété. Il est interdit d'y porter atteinte, sauf si la loi l'y autorise.

Aux termes de l'article 14 de la loi du 20 juillet 1973, l'acquisition et l'exercice du droit de propriété doivent se faire légalement. Dès lors qu'un droit est acquis irrégulièrement ou qu'on l'exerce pour nuire, la loi ne peut plus le protéger. Mais l'irrégularité ou l'abus doit être établi par un jugement. L'on ne peut se faire justice à soi-même.

Les lois répressives sont diverses et concernent différentes situations :

- Le *code pénal* qui sanctionne toutes les formes d'atteinte aux biens (Titre II, art. 79-115) notamment le vol, le stellionat, l'extorsion, l'abus de confiance (art. 79-85), le détournement des biens saisis ; la confiscation des biens ayant servi à la commission d'une infraction (art. 5, 5° du Code pénal) ;

---

[96] Voy. *Rapport du Séminaire Atelier sur la problématique des biens saisis, spoliés et confisqués en RDC*, Palais du Peuple, mai 2005 : www.pnud-aid.org/rapportbiensaisie.pdf.

[97] Communiqué du Gouvernement, 30 avril 2007, in *Le Palmarès* et *www.africatime.com/rdc*, 2 mai 2007.

- Ordonnance du 24 août 1916 relative à la destination à donner aux biens saisis ou confisqués[98];
- Ordonnance n° 11-171 du 26 mars 1959 relative à la saisie en matière répressive et à la destination à donner aux objets périssables ou de conservation dispendieuse[99];
- Ordonnance-loi n° 79-026 du 26 septembre 1979 portant création de la Commission de gestion des biens saisis et confisqués[100];
- Ordonnance n° 86-112 du 8 avril 1986 relative à l'organisation administrative de la Commission de gestion des biens saisis et confisqués[101];
- le *code de procédure civile* qui organise la saisie conservatoire, la saisie-arrêt (art. 105 et s.); la saisie immobilière[102], etc.

147. En regardant de plus près, l'on se rend compte que ces différentes dispositions constituent des incriminations des atteintes aux biens. Toutefois, pour que l'atteinte soit portée à un bien, la décision du juge est indispensable. La saisie ou la confiscation ne s'appliquent pas donc *de plano*. Aux termes de l'article 143 du code de procédure civile, «tout créancier, même sans titre, peut, sans commandement préalable, *mais avec permission du juge*, faire saisir conservatoirement les effets mobiliers de son débiteur»[103].

148. ***Problématique de la création de «l'Office des Biens Mal Acquis» (OBMA).*** De tous les textes évoqués, un seul mérite d'être épinglé tant qu'il se rapporte, lui, directement aux biens mal acquis ou spoliés au préjudice des particuliers ou de l'État, il s'agit du *décret-loi n° 008 du 16 juillet 1997 portant création de l'Office des biens mal acquis* ainsi que ses différentes mesures d'exécution[104].

149. Aux yeux du juriste, la portée et l'application de ce décret-loi témoignent d'une grande contradiction avec les principes et les

---

[98] *Bull. Admin. du Congo*, 1916, p. 1118.

[99] *Bull. Admin. du Congo,* 1959, p. 1017.

[100] *J.O. de la République du Zaïre*, n° 21, 1er nov. 1979, p. 17.

[101] *J.O. de la République du Zaïre*, 1er juin 1986, p. 14.

[102] Ordonnance du 12 nov. 1886, *B.O.*, 1887, p. 2.

[103] Voy. aussi pour la saisie-arrêt, l'article 106, du code de procédure civile.

[104] Il s'agit de l'arrêté ministériel CAB/MIN.TP/01/003/97 portant création et organisation de la Commission de reconstitution du patrimoine immobilier de l'État et de l'arrêté n° 025/CAB/MIN/RI.J. & GS/97 portant organisation et fonctionnement de l'Office des biens mal acquis, in *Codes RDC. Droit public et administratif*, Bruxelles, Larcier, 2003, pp. 60 et 523.

dispositions fondamentales du droit congolais. En effet, nous avons relevé que toute atteinte au droit d'autrui est une infraction parce que non permise par la loi; de même, l'on ne peut jamais se rendre justice à soi-même. Cette mission est généralement dévolue aux cours et tribunaux.

150. ***Texte anti-constitutionnel?*** Rappelons encore les termes de l'article 34 de la constitution du 18 février 2006 qui dispose que

> *«La propriété privée est sacrée.*
>
> *L'État garantit le droit à la propriété individuelle ou collective acquis conformément à la loi ou à la coutume.*
>
> *Nul ne peut être privé de sa propriété que pour cause d'utilité publique et moyennant une juste et préalable indemnité octroyée dans les conditions fixées par la loi.*
>
> *Nul ne peut être saisi en ses biens qu'en vertu d'une décision prise par une autorité judiciaire compétente».*

En relisant le décret créant l'OBMA, l'on se rend vite à l'évidence que c'est tout le contraire de ce que prévoit l'article 34 précité[105]. En effet, l'on ne peut pas poser l'exception en principe ni ce dernier en exception. Lorsqu'une personne détient une chose, la loi suppose qu'elle l'a acquise normalement et qu'elle en est propriétaire (article 658 du code civil, livre III «en fait de meubles, possession vaut titre»). Celui qui prétendrait le contraire doit le prouver. Or, le décret-loi précité taxe, sans jugement, certaines personnes d'avoir mal acquis certains biens. Encore que s'agissant du droit congolais, lorsqu'une personne est détentrice d'un certificat d'enregistrement établi en son nom, elle est présumée être titulaire des droits réels et immobiliers qui y sont constatés (art. 227). Ces droits ne peuvent être mis en cause qu'en justice. Car le certificat d'enregistrement est un acte authentique qui fait foi jusqu'à inscription de faux (art. 225).

Il a été ainsi jugé que:

- le [certificat] d'enregistrement a un *effet probatoire* de l'existence d'un droit réel immobilier. Ce mode de preuve, par l'investiture officielle de l'enregistrement, tend à assurer la sécurité juridique des biens immobiliers et le crédit foncier qui en découle a un caractère d'ordre public[106];

---

[105] Voy. pour d'autres critiques: LUKOMBE NGHENDA, *Droit civil, les biens, op. cit.*, p. 878.

[106] CSJ, RC 100, 3 avr. 1976, *Bull. Arr.*, 1976, p. 64; CSJ, RP 998, 30 sept. 1987, in KALONGO MBIKAYI, *Code, op. cit.*, p. 201.

- aussi, «viole la loi [art. 219], le juge qui déclare une personne propriétaire d'un immeuble litigieux en l'absence d'un certificat d'enregistrement»[107]. Car le certificat d'enregistrement est bien la preuve du droit de propriété ou de jouissance foncière;
- de même, viole la loi, «le juge qui reconnaît le droit de jouissance et le droit de devenir concessionnaire sur une parcelle de terre à une personne démunie des titres prévus par la loi, en l'espèce la fiche parcellaire et le livret de logeur signés par un Commissaire de Zone»[108];
- il est donc clair, comme le soutient la Cour Suprême de Justice, «qu'en l'absence d'un contrat de location ou d'un certificat d'enregistrement, tout autre titre est inopérant pour établir ou transmettre un droit réel immobilier»[109].

Dans l'esprit et, même, dans la lettre du décret n° 0008 du 16 juillet 1997, «les biens saisis ou spoliés» visés ne sont en réalité que les immeubles. Or, pour être reconnus aux citoyens, ces droits doivent être constatés par un certificat d'enregistrement ou un titre équivalent (à convertir en certificat d'enregistrement). Décider par une loi, *et contre la constitution* (art. 34, caractère sacré de la propriété et 149 et suivants sur la séparation des pouvoirs), qu'une personne peut ou doit être distraite de sa propriété ou de son droit de jouissance sans jugement ou sans juste indemnité, revient à renverser les principes qui fondent un État de droit et, cela contribue, par ce fait même, à perpétuer l'insécurité juridique.

151. ***Garantie des créanciers: gage général des biens du débiteur.*** En droit commun des biens, l'article 245 de la loi du 20 juillet 1973 dispose que

> *«Tous les biens du débiteur, présents et à venir, sont le gage commun de ses créanciers et le prix s'en distribue entre eux par contribution, à moins qu'il n'y ait entre les créanciers des causes légales de préférence».*

Pour se faire payer, les créanciers sont ainsi fondés à opérer saisie sur les éléments actifs du patrimoine de leurs débiteurs. Comme ces éléments sont appréciables en argent, les créanciers peuvent, après saisie, faire vendre les biens de leurs débiteurs. Le droit de gage constitue une

---

[107] CSJ, RC 1266, 5 sept. 1990, in KALONGO MBIKAYI, *idem.*

[108] CSJ, RC 1972, 24 juil. 1998, in *RAJC*, 1998, p. 12 et Note de DIBUNDA KABUINJI; Voy. V. KANGULUMBA MBAMBI, *La loi du 20 juil. 1973, op. cit.*, spéc. «Revue critique de la jurisprudence de la C.S.J…», n° 17.

[109] CA Kinshasa/Matete, 30 avr. 1993, *RJAC*, 1998, p. 35.

sûreté réelle. C'est-à-dire une garantie portant sur une chose (*res*) par opposition à la sûreté personnelle (caution personnelle) qui suppose qu'une personne se porte fort ou garant du paiement d'une obligation par une autre.

152. En définitive, la cessibilité, la transmissibilité et la saisissabilité sont les trois caractères des *éléments* du patrimoine. Ils peuvent être associés ou non. Tout dépend de la situation juridique dans laquelle se trouve le titulaire du patrimoine. Ainsi, un bien peut être cessible sans être transmissible. Tel est le cas des biens d'une personne morale pour qui, en cas de dissolution, il n'y a pas d'ouverture de succession.

§4. CONTENU JURIDIQUE DU PATRIMOINE

153. Nous savons que le patrimoine est considéré comme réceptacle de tous les droits et obligations patrimoniaux d'une personne. Il s'agit des biens appréciables en argent. S'agissant du contenu juridique, le patrimoine ne peut donc comprendre que des biens patrimoniaux ou droits patrimoniaux.

A. *Base légale*

154. **Article 1 de la loi.** En son alinéa 1, cet article prescrit que *« les biens ou droits patrimoniaux sont de trois sortes: les droits de créance ou d'obligation, les droits réels et les droits intellectuels. »*

La loi limite les éléments ou le contenu du patrimoine à ces trois différents droits subjectifs. La portée et l'incidence de la qualité patrimoniale de ces droits méritent d'être précisées.

B. *Portée et incidence des biens ou droits patrimoniaux*

155. ***Droits de créance.*** Le droit de créance est défini comme un rapport juridique entre deux ou plusieurs personnes en vertu duquel l'une d'elles, appelée créancier, a le droit d'exiger de l'autre, appelée débiteur, un certain fait ou une certaine abstention. C'est-à-dire, le créancier peut obliger le débiteur à donner ou faire quelque chose ou à ne pas faire quelque chose, en d'autres termes, s'abstenir de faire quelque chose. Dans le premier cas, il s'agit d'une obligation positive et dans le second, une obligation négative. Le rapport d'obligation s'analyse ainsi sous deux angles: soit comme une créance (du point de vue du créancier) soit comme une dette ou obligation (du point de vue du débiteur).

156. ***Droits intellectuels.*** Les droits intellectuels sont en réalité des droits incorporels, non matérialisés opposables aux tiers. S'ils ont une valeur économique, ils ne prêtent cependant pas moins à la confusion[110] du fait de la loi qui les range – imprudemment – parmi les droits patrimoniaux.Nous avons eu à critiquer cette approche dans la recherche de la définition du concept «bien» [cf. *supra*, n° 56].

Ce que nous pouvons en retenir est qu'il s'agit assurément des droits à caractère vénal, cessibles et transmissibles. Mais les droits du cessionnaire sont doublement limités par le maintien des prérogatives conférées à l'auteur; son droit moral (respecter l'intégrité de l'œuvre) et le droit de suite de ses héritiers[111].

157. En effet, les droits intellectuels ou moraux ne tombent pas tout de suite dans le patrimoine. Il est vrai que la loi qualifie de propriété intellectuelle ou industrielle les droits afférents à une activité intellectuelle ou industrielle (droits d'auteurs et fond de commerce). Mais ladite activité doit être cependant matérialisée pour bénéficier de la protection juridique. C'est ainsi que l'on oppose les droits moraux aux droits pécuniaires qui, eux, portent sur les profits obtenus par l'exploitation de l'œuvre.

158. ***Droits réels.*** Cette troisième catégorie des droits nous intéresse particulièrement en tant qu'elle est l'objet essentiel du présent Précis.

En effet, les droits de créance font l'objet du cours de droit civil des obligations et les droits intellectuels, en tant que droits à la limite des droits patrimoniaux et des droits extrapatrimoniaux, sont plutôt étudiés en droit de la propriété intellectuelle et industrielle (droits moraux, droits d'auteur) et ne rentrent donc pas, strictement parlant, dans l'étude des droits réels ou des biens. L'on s'en rendrait compte en définissant les droits réels et en en relevant quelques caractéristiques.

C. *Notion des droits réels*

159. Les droits réels sont souvent opposés aux droits personnels. Nous venons de le voir, les droits de créance ou d'obligation sont appelés «droits personnels» dans la mesure où ils mettent en rapport ou lien juridique

---

[110] Voy. LUKOMBE NGHENDA, *op. cit.*, p. 249, n° 101.
[111] Voy. Ph. MALAURIE et L. AYNES, *op. cit.*, p. 14.

deux ou plusieurs *personnes* en vertu duquel les unes s'obligent envers les autres.

Le droit réel est quant à lui défini comme un rapport juridique immédiat et direct entre une personne et une *chose («res»)*. La chose étant un droit, il est un élément actif du patrimoine de son titulaire. Le droit réel est par conséquent un élément actif du patrimoine.

D. *Caractères des droits réels*

160. En tant que prérogative reconnue et exercée directement par une personne sur une chose, le droit réel revêt trois caractères:

- *droit absolu;*
- *droit de suite;*
- *droit de préférence.*

Le droit réel est un droit absolu en ce sens qu'il est opposable à tous. Son titulaire peut s'en défendre envers et contre tous.

Il implique un droit de suite dans la mesure où, en vertu du premier caractère, son titulaire est habilité à revendiquer son droit entre les mains de qui que ce soit. Ainsi, le propriétaire d'un bien volé peut toujours le réclamer auprès du voleur.

Le droit de préférence suppose qu'en cas de conflit l'opposant à d'autres personnes, le titulaire d'un droit réel est toujours préféré car il est considéré comme propriétaire. Or, le droit de propriété, rappelons-le, a un fondement constitutionnel. Dès lors, le propriétaire doit bénéficier d'une protection supérieure en vertu de l'article 34 de la constitution du 18 février 2006 et d'une préférence légale (art. 14 de la loi).

Il en serait ainsi lorsque plusieurs personnes revendiquent la propriété d'un bien alors qu'une seule en aurait la preuve légale. C'est cette dernière personne qui sera préférée à toutes les autres, c'est-à-dire reconnue propriétaire.

E. *Énumération des droits réels*

161. Cette énumération est légale. C'est-à-dire, elle est le fait de la loi. Cependant, la loi n'étant pas toujours parfaite, il n'est pas impossible que cette énumération soit incomplète.

162. ***Base légale: article 1, 2° de la loi.*** *«(...) Les seuls droits réels sont: la propriété, la concession perpétuelle, les droits d'emphytéose, de superficie, d'usufruit, d'usage et d'habitation, les servitudes foncières, le gage, le privilège et l'hypothèque».*

En disant «les seuls droits réels», la loi a donc limité restrictivement ceux-ci. Cela implique que l'énumération est d'ordre public. Elle ne peut souffrir d'aucune exception. Il s'agit d'une disposition d'ordre public, justifiée par des raisons d'ordre politique et social.

163. ***Justification de la limitation.*** Les raisons de cette limitation peuvent être recherchées et trouvées sur le plan historique, dans la législation et la doctrine belges et, dans une certaine mesure, françaises. Si ces raisons ont été reconduites pour justifier encore cette limitation, toutefois le législateur congolais y a ajouté un autre droit réel: la concession perpétuelle. Et même alors, l'énumération n'est pas complète à considérer d'autres dispositions de la loi du 20 juillet 1973.

164. En effet, aux termes de l'article 6 de la loi du 20 juillet 1973, il est dit: *«Le sol et les mines sont immeubles par nature».* Ainsi donc, bien que non reprises dans l'énumération de l'article 1, 2°, les concessions minières et les concessions de chemins de fer sont également des droits réels. Ces deux concessions sont susceptibles d'hypothèque (article 251, 6° et 7°, de la loi). Or, il n'y pas lieu à hypothèque si le bien n'est pas aliénable[112].

Par ailleurs, il convient de relever que l'article 251 de la loi comporte une erreur et une incohérence telles qu'il range les immeubles par destination parmi les biens susceptibles d'hypothèque. Or, par nature, les immeubles par destination est un bien meuble. Il ne fait pas l'objet ni de certificat d'enregistrement ni d'inscription audit certificat. Cette vue est logique lorsque nous nous reportons à l'article 6 du décret du 15 mai 1922 sur le régime hypothécaire: il n'y a aucune mention des immeubles par destination En effet, ces immeubles ne sont pas des immeubles par leur nature ou par leur incorporation (art. 6, ancien) ou des immeubles par incorporation (art. 251 nouveau, alinéa 1).

En règle générale, les droits réels sont répartis en deux catégories: les droits réels principaux et les droits réels accessoires. Ces derniers sont ainsi qualifiés parce qu'ils nécessitent la présence des premiers pour exister. Tel est le cas du gage, de l'hypothèque et du privilège qui supposent respectivement l'existence d'une créance pour lequel un bien

---

[112] Voy. H. LÉONARD, «La législation minière au Congo belge et au Ruanda Urundi», in *Les Novelles, Droit colonial*, pp. 359-552, n° 346.

meuble sert de «garantie» ou un bien immeuble sert d'hypothèque. Il s'agit, comme nous l'avons souligné, des sûretés réelles.

F. Critique et ambiguïté du concept «patrimoine»

165. Critique. Le patrimoine est lié à la personnalité juridique. Il comporte des droits qui sont susceptibles d'être cédés, saisis ou transmis. Mais, les trois caractéristiques ne sont pas forcément cumulatives. Une seule suffit pour qualifier un droit de patrimonial. Ces biens ou droits sont appréciables en argent et sont dans le commerce juridique.

166. Ambiguïté. Il est bon de rappeler que le concept patrimoine revêt une connotation équivoque. Il est utilisé pour désigner plusieurs réalités aux contenus juridiques totalement différents. Ainsi, n'entend-t-on pas dire «patrimoine commun de l'humanité», «patrimoine génétique», «patrimoine public», «patrimoine immobilier» (art. 209 de la loi du 20 juillet 1973), patrimoine culturel ou domaine public culturel[113], alors qu'en stricte théorie des biens, un patrimoine ne peut être identifié que dans le chef d'une seule personne juridique et non de plusieurs à la fois.

Par ailleurs, la loi du 20 juillet 1973 fait usage de ce concept dans plusieurs de ces articles, laissant penser qu'une personne peut avoir deux patrimoines. Il en est ainsi, par exemple, des articles 55 «le patrimoine foncier de l'État comprend un domaine public et un domaine privé» et 209, «le patrimoine immobilier de l'État comprend un domaine public et un domaine privé». Tandis que les articles 511 et 527 du Code de la famille font état du «patrimoine foncier et immobilier de l'époux». Dans la loi n° 007-2002 du 11 juillet 2002 portant code minier, section II (art. 205) il est fait appel à la notion de «patrimoine commun de l'humanité» en ce qui concerne la découvertes des indices archéologiques par le concessionnaire minier.

En fait, ces expressions veulent plutôt et respectivement dire: en ce qui concerne le patrimoine commun de l'humanité, «biens dont chacun et tous ont la jouissance ou l'usage en exclusion de toute idée d'appropriation privative»; «une appartenance génétique ou une origine génétique commune» pour le patrimoine génétique; «biens à l'usage du public, ensemble des biens immobiliers de l'État; biens revêtant une valeur culturelle pour tous sans appartenir à une personne déterminée», pour le patrimoine foncier ou immobilier de l'État; et biens

[113] Voy. M. CORNU, *Le droit culturel des biens. L'intérêt culturel juridiquement protégé*, Bruxelles, Bruylant, 1996, 621 p., spéc. p. 465, «domaine public culturel».

appartenant à un époux, en ce qui concerne le patrimoine foncier et immobilier de l'époux.

L'acception correcte du patrimoine, par ces différentes expressions, est qu'il s'agit d'un «ensemble des biens» mobilier, foncier ou immobilier faisant partie d'un seul et même patrimoine.

167. ***Quid* du «patrimoine d'affectation»?** D'origine allemande, l'expression «patrimoine d'affectation» (*zweckvermögen*) suppose une dualité de «patrimoine» dans le chef d'une personne. Il s'agit de deux ensembles des biens destinés chacun à des fins précises alors que tous sont la propriété d'une même personne. L'exemple typique est celui d'une «Fondation» entendue comme acte par lequel une ou plusieurs personnes physiques ou morales décident de l'affectation irrévocable des biens, droits ou ressources à la réalisation d'une œuvre d'intérêt général et à but non lucratif[114]. C'est donc un ensemble des biens qu'une personne destine à des fins de bienfaisance et distincts de son patrimoine privé.

Il en est de même des sociétés unipersonnelles où l'actionnaire unique scinde ses biens en deux groupes, l'un affecté à sa vie privée ou civile et l'autre, à des fins commerciales. Il importe toutefois de noter que les biens futurs ou à venir ne peuvent pas faire d'un patrimoine d'affectation. Enfin, les mesures de saisie ne sont pas tenues par cette distinction artificielle: c'est tout le patrimoine du débiteur qui est visé, sans distinction aucune.

Le concept «bien» étant défini et celui de «patrimoine» appréhendé, il y a lieu de nous appesantir sur la division des biens en rapport avec ceux qui les possèdent.

---

[114] Art. 18, alinéa 1er, loi française du 23 juillet 1987. Voy. C. CHAMARD, *La distinction des biens publics et des biens privés. Contribution à la définition de la notion des biens publics*, Paris, Dalloz, 2004, p. 742; S. GUINCHARD, *Essai d'une théorie générale de l'affectation des biens en droit privé français*,Thèse, Lyon, Paris, LGDJ, 1976.

CHAPITRE 2

CATÉGORISATION SUBJECTIVE DES BIENS OU TITULARISATION DES BIENS : LES BIENS PAR RAPPORT À CEUX QUI LES POSSÈDENT

168. **Bibliographie indicative** : AUBY, J. M. et BON, P., *Droit administratif des biens*, 3e édition, Paris, Dalloz, 1995, 537 p. ; BRARD, Y., *Domaines public et privé de personnes publiques*, Paris, Dalloz, Connaissance du droit, 1994, 117 p. ; HEYSE, Th., « Domaine de l'État », *Novelles*, t. 1, Bruxelles, Larcier, 1931, pp. 279-358 ; KABANGE NTABALA, Cl., *Droit administratif*, t. 1, 2e édition, PFDUC, 2005 ; KALAMBAY LUMPUNGU, G., *Droit civil, op. cit.* ; LUKOMBE NGHENDA, *Droit civil : les biens, op. cit.* ; MOINE, I., *Les choses hors commerce. Une approche de la personne humaine juridique*, Paris, LGDJ, 1997, n° 21 ; PAUL, F., *Les choses qui sont le commerce au sens de l'article 1128 du Code Civil*, Paris, LDGJ, 2002, p. 29 ; RFDA (Revue française de droit administratif), « *Dossier : propriété publique. Domaine public* », n° 5, sept.-oct. 2006, Paris, Dalloz, pp. 899-1102, spéc. p. 904 ; TERRE, F. et SIMLER, Ph., *Droit civil, les Biens,* 7e édition, Paris, Dalloz, 2006, 852 p. ; THERON, J.-P., *Recherche sur la notion d'établissement public*, Paris, LGDJ, 1976, 329 p. ; VUNDUAWE TE PEMAKO, F., *Traité de droit administratif congolais,* Bruxelles, Larcier, 2007.

169. **Rappel.** Un bien est une chose susceptible d'être appropriée, c'est-à-dire de tomber sous la propriété d'une personne. Le bien lui-même est confondu avec le droit qu'il confère au possesseur ou au titulaire. Ce dernier peut être une personne morale de droit public ou un particulier, personne physique ou morale de droit privé. Ainsi donc, l'on peut distinguer, par rapport aux sujets de droits, des biens qui appartiennent aux particuliers de ceux qui appartiennent à des personnes morales de droit public. Et, s'agissant spécialement des biens appartenant à l'État, il conviendra de distinguer selon qu'ils sont dans son domaine privé ou dans son domaine public.

170. **Plan du chapitre**. Le contentieux relatif aux biens de l'État est complexe. En vue d'en dégager les grandes lignes, dans une première section, nous allons étudier le régime juridique des biens appartenant à l'État selon qu'ils sont du domaine public ou du domaine privé (section 1).

Compte tenu des implications juridiques et de la controverse qui en découlent, les biens des personnes morales de droit public feront, eux, l'objet d'une étude particulière (section 2). Enfin, le régime juridique des biens appartenant aux particuliers sera étudié dans la dernière section de ce chapitre (section 3).

Section 1:

BIENS APPARTENANT À L'ÉTAT

171. Nous venons de l'évoquer, les biens appartenant à l'État peuvent ressortir soit du domaine privé soit du domaine public. Mais chaque catégorie des biens a des particularités qui la régissent. Avant d'étudier ces règles, il y a lieu de voir d'abord le fondement de la distinction de ces deux types de domaines.

§1. DISTINCTION ENTRE DOMAINE PUBLIC ET DOMAINE PRIVÉ

L'adoption de la catégorisation en biens du domaine public et en biens du domaine privé semble être un héritage du passé dont les contours varient selon les régimes politiques et les mouvements d'idées.

172. Origine de la distinction domaine public et domaine privé. Cette distinction est récente. Elle était en effet ignorée en tous cas de l'ancien droit français et même du code civil de 1804 en raison de la survivance des idées féodales, confondant la «souveraineté» et la «propriété»[1]. Elle a vu le jour au 19e siècle et elle est l'œuvre de la doctrine[2].

En effet, si l'ancien droit n'a pas consacré la distinction entre les deux types de domaines, il a au moins connu une catégorie des biens, de composition diverse, dénommée «domaine de la Couronne» qui était un domaine public. Les biens de ce domaine étaient couverts et protégés par deux principes: l'inaliénabilité (consacrée par l'Édit des Moulines en 1566) et l'imprescriptibilité (Édit d'août 1677).

Les jurisconsultes du 19e siècle ont inventé le concept de «choses communes» «ou «publiques» qui sont des biens du domaine affectés à

[1] F. TERRE et Ph. SIMLER, *op. cit.*, pp. 537-553.

[2] Y. BRARD, *Domaines public et privé des personnes publiques*, Coll. Connaissance du droit, Paris, Dalloz, 1994, p. 4.

l'usage public (cas de routes, canaux, espaces publics). Ces biens étaient sous la garde du Roi plutôt qu'il en fut le propriétaire.

Avec la Révolution et ses principes, deux décrets (22 novembre et 1er décembre 1790) avaient institué le Code domanial qui transformera le «domaine de la Couronne» en «domaine de la Nation». Dans la composition de ce domaine, les droits incorporels étaient exclus mais la règle de l'inaliénabilité était maintenue. Mais, aux termes de l'article 8 de ce code, seuls les représentants de la Nation pouvaient y déroger et ce, en vertu d'un décret formel du corps législatif sanctionné par le Roi. Par la suite, avec le code civil de 1804, il avait été incorporé les articles 537 à 541 portant sur le domaine public en tant que comportant les biens appartenant à l'État.

173. Évolution. La controverse sur le régime des biens du domaine public et ceux du domaine privé avait poussé la doctrine à en dégager les aspects les plus significatifs. Ainsi, dans les années 1832-1834, le doyen Victor Proudhom publia le «Traité du domaine public».

Les idées essentielles étaient:

- que les biens de ce domaine n'étaient pas susceptibles de propriété privée;
- que ces biens étaient affectés à l'usage de tous.

Dans sa composition, le domaine public comportait le domaine naturel, le domaine artificiel et ceux définis par la loi (par détermination de la loi, tels que les ouvrages militaires). Le domaine public était ainsi considéré comme le support indispensable des services publics pour bénéficier, en tant que conséquence de la volonté de la puissance publique, d'un régime protecteur porté par les deux règles ci-avant évoquées.

Une partie de la doctrine du 19e siècle n'avait pas hésité de critiquer cette approche. Ainsi, réagissant à la définition du domaine public comme «l'ensemble des biens affectés à l'usage de tous», Hauriou y voyait un risque de tout comprendre ou que le bien affecté à un service public ne devrait faire partie du domaine public que s'il joue dans ce service un rôle prépondérant (exemple, fortification militaire en excluant les casernes).

Pour Waline, le bien devrait être particulièrement adapté à un service public ou à la satisfaction d'un besoin public, à raison de sa configuration naturelle ou d'un aménagement spécial.

Il pouvait arriver qu'un immeuble du domaine privé eût été affecté à un service public. Ce qui aurait dû produire un régime mixte avec toutes les incidences juridiques possibles. Dans cette vue, un éventail des régimes juridiques adaptés aux caractéristiques de chaque catégorie des biens était conseillé par un rapport sur le droit des propriétés publiques de juin 1986 par la Section du Rapport des études du Conseil d'État français[3].

La jurisprudence en était venue à dégager quelques critères: *l'affectation à l'utilité publique* et *l'aménagement spécial*. En effet, le bien doit être affecté à l'usage de tous ou d'un service public[4] ou affecté à l'utilité publique et aménagé de façon spéciale[5]. Toutefois, ces décisions n'ont pas mis fin à la controverse.

174. Actualité de la distinction en droit congolais. En droit congolais, la distinction du domaine public et du domaine privé a été introduite et elle a été héritée du droit colonial belge, lui-même de l'ancien droit français. La lecture attentive des dispositions du chapitre II [relatif à la division des biens dans leur rapport avec ceux qui les possèdent] de la loi du 20 juillet 1973 révèle que sur cinq (5) articles que compte ce chapitre, quatre (4) sont consacrés aux biens de l'État.

175. Justification. La raison d'être de ces dispositions est d'ordre historique: l'on doit remonter à l'histoire coloniale[6]. En effet, le Congo était la propriété personnelle du roi Léopold II avant que ce dernier ne le cède, en 1908, à la Belgique. Sur le plan de la répartition des terres ou des domaines, il avait existé un domaine réservé au Roi et un domaine public[7]. En fait, il apparaît que ce phénomène n'est que mimétisme en droit congolais. Celui-ci a hérité non seulement des concepts mais aussi de toutes les difficultés et controverses relatives à cette distinction. Mais quels sont les traits caractéristiques de l'un et l'autre domaines de l'État tels que le prévoit le droit congolais?

---

[3] Rapport de la Section d'Études du Conseil d'État, 1987, n° 38, pp. 13 à 21.

[4] CE, 28 juin 1935, *D.* 1936, 3.20, p. 734; Cass., 7 nov. 1950, *S.* 1952, 1, 173, note TIXLER.

[5] CE, 18 mars 1977, *RDP*, 1977, p. 1082; CE, 17 mars 1967, *AJDA*, 1967, p. 415, note DUFAU.

[6] Voy. Th. HEYSE, «Domaine de l'État. Domaine public et domaine privé. Régime des cessions et des concessions de terres», *Les Novelles, Droit colonial*, I, 1931, pp. 279-388; G. KALAMBAY LUMPUNGU, *idem,* pp. 55-57; LUKOMBE NGHENDA, *Droit civil: les biens, op. cit.*, p. 330.

[7] Sur le plan historique, l'on note que le droit romain a connu également cette distinction.

§2. DOMAINE PUBLIC DE L'ÉTAT

176. Pour bien saisir la nature juridique du domaine public de l'État, sa composition, le régime juridique des biens qui en font partie, les règles qui président à l'entrée ou à la sortie de ces biens, il semble indiqué de préciser d'abord ce que l'on peut entendre par «domaine public de l'État».

A. Définition

177. À la recherche d'une définition du domaine public. Le concept de domaine public est controversé tant en doctrine qu'en jurisprudence[8]. Les définitions proposées par la doctrine le sont, de façon générale, soit de façon restrictive, soit extensive soit encore moyenne.

Du point de vue *restrictif*, le domaine public est l'ensemble des biens affectés à l'usage de tous et non susceptibles de propriété privée par leur nature. Il s'agit des biens affectés à l'usage des services publics. La critique formulée à cette approche et qu'elle ne rend pas compte de la réalité. Il existe des biens affectés à l'usage de tous mais qui ne sont pas du domaine public.

Selon *la conception extensive*, le domaine public est composé des biens destinés à l'usage du public mais aussi à l'usage des services publics.

La conception moyenne, quant à elle, trouve dans le domaine public de l'État tous les biens jouissant d'une protection spéciale de la part de l'autorité compétente.

178. *Quid* de l'énoncé de l'article 10 de la loi du 20 juillet 1973? Cette disposition ne définit pas spécialement le domaine public. Elle spécifie plutôt ce que sont les biens du domaine public ainsi que la composition dudit domaine.

Les biens du domaine public y sont définis comme *«les biens de l'État qui sont affectés à un usage ou à un service public et qui sont hors commerce tant qu'ils ne sont pas régulièrement désaffectés».*

En fait, cette disposition définit le domaine public par sa composition ou son contenu. De ce point de vue, elle se rapproche de la définition extensive du domaine public.

---

[8] J. HANSENNE, *Précis, op. cit.*, t 1, p. 137.

179. Critiques de la définition tirée de l'article 10 de la loi du 20 juillet 1973. À première vue, et parlant des «biens de l'État», cette disposition semble pêcher contre la théorie même du domaine public et aussi contre celle du patrimoine.

En effet, le patrimoine est défini comme l'ensemble des biens (droits et obligations) qu'une personne peut avoir. Et nous l'avons vu, les éléments du patrimoine ont cette caractéristique d'être cessibles, saisissables, transmissibles. Ils sont donc dans le commerce. Or, les biens du domaine public, nous y reviendrons, ne sont ni cessibles, ni saisissables (par principe) ni transmissibles. Ils échappent, formellement, à la théorie patrimoniale.

Par ailleurs, ces biens ne sont pas la propriété de l'État dans ce sens qu'ils ne tombent pas dans le patrimoine de l'État pour que ce dernier puisse les aliéner sans autre forme de procédé, (comme les biens du domaine privé) mais plutôt en tant que propriété d'affection. L'État destine ces biens à un besoin précis du public ou des services publics.

Enfin, il est admis que toute personne intéressée peut intenter une action tendant à protéger un bien du domaine public[9]. Or, en matière des biens patrimoniaux, les actions ne sont reconnues qu'au titulaire du droit de propriété ou d'un droit réel.

180. Définition retenue. En définitive, l'on peut entendre par domaine public, «l'ensemble des biens affectés à l'usage de tous ou à un service public». Il s'agit des biens affectés à l'usage de la collectivité publique dont celui-ci a, d'une certaine façon, la garde[10].

---

[9] Pour ces biens, *tout usager est qualifié* pour intenter toute action tendant à protéger le domaine public. Comme en matière environnementale: Cass., 31 mai 1990, *JLMB*, 1991, p. 69; Louveigné, 19 juin 1990, *JLMB*, 1991, p. 66; C.E. (Conseil d'État belge), 13e ch., 13 juil. 2004, *J.T.*, n° 6169, 2005, p. 117, il suffit de justifier que l'on satisfait aux conditions exigées de toutes les autres personnes physiques ou morales, à savoir justifier d'un intérêt direct, personnel et légitime, ainsi que de la qualité requise. Pour les associations de défense de l'environnement, leurs statuts doivent prévoir ce but.

D'après le Conseil d'État, ce droit est réduit à ceux qui en font la preuve car, «ni l'article 23 de la Constitution (belge) – qui garantit le droit à un environnement sain, ni l'article 714 du Code civil – qui énonce que les choses communes sont à l'usage de tous – n'autorisent l'action populaire en permettant à n'importe quelle association de défense de l'environnement de demander l'annulation de n'importe quel acte administratif de planification locale».

Voy. aussi, C.E., 13e ch., 24 sept. 2004, *op. cit.*, p. 119. et Note de B. JADOT «Les associations de protection de l'environnement devant le Conseil d'État: une espèce en voie de disparition?».

[10] *Idem.*

Il a été ainsi jugé qu'il appartient à l'autorité d'établir des routes. Le particulier qui en use, a le droit de s'en servir dans l'état où l'administration a décrété qu'elles seraient. [L'État] ne peut, sans encourir la responsabilité envers les usagers, y laisser des fondrières imprévisibles qui constituent des surprises et des causes d'accidents. L'affouillement par les pluies de l'assise d'un aqueduc construit de façon défectueuse par [l'État], ne constitue pas un cas fortuit ou de force majeure.

L'accident survenu résultant d'un vice de construction et d'aménagement de la route que l'usager n'a pu normalement prévoir, entraîne la responsabilité de l'État[11].

181. À y regarder de plus près, le régime juridique des biens du domaine public est proche de celui de *«res communes»*, c'est-à-dire des biens qui sont à l'usage de tous mais qui ne sont la propriété de personne!

Ces précisions données, il convient de passer à l'examen de la nature juridique du domaine public.

B. Nature juridique du domaine public

182. **Rappel.** Le domaine public constitue un principe général de droit administratif. Cette affirmation a été réitérée par la jurisprudence du Conseil d'État belge[12]. Ce principe consiste en ce que les biens des personnes publiques – pas tous les biens, nous le verrons – mais ceux qui relèvent de leur «domaine public» sont hors commerce c'est-à-dire, inaliénables, imprescriptibles et insaisissables, et partant non susceptibles de faire l'objet de droits réels ou de droits de créances de nature privée, mais seulement de droits de jouissance précaires, normalement révocables *ad nutum* et sans indemnité.

183. **Jurisprudence. Droit comparé.** Dans plusieurs cas, la Cour de Cassation française a décidé que les biens du domaine public immobilier ne peuvent faire l'objet d'aucun droit réel susceptible de possession. Mais, on admet que les particuliers qui exercent sur un bien du domaine public un droit d'usage ou de jouissance en vertu d'une concession puissent intenter les actions possessoires contre les tiers qui les troubleraient,

---

[11] Elis., 13 mars 1943, (Colonie du Congo Belge c. B. et Société des chemins de fer du Kivu), *RJCB*, 1942, pp. 93-98.

[12] C.E., 31 mars 1954, Raymaekers, *RJDA*, p. 225.

l'Administration étant considérée comme leur ayant délégué la mission et le pouvoir de défendre et de sauvegarder le domaine public[13].

Dans deux arrêts, la Cour de Cassation de Belgique a dit qu'un bien appartient au domaine public lorsque, par une décision expresse ou implicite de l'autorité compétente, il est affecté à l'usage de tous, sans distinction de personne. Il ne peut perdre son caractère de domaine public que par une décision expresse de cette autorité[14].

Ce qui revient à dire que pour qu'ils soient aliénés ou pour qu'ils tombent dans le commerce, il faut une procédure spéciale que l'on appelle la *désaffectation*. Celle-ci doit être régulière pour sortir des effets de droit. C'est ce qui ressort donc de l'article 10 de la loi.

En définitive, par principe, le domaine public est hors commerce tout comme les biens qui le composent. Mais ces derniers constituent-ils la propriété de l'État?

184. La négation d'une propriété de l'État sur le domaine public de l'État. Cette question est discutée dans la doctrine. Certains auteurs pensent que l'État exerce un droit de propriété sur ces biens et d'autres soutiennent le contraire.

Pour cette opinion contraire, elle estime que «les auteurs sont logiques dans l'erreur, ayant déclaré qu'il n'y avait dans le domaine public que les choses insusceptibles de propriété par leur nature, il faut bien qu'ils affirment que le domaine public n'est pas une propriété. Le fait d'étendre la notion de domanialité publique à des choses qui ont été et qui reviendront après leur désaffectation objet de propriété privée, revient à montrer que la mise hors du commerce qui frappe les dépendances du domaine public tant qu'elles sont affectées, n'est pas destructrice de l'idée de propriété»[15].

Il est bien évident que si les dépendances du domaine public n'appartiennent à personne, la règle d'inaliénabilité n'a pas de raison d'être. L'interdiction d'aliéner[16] suppose essentiellement qu'il y ait un propriétaire auquel elle s'adresse. Ainsi, paraît-il fondé d'admettre

---

[13] Voy. notamment: Civ., 3e, 24 mai 1972, *D.*, 1972, 478; 25 mars 1990, *Bull. civ.*, III, n° 91, p. 52.

[14] Cass., 3 mai 1968, *Pas.*, 1968, 1033 avec note; Cass., 20 avr. 1978, *Pas.*, 1978, p. 937 et conclusions du M.P.

[15] M. HAURIOU, *Précis de droit administratif*, p. 592.

[16] R. BONNARD, *Précis élémentaire de droit public*, 2e édition, 1932, Paris, Sirey, p. 270.

que le principe de la domanialité publique est incompatible avec la propriété [17].

Aux termes de l'article 14 de la loi du 20 juillet 1973, la propriété est définie comme le droit de disposer d'une chose d'une manière absolue et exclusive sauf les restrictions qui résultent de la loi et des droits réels appartenant à autrui. Partant de cette définition de la propriété et du caractère inaliénable des biens du domaine public, ceux qui contestent un droit de propriété à l'État sur les biens du domaine public en infèrent que:

- l'administration ne dispose pas du droit d'usage puisque celui-ci appartient au public qui utilise effectivement ces biens [18];
- le droit de retirer des revenus (*fructus*) n'existe pratiquement pas, l'administration ne tire pas de sa propriété de revenus puisque leur utilisation est gratuite [19];
- l'administration n'a pas la libre disposition des biens de son domaine public puisqu'ils sont protégés par la règle de l'inaliénabilité [20].

Pour cette opinion, l'administration n'est pas propriétaire du domaine public; elle exerce sur lui des droits qui ne sont pas de propriété, elle exerce seulement un droit de police, ou, comme l'on dirait encore un droit «de garde et de surveillance». Car leur régime est proche de celui des *«res communes»,* biens qui sont à l'usage de tous mais qui ne sont la propriété de personne. Toute personne ou usager des biens du domaine public est qualifiée pour intenter une action en protection dudit domaine.

Relevons que ces critiques ne semblent pas pertinentes. En effet, le droit de propriété n'est pas remise en cause dès lors qu'une personne autre que le propriétaire use d'un bien ou en retire des avantages quelconques. Il en est ainsi de l'usufruit, de l'emphytéose ou de la location.

Ces critiques se fondent sur une conception étroite et individualiste de la propriété du [code civil] mais non sur la conception particulière de droit public.

185. L'affirmation d'une propriété étatique sur le domaine public: propriété d'affectation. Une opinion contraire à la première pense que les dépendances du domaine public constituent des véritables

---

[17] Voy. G. KALAMBAY LUMPUNGU, *Droit civil, I,* 1989, p. 60.

[18] LUKOMBE NGHENDA, *op. cit.,* p. 33.

[19] A. DE LAUBADÈRE, *Droit administratif spécial*, Paris, PUF, 1970, p. 99.

[20] *Idem.*

propriétés comme toutes les propriétés administratives affectées à l'utilité publique en tant que service public ou bien destiné à un usage direct du public[21].

Pour cette opinion dite «propriétariste» soutenue par Hauriou, il ne s'agit donc pas de la propriété privée du droit civil mais d'un type de propriété dite «propriété administrative». Ce qui caractérise et particularise cette propriété, c'est qu'elle est affectée à un but et que l'administration propriétaire doit faire passer la réalisation et le respect de cette affectation avant toute autre considération de la gestion de son domaine. Il s'agit donc d'une *propriété grevée d'affectation*, une propriété spéciale, puisqu'elle est affectée spécialement à un but ou un usage déterminé, pour tout dire, une *«propriété d'affectation»*[22].

En réalité, l'idée à la base est que le domaine public est objet de propriété de nature particulière, tout entier orienté vers la satisfaction de l'intérêt général.

186. Appréciation critique. Il nous semble, en définitive, au départ des démarches totalement différentes, que l'on peut s'accorder sur des éléments ou principes communs entre les deux thèses. Tandis que les partisans de l'idée que l'État est propriétaire de son domaine public se baseraient sur un droit de propriété de type spécial, les tenants de la thèse opposée considèrent, eux, cette propriété selon les dispositions du code civil.

Il convient également de relever l'ambiguïté des biens du domaine public du fait même de ce qualificatif «public». Il ne s'agit pas, comme le commun des mortels le pense, d'une propriété publique qui appartiendrait au public – ce qui serait une contrariété *in termis* –, mais ce qualificatif caractérise plutôt ce qui est relié à l'État et à la puissance publique en général. Le domaine public, même si dans certaines législations il peut «appartenir» à l'État, ne peut juridiquement être cédé, ni à titre onéreux ni à titre gratuit[23].

---

[21] Voy. G. KALAMBAY LUMPUNGU, *op. cit.*, p. 60.

[22] A. DE LAUBADÈRE, *op. cit.*, p. 100.

[23] En Côte-d'Ivoire, dans la loi domaniale de 1963 (bien que votée mais non promulguée) il avait été envisagé la disparition du domaine public comme catégorie domaniale particuluière au profit d'un domaine de l'État, unique, incluant des biens cessibles et disponibles (ceux du domaine privé) et des dépendances incessibles, énumérés comme tels (ceux du domaine public): A. ROCHEGUDE, «*Le droit de la terre en Afrique. Caractéristiques et évolutions contemporaines*», Document, Cours d'été, Bruxelles, Academie Africaine de théorie du droit, 2006, p. 8.

Au Congo, l'imaginaire et le comportement consécutif des populations et des autorités publiques font des «biens de l'État», au propre comme au figuré, des «biens

Aux termes de l'article 10 de la loi du 20 juillet 1973, les biens du domaine public sont hors commerce tant qu'ils ne sont pas régulièrement désaffectés. Si nous affirmons que ces biens sont la propriété de l'État, nous nous rendons à l'évidence que ce dernier ne peut disposer de son domaine. Pourtant, la faculté de disposer est le critère qualificatif du droit de propriété. Or, l'État ne le peut. Dès lors, en quoi peut-il être considéré comme propriétaire?

Dès lors, l'on peut dire que le droit de l'État sur son domaine public ne paraît pas être un droit de propriété. En ce qui concerne le caractère inaliénable des biens de ce domaine, il tend à se réduire aux droits d'user et de jouir et il paraît se rapprocher ainsi de l'usufruit. La propriété inaliénable, dérogeant au principe politique de la libre circulation des biens, a toujours un caractère exceptionnel[24].

Dans le même ordre d'idées, de Laubadère réfute, à juste titre, les objections élevées contre la propriété de l'État en relevant d'une part, que les différences (entre les deux propriétés) ne sont pas absolues sans parler de l'évolution de la propriété privée vers un régime moins individualiste et moins absolu, les éléments classiques de cette propriété ne sont pas totalement exclus du domaine public: l'«*usus*» existe au moins pour le domaine public affecté aux services; le «*fructus*» apparaît dans les revenus et utilités diverses que l'administration retire de plus en plus de son domaine public; et, d'autre part, quant à «l'inaliénabilité», elle prouverait plutôt la propriété, car l'interdiction d'aliéner serait inutile si l'État n'était pas propriétaire; en outre, il est difficile d'admettre que la désaffectation du domaine public, qui a pour effet de permettre son aliénation, ait pour vertu de créer un droit de propriété qui n'ait préexisté[25].

Sans doute, le domaine public n'est susceptible d'aucun acte (des tiers) pouvant y porter atteinte (dans le sens de droit de disposition), mais il n'exclut aucun acte juridique compatible avec sa destination[26]. Ce qui revient à dire que tant que tous les attributs de la propriété seront compatibles avec la destination de l'activité de l'État, autrement dit l'intérêt général, l'État sera considéré propriétaire des biens de son domaine public.

---

sans maîtres» dont elles n'ont aucune considération et auxquels elles n'assurent, à commencer par les pouvoirs publics eux-mêmes, aucune protection particulière.

[24] J. CARBONNIER, *Droit civil,* t. 3*: Les Biens*, 18e éd., refondue, Paris, PUF, 1998, p. 148.

[25] LUKOMBE NGHENDA, *op. cit.*, p. 346.

[26] G. KALAMBAY LUMPUNGU, *Droit civil, Régime général des biens, op. cit.*, p. 60.

En définitive, les utilisations du domaine public ou de ses dépendances révèlent, sans nul doute, la marque de l'existence du droit de propriété de l'État sur ce domaine.

À notre sens, tirant avantage des éléments qui précèdent, il nous paraît donc évident que l'administration exerce un véritable droit de propriété, bien sûr spécial, c'est-à-dire ne relevant pas du droit commun, sur les biens de son domaine (public)[27]. Il s'agit d'une propriété d'affectation.

C. *Régime juridique et contentieux des biens du domaine public*

Pour bien comprendre le régime juridique des biens du domaine public, il importe dans un premier temps de relever les dispositions légales qui le fondent et d'où découlent les principes y afférents.

187. Siège légal et principes. Les biens du domaine public sont régis par plusieurs dispositions mais les plus importants sont notamment les articles 9, 10, 53, 54, 55, 209 et 210 de la loi du 20 juillet 1973 et 27 et 620 du Code civil livre III.

Les principes tirés de ces dispositions peuvent être résumés en ces termes :

- les biens de l'État, affectés à un usage ou à un service public sont *hors commerce* tant qu'ils ne sont pas régulièrement désaffectés (art. 10) ;
- l'on ne peut prescrire le domaine des choses qui ne sont point dans le commerce qui puissent être l'objet des conventions (art. 620 du CC liv. III)[28] ;
- les biens du domaine public sont *inaliénables*, *imprescriptibles* et *insaisissables.*

Cette déduction est conforme au prescrit des articles 10, 55, alinéa 2 et 210, alinéa 2 de la loi. Les trois caractères des biens du domaine public, *inaliénabilité, imprescriptibilité et insaisissabilité*, constituent le

[27] LUKOMBE NGHENDA, *idem.*

[28] Cette disposition réitère une définition économique de l'expression « être dans le commerce », qui fait penser à une vente. Pourtant nous savons que les biens du domaine public peuvent faire l'objet de transactions juidiques appelées « concession », qui n'est rien d'autre qu'une convention – de droit administratif, il est vrai – entre l'Administration et un particulier sur l'usage d'un bien du domaine public.

régime juridique des biens du domaine public. Il s'agit du «régime de la domanialité» fondé sur le *principe de l'indisponibilité* desdits biens.

188. ***Le principe général de l'indisponibilité des biens du domaine public de l'État.*** La base légale de ce principe est l'article 10 de la loi en tant qu'il dispose que *«les biens de l'État qui sont affectés à un usage ou à un service public sont hors commerce tant qu'ils ne sont pas régulièrement désaffectés»*. La conséquence tirée de ce principe est que les biens du domaine public sont inaliénables, imprescriptibles et insaisissables puisqu'ils sont hors commerce.

En effet, l'État ou les autres personnes publiques telles que les provinces ne peuvent être dépossédées à leur insu, par prescription ou par tout autre procédé, de leurs biens par des particuliers. Ce principe renferme l'imprescriptibilité des biens du domaine public. Il est renforcé par l'article 620 du code civil congolais livre III en ce qu'il dispose que l'on ne peut jamais prescrire le domaine des biens qui ne sont point dans le commerce. Enfin, sur base du principe de la continuité et de la régularité du service public, les biens du domaine public ne peuvent faire, en principe[29], l'objet d'aucune voie d'exécution forcée.

189. ***Le principe d'inaliénabilité des biens du domaine public de l'État.*** Ce principe est indissociable de la notion du domaine public. Il n'existe de domaine public que dans la mesure où existent des dépendances domaniales frappées d'inaliénabilité[30].

Notons que le terme «dépendance» est l'appellation spécifique utilisée pour désigner tout élément immobilier faisant légalement partie du domaine public. Cela permet aussi de mieux le distinguer du «bien» qui a une valeur patrimoniale et qui est cessible et transmissibles dans les conditions légalement établies.

Comme le souligne Rochegude, le régime du domaine public est marqué d'une forte ambiguïté dans la mesure où pour beaucoup de gens, puisqu'il s'agit du domaine public, c'est celui de l'État et donc celui-ci peut en disposer librement comme le ferait tout propriétaire privé. Cette ambiguïté vient donc du qualificatif «public» caractérisant ce qui est relié à l'État et à la puissance publique en général. Or il n'en est rien; le domaine public, même si dans certaines législations il peut

[29] Voy. ci-après la section consacrée à l'insaisissabilité des biens de personnes morales de droit public.

[30] R. CHAPUS, *Droit administratif général,* t. 2, 6e éd., Paris, Monchrestien, 1992, p. 334.

appartenir à l'État, ne peut juridiquement être cédé, ni à titre onéreux ni à titre gratuit[31].

Les biens du domaine public de l'État, qu'ils soient fonciers, immobiliers ou mobiliers ne peuvent faire l'objet des conventions d'aliénation tant qu'ils ne sont pas régulièrement désaffectés. Il est interdit de les vendre, les échanger, louer, prêter, donner en gage ou de les grever de servitudes et d'hypothèque.

190. Ce principe est tiré de plusieurs dispositions : articles 9, 10, 54, 55 et 210 de la loi du 20 juillet 1973.

Aux termes de ces dispositions :

- (...) « Ces terres (du domaine public foncier de l'État) sont *inconcessibles* tant qu'elles ne sont pas régulièrement désaffectées » (article 55). En fait, ces terres sont fermées aux concessions de droit civil mais concessibles sur le plan du droit administratif. Ainsi, aux termes de l'alinéa 3 du même article, ces terres (...) « sont régies par les dispositions particulières aux biens affectés à un usage ou à un service publics » ;
- (...) « Ces immeubles (du domaine public immobilier de l'État) ne sont ni cessibles[32] ni susceptibles de location[33], tant qu'ils ne sont pas régulièrement désaffectés ». « Ils sont régis par les dispositions particulières aux biens affectés à un usage ou à un service public » (article 210, alinéa 3).

Il convient de souligner que l'inaliénabilité ne s'oppose cependant pas à ce que l'État, qui a la garde, la surveillance ou la gestion de ces biens, concède à des particuliers sur les dépendances du domaine public, des droits privatifs ou privilégiés de jouissance compatibles avec sa destination, avec toutes les obligations possibles vis-à-vis de l'État et des particuliers.

191. Jurisprudence. Dans plusieurs espèces, notamment dans celles-ci, il a été jugé que :

- les conventions conclues entre l'État Indépendant du Congo (E.I.C.), la Compagnie de Chemins de fer Bas-Congo – Katanga (BCK) et sa

---

[31] A. ROGHEGUDE, *op. cit.*, p. 8.
[32] Civ. Brux., 7 janv. 1955, *J.T.*, 1955, p. 153.
[33] Voy. J. HANSENNE, *Précis, op. cit.*, p. 124, n° 142.

filiale, la société minière du BECEKA, n'ont dispensé cette dernière société d'aucun impôt minier[34];

- de même, bénéficiant des droits en vertu de la convention, il appartient à une Compagnie de chemins de fer de prendre toutes les précautions nécessaires pour prévenir le dommage résultant de la projection des flammèches par une locomotive, et l'impossibilité de l'éviter, fut-elle démontrée, ne le dispenserait pas de le réparer, en l'absence de toute faute de qui en a été victime[35];
- lorsqu'un commerçant, concessionnaire d'un emplacement fixé sur le domaine public, en l'espèce, une place publique, accorde à un autre commerçant, contre indemnité la jouissance de cet emplacement, cette convention ne peut s'analyser en une location d'un bien immobilier[36];
- ou lorsqu'une convention porte sur l'exploitation d'une friterie sur le domaine public. Le juge, avec raison, peut prononcer la nullité d'une telle convention à défaut d'avoir obtenu les autorisations nécessaires[37].

Il est important de souligner, comme l'écrit Kalambay Lumpungu[38], que néanmoins les terres du domaine public foncier peuvent être grevées d'hypothèque portant sur les concessions minières et sur les concessions des chemins de fer. Mais à voir de près, ces hypothèques portent non sur les fonds comme tels (dans leur pureté) appartenant à l'État mais sur des terres sur lesquelles l'État a concédé des droits particuliers. En outre, les biens du domaine public peuvent faire l'objet de concessions réglementées par le droit administratif, distinctes des concessions foncières (voir *infra*, 2e partie) qui, elles, portent sur le domaine foncier privé de l'État. Ils peuvent enfin être grevés de servitudes[39].

---

34 Léo., 7 déc. 1942, *RJCB*, 1943, pp. 8-12.

35 Elis., 14 nov. 1942, *RJCB*, 1943, p. 12.

36 Trib. arr. Brux., 22 avr. 1990, *Pas.*, 1991, III, 3.

37 Comm. Brux., 14 oct. 1991, *RDC*, 1993, p. 267; Civ. Malines, 2 mars 1987, *RW*, 1988/89, p. 76.

38 G. KALAMBAY LUMPUNGU, *op. cit.*, p. 61. Dans le même sens, H. LÉONARD, *op. cit.* Mais E. Mukendi Wafwana (*op. cit.*, n° 401) pense que les mines sont dans le domaine public! Ce qui nous semble être une vue incorrecte des choses. En effet, un bien du domaine public est inconcessible. Or, les mines le sont d'autant, par ailleurs, que les concessions minières peuvent être grevées, en tant que droits réels, d'hypothèques.

39 Voy. J. HANSENNE, *op. cit.*, p. 124, n° 142; M. LOUVEAUX, *Les biens,* in *Droit civil du Congo belge*, t. II, p. 129. Soulignons que les servitudes ne doivent pas être contraires ou incompatibles avec l'usage et le service public auxquels elles sont destinées.

En fait, si ces terres sont fermées aux concessions de droit civil, elles restent cependant concessibles sur le plan administratif et constituer des droits privatifs pour les particuliers.

192. Possibilité des droits privatifs sur le domaine public. La concession (administrative) est donc un droit d'occupation accordé sur le domaine public par l'autorité administrative à un particulier ou à une personne morale de droit privé. Il en est ainsi de l'occupation de voirie qui est un contrat régi par le droit administratif donnant le droit à un particulier d'occuper un espace du domaine public sans qu'il n'ait aucun droit réel sur le bien, objet du contrat[40]. Mais, en cas d'atteinte à ce droit, son titulaire a droit à une indemnité.

193. Considérations. En définitive, les biens du domaine public peuvent se retrouver dans le commerce juridique et faire objet de convention. Cependant, ils ne sont pas aliénables tant qu'ils n'ont pas été régulièrement désaffectés.

Telle est l'économie juridique de l'article 210, alinéa 2 de la loi qui dispose que

> *« Le domaine public immobilier de l'État est constitué de tous les immeubles qui sont affectés à un usage ou à un service publics*
>
> *Ces immeubles ne sont ni cessibles ni susceptibles de location, tant qu'ils ne sont pas régulièrement désaffectés. Ils sont régis par les dispositions particulières aux biens affectés à un usage ou à un service public ».*

Toutefois, on peut le déplorer, il n'existe à ce jour[41], pas un ensemble de dispositions particulières consacrées aux biens du domaine public de l'État, spécialement à la gestion de ces biens.

Cela étant, quels peuvent être la portée et le fondement du principe d'inaliénabilité ?

194. *Fondement.* L'interdiction d'aliéner un bien du domaine public se justifie par l'idée d'affectation du domaine public. Le bien du domaine public est inaliénable parce que pareil acte nuirait évidement à son affectation. La seule possibilité pour ce faire est pour l'administration d'y mettre fin par la désaffectation[42].

---

40 Exemple : le droit d'occupation d'une partie du domaine public accordé aux exploitants de certains services commerciaux.

41 Voy. *Rapport du séminaire sur les biens saisis*, précité.

42 A. DE LAUBADÈRE, *op. cit.*, p. 101.

195. ***Portée du principe.*** De l'examen du fondement du principe, il résulte que ce dernier n'est pas absolu. Cette relativité affecte également la portée du principe. En effet, ce n'est forcément pas la nature des choses qui fait obstacle à l'inaliénabilité du domaine public, c'est plutôt l'affectation de ces biens à l'utilité publique[43].

Dès lors que cette affectation a pris fin, le bien qui était du domaine public est versé dans le domaine privé et est soustrait du principe d'inaliénabilité si bien qu'on peut dire que le bien du domaine public n'est inaliénable que pour autant que persiste l'affectation ou sous condition de non affectation[44]. Ce qui n'est pas sans suite logique sur le plan pratique.

196. ***Conséquences.*** Du fait de l'inaliénabilité de ces biens, comme le souligne Chapus[45], quatre conséquences peuvent être tirées:

- la nullité ou l'impossibilité des ventes et des échanges,
- l'impossibilité d'exproprier,
- l'imprescriptibilité
- et l'insaisissabilité des biens du domaine public.

Nous commenterons les deux premières conséquences puisque les deux autres, constituent également des principes. Elles seront donc postérieurement analysées en cette qualité.

197. ***La nullité ou l'impossibilité des ventes et des échanges.*** La reconnaissance du principe d'inaliénabilité a pour conséquence la nullité de toute cession. Il en résulte de cette nullité que le cocontractant de l'administration est tenu à la restitution même s'il était de bonne foi, c'est-à-dire, il n'a pas su qu'il achetait ou échangeait un bien inaliénable.

Aussi, l'administration sera-t-elle tenue de restituer à son cocontractant de bonne foi le prix versé par ce dernier ou le bien qu'il avait échangé. Elle sera tenue de plus de le dédommager du préjudice que l'annulation de l'opération a pu lui causer.

Si l'aliénation a été réalisée par un tiers qui, hypothèse courante, a vendu ou échangé des objets volés, par lui ou par un autre, la personne publique propriétaire est également en droit de récupérer son bien entre les mains de son possesseur même de bonne foi, sans que ce dernier

---

[43] R. CHAPUS, *op. cit.,* p. 334.
[44] *Ibid.*
[45] *Idem.*

soit fondé à se prévaloir de l'article 658 du code civil congolais livre III qui dispose qu'en fait de meubles possession vaut titre.

Quant au tiers, selon également la jurisprudence judiciaire, s'ils sont fondés à se réclamer eux aussi de ce principe d'inaliénabilité quand c'est nécessaire à la défense de leurs droits, le moyen ainsi invoqué a pour effet de leur rendre la cession inopposable, ce qui signifie que son bénéficiaire ne pourra pas exercer à leur égard les prérogatives de son droit de propriété[46].

Il y a là une façon nuancée de reconnaître que l'inaliénabilité d'un bien du domaine public est un principe institué dans l'intérêt général autant que celui des collectivités propriétaires que de toute autre personne.

198. ***L'impossibilité d'exproprier les biens du domaine public***[47]. Poser le principe d'expropriation ou non d'un bien du domaine public peut surprendre. En effet, l'expropriation est définie comme le transfert, par décision des pouvoirs publics, d'une propriété privée, pour des raisons d'utilité publique, vers le domaine public. Or, de par sa nature, un bien du domaine public est un bien affecté à un usage ou un service publics. Comment peut-on affecter à un usage public un bien qui l'est déjà ? Les pouvoirs publics peuvent-ils « s'exproprier » ? Cela nous semble inconcevable.

Il a été judicieusement jugé que l'expropriation pour cause d'utilité publique ne se conçoit pas pour des biens relevant déjà du domaine public. Dans ce cas, le changement d'affectation éventuellement requis devra faire l'objet d'une décision de l'autorité administrative compétente[48].

199. ***L'imprescriptibilité des biens du domaine public de l'État***. L'article 620 du code civil congolais livre III dispose que l'on ne peut prescrire le domaine des biens qui ne sont pas dans le commerce. Et, de par l'article 10 de la loi du 20 juillet 1973, les biens du domaine public sont hors commerce tant qu'ils ne sont pas régulièrement désaffectés.

Certains auteurs croient que le caractère imprescriptible des biens domaniaux résulte de l'article 620 précité alors que d'autres pensent que le fondement du principe d'imprescriptibilité réside dans l'affectation des biens au domaine public, affectation qui n'est pas compatible avec

---

[46] Voy., en matière d'environnement : CE (Conseil d'État belge), 13e ch., 13 juil. 2004, *J.T.*, n° 6169, p. 117. Mais ici le Conseil d'État, à tort, exige intérêt et qualité dans le chef du requérant.

[47] R. CHAPUS, *op. cit.*, p. 350.

[48] Civ. Brux. (4e ch.), 28 oct. 2004, *J.T.*, n° 6182, 2005, p. 168.

l'acquisition par les tiers de droit réels sur le domaine ; cette thèse se fonde sur l'histoire du domaine public[49].

En tant que conséquence de l'inaliénabilité, l'imprescriptibilité a pour effet de faire obstacle à ce que les personnes publiques soient dépossédées, à leur insu, de certaines dépendances de leur domaine public, et les protège contre leur propre négligence[50].

Ainsi, paraît-il évident que :

- d'une part, elle provoque l'imprescriptibilité de l'action en revendication des biens irrégulièrement aliénés c'est-à-dire de l'action en réparation des dommages causés au domaine public ;
- d'autre part, et en raison du fait qu'elle empêche toute possession privée utile, c'est-à-dire pouvant conduire à l'*usucapio*, sur le fondement de l'article 658 du code civil congolais livre III, elle exclut des actions possessoires contre la personne publique propriétaire ou ses concessionnaires[51].

La conséquence tirée des articles 10 de la loi et 620 du code civil congolais, livre III est que les biens du domaine public ne sont pas susceptibles d'appropriation privée sans désaffectation préalable.

Sur le plan légal, il est donc impossible d'acquérir un bien du domaine public par suite d'une prescription. En effet, si les biens du domaine public sont régis différemment de ceux du domaine privé de l'État ou de ceux des particuliers, il est logique qu'ils échappent aux modes d'appropriation propres aux biens des particuliers au titre desquels il y a la prescription ou, avec toutes les réserves possibles (pour les meubles), à ceux du domaine privé de l'État.

200. ***L'insaisissabilité des biens du domaine public de l'État.*** Pour réaliser l'intérêt général qui doit conduire toute activité de l'État, il est logique que les biens du domaine public soient soustraits à toute action tendant à les saisir. Il serait en effet incompréhensible que les biens du domaine public, protégés contre toute aliénabilité du fait de leur affectation spéciale, soient exposés à la saisie, qui est une forme d'expropriation privée, au profit des particuliers. En outre, l'usage de ces biens est soumis au principe de la continuité et de la régularité des services publics qui exige, quelles que soient les circonstances, que l'administration doit pouvoir continuer à fonctionner. Elle doit donc à

---

49 G. KALAMBAY LUMPUNGU, *op. cit.*, p. 62.

50 R. CHAPUS, *op. cit.*, p. 347.

51 *Idem.*

tout moment pouvoir disposer de tous les biens et prérogatives indispensables à son fonctionnement.

Aussi, est-il compréhensible que le régime juridique du domaine public soit un régime protecteur. Il tend à garantir que les dépendances domaniales répondent toujours, et le mieux possible, aux besoins auxquels elles sont affectées. Il tend, d'abord, à garantir l'affectation, c'est-à-dire le respect de la perpétuation; il tend, ensuite, à garantir la conservation des dépendances dans un état naturel tel qu'elles puissent être utilisées dans les meilleures conditions conformément à leur affectation[52].

201. Considérations. De ce qui précède, la question de savoir si les biens du domaine public ou les biens qui appartiennent à l'État sont saisissables, peut étonner. Cependant, elle vaut son pesant d'or au regard des solutions et des réponses variées qu'elle reçoit. En effet, l'on a toujours admis que les biens du domaine public (ou des pouvoirs publics) sont insaisissables!

Il est généralement admis, comme pour tous les biens de l'État (domaine public et domaine privé), les biens des personnes morales de droit public, en général, échappent à toute saisissabilité[53]! Ces biens sont insaisissables en raison de la règle de la continuité des services publics[54].

Il nous semble que cette position mérite d'être atténuée en raison non seulement de la distinction entre lesdits biens mais aussi de la qualité respective des titulaires de ces biens.

202. Tempéraments. Sans remettre en cause le principe de l'imprescriptibilité des biens du domaine public de l'État, il faut cependant relever que certains biens de l'État ne sont nécessaires au fonctionnement des services publics. Or c'est le seul obstacle qui se présente à toute saisie. Par ailleurs, les biens des autres personnes morales de droit public n'appartiennent pas strictement à l'État et ils ne servent pas toujours à un intérêt ou un service public. Dès lors, la saisissabilité de certains d'entre ces biens peut être effectivement envisagée sans crainte de violer la loi. Bien au contraire[55].

---

[52] R. CHAPUS, *op. cit.*, p. 343.

[53] G. KALAMBAY LUMPUNGU, *op. cit.*, p. 61.

[54] Voy. notamment H. DE PAGE, t. V, n° 775; J. HANSENNE, *Précis, op. cit.*, n° 123; *R.P.D.B.*, n° 178, p. 647, 1951.

[55] Nous y reviendrons ci-après. Voy. *Section 3: Biens appartenant aux personnes morales de droit public.*

203. Jurisprudence. Il a été ainsi jugé que sont saisissables, les biens manifestement non utiles à l'exercice de la mission et à la continuité du service public. Le juge des saisies peut apprécier *in concreto* la qualité de ces biens[56].

S'agissant des servitudes qui peuvent grever ces biens, l'on souligne que la servitude doit être cependant compatible avec la destination publique du domaine et elle ne peut porter atteinte au droit de l'administration de régler cet usage d'après le besoin et l'intérêt de la collectivité[57].

Aux termes de l'article 9, alinéa 2 de la loi, les biens appartenant à l'État et ressortissant du domaine public sont administrés et ne peuvent donc être aliénés que dans les formes et suivant les règles qui leur sont particulières.

Mais quelles sont-elles, ces règles?

204. ***Règles de procédure***. Cette matière est régie par le droit administratif. Le principe en la matière est qu'une autorité ne peut agir régulièrement que dans les limites des attributions ou des compétences lui reconnues. En ce qui concerne les biens domaniaux, l'entrée de ces biens dans le domaine public s'opère par une décision de *l'autorité compétente* par laquelle, celle-ci affecte un bien à un usage ou à un service public. La décision par laquelle l'autorité décide de soumettre un bien à l'usage public s'appelle l'*affectation*.

205. En retour, en vertu du principe du parallélisme de forme, pour quitter le domaine public, un bien doit faire l'objet d'une décision de *désaffectation*.Il importe de relever, autant pour l'affectation que pour la désaffectation, (cf. article 10 de la loi, *in fine*) que ces décisions doivent être régulières. La régularité d'un acte administratif s'apprécie en fonction de la compétence de l'autorité, auteur de la décision et en fonction de la matière, objet de la décision. Ainsi, un chef de quartier ne peut prendre une décision relevant du Gouverneur de la Ville ou un Gouverneur de Province en lieu et place du Ministre[58].

Ainsi, l'on ne peut admettre que le Ministre des Affaires sociales prenne une décision de désaffecter le stade «Tata Raphaël» de Kinshasa pour en faire un temple en plein air destiné à recevoir les enfants de rue

---

[56] 1re Inst. Brux., 15 mai 2003, *J.T.*, 2003.

[57] Cass., 17 sept. 1990, *Rev. Not.*, 1991, p. 49; Cass. 11 sept. 1964, *Rev. Prat. Not.*, 1968, 422; Cass. 27 sept. 1990, *Pas.*, 1991, I, 79; J. HANSENNE, *op. cit.*, t. II, 1084-1086.

[58] Voy. par exemple les compétences déterminées par les articles 181, 183 al. 4 et 184 de la loi du 20 juil. 1973.

pour leur encadrement; ou, que le Ministre des Affaires foncières puisse désaffecter le terrain public en face du Palais du Peuple en vue d'y construire des maisons d'habitation. Dans ces deux hypothèses, il paraît clairement que les deux ministres ne sont pas compétents en raison de la matière. Dans le premier cas, sans préjuger de l'opportunité ni du fondement d'une telle décision, celle-ci devrait être prise par le Ministère des Sports; et dans le deuxième, par le Ministre de l'Environnement ou mieux des Travaux Publics, Habitation et Urbanisme[59].

Il paraît raisonnable et logique, à défaut des règles particulières, que l'on recoure aux principes et règles de droit administratif pour déterminer l'autorité compétente en matière d'affectation ou de désaffectation.

206. Exception au principe d'affectation et de désaffectation expresses. Toutefois, l'entrée ou la sortie des biens du domaine public de l'État ne nécessite toujours pas une décision de l'autorité compétente. Tout dépend de la nature des biens ou de la composition même du domaine public.

Par ailleurs, la désaffectation peut être tacite[60] pour autant que la volonté de désaffecter soit certaine[61]. Les biens qui font partie de ce domaine public peuvent être naturels (fonciers) ou artificiels (mobiliers ou immobiliers), œuvre de l'homme.

L'entrée ou la sortie des biens fonciers naturels ne nécessite aucun acte de l'autorité administrative. Cela va de la nature même du bien qui disparaît comme il a apparu. Est-ce à dire que la désaffectation tacite peut être retenue dans ce cas? La question est discutée en doctrine[62].

207. Jurisprudence. Une partie de la jurisprudence belge admet[63] la désaffectation tacite seulement dans la mesure où la volonté de désaffecter est certaine[64].

Nous pensons qu'un bien ne peut faire l'objet d'affectation ou de désaffectation que s'il existe. Il est vrai que l'entrée ou la sortie

---

[59] Tel a été le cas du conflit ayant opposé le Ministre des Affaires foncières et celui de la Santé au sujet de la désaffectation du terrain de football situé dans les limites de la concession de l'Hôpital général de Kinshasa. Voy. www.digitalcongo.net (7 nov. 2005).

[60] Cass., 3 mai 1968, *RCJB*, 1969, p. 5, note de A. M.

[61] Cass., 1er oct. 1976, *RGEN*, 1978, 22275 et obs.; Civ. Huy, 31 mars 1980, *Jur. Liège*, 1980, p. 249.

[62] J. HANSENNE, *op. cit.*, p. 145.

[63] Cass., 3 mai 1968, *RCJB*, 1969, p. 5 et note A. M., précitée; Conseil d'État, 23 févr. 1996, *J.T.*, 1996, p. 437, n° 58 400.

[64] Cass. 1er oct. 1976, *RGEN*, 1978, 22 275, déjà cité.

d'un bien du domaine public nécessite un acte positif de l'autorité administrative. Mais cela n'est pas toujours le cas. Ainsi, sommes-nous enclin à considérer que l'affectation cesse dès lors que le bien qui en fait l'objet disparaît naturellement.

208. Les biens artificiels (domaine public mobilier et domaine public immobilier) eux, font l'objet d'une décision d'affectation par l'autorité compétente. Dans la mesure où l'affectation est de fait (sans besoin d'un acte) ou formelle, la désaffectation doit être également de fait ou formelle. C'est le principe de parallélisme de forme.

D. *Composition du domaine public de l'État*

209. Tout comme pour les biens en général, il existe trois sortes des biens susceptibles de constituer le domaine public de l'État :

- biens fonciers pour le domaine public foncier ;
- biens immeubles et immobiliers pour le domaine public immobilier ;
- biens meubles et mobiliers pour le domaine public mobilier.

Tous les biens meubles ou immeubles qui peuvent, d'une façon ou d'une autre s'unir ou s'incorporer à ces biens feront également partie du domaine public. Telle est la substance de l'article 21 de la loi qui dispose que la propriété d'une chose, soit mobilière, soit immobilière, donne droit sur tout ce qui s'y unit et s'y incorpore soit naturellement, soit artificiellement, sauf ce qui sera dit de la propriété immobilière distincte de celle du sol, ou de la concession foncière.

210. ***Domaine public foncier***. Aux termes de l'article 6 de la loi du 20 juillet 1973, le sol et les mines sont immeubles par leur nature tandis que l'article 53 de la même loi proclame que le sol et le sous-sol sont la propriété exclusive, inaliénable et imprescriptible de l'État. Il importe de ne pas confondre la propriété du sol et le domaine public de l'État. En effet, le sol congolais n'est pas, dans son entièreté, affecté à un usage ou un service publics. Seul, le domaine public foncier comprend donc les parties du sol et du sous-sol affectées à un usage ou à un service public.

Il comporte :

- le domaine public maritime, fluvial et lacustre[65] ;

---

[65] Dans les limites des principes de droit international public.

- les voies de communications par terre et par eau; les concessions de pêche, les concessions et administrations des eaux des lacs et des cours d'eau par lesquelles l'autorité administrative accorde des autorisations pour l'exploitation et la production de force motrice hydraulique à des fins agricoles ou industrielles; ou à des fins domestiques ou d'agrément[66];
- le domaine public militaire[67];
- s'agissant des mines, il convient de bien considérer les choses. En effet, de la combinaison de plusieurs dispositions de la loi du 20 juillet 1973 (notamment les articles 1er, 2, 6, 10, 53, 54, 55 et 251 de la loi foncière ainsi que les articles 51, 65, 89, 100, 137 et 148 du code minier), nous ne pouvons pas affirmer que les mines, ni même le sol congolais dans son entièreté, font partie du domaine public.

Les dispositions invoquées établissent que les mines, tout comme certaines parties du sol, font l'objet de concessions. Aux termes de l'article 55 de la loi, «le domaine public foncier de l'État est constitué de toutes les terres qui ne sont pas affectées à un usage ou à un service public. Ces terres sont inconcessibles tant qu'elles ne sont pas régulièrement désaffectées. Les terres qui font partie du domaine public de l'État sont régies par les dispositions particulières aux biens affectés à un usage ou à un service publics».

Or, les mines font l'objet de concessions, ce qui légalement les exclut du domaine public[68]. Ce qui explique logiquement, comme nous l'avons souligné [voy. n° 191], que le régime hypothécaire soit applicable aux concessions minières et aux concessions de chemin de fer[69].

211. ***Domaine public immobilier***. Aux termes de l'article 210 de la loi, le domaine immobilier public de l'État est constitué de tous les immeubles qui sont affectés à un usage ou à un service publics. Ces immeubles ne sont ni cessibles ni susceptibles de location tant qu'ils ne sont pas

---

[66] La durée de ces concessions dépend de l'autorité qui l'octroie: 30 ans si elle est accordée par le Gouverneur de Province et 50 ans, en cas d'autorisation ministérielle.

[67] Exemples: les sites de Kotakoli (Équateur), Kibomango (sur la route de Kenge); les camps militaires, les champs de tir, les aérodromes militaires, etc.

[68] Th. HEYSE, «Domaine de l'État. Domaine public et domaine privé. Régime des cessions et des concessions de terres», *Les Novelles, Droit colonial*, I, 1931, pp. 279-388. *Contra:* E. MUKENDI WAFWANA, *Droit minier, op. cit.*, qui soutient l'opinion contraire!

[69] G. KALAMBAY LUMPUNGU, *op. cit.*, p. 61.

régulièrement désaffectés. Ils sont régis par les dispositions particulières aux biens affectés à un usage ou à un service publics.

Il est composé de tous les biens immeubles affectés à un usage ou à un service public. Il en est ainsi :

- des bateaux, des navires[70];
- des dépendances nécessaires à l'exploitation des chemins de fer, telles que les gares, les appareils d'aiguillage et de signalisation[71], les quais et places de stationnement, les magasins, les ateliers de construction et de réparation; les immeubles affectés au logement du personnel dont la présence permanente près de la voie est d'une nécessité évidente;
- les aérogares, les hangars pour aéronefs, les habitations réservées au personnel et situées sur le terrain d'aviation;
- les maisons communales, hôtels de ville, hôpitaux;
- les monuments, etc.

212. ***Domaine public mobilier***. Conformément à l'article 10 de la loi, il s'agit des biens meubles et immobiliers affectés à un service public ou à un usage public. Cela peut arriver lorsqu'un objet mobilier est affecté à un service public, en d'autres termes, lorsque la conservation dudit bien et sa mise éventuelle à la disposition du public sont l'objet du même service. Tel est le cas des ouvrages dans une bibliothèque publique.

Le bien meuble ou mobilier doit être affecté à un service public. Et pour des raisons tenant principalement au fonctionnement du service, il peut être affecté à perpétuelle demeure à un immeuble du domaine public.

213. Notons toutefois que l'énumération des dépendances du domaine public faite par les articles précités n'est pas limitative. Font également partie du domaine public, tous les biens consacrés par l'autorité compétente à l'usage du public[72]. Tel est le cas des objets d'art placés dans un musée.

---

[70] En principe, les bâteaux, les navires, les aéronefs ont une nationalité : celle du pays de leur immatriculation. Ils sont meubles par nature mais ils connaissent régime particulier. Ils peuvent, par exemple, être hypothéqués alors qu'ils sont considérés comme meubles. Voy. J. de BURLET, *Précis de droit international privé congolais*, Bruxelles, Larcier, Kinshasa, Université Lovanium, 1971, pp. 17-18.

[71] Il s'agit d'un type d'immeubles par destination pour besoin d'exploitation économique et par la volonté de la loi.

[72] Cass., 1re ch., 2 oct. 1924, *Pas.*, 530.

214. ***Domaine public mobilier naturel et domaine public artificiel.*** Le domaine public mobilier naturel et le domaine public mobilier artificiel sont également à distinguer.

215. Le domaine public mobilier naturel est constitué des archives et des documents de l'administration publique; les collections publiques alors que l'on peut mettre dans la catégorie du domaine public mobilier artificiel tous les biens, œuvres de l'homme, affectés à un usage ou un service public, tels que les objets d'art précieux, etc.

Il est utile de rappeler que ces biens, puisqu'ils sont affectés à un usage ou un service public, échappent à la prescription acquisitive instantanée de l'article 658, alinéa 1 du CC livre III, *«en fait de meubles, possession vaut titre»*. Mais sur les biens immeubles, la servitude est possible tant qu'elle n'est pas incompatible avec la destination publique du domaine et qu'elle ne porte pas atteinte au droit de l'administration de régler cet usage d'après les besoins et l'intérêt de la collectivité[73].

Par ailleurs, toute personne est fondée à invoquer la règle de l'inaliénabilité du domaine public lorsque cette règle est nécessaire à la défense de ses droits. Une telle action, lorsqu'elle est engagée par un tiers, n'a pas pour effet d'entraîner la nullité de la cession entre les parties à l'acte mais de le rendre opposable au tiers intéressé, vis-à-vis duquel le titulaire du droit de propriété ne pourra exercer les prérogatives de son droit[74].

Ainsi, en cas d'entrave à la circulation sur un chemin public, tous les passants, régnicoles ou étrangers, habitant ou non la commune, ont non seulement le droit de circuler sur les voies vicinales mais également celui d'agir individuellement en justice contre ceux qui font obstacle total ou partiel à la circulation pour demander la remise des lieux dans le prestin état[75].

§ 3. DOMAINE PRIVÉ DE L'ÉTAT

Avant de voir sa composition (C) et son régime juridique (B), il s'impose de définir d'abord le domaine privé de l'État (A).

---

[73] Cass., 27 sept. 1990, *Rev. not. belge*, 1991, p. 49.

[74] Civ., 1re ch., 3 mai 1988, *J.C.P.*, 1989, II, 21 203, note H.

[75] J. P. LOUVIGNÉ, 19 juin 1990, *JLMB*, 1991, p. 69; Brux., 5 avr. 1966, *Pas.*, 1967, II, 64 (chemins vicinaux); Liège, 21 févr. 1990, *JLMB*, 1991, 680.

A. *Définition*

216. Tout comme pour le domaine public, la définition et le régime juridique des biens du domaine privé de l'État connaît une controverse dans la doctrine. Par ailleurs, la loi ne définit le domaine privé qu'*a contrario* de la composition et de la destination des biens du domaine public.

Ainsi, les biens du domaine privé de l'État sont définis comme étant des biens qui appartiennent à l'État mais qui ne sont pas affectés à un usage ou à un service publics. Il s'agit donc d'une définition négative, à l'opposé de celle des biens du domaine public. Cette définition a des conséquences sur le régime juridique desdits biens.

B. *Régime juridique*

217. **Siège légal: article 11 de la loi.** Il importe de noter qu'une partie de la doctrine croit trouver le fondement du régime juridique des biens du domaine privé de l'État dans l'article 9 de la loi[76].

À notre avis, l'alinéa 2 de cet article, qui annonce la façon dont ces biens sont administrés et comment ils peuvent être aliénés, doit être relié à l'article suivant (art. 10) qui précise que les «biens de l'État qui sont affectés à un usage ou un service public sont hors commerce tant qu'ils ne sont pas *régulièrement désaffectés*».

Il reste toutefois, sur la base de l'article 53 de la loi, que les biens du domaine privé foncier sont inaliénables et imprescriptibles. Ils sont ainsi hors commerce.

En revanche, en parlant de *«tous les autres biens de l'État»* (sous-entendu qui ne sont pas affectés à un usage ou service public), l'article 11 vise précisément les biens du domaine privé qui, eux, sont dans le commerce. Dans cette mesure, cet article fonde logiquement la base des règles applicables aux biens de l'État qui sont dans le commerce, c'est-à-dire, aux biens du domaine privé de l'État.

218. À la suite de l'article 10 qui dispose que les «biens de l'État qui sont affectés à un usage ou à un service public sont hors commerce, tant qu'ils ne sont pas régulièrement désaffectés», l'article 11 enchaîne en disant que *«tous les autres biens de l'État restent dans le commerce, sauf les exceptions établies par la loi»*. La nature d'un bien se trouvant dans le

[76] Voy. G. KALAMBAY LUMPUNGU, *op. cit.*, p. 68.

commerce est qu'il peut être saisi, cédé, aliéné ou vendu. Sur ces biens, les pouvoirs publics ont un véritable droit de propriété. Et, comme le prévoit l'article 10, en l'absence d'une réglementation particulière, ces biens sont soumis au droit commun[77].

Les articles 56 (terres du domaine privé de l'état) et 210 (immeubles du domaine privé de l'État) de la loi viennent en application du principe énoncé par l'article 11 dans la mesure où les terres et les immeubles du domaine privé de l'État, étant dans le commerce, peuvent faire respectivement l'objet de cessions et d'aliénations (immeubles) ou de concessions (terres).

S'agissant des aliénations, ce sont les règles de droit administratif qui doivent déterminer quels fonctionnaires ont sur ces biens l'exercice des pouvoirs d'administrations et de disposition et à quelles conditions. Par ailleurs, ces biens ne peuvent être aliénés à titre gratuit et les particuliers ne peuvent y pratiquer de saisie, du moins en droit français[78].

C. *Composition*

219. Tout comme le domaine public, le domaine privé de l'État comporte :

- un domaine privé foncier composé des terres appartenant à l'État mais non affectées à un usage ou à un service public. Ces terres sont inconcessibles tant qu'elles ne sont pas régulièrement désaffectées (articles 54-56 de la loi) ;
- un domaine privé immobilier composé des immeubles destinés au logement du personnel de l'État ; des immeubles expropriés, en déshérence (article 211 de la loi) ;
- un domaine privé mobilier constitué de tous les droits mobiliers comme les titres et actions représentant les emprunts de l'État (portefeuille de l'État) ; des choses perdues ou abandonnées, les épaves[79] ; des biens que l'État obtient suite aux donations reçues des particuliers, achetés ou par suite des condamnations pénales (confiscation spéciale ou générale des biens).

---

[77] BUTTGENBACH, *Droit administratif*, n° 397.

[78] Art. L. 2311-1. Voy. F. TERRE et Ph. SIMLER, *Droit civil, les Biens*, Paris, Dalloz, 7e édition, 2006, n° 555.

[79] Il s'agit véritablement des choses perdues ou égarées et dont on ne connaît pas le propriétaire. Les épaves ne sont pas forcément des choses sans maître. Celles-ci ne sont pas perdues ni égarées.

220. Jurisprudence. Dans une affaire, la Cour de Cassation de belge a dit pour droit que les immeubles de l'État ou d'une commune font, en principe, partie du domaine privé, à moins que, par leur nature ou par une décision formelle de l'autorité publique, ils ne soient affectés à l'utilité publique [80]. De même, d'après la Cour Suprême du Congo, ne sont pas d'ordre public, les dispositions légales organisant une matière dans laquelle l'État se comporte comme un particulier en disposant de ses biens (du domaine privé) [81].

221. Comme nous venons de l'évoquer, ces biens ne peuvent être appropriés ou faire l'objet des transactions juridiques que selon les règles prévues à cet effet, relatives à la compétence de l'autorité, à la destination et à l'intérêt poursuivis.

Section 2:

BIENS APPARTENANT AUX PERSONNES MORALES DE DROIT PUBLIC : CAS DES ENTREPRISES PUBLIQUES

222. Bibliographie indicative. Il existe une doctrine assez importante sur cette question. Nous avons sélectionné quelques titres susceptibles de rencontrer les points de vue des uns et des autres tant en droit congolais qu'en droit comparé :

AMSELEK, V.P., «Les établissements sans comptables publics et le principe de l'insaisissabilité des biens des personnes publiques», *JCP*, 1986, I, n° 3236; AUBY, J.-M. et BON, P., *Droit administratif des biens*, 3e édition, Paris, Dalloz, 537 p.; BRARD, Y., *Domaines public et privé des personnes publiques*, Paris, Dalloz, Connaissance du droit, 1994, 117 p.; de CORAIL, J. L., *La crise de la notion de service public en droit administratif français,* Paris, LGDJ, 1954, 372 p.; DELION, A. G., *Le statut des entreprises publiques*, Paris, Berger-Levrault, 1963; DUCOS ADER, R., «Le principe de l'insaisissabilité», *Gaz. Pal.,* 1986, II, p. 475; GOUDEMET, J., «La saisie des biens des établissements publics, nouveaux développements de la question», *Gaz. Pal.,* 1984, II, p. 565; KABANGE NTABALA, Cl., *Grands services publics de l'État*, t. 1, Kinshasa, Éd. VINA, 2005; KABANGE NTABALA, Cl., *Droit administratif,* t. 1, 2e édition, PFDUC, 2005; KALONGO MBIKAYI, «Le régime des sûretés des entreprises publiques en droit zaïrois», *R.J.Z.*,

[80] Cass. 8 mars 1951, *Pas.*, 1951, p. 641.

[81] CSJ, RC 1651, 10 avr. 1994, précitée.

1978, p. 21 et s.; KANGULUMBA MBAMBI, V. «L'exécution forcée des décisions judiciaires par les personnes morales de droit public en droit judiciaire privé congolais», *RADIC (Revue Africaine de Droit International et Comparé)*, Londres, 1999, pp. 296-315; KENGO WA DONDO, «L'administration publique et les droits de l'administré», *R.J.Z.*, 1977, pp. 1-15; KUATE TAMEGHE, S.S., *La protection du débiteur dans les procédures individuelles d'exécution*, Paris, L'Harmattan, 2004; MBEMBA MULOPO, «Le régime juridique des sociétés d'État», *Études zaïroises*, INEP, vol. I, 1976; MBIANGO KAKESE, «L'exécution des décisions judiciaires par les sociétés d'État congolaises, Discours de rentrée judiciaire 2002», in *Revue de Droit congolais*, n° 007 et 008/2002 & 2003, note de MUTAY NGUDIE, pp. 151-153; PINGEL, I., «Observations sur la convention du 17 janvier 2005 sur les immunités juridictionnelles des États et de leurs biens.» *JDI*, oct.-nov.-déc. 2005; STRANART, A.M. et GOFFAUX P., «L'immunité d'exécution des personnes publiques et l'article 1412*bis* du code judiciaire», *J.T.*, Bruxelles, 1995, p. 438; THERON, J.-P., *Recherche sur la notion d'établissement public*, Paris, LGDJ, 1976, 329 p.; VUNDUAWE TE PEMAKO, F., *Traité de droit administratif congolais*, Bruxelles, Larcier, 2007, 960 p.

223. État de la question. Bien que conservateur, le droit en général et, en particulier le droit des biens, est souvent obligé de s'adapter à l'évolution et aux besoins de la société. Il fut un temps où l'on proclamait la grandeur de l'État: celui-ci ne pouvait faire du commerce ni se comporter comme les particuliers. Cette conception reposait sur la toute-puissance de l'État au point de proclamer l'insaisissabilité de ces biens au nom de la continuité et de la régularité du service public.

Ce principe, à l'origine conçu pour un système d'économie libérale, a été établi à une époque et pour une époque où il n'existait pas de personnes publiques soumises aux règles de droit commercial.

Aujourd'hui, il n'est plus un secret pour personne que l'État est devenu commerçant, agriculteur, locataire, acheteur, vendeur… et il se crée des entreprises qui réalisent les mêmes activités que le commun des mortels ou les particuliers. Dans cette occurrence, peut-on considérer que ces rapports ainsi que les conséquences qui en découlent soient soustraits du droit commun des conventions (responsabilité contractuelle ou délictuelle), des sociétés (droit applicable aux sociétés mixtes, publiques, par exemple la faillite) ou des biens (saisies) au nom du principe précité?

224. En droit congolais. L'exécution des décisions judiciaires en général et en particulier, par les personnes morales de droit public, est une des plus cruciales questions du droit judiciaire privé congolais qui suscite bien des réflexions depuis, de façon marquée, plus d'une vingtaine d'années[82].

En 1992, les travaux de la Conférence Nationale Souveraine (CNS) sont revenus sur le sujet. La Commission juridique de cette Haute instance avait eu la mission d'étudier la question et de soumettre un Rapport à la plénière. Il est utile d'en rappeler les considérants et les recommandations :

> *« Considérant que dans l'état actuel du droit judiciaire [congolais] aucun texte législatif n'interdit formellement l'exécution des décisions judiciaires ni contre l'État ni contre les établissements publics;*
>
> *« Considérant que dans l'intérêt de la communauté nationale, le fonctionnement des services publics ne peut être interrompu par l'exécution intempestive des décisions judiciaires » ;*
>
> *« **Recommande** :*
>
> *1° L'élaboration d'une loi interdisant formellement l'exécution forcée des décisions judiciaires contre l'État et les établissements publics;*
>
> *2° L'allocation au gouvernement, chaque année, d'un crédit conséquent pour l'exécution des décisions judiciaires »*[83].

À ce jour, force est de constater qu'aucun texte n'a été pris ni, non plus, aucune trace d'allocation ou de provisions dans les différents budgets de l'État pour l'exécution des décisions judiciaires. La question est donc toujours d'actualité en droit congolais alors que dans d'autres (belge et français, OHADA), comme nous le verrons, des dispositions particulières et pratiques ont été prises.

À quel régime alors peut-on soumettre les activités économiques des entreprises publiques ? Leurs biens, à l'instar de ceux du domaine public de l'État, bénéficieraient-ils de l'immunité d'exécution forcée ?

---

[82] Voy. V. KANGULUMBA MBAMBI, « L'exécution forcée des décisions judiciaires par les personnes morales de droit public... », *op. cit.* ainsi que la bibliographie citée dont : J. de BURLET, *Précis de droit administratif congolais*, Kinshasa, Université Lovanium, Bruxelles, Larcier, 1969, pp. 55, 170 et s.; KENGO WA DONDO, « L'exécution des décisions judiciaires », *Mercuriale*, 1977, pp. 55-57; Voy. les textes du colloque sur le sujet dans le n° spécial de la *R.J.Z.*, 1984; KISAKA KIA NGOYI, « La suspension administrative de l'exécution des décisions judiciaires », *Rev. Analytique de la Jurisprudence du Zaïre* (R.A.J.Z.), 1997, pp. 85-94.

[83] C.N.S., *Rapport de la Commission juridique*, Kinshasa, août 1992, p. 169.

225. Plan de la section. Avant de discuter du fondement ou non du principe de l'insaisissabilité de ces biens (§ 4), pour bien conduire la réflexion sur cette question, il convient de se reporter d'abord à la loi du 6 janvier 1978 portant statut des entreprises publiques afin de définir ce qu'est une « entreprise publique » (§ 1), son statut (§ 2) et le régime juridique de ses biens (§ 3).

§ 1. SIÈGE LÉGAL ET DÉFINITION

226. Le concept d'entreprise publique se confond souvent avec celui d'établissement public. Celui-ci est défini par la doctrine comme « toute personne publique autre que les collectivités territoriales qui, rattachée à une ou plusieurs de celles-ci (établissements publics nationaux ou locaux) et soumise au principe de spécialité, assure la gestion d'un service public, ou d'une activité incombant à l'administration suivant des règles variables en fonction de la nature de cette activité mais comportant un minimum de sujétions et de prérogatives de droit public[84] ».

De ce point de vue, l'on distingue ainsi notamment en droit français,

- les établissements publics administratifs (EPA) ;
- les établissements publics industriels et commerciaux (EPIC) chargés de la gestion d'un service public ou d'une activité économique et soumis principalement aux règles de droit privé ;
- les établissements publics scientifiques ou culturels (EPSC) ;
- les établissements publics territoriaux (EPT).

En droit congolais, les entreprises publiques sont régies par la loi du 6 janvier 1978 telle que modifiée et complétée à ce jour[85] et elle y est définie comme :

> *« Tout établissement qui, quelle que soit sa nature :*
>
> *1° est créé et contrôlé par les Pouvoirs publics pour remplir une tâche d'intérêt général ;*
>
> *2° est créé à l'initiative des Pouvoirs publics entre eux pour l'exploitation en commun d'un service ou d'une activité donnée ;*

---

[84] G. CORNU, *Vocabulaire juridique*, Paris, PUF, 6e édition, 2004. V° établissement public.

[85] *J.O. de la République du Zaïre*, n° spécial, mai 1991.

> 3° *est créé à l'initiative des personnes morales de droit public entre elles pour l'exploitation en commun d'un service ou d'une activité donnée;*
>
> 4° *est créé à l'initiative des Pouvoirs publics en association avec les personnes morales de droit public pour l'exploitation en commun d'un service ou d'une activité donnée».*

Les différentes définitions ci-dessus reprises de la loi comportent déjà en elles-mêmes une typologie des entreprises publiques en droit congolais. En effet, suivant son objet, l'entreprise publique sera à caractère soit administratif, soit financier, soit social ou culturel, soit scientifique et technique, soit enfin industriel ou commercial (article 4 de la loi du 6 janvier 1978).

Ainsi donc, de la combinaison des dispositions de l'article 2 et de celles de l'article 4 de la loi du 6 janvier 1978, l'on peut avoir et ce, selon l'objet social:

- *des sociétés nationales* (étatiques) à caractère industriel ou commercial comme c'est le cas de l'ex-Air Zaïre (aujourd'hui «Lignes Aériennes Congolaises», en sigle, «LAC»), de l'ex-Compagnie Maritime Zaïroise (Compagnie Maritime Congolaise); de la Société Nationale d'Assurances (SONAS); de la Générale des carrières et des Mines (GÉCAMINES)...
- *des établissements mixtes*: Société Tenke-Fungurume; Société d'Imprimerie et de Cartonnage (SODIMCA)...
- *des établissements publics à objet scientifique* comme les universités, les écoles et les instituts supérieurs lesquels ne font pas de commerce ou n'exercent pas d'autres activités à caractère industriel;
- *des établissements publics à caractère industriel et commercial*: il s'agit des entreprises dont l'activité consiste à gérer un service public à caractère industriel ou commercial. Elles peuvent être à capital exclusivement étatique ou mixte: Gécamines, Miba, Okimo...
- *des entreprises publiques à caractère culturel* comme le Théâtre National...

Cette distinction nous permet de relever les règles auxquelles sont soumises les différentes personnes morales de droit public relativement à leur objet social et au statut juridique de leur patrimoine.

Un risque de confusion des concepts, résultant de la loi elle-même, doit être dénoncé. En effet, aux termes de l'article 3 de la loi n° 78-002 du 6 janvier 1978, *«suivant son objet, l'entreprise publique sera à caractère soit administratif, soit financier, soit social ou culturel, soit scientifique et technique, soit industriel ou commercial »*. Cette disposition suggère qu'une entreprise publique soit égale à un établissement public ! Strictement parlant, une entreprise publique est différente d'un établissement public. L'une réalise des activités industrielles et commerciales, comme des particuliers tandis que l'autre exécute des missions d'ordre administratif ou technique.

§ 2. STATUT DES BIENS DES ENTREPRISES PUBLIQUES

227. Problématique. La question qui préoccupe est celle de savoir, en tant que service public, le régime juridique auquel sont soumis les biens des entreprises publiques. Est-ce le régime de tutelle ? d'autonomie ? Serait-ce plutôt un régime des sociétés commerciales à part entière ? Devrait-on faire application du régime de droit public ou de droit privé ? Ou de deux à la fois ?

Bien que créés par les pouvoirs publics, participant d'une manière ou d'une autre à la « satisfaction de l'intérêt général » par la réalisation « d'une mission d'intérêt général ou de service public », les entreprises et établissements publics utilisent différents moyens pour y arriver. Ces deux catégories sont ainsi qualifiées des « services publics personnalisés »[86]. Mais « ce qui différencie fondamentalement les établissements publics des [entreprises publiques], c'est que ces dernières sont avant tout à but lucratif… elles doivent fournir à l'État des moyens financiers importants… tandis que les établissements publics, même à caractère industriel et commercial, ont toujours un but social[87] ».

Ce critérium ne nous semble pas pertinent. L'importance des moyens financiers à fournir à l'État n'est pas suffisante et la distinction entre « but social » et « but lucratif » n'est pas bien établie. Du reste, pour le savoir, la seule façon, juridiquement recommandée, est de se référer aux statuts sociaux ou à la loi qui crée l'établissement public ou l'entreprise publique. Sinon, l'on risquerait de conclure hâtivement, par exemple, que la Société Nationale d'Assurances (SONAS) est pareille à l'Institut Congolais de la Conservation de la Nature ; l'Office National du Café

---

[86] KENGO WA DONDO, « L'administration publique et les droits de l'administré », *RJZ*, 1977, p. 7.

[87] MBEMBA MULOPO M., « Le régime juridique des sociétés d'État », in *Études zaïroises*, Kinshasa, INEP, 1976, vol. I, p. 50. (bien que cette étude date d'avant la loi du 6 janv. 1978).

(ONC) à l'Institut National de Sécurité Sociale (INSS), la GÉCAMINES à l'Université de Kinshasa, etc.

228. Qualification par l'objet assigné. Au regard de ce qui précède, le régime juridique des entreprises publiques varie selon les missions qui leur sont confiées par les pouvoirs publics.

Aux termes de l'article 3 de la loi n° 78-002 du 6 janvier 1978, «*suivant son objet, l'entreprise publique sera à caractère soit administratif, soit financier, soit social ou culturel, soit scientifique et technique, soit industriel ou commercial*». Aussi, est-il conséquent que les régimes juridiques de ces entreprises publiques soient différenciés les unes par rapport aux autres.

En effet, hormis les dispositions relatives aux organes d'administration, de gestion et de contrôle, les statuts propres de chaque entreprise publique déterminent le ou les organes sous la tutelle desquels elle est placée[88] ainsi que le régime fiscal qui lui est applicable[89]. Qu'en est-il alors des biens de ces entreprises?

§3. RÉGIME JURIDIQUE DES BIENS DES ENTREPRISES PUBLIQUES

229. Constances. Les entreprises publiques sont sur le plan du droit, des individualités ou des personnes juridiques ayant des droits et des obligations. Elles peuvent s'engager ou s'obliger. Elles possèdent des biens tant meubles qu'immeubles. Elles ont une certaine autonomie tant financière qu'administrative.

Cela étant rappelé, les questions qui reviennent sont notamment celles de savoir, comme d'aucuns le pensent, si les biens des entreprises publiques sont dans le domaine public et si, conséquemment, elles (les entreprises publiques) sont assimilables à l'État. Le cas échéant, les biens des entreprises publiques seraient-ils, au même titre que ceux de l'État insaisissables? Dans l'affirmative, sur quel fondement?

230. Biens du domaine public ou du domaine privé de l'État? Avant tout débat au fond de la question, il importe de revenir sur la théorie juridique de la domanialité. L'article 10 de la loi du 20 juillet 1973 dispose que les biens du domaine public sont les biens de l'État qui sont affectés à un usage ou à un service public et qui sont hors commerce,

---

[88] Article 40 de la loi du 6 janv. 1978 telle que modifiée à ce jour.
[89] Article 44, *idem.*

tant qu'ils ne sont pas régulièrement désaffectés. Tous les autres biens de l'État restent dans le commerce, sauf les exceptions établies par la loi, précise l'article 11 de la même loi.

L'appartenance au domaine public, tout comme la sortie, fait généralement suite à un acte d'une autorité administrative compétente. En ce qui concerne les biens des entreprises publiques, l'on peut se demander quels seraient d'abord ces biens et, ensuite, quelle serait l'autorité et par quel acte celle-ci les aurait affectés à un usage ou à un service publics?

S'il est incontestable que les entreprises publiques poursuivent la satisfaction de l'intérêt général, il est un fait suffisamment éloigné de penser ou de conclure que leurs biens sont dans le domaine public et qu'ils appartiendraient à l'État.

Le droit congolais ne compte pas de règles spéciales sur les biens des entreprises publiques, contrairement à d'autres droits qui ont spécialement légiféré sur les biens des personnes publiques[90], en ce que «fait partie du domaine public tout bien qui appartient à une personne de droit public et qui, soit par sa structure, soit par son importance historique ou scientifique, est nécessaire à un service public»[91]. Un bien est en effet dans le domaine public lorsqu'il a, par un acte administratif exprès, été classé dans ce domaine[92]. Mais la jurisprudence française a, bien que tardivement, admis le principe du «domaine public des établissements publics»[93].

Cependant, en droit congolais, les termes de l'article 10 de la loi du 20 juillet 1973 sont clairs: ils ne parlent pas des «biens des personnes publiques» mais des «biens de l'État» affectés à un usage ou à un service publics lesquels sont hors commerce. Or, nous l'avons relevé, en tant que sujets de droit, les entreprises publiques ont une personnalité juridique différente de celle de l'État. Elles ont un patrimoine distinct de celui de l'État. Leurs personnels ne sont pas des fonctionnaires ou des agents de l'État puisqu'ils ne sont pas soumis au statut du personnel de

---

90 Voy. par exemple, en droit français, décret du 28 déc. 1957 et odonnance du 27 août 2006 portant Code général de propriété des personnes publiques; ou, en droit belge, l'insertion de l'article 1412*bis* dans le code judiciaire.

91 Voy. Cl. NYSSENS, «Le principe de l'immunité d'exécution des pouvoirs publics assoupli par le législateur», *RRD*, 1994, n° 69, p. 303.

92 F. TERRE et Ph. SIMLER, *op. cit.*, p. 442, n° 554 «biens des personnes morales». Ces auteurs affirment toutefois que les biens des établissements publics à caractère industriel sont régis par le droit privé. Mais ils restent douteux quant à l'impossibilité de saisie de ces biens, n° 557.

93 Cass., 1re ch., 2 avr. 1963, *Bull. civ.*, II, n° 203, *AJDA*, 1963, II, n° 117; CE, 21 mars 1984, *D.*, 1984, p. 510.

carrière de la fonction publique. Il est difficilement concevable qu'une entreprise publique soit assimilée, en droit interne ou, encore moins en droit international, à un État!

Toute théorie domaniale suppose fondamentalement une affectation de biens dont la commercialité serait restreinte ou interdite. De ce point de vue, peut-on juridiquement admettre que les entreprises publiques sont dans le domaine public de l'État ou qu'elles auraient, à l'instar de l'État, un domaine public et un domaine privé?

Il s'agit d'autant d'éléments d'interrogation qui ne permettent pas de dire, à défaut d'une disposition expresse de la loi, que les biens des entreprises publiques sont des biens l'État et qu'ils seraient ainsi, en tant que biens du domaine public, soumis au même régime juridique que les biens de ce dernier, c'est-à-dire soustrait à toute possibilité de saisie.

231. Biens des entreprises publiques: insaisissables? Le débat est encore présent tant en droit interne[94] qu'en droit international où la question revient non seulement vis-à-vis des biens de l'État (immunités de juridiction et d'exécution) mais aussi de ceux des entreprises d'État ou des entreprises publiques.

Il semble évident que cette question reçoive une réponse affirmative. En effet, le principe de la régularité et de la continuité du service public est un principe général de droit administratif qui suggère de ne pas obstruer le fonctionnement de l'administration publique par des saisies des biens qui y concourent. Cependant, il est des biens qui appartiennent à l'État et qui sont affectés à un usage ou à un service public mais qui ne sont pas manifestement essentiels au fonctionnement de l'État. De même, les biens des entreprises publiques (véhicules, provisions de stock, meubles et droits mobiliers, immeubles, etc.) ne participent pas, strictement parlant, à la régularité et à la continuité du service public. Quelle serait la disposition légale ou le principe qui les épargnerait d'une saisie éventuelle? Ces biens ne seraient-ils pas ainsi régis par le droit privé?[95]

---

[94] En droit congolais, pour l'insaisissabilité (absolue?), notamment: G. KALAMBAY LUMPUNGU, *Droit civil, op. cit.*, Éd. 1989, p. 68; LUKOMBE NGHENDA, *Droit civil: Les biens, op. cit.,* p. 352.

Pour la saisissabilité relative (en principe, sauf pertinence de l'affectation à un usage ou à un service publics): KALONGO MBIKAYI, «Régime de sûreté des entreprises publiques.», *op. cit.*; V. KANGULUMBA MBAMBI, «L'exécution des décisions judiciaires par les personnes morales de droit public...», *op. cit.*

[95] Voy., dans ce sens, F. VUNDUAWE TE PEMAKO, *Traité de droit administratif congolais, op. cit.*, p. 516.

232. Droit comparé. Dans beaucoup de pays, le principe de l'immunité d'exécution des biens de l'État et/ou des autres personnes morales de droit public connaît de sensibles aménagements dans le sens de la saisissabilité limitée.

En droit belge, par exemple, l'article 1412*bis* du code judiciaire dispose que

> *« Les biens appartenant à l'État, aux Régions, aux Communautés, aux provinces, aux communes, aux organismes d'intérêt public et généralement à toutes personnes morales de droit public sont insaisissables ».*

Mais comme tout principe, celui ainsi porté par cet article, n'est pas absolu. Le même texte continue en disant :

> *« Toutefois, sans préjudice de l'article 8 alinéa 2 de la loi belge du 21 mars 1991 portant réforme de certaines entreprises publiques économiques, peuvent faire l'objet d'une saisie :*
>
> *1° Les biens dont les personnes morales de droit public visées au paragraphe 1er ont déclaré qu'ils pouvaient être saisis. Cette déclaration doit émaner des organes compétents. Elle sera déposée aux lieux prescrits par l'article 42 pour la signification des actes judiciaires.*
>
> *Le Roi fixe les modalités de ce dépôt ;*
>
> *2° à défaut d'une telle déclaration ou lorsque la réalisation des biens qui y figurent ne suffit pas à désintéresser le créancier, les biens qui ne sont manifestement pas utiles à ces personnes morales pour l'exercice de leur mission ou pour la continuité du service public.*
>
> *3° Les personnes morales de droit public visées aux paragraphes 1er, dont les biens font l'objet d'une saisie conformément au paragraphe 2, 2° peuvent faire opposition. Elles peuvent faire offre au créancier saisissant d'exercer ses poursuites sur d'autres biens. L'offre lie le créancier saisissant si le bien est sis sur le territoire belge, et si sa réalisation est susceptible de le désintéresse.*
>
> *Si le créancier saisissant allègue que les conditions du remplacement du bien saisi visées à l'alinéa précédent ne sont pas remplies, la partie plus diligente saisit le juge dans les conditions fixées à l'article 1395 ».*
>
> *4° (…).*

En droits africains, ainsi que nous venons de le souligner ci-avant, plusieurs droits nationaux ont assoupli et limité le principe de l'immunité d'exécution des entreprises publiques.

L'Algérie semble être la première à avoir pris un texte dans ce sens. Il s'agit de l'ordonnance relative à l'exécution des décisions de justice et des sentences arbitrales en date du 17 juin 1975 en instaurant un système de recouvrement indirect auprès du Trésor public. La loi française n° 80-539 du 16 juillet 1980 se serait inspirée du texte algérien[96].

L'article 1er de cette loi disposait: «*Lorsqu'une décision juridictionnelle passée en force de chose jugée a condamné l'État, une collectivité locale ou un établissement public au paiement d'une somme d'argent dont le montant est fixé par la décision elle-même, cette somme doit être ordonnancée ou mandatée dans un délai de quatre mois à compter de la notification de la décision de justice.*»

En Mauritanie, l'article 2 de la loi n° 77-046 du 21 février 1977 dispose que «*les établissements publics à caractère industriel et commercial dont l'activité, le mode de gestion et les relations avec les tiers sont analogues à ceux des entreprises privées sont soumis aux mêmes règles que les entreprises privées en ce qui concerne leurs relations avec les tiers.*»

Au Togo, la loi n° 90-26 du 4 décembre 1990 en son article 2 dit que «*Les règles de droit privé, notamment celles du droit civil, du droit du travail et du droit commercial sont applicables aux entreprises publiques dans la mesure où il n'y est pas dérogé par la présente loi.*»

Nous pouvons arrêter à ce niveau la liste des réformes en cette matière.

233. Considérations. Il apparaît donc que si, dans d'autres droits (belge, français[97] et OHADA[98]), le principe est consacré, encore que le droit belge par exemple, relativise cette immunité fonctionnelle[99], le principe de l'insaisissabilité des biens des entreprises publiques ne repose sur aucun texte en droit congolais. L'assimilation de celles-ci à l'État ne peut être, non plus, admise, sur le plan strict du droit.

---

96 D. LINOTTE, «Exécution des décisions de justice administrative et astreintes en matière administrative», *J.C.P.*, 1981, 1, 3011.

97 Loi n° 91-650 du 9 juil. 1991 portant réforme des procédures civiles d'exécution: «*L'exécution forcée et les mesures conservatoires ne sont pas applicables aux personnes qui bénéficient de l'immunité d'exécution*» (art. 1).

98 Voy. C.A. AQUEREBURU, «L'État justiciable de droit commun dans le traité OHADA», *Penant*, n° 832, juin-août 2000, p. 52 et s.

99 G. LEVAL, *Éléments de procédure civile*, 1re éd., Larcier, Bruxelles, 2003, n° 274. Ainsi, aux termes de l'article 8 de la loi du 21 mars 1991 portant réforme des entreprises publiques économiques, il est dit que «*les actes des entreprises publiques autonomes sont réputés commerciaux.* Les entreprises publiques autonomes ne sont toutefois pas soumises aux dispositions du livre III du code de commerce. Elles bénéficient de l'immunité d'exécution pour *les biens entièrement ou partiellement affectés à la mise en œuvre de leurs taches de service public.* Elles ont un statut propre. Elles peuvent conclure des contrats de travail...». *C'est nous qui soulignons.*

§ 4. FONDEMENT DE LA SAISISSABILITÉ DES BIENS DES ENTREPRISES PUBLIQUES EN DROIT CONGOLAIS

234. La problématique de la saisissabilité ou non des biens des entreprises publiques est récurrente en droit congolais et elle nous semble être reliée simplement à la question de la soumission ou non des personnes morales de droit public, en général, et des entreprises publiques, aux lois et aux décisions judiciaires. Déjà, comme nous l'avons écrit[100], la Conférence Nationale Souveraine de 1992 s'est saisie du problème et elle a proposé, désormais, pour éviter de se soustraire aux obligations qu'il contracte, que l'État prévoie une dotation pour exécuter les décisions judiciaires le condamnant. À ce jour, aucune disposition légale n'a été prise de sorte qu'il faille rechercher dans la loi les arguments qui plaident pour la saisissabilité des biens de certains biens des personnes morales de droit public en général et, en particulier, des entreprises publiques. Nous pouvons les ramener essentiellement à trois postulats :

- d'abord, au point de vue de *l'individualisation juridique,* si une entreprise publique est créée par l'État, elle ne se confond pas avec ce dernier. Elle a une personnalité juridique distincte de celle de l'État (voy. la loi du 6 janvier 1978, précitée) ;
- ensuite, *sur le plan du statut réel*, les biens des entreprises publiques, en vertu de la théorie de la personnalité juridique et du patrimoine, ne sont pas les biens de l'État. Certes, ces biens peuvent être affectés à l'intérêt général. Il est très douteux de faire dépendre ces biens du domaine public de l'État et d'en faire des biens domaniaux (idem) ;
- par ailleurs, en vertu des *principes du droit administratif*, l'entrée ou la sortie des biens du domaine public se fait par un acte d'affectation ou de désaffectation. Ce qui suppose un acte d'une autorité administrative compétente. Peut-on sérieusement dire qu'un Président du Conseil d'administration ou le Président délégué général des entreprises publiques sont des autorités administratives pouvant poser un tel acte ? En outre, le fait que certains des biens des entreprises publiques soient affectés à l'intérêt général suffit-il à les faire assimiler aux biens de l'État et, éventuellement, à échapper à la saisie ?

Pourtant, il est établi que plusieurs biens des particuliers participent tout autant à la satisfaction de l'intérêt général sans

---

[100] Voy. V. KANGULUMBA MBAMBI, « L'exécution forcée des décisions judiciaires... », *op. cit.*, p. 308 et s. ; voy. aussi KALONGO MBIKAYI, « Le régime de sûretés des entreprises publiques... », *op. cit.*, p. 24.

qu'ils appartiennent à l'État ni échapper ainsi à la saisie. De même, il existe des biens appartenant à des particuliers, alors qu'ils ne sont pas affectés à un usage ou à un service publics, qui échappent pourtant à la saisie[101];

- enfin, en vertu du *principe de l'égalité de tous devant la loi*, il serait discriminatoire de ne soumettre à la saisie, pour les mêmes causes et effets, que les biens des sociétés commerciales et non ceux des personnes morales de droit public dont les entreprises publiques.

Tel a été l'enseignement tiré de l'affaire Bureau des Recherches Géologiques et Minières (B.R.G.M.). En effet, bien que la Cour de cassation n'ait pas validé ce raisonnement, la Cour d'Appel de Paris a rappelé que

> *«Le principe d'égalité, règle de droit de valeur constitutionnelle, est aussi un principe général du droit; que ce principe fondamental régit le fonctionnement de tous les services publics, qu'ils soient ou non confiés à des établissements publics, et vaut, tant pour les usagers que pour les fournisseurs...; qu'il en est ainsi, alors que la mission de service public est, comme en l'espèce assurée par un établissement public à caractère industriel et commercial; ... que ce principe d'égalité ne joue pas seulement sur le plan des rapports de caractère administratif, mais s'applique aussi sur le plan économique et professionnel;*
>
> *qu'ainsi ont droit à l'égalité de traitement les commerçants se livrant à la même activité; qu'à cet égard l'inscription du BRGM au registre du commerce le 6 juin 1956 constitue à elle seule, compte tenu des activités prévues, une présomption de commercialité à l'encontre de l'établissement appelant qui, au demeurant, ne conteste pas sérieusement être un commerçant public.»* [102]

235. Il est véritablement moins question de permettre des entraves «à la régularité et à la continuité des services publics» que d'assurer l'égalité de tous devant la loi. En effet, que peut faire un créancier d'une entreprise publique qui ne paie pas ses factures ou qui ne rémunère pas ses employés? La loi permet de les assigner (art. 8, 2° du code de procédure civile). Si elles sont donc assignées, elles peuvent tout autant être condamnées et, le cas échéant, obligées – d'une façon ou d'une autre – d'exécuter la décision judiciaire. Ce n'est que justice.

---

[101] Voy. article 127 du Code de procédure civile congolais: «*Ne peuvent être saisis: 1° le coucher et les habits du saisi et de sa famille; 2° les livres indispensables à la profession du saisi et s'il est artisan les outils nécessaires à son travail personnel; 3° les provisions de bouche nécessaires à la nourriture du saisi et de sa famille pendant un mois; 4° une bête à corne, ou trois chèvres ou trois moutons, au choix du saisi*».

[102] Paris, 18 mars 1987.

Aussi, pensons-nous que s'agissant des activités de nature civile ou commerciale, l'égalité des parties au contrat requiert également les mêmes contraintes. Quitte à voir, au cas par cas, si la saisie d'un tel bien mettrait en péril d'autres intérêts plus importants[103]. Le caractère absolu du principe est donc à relativiser[104] notamment lorsque le bien saisi a été affecté à l'activité économique et/ou commerciale relevant du droit privé qui donne lieu à la demande en justice»[105].

§5. DROIT COMPARÉ

L'exemple du droit OHADA et du droit belge sont à même d'appuyer la thèse de la saisissabilité de certains biens des personnes morales de droit public.

236. Droit OHADA. Constitué sur le fond du droit français, le droit matériel de la majorité des États membres de l'OHADA est aussi calqué sur ce droit avec cette conséquence que, y sont reconduits le principe, les difficultés et les controverses sur l'élargissement ou le rétrécissement du régime de l'immunité d'exécution. Rien de moins étonnant donc que des obstacles tant textuels (internes, droit international et droit OHADA) que hors textes se présentent sur la route de l'admissibilité ou non de l'immunité d'exécution aux États et aux entreprises publiques[106].

L'article 30, alinéas 2 et 3 de l'Acte uniforme portant organisation des procédures simplifiées de recouvrement et des voies d'exécution dispose :

> *«Les dettes certaines, liquides et exigibles des personnes morales du droit public ou des entreprises publiques, quelle qu'en soient la forme et la mission, donnent lieu à compensation avec les dettes également certaines, liquides et exigibles dont quiconque sera tenu envers elles, sous réserve de réciprocité.*

[103] Par exemple, si un créancier de la Régie de distribution d'eau (REGIDESO) devrait saisir les matériels de l'usine d'épuration et de pompage d'eau de la station de Ndjili à Kinshasa, plusieurs millions des personnes manqueraient d'eau potable, ce qui irait à l'encontre de l'intérêt général. Mais il en serait autrement si cette société s'abstient de régler une facture de fournitures de ses créanciers. Ces derniers peuvent procéder à la saisie-arrêt de ses comptes en banque.

[104] G. LEVAL, *op. cit.*, n° 263 et 273, p. 359, notes 73 et 74.

[105] Cass. fr., 14 mars 1984, *Dalloz*, 1984, p. 629, bien que des décisions récentes vont dans le sens contraire.

[106] Voy. S.S. KUATE TAMEGHE, *La protection du débiteur dans les procédures individuelles d'exécution*, Paris, L'Harmattan, 2004, n° 386 et s.

> *Les dettes des personnes et entreprises visées à l'alinéa précédent ne peuvent être considérées comme certaines au sens des dispositions du présent article que si elles résultent d'une reconnaissance par elles de ces dettes ou d'un titre ayant un caractère exécutoire sur le territoire de l'État où se situent lesdites personnes ou entreprises».*

Cette disposition est pleine de sous-entendus.

Elle consacre d'abord la possibilité de compensation dans les relations entre «Administration» ou «personne publique» et «particulier»; ensuite, elle fait opérer, comme en droit civil, de plein droit la compensation et, enfin, la nature juridique de la compensation, considérée ici comme un mode particulier d'exécution de ses obligations par une personne publique. C'est à croire que le verre est à demi plein ou à demi vide. C'est selon.

Il reste, comme l'écrit Kuate Tameghe, que «le rejet des voies d'exécution à l'encontre des personnes publiques repose, en droit OHADA comme ailleurs, tant sur des textes officiels que sur une jurisprudence et une doctrine sujettes à controverses. En l'état actuel du droit, le créancier de l'État, d'une collectivité infra étatique ou d'un établissement public qui n'a pas obtenu l'exécution d'une prestation peut, tout au plus, espérer être rétabli dans ses droits par le jeu de la compensation. Encore que, même dans ce cas de figure, il faudrait que la personne publique débitrice ait expressément reconnu l'existence de la dette. Cette formule assez novatrice on en convient, pose le grand problème, en cas de pluralité de dettes, de l'ordre des imputations, lequel n'a pas été résolu. Au bout du compte, la balance de la justice reste en déséquilibre, ce qui autorise d'évaluer la portée du système mis en place par le législateur africain» [107].

C'est donc d'un problème de justice et de la possibilité ou de la crédibilité dans les engagements avec les personnes publiques qu'il s'agit: peut-on encore se permettre de passer un marché avec une personne morale de droit public? Peut-on espérer, pour prestation due, être payé par une personne morale de droit public? Peut-on lui faire confiance? Voilà qui fait obstacle aux activités économiques et qui donne lieu à des réticences des partenaires privilégiés des personnes morales de droit public. À l'avantage de qui? On ne le sait que trop.

237. Jurisprudence. Il existe beaucoup de décisions qui permettent de conclure à la relativité du principe de l'immunité d'exécution forcée des personnes publiques tant en droit congolais qu'en droit comparé.

---

[107] S.S. KUATE TAMEGHE, *op. cit.*, n° 357.

En droit congolais, il existe un contentieux très important mettant en cause les personnes morales de droit public, toutes catégories confondues, soit entre elles, soit entre elles et les particuliers. Il en est ainsi en matière tant du travail, de droit civil, de droit commercial, d'assurances que des investissements. Il suffit de jeter un coup d'œil dans les registres des rôles de ces juridictions[108].

En droit comparé, et notamment dans l'affaire « Mendès Junior c. Société Mauritanienne d'Assurance et de Réassurance », sur base du principe tiré de la loi mauritanienne n° 77-046 du 21 février 1977 qui dispose que *« les établissements publics à caractère industriel et commercial dont l'activité, le mode de gestion et les relations avec les tiers sont analogues à ceux des entreprises privées sont soumis aux mêmes règles que les entreprises privées en ce qui concerne leurs relations avec les tiers »*, il a été statué que « l'établissement public à caractère industriel et commercial, condamné définitivement par une juridiction compétente, doit être traité ainsi qu'il est stipulé pour tout justiciable sans distinction par les articles 341 et suivants du code de procédure civile, commerciale et administrative et notamment en cas de refus de payer, par les dispositions des articles 325 et s. réglementant l'exécution des décisions de justices définitives ».

Dès lors, « le patrimoine (de la société Mauritanienne d'Assurance et de Réassurances) doit répondre des obligations mises à sa charge, soit par des engagements contractuels, soit par des décisions judiciaires, ayant acquis l'autorité de la chose jugée, il constitue le gage de leurs créanciers »[109].

238. Sur le plan du droit international. La question est revenue lors de l'examen du projet de la *Convention des Nations Unies sur les immunités juridictionnelles des États et de leurs biens* du 17 janvier 2005[110]. Par ailleurs, comme en droit OHADA, la même question s'est posée et elle a reçu une réponse dans le sens de la saisissabilité.

En effet, au sens du droit des immunités, l'applicabilité du principe de la régularité et de la continuité du service public dépend d'une pratique à une autre. Nous le savons, par exemple, que le terme « État » ne s'applique pas en cas de démembrement d'États fédéraux.

---

[108] Voy., entre autres cas cités, V. KANGULUMBA MBAMBI, « L'exécution des décisions judiciaires... », *op. cit.*, pp. 313-314; NDOMELO KISUSA KAIMBA et KIENGE-KIENGE INTUDI, *Recueil Kazi. Les Arrêts en matières du travail*, 1re partie, Kinshasa, Ed. Kazi, 1997 et 2e partie, Louvain-la-Neuve, Academia-Bruylant, 2003.

[109] *Idem*, n° 399.

[110] Voy. le texte, entre autre, dans *J.D.I.*, 2005, pp. 1054-1066.

Les juridictions françaises, saisies de la question, ont exclu ces démembrements au motif qu'ils n'ont pas de personnalité juridique internationale, ils ne sont pas souverains[111]. Lors des discussions préparatoires à la signature de la Convention, le principe de l'exclusion était acquis[112] motif pris de ce que ces entités démembrées ne réunissent pas les éléments constitutifs de l'État fédéral.

Le principe retenu dans le texte final, excluant «les composantes de l'État fédéral» et les subdivisions politiques de l'État, précise que seules sont visées celles *«qui sont habilitées à accomplir des actes dans l'exercice de l'autorité souveraine et agissent à ce titre»*[113]. C'est la théorie bien connue des actes accomplis *«jure imperii»*.

Cette théorie est toutefois écartée lorsqu'il s'agit des transactions commerciales[114]. Or, c'est bien ici que l'on rencontre beaucoup plus les entreprises publiques ou les entreprises d'État.

239. La question des «entreprises d'État» ou des entreprises publiques. Le débat est ancien. Il a connu une première actualité au moment de la création de l'ex-URSS et du bloc de l'Est. Nous savons que sur le plan de la politique économique, le bloc de l'Est avait opté pour la socialisation de l'économie avec la multiplication d'entreprises totalement étatisées, engagées pour nombre d'entre elles dans des activités purement marchandes. Or, ces activités sont souvent confrontées à des divergences d'intérêts, donnant lieu à des conflits, des litiges et empruntant ainsi le chemin des tribunaux chargés de dire le droit et d'autoriser éventuellement l'exécution forcée sur les biens des entreprises d'État.

Dans certains pays, par exemple, la Grèce et l'Italie, il avait été opté pour le principe de l'immunité relative. Les tribunaux de ces pays refusaient l'immunité aux représentations commerciales des régimes socialistes dans les mêmes hypothèses qu'ils l'auraient fait à l'État lui-même.

L'expérience connue dans ces pays a modifié la donne du principe absolu (État ou entreprise publique) en France. Les tribunaux ne l'appliquaient pas si «les manifestations de [leurs] activités ne pouvaient apparaître que comme des actes de commerce auxquels le principe de la souveraineté des États demeure complètement étranger»[115]. Ainsi donc, en matière de transactions commerciales, de contrats de travail,

---

[111] Paris, 5 nov. 1969, Land de Hesse, *JCP*, 1970, III, 16 334, note D. Ruzié.

[112] Art. 2, § 1, b), ii).

[113] Art. 2, § 1, b), ii) nouveau.

[114] Art. 10 de la Convention.

[115] Réq. 22 févr. 1929, Ass. France-Export, *S.*, 1930, I, 49, Note J.-P. NIBOYET.

il ne peut être excipé d'une quelconque immunité ni de juridiction ni d'exécution.

C'est à cette évidence que la Convention du 17 janvier 2005 s'est résolue lorsqu'elle affirme dans son article 10 § 3 que l'immunité de l'État n'est pas affectée lorsqu'une entité séparée est engagée dans une procédure se rapportant à une transaction commerciale.

Aux termes de l'article 10 de la Convention,

> 1. *Si un État effectue, avec une personne physique ou morale étrangère, une transaction commerciale et si, en vertu des règles applicables de droit international privé, les contestations relatives à cette transaction commerciale relèvent de la juridiction d'un tribunal d'un autre État, l'État ne peut invoquer l'immunité de juridiction devant ce tribunal dans une procédure découlant de ladite transaction.*
>
> 2. *Le paragraphe 1 ne s'applique pas:*
>
>   a) *Dans le cas d'une transaction commerciale entre États; ou*
>
>   b) *Si les parties à la transaction commerciale en sont expressément convenues autrement.*
>
> 3. *Lorsqu'une entreprise d'État ou une autre entité créée par l'État qui est dotée d'une personnalité juridique distincte et a la capacité:*
>
>   a) *D'ester et d'être attrait en justice; et*
>
>   b) *D'acquérir, de posséder ou de détenir et de céder des biens, y compris des biens que l'État l'a autorisé à exploiter ou à gérer, est impliquée dans une procédure se rapportant à une transaction commerciale dans laquelle elle est engagée, l'immunité de juridiction dont jouit l'État concerné n'est pas affectée».*

Cette alternative «ne préjuge ni la question de la levée du voile social dissimulant l'entité, ni les questions liées à une situation dans laquelle une entité d'État a délibérément déguisé sa situation financière ou réduit après coup ses actifs pour éviter de satisfaire à une demande, ni à d'autres questions connexes»[116].

---

[116] En ce qui concerne les contrats de travail: «Immunités et Contrat de travail: du nouveau», *JDI*, 2003, 1115; F. ZEGBE ZEGS, «L'immunité de juridiction du Centre Wallonie-Bruxelles de Kinshasa devant les cours et tribunaux de la République démocratique du Congo», in *Revue de Droit congolais*, n° 004 et 005/2000, pp. 20-28 (commentaire critique sur l'arrêt RTA 3888 rendu par la CA de Kinshasa/Gombe en date du 16 avr. 1998); «Le régime des immunités prévues par la Convention de Vienne sur les relations diplomatiques est-il applicable en matière de travail devant les cours et tribunaux du Congo? Cas du centre Wallonie-Bruxelles de Kinshasa», Note d'observation sous RTA 3888, in *Rev. de Dr. Afric.*, n° 21/2000, pp. 519-530.

240. Considérations critiques. L'on peut relever avec Kuate Tameghe que l'immunité d'exécution des personnes publiques est un anachronisme et que l'idée est fondée sur une conception dépassée du rôle de l'État et de l'administration, avec comme conséquence, l'indéniable recul de l'État de droit : ce principe fait priver aux citoyens le droit de faire recours et de faire reconnaître et de recevoir réparation de leurs droits lésés, et il fait montre de la méconnaissance des réalités socio-économiques contemporaines[117].

Pourtant, en plus des dispositions de la Constitution du 18 février 2006 (art. 12 : égalité de tous devant la loi) ; 149 al. 2 et 3, respect des décisions judiciaires rendues au nom du peuple et exécutées au nom du Président de la République), l'article 2, alinéa 3 du *Pacte international relatif aux droits civils et politiques* ratifié par la RDC dispose :

> *«Les États parties au présent pacte s'engagent à :*
>
> *a. Garantir que toute personne dont les droits et libertés reconnus dans le présent pacte auront été violés disposera d'un recours utile, alors même que la violation aurait été commise par des personnes agissant dans l'exercice de leurs fonctions officielles ;*
>
> *b. Garantir que l'autorité compétente, judiciaire, administrative ou législative, ou toute autre autorité compétente selon la législation de l'État, statuera sur les droits de la personne qui forme recours juridictionnel ;*
>
> *c. Garantir la bonne suite donnée par les autorités compétentes à tout recours qui aura été reconnu justifié».*

C'est la garantie du droit à un recours effectif. Mais si les pouvoirs publics sont, comme le principe d'immunité d'exécution le suggère, les premiers à ne pas exécuter leurs obligations ou à ne pas se soumettre au droit, mais auprès de qui l'administré pourrait-il alors recourir ? *«Qui nous gardera alors contre le gardien»* ? Ce serait le règne de non droit.

L'intérêt public bien compris s'accorderait-il nécessairement du non paiement des dettes publiques ? Le paiement desdites dettes obstruerait-il «la régularité et la continuité du service public» ?

---

[117] S.S. KUATE TAMEGHE, *op. cit.*

Section 3:

BIENS APPARTENANT AUX PARTICULIERS

241. Précisions terminologiques. Les biens, entendus comme droits patrimoniaux, sont des choses appropriables. En droit, il n'y a que les sujets de droit qui peuvent être titulaires des droits et obligations. Et parmi ces sujets de droit, nous avons les personnes morales de droit public (l'État, les sociétés) et les particuliers (personnes physiques ou morales de droit privé).

Par «particuliers», il convient d'entendre tout autre sujet de droit qui n'est pas une personne morale de droit public, en l'occurrence l'État ou entreprises et établissements publics, services publics personnalisés, organismes d'économie mixte). Ainsi, les personnes physiques congolaises ou étrangères; les personnes morales de droit privé (sociétés commerciales, Asbl) sont-elles des particuliers.

§1. SIÈGE LÉGAL ET PRINCIPE

242. Siège légal: article 9, alinéa 1 de la loi du 20 juillet 1973. Aux termes de cet article, *«les particuliers ont la libre disposition des biens qui leur appartiennent»* et, de toute évidence, sauf restrictions légales (article 14 de la loi).

Il importe de ne pas perdre de vue que la «libre disposition» ne veut pas dire que l'exercice de ce droit soit sans limite. Nous le verrons, ce droit s'exerce librement sauf les restrictions que la loi établit (art. 14). Par ailleurs, il est évident que «les biens qui appartiennent» ou qui «peuvent appartenir» aux particuliers, ne peuvent être que des biens appropriables.

§2. COMPOSITION ET RÉGIME JURIDIQUE

243. Tous biens à l'exclusion des biens fonciers. Les biens qui appartiennent aux particuliers peuvent être des biens immobiliers ou mobiliers. Conformément à l'article 53, le sol appartient à l'État congolais, l'on conçoit mal qu'un particulier soit propriétaire foncier. Il ne peut être qu'un concessionnaire perpétuel ou ordinaire, en d'autres termes l'État propriétaire foncier ne reconnaît que des droits de jouissance (perpétuelle pour les Congolais et limitée dans le temps ou ordinaire pour les étrangers et les personnes morales).

244. Commercialité de principe – Extracommercialité d'exception. En principe, en tant que biens patrimoniaux, les biens des particuliers sont dans le commerce, aliénables, cessibles, saisissables et transmissibles. Toutefois, des dispositions légales particulières peuvent soustraire ces biens de la saisie ou d'aliénation. Il en est ainsi en matière de saisie (art. 127 du code de procédure civile) ; des biens à l'usage de tous ; des biens de famille).

Dans l'ensemble, les principes de base régissant ces biens forment l'essentiel de la matière des droits réels qui se focalisent sur la possession, la détention précaire, la propriété et la copropriété. Dans les chapitres qui suivent, nous étudions ces matières.

TITRE II

APPARENCE DE PROPRIÉTÉ OU DROITS PROCHES DE LA PROPRIÉTÉ : THÉORIE DE LA POSSESSION ET DE LA DÉTENTION PRÉCAIRE

245. **Terminologie juridique : précisions.** En droit, « posséder » et « détenir » sont deux concepts traduisant deux réalités tout à fait différentes compte tenu de leur incidence sur la relation que l'on peut établir entre une personne, sujet de droit et une chose, objet de droit. Pourtant, celui qui possède ou qui détient une chose en est généralement pris pour propriétaire. C'est que l'apparence joue un rôle essentiel dans la qualité du possesseur ou du détenteur. Aussi, aux termes de l'article 658 du code civil congolais livre III, n'est-il pas dit qu'« en fait de meubles, possession vaut titre » !

246. Mais dans la culture juridique africaine, mieux en droit coutumier, chercher à circonscrire la portée juridique de ces deux concepts peut poser des sérieuses difficultés. « Posséder », « détenir » et « avoir » y sont comme des termes équipollents.

Comme l'écrit un auteur, « il est difficile d'introduire les terme 'propriété', tel que nous l'entendons, dans le droit coutumier. Les conceptions juridiques des indigènes dans ce domaine, moins abstraites que les nôtres, sont voisines de la notion de possession, d'appropriation et de plus n'impliquent pas comme chez nous l'idée de l'indépendance de l'individu ayant des droits et pouvant s'obliger seul »[1].

Le droit coutumier connaît certes une « propriété » complète. Mais, même si un indigène a la possession de certaines choses à titre exclusif, du fruit de son travail par exemple, ses proches qui l'assistent de diverses manières : prêt d'un fusil ou d'un filet de chasse, transport de gibier, travail aux plantations, construction d'une case, intervention dans le paiement de la dot, etc., ont vis-à-vis de lui, une sorte de droit de créance. La propriété n'est pas démembrée, mais le propriétaire a contracté des obligations à l'égard de la parenté »[2]. Ceci démontre l'ampleur de la difficulté dans la définition des concepts « possession » et « détention » mais aussi combien ils sont proches l'un de l'autre !

247. En droit positif écrit, cela ne va pas de même. Certes, il est établi que ces deux concepts partagent quelques attributs ou éléments du droit de propriété. Ce qui les rend proches et contribue, tout aussi, à la confusion. Dès lors, la nécessité de les définir avant d'en examiner les effets et les régimes juridiques respectifs. Cette façon de procéder permettra de saisir la différence existant entre, d'une part la possession et, de l'autre, la détention.

---

[1] VANHOVE, J., *op. cit.*, n° 33.

[2] *Idem.*

248. Plan du titre. En substance, ce titre se propose d'étudier d'abord (Titre I) la possession et ensuite (Titre II), la détention précaire.

CHAPITRE 1

LA POSSESSION

249. Quand l'image ou l'apparence fait le droit[1]. «La possession, dit-on, réalise l'image de la propriété». Cela lui vaut d'être proche de cette dernière et même d'être prise comme elle. En effet, aux termes de l'article 658 du CC congolais, livre II, en matière des biens meubles, la preuve de la propriété se fait par le seul acte de possession. En matière immobilière, la possession ne peut coïncider qu'avec l'habitation. La possession, en tout cas en droit congolais, en conformité avec l'article 219 de la loi du 20 juillet 1973, n'est pas la preuve du droit de propriété immobilière ni du droit de jouissance foncière. Celle-ci est établie par le certificat d'enregistrement du titre concédé par l'État.

Il est dès lors intéressant de définir le concept «possession» (section 1) avant de passer en revue ses effets juridiques (section 2).

250. Siège légal de la matière. Il y a lieu de souligner, d'entrée de jeu, pour des raisons historiques (introduction de certains titres du Code Napoléon au Congo et numérotation séparée des articles de différents livres du Code civil)[2], que le siège légal de la matière ne se trouve pas

---

[1] En droit, il est admis que l'apparence est source de droit et d'obligations: cas du mandat apparent; du fonctionnaire de fait; de l'erreur de bonne foi sur la personne, etc. Pour que le mandat apparent lie le mandant, la croyance de tiers doit être cependant légitime, c'est-à-dire que le tiers doit avoir raisonnablement ignoré l'existence du mandant.

Tel n'est pas le cas d'un épargnant qui remet des fonds au mandataire d'une banque, lorsque le bordereau de souscription utilisé par celui-ci est entaché d'irrégularités flagrantes dont l'épargnant devrait s'apercevoir. La banque n'est liée par aucun mandat apparent en pareil cas: Liège, 12e ch., 5 janv. 2007, *J.T.*, 2007, 263.

[2] En droits belge et français, il n'existe qu'un seul code civil comprenant les personnes, les biens et les obligations. En droit congolais, le premier livre à être introduit dans l'État Indépendant du Congo, est le livre III relatif aux contrats et obligations qui se forment sans engagement (D. du 30 juil. 1888). Le livre 1er, qui concernait les personnes, a été porté par le D. du 4 mai 1892, plusieurs fois modifié. Et le livre II, relatif aux biens, a été institué par le D. du 31 juil. 1912, également plusieurs fois modifié.

À ce jour, le droit civil est régi par 3 codes: le code civil livre III (Contrats et obligations, jamais substantiellement modifié depuis 1888!), la loi du 20 juil. 1973 ayant remplacé le D. du 31 juil. 1912 (code des biens) et la loi du 1er août 1987, ayant abrogé le livre 1er (code de la famille). Chacun de ces «livres» comporte une

dans la loi du 20 juillet 1973 mais plutôt dans le Code civil congolais livre III, précisément en ses articles 622 et suivants. Cette circonstance ne devrait rien préjuger tant que la matière des biens appartient au droit civil.

Section 1:

NOTION DE POSSESSION

§1. SIÈGE LÉGAL : ARTICLE 622 CC LIV. III

251. Cet article est rangé dans le titre XII du Code civil livre III, relatif à la prescription et il dispose que *« la possession est la détention ou la jouissance d'une chose ou d'un droit que nous tenons ou que nous exerçons par nous-mêmes ou par un autre qui le tient ou qui l'exerce en notre nom »*.

Selon cette définition, la possession peut être considérée comme un rapport immédiat entre une chose et une personne ou médiat en ce que cette chose est détenue par une personne pour le compte d'une autre. Cette approche n'a pas manqué de susciter des critiques dans la doctrine.

§2. CRITIQUE DE LA DÉFINITION

252. La définition légale de la possession ne rencontre pas l'approbation d'une partie de la doctrine[3] en ce qu'elle paraît tantôt descriptive, tantôt prudente et superficielle, tantôt elle serait même défectueuse et ce, pour deux raisons principales :

- d'abord, la possession est prise dans cette définition du point de vue technique en l'opposant à la détention ;
- ensuite, cette définition pourrait toujours laisser croire que la possession et la jouissance d'un droit vont ensemble.

---

numération spécifique des articles. Ceux-ci ne sont pas alignés ou continus (de 1 à X) comme dans le code civil belge ou français.

[3] Voy. G. KALAMBAY LUMPUNGU, *op. cit.*, p. 79.

D'où, certains auteurs[4] ont proposé les définitions suivantes :

- la possession est l'exercice sur une chose *d'un pouvoir qui correspond*, dans sa manifestation extérieure, *à l'exercice d'un droit* ;
- la possession est *un rapport de fait* entre une chose et une personne par lequel cette personne a la possibilité d'accomplir, sur cette chose, personnellement ou par intermédiaire d'un tiers, des actes qui, dans leur manifestation extérieure, correspondent à l'exercice d'un droit, qu'elle soit ou non titulaire régulière de ce droit[5] ;
- la possession est le fait d'accomplir sur une chose les actes correspondant à l'exercice d'un droit réel spécialement de la propriété[6].

253. Nous pourrions rallonger la liste des définitions. Toutefois, lorsqu'on regarde les choses de plus près, il y a quelques constances : la possession se prête comme un pouvoir de fait (physique) exercé sur une chose corporelle d'abord, et plus tard ce pouvoir de fait va s'exercer sur un droit.

§3. BREF APERÇU DE L'ÉVOLUTION DE LA « POSSESSION »

254. Ce concept remonte à très loin dans l'histoire du droit. Comme pour la plupart des concepts connus [du droit français], la possession vient du droit romain. Toutefois, l'on ne peut pas aller jusqu'à concevoir que cette institution eût été inconnue du des droits originellement africains [droit coutumier congolais]. En effet, la possession est connue de ce droit même si sa conceptualisation – comme celle de plusieurs autres concepts – n'offre pas de différence avec la propriété.

En droit coutumier, tout en nous réservant sur la portée des termes utilisés, il a été jugé ainsi que le premier possesseur d'une chose prise par celui qui la revendique ne peut que s'adresser au Tribunal et apporter la preuve que le droit du saisissant n'est pas fondé. Si le tribunal reconnaît le droit, il entérine simplement la prise de possession de la chose par le défendeur[7].

---

[4] M. PLANIOL et G. RIPERT, *Traité pratique du droit civil français, Les biens*, Paris, 1952.

[5] A. WEIL, *Droit civil, Les biens*, Paris, Dalloz, 1969.

[6] Cl. RENARD, *Droit civil, Les biens, la propriété et les droits réels principaux*, Liège, PUL, 1er fasc., 155 p.

[7] Lamba, Sec. Katanga (secteur Lufira, terr. Jadotville), n° 9, 22 janv. 1951, *BJI*, 1954, 224, note J. SOHIER ; voy. aussi : Sec. Kinsuka (secteur Lufira, terr. Kambove),

255. Cela étant, en droit romain, la possession signifiait «avoir une chose d'une manière exclusive et s'en servir comme on l'entend (la détruire ou la consommer)». Il y était fait la distinction entre la *possessio rei* et la *possessio juris*.

La *possessio rei* est, en d'autres termes, l'emprise que l'on peut avoir sur une chose, sur un bien (propriété).

La *possessio juris* a plutôt trait à certains droits réels (servitude, usufruit), et elle était appelée *quasi possessio*. Elle ne ressemblait pas totalement à la première forme.

Comme nous le vérifierons dans la suite, et notamment dans le cadre du démembrement de la propriété, cette distinction est fondamentale. En effet, il est important de distinguer la possession d'un bien et la possession d'un droit (dans le cas surtout de l'usufruit ou des servitudes).

256. L'on conçoit bien actuellement que la possession d'une chose corporelle aille ou coexiste avec le droit qui s'y rapporte. Ce qui est possédé est, non la chose elle-même mais le droit sur cette chose. L'intérêt de cette précision est fondamental et évident. Tous les droits réels ne sont pas susceptibles de possession. Il en est ainsi, bien que de nature hybride, de l'hypothèque (droit et charge réelle). Par ailleurs, la possession d'une chose ne peut être envisagée légalement que pour celles des choses appropriables. Ainsi, les *res communes* et les biens du domaine public ne sont pas possessibles.

257. Attention: «Faux amis»! Enfin, il n'y a pas lieu de prendre pour synonyme le concept de «possession» connu en droit des biens de ceux que l'on retrouve dans d'autres dispositions légales ou branches du droit. Par exemple: possession d'état, possession de créance, envoi en possession[8] qui y ont, en tout cas, un sens spécifique.

---

n° 15, 19 juil. 1952, *BTC*, 1961, 206, note J. S. Par ailleurs, la notion de la prescription acquisitive (comme celle de la prescription en général) n'existe pas en droit coutumier, Kinshasa, Terr. Léopoldville, 8 mai 1957, *JTO*, 1960, 14, note F. DE CLERCK. De même, la distinction entre bien meuble et bien immeuble, cf. J. SOHIER, *Répertoire général de la jurisprudence et de la doctrine coutumières du Congo et du Ruanda-Urundi, jusqu'au 31 déc. 1953*, Bruxelles, Larcier, 1957, spéc. V° propriété et jurisprudence y reproduite.

[8] Voy. entre autres le Code de la famille, dispositions relatives aux successions (art. 758 et s.).

Section 2:

ÉLÉMENTS CONSTITUTIFS DE LA POSSESSION

258. En définissant la possession, nous avons souligné qu'il s'agit d'un pouvoir de fait exercé sur une chose. Cela suppose que celui qui exerce ce pouvoir puisse poser des actes d'appréhension ou de disposition. En substance, la possession suggère la présence d'un objet *(corpus)* et le fait (pour le sujet, la personne qui exerce un pouvoir de fait sur l'objet) de se considérer comme le titulaire du droit *(animus)*.

§1. *CORPUS*

259. Le mot *«corpus»* est un mot latin signifiant: corps, objet, matière, chose. Étant à la disposition du possesseur, il devient évident que ce dernier y exerce un certain pouvoir en y posant des actes déterminés.

Du point de vue juridique, la possession est définie comme étant «l'exercice sur une chose des actes qui correspondent au droit dont on a la possession». Il s'agit en fait de tout acte matériel comme le fait de détruire une chose, l'arranger, entamer une construction, habiter une maison, etc. Tous ces actes dénotent, de la part de la personne qui les pose, une certaine emprise sur la chose.

260. Actes susceptibles de qualifier le *corpus*. L'on ne devrait pas perdre de vue qu'en soi, un acte juridique est impuissant à constituer le *corpus*. Il n'y a que les actes matériels qui peuvent constituer le *corpus* et ils sont de deux sortes:

- *actes de détention*: la personne doit détenir la chose ou y exercer un pouvoir de fait. La détention peut être indirecte;
- *actes de jouissance*: le possesseur doit poser des actes qui lui profitent. Comme pour les actes de détention, ces actes de jouissance peuvent être posés directement ou par une personne interposée. C'est ce qu'on appelle *«possessio corpore alieno»*.

§2. *ANIMUS*

261. Il ne paraît pas suffisant, pour être possesseur, d'exercer un pouvoir de fait sur une chose, d'avoir la chose sous son emprise: d'autres personnes peuvent avoir à leur disposition des choses qu'elles ne possèdent pourtant pas. Ainsi, pour être considéré comme possesseur d'une chose, il faut un plus, agir comme si on en était le maître, c'est-à-dire avoir un esprit, une mentalité ou un comportement de propriétaire, bref, avoir une âme de maître: *animus domini*. Il s'agit d'un élément psychologique ou moral qui se joue au niveau de l'esprit ou du comportement de la personne.

En matière de possession, «*l'animus domini*» l'emporte sur le «*corpus possessionis*» et il est possible de posséder légalement au sens de l'article 622 du CC congolais livre III par l'intermédiaire d'autrui.

Ces deux éléments peuvent exister isolément ou même coexister.

§3. COMBINAISON DE DEUX ÉLÉMENTS : *CORPUS* ET *ANIMUS*

262. Pour que la possession existe, il faut la réunion de deux éléments: matériel *(corpus)* et psychologique *(animus)*. Cela a comme implication que l'on ne peut concevoir une possession sans *corpus* (sauf cas d'immeuble, encore que cela s'apparente plus à la propriété) et il n'y a, non plus, pas de possession sans *animus*.

Section 3:

QUALITÉS DE LA POSSESSION

263. Telle que définie, l'on aurait pu croire qu'il suffit de posséder une chose pour bénéficier des effets juridiques y afférents. Il convient de distinguer plutôt ceux qui possèdent régulièrement de ceux qui ont une possession illicite. En pratique, la possession ne peut produire des effets que si elle remplit certaines conditions. En effet, nous verrons que l'on peut détenir une chose dont on n'est pas possesseur. Cela veut dire que la possession doit avoir certaines qualités pour être juridiquement valable et régulière. Nous allons évoquer le principe et en analyser la portée.

§1. PRINCIPE ET SIÈGE LÉGAL : ART. 623 CC CONGOLAIS, LIVRE III

264. Énoncé du principe. ***«Pour pouvoir prescrire, il faut une possession continue et non interrompue, paisible, publique, non équivoque et à titre de propriétaire.»***

Le terme «prescrire» utilisé dans cette disposition veut dire «prétendre être titulaire du droit, être possesseur». Il renvoie, de façon significative, à l'article 658, alinéa 1 du CC liv. III qui prévoit la prescription acquisitive instantanée: «en fait de meubles, possession vaut titre».

§ 2. THÉORIE JURIDIQUE ET CRITIQUE

265. Le principe résultant de l'article 623 du CC livre III semble excessif et même superfétatoire.

En effet, la «*non-interruption*» n'est pas une qualité de la possession. L'interruption n'est pas un vice de la possession. Il paraît logique que si la possession est interrompue, elle aura donc cessé d'exister.

De même, l'expression posséder «*à titre de propriétaire*» ne semble pas adéquate. En effet, pour pouvoir posséder, nous avons noté qu'il faut la réunion du *corpus* et de l'*animus*. L'*animus* est un élément psychologique dénotant le comportement du possesseur et le faisant passer pour le propriétaire. Énoncer qu'il faut «posséder à titre de propriétaire» est une réédite qui n'a pas sa raison d'être car elle est déjà comprise dans «l'*animus*».

266. Qualité de la possession. Nous pensons que la possession n'est utile que si elle réunit les qualités suivantes: continue, paisible, publique et non équivoque.

Une possession qui réunit ces quatre qualités est régulière. Elle est dite *possession utile*. En revanche, la possession est *vicieuse*:

- si elle accuse une discontinuité;
- si la chose a été obtenue à la suite d'une violence;
- si elle est clandestine, cachée;
- si elle est équivoque.

Les vices de la possession peuvent aussi bien affecter l'élément psychologique que l'élément matériel. S'agissant de l'élément psychologique, le vice susceptible de l'affecter est l'équivocité alors que la violence, la discontinuité et la clandestinité s'exercent essentiellement sur le *corpus*.

§ 3. EXAMEN DES QUALITÉS ET VICES DE LA POSSESSION

267. ***Possession continue ou discontinue.*** Une possession est continue lorsque les faits de possession sont accomplis régulièrement conformément à la nature de la chose possédée et aux usages. Il faudrait que cela le soit dans toutes les occasions et à tous les moments nécessaires, sans extravagance aucune.

La possession est discontinue, lorsque les faits de la possession sont irréguliers, anormaux. Tel serait le cas d'un propriétaire d'une voiture mais que l'on ne voit rouler ou sortir avec qu'une fois le mois et entre 22 heures et 4 heures du matin. L'on peut se poser des questions si ladite voiture lui appartient vraiment.

Notons que la discontinuité est souvent l'œuvre du possesseur lui-même alors que l'interruption est le fait d'un tiers.

268. ***Possession paisible ou violente.*** La possession est dite paisible lorsqu'elle ne repose pas sur la violence matérielle ou morale. Dans le cas contraire, elle est viciée car la violence n'est pas, en principe[9], la voie licite pour entrer en possession d'un bien. Il est important de fixer le moment à partir duquel la violence peut être considérée.

En effet, puisque la qualité de la possession est d'être paisible, tant que la violence n'aura pas cessé, l'on considère que la possession est toujours viciée, en d'autres termes, elle est violente.

Il en ressort ainsi des termes de l'article 627 du CC livre III :

> *« Les actes de violence ne peuvent fonder non plus une possession capable d'opérer la prescription.*
>
> *La possession utile ne commence que lorsque la violence a cessé ».*

269. Mais il faut parfois distinguer :

---

[9] Nous le verrons, le possesseur ou le propriétaire peut se trouver en situation de revendiquer par la force pour rentrer ainsi en possession de son bien. Par exemple, un voleur qui arrache à une vieille dame son sac. Si c'est possible, cette dernière peut s'accrocher au voleur jusqu'à lui confisquer le sac soustrait. C'est légitime et licite.

Voy. V. KANGULUMBA MBAMBI, « Les couples "force-droit" et "droit-force" : "union de fait" ou "union de droit" ? Application aux droits subjectifs patrimoniaux », in Sayeman BULA-BULA (dir.), *Pour l'épanouissement de la pensée juridique congolaise*, Liber Amicorum Marcel Antoine LIHAU, Bruxelles, Bruylant, Kinshasa, Presses de l'Université de Kinshasa, 2006, pp. 337-458.

- selon qu'il s'agit d'une possession originairement paisible ou devenue telle, il ne peut y avoir violence et vice dans le fait que le possesseur réagit contre des voies de fait du tiers (tendant, par exemple, à le déposséder de son bien) ;
- ou selon que la possession était violente dès le départ, elle ne deviendra alors paisible que lorsque la paix aura été vraiment établie.

La violence doit être de nature à empêcher l'entrée en possession du bien dans l'immédiat. De ce point de vue, l'on considère que des actes de violence espacés dans le temps, sporadiques, ne sont pas de nature à mettre sérieusement en péril la possession utile.

Dans sa *nature*, la violence est en tout cas un *vice temporaire*. La possession utile ne commence que lorsque la violence aura cessé.

Il est aussi un vice *relatif*. Dans ce sens, ne peut se plaindre de la violence que la victime de l'acte. La possession produit des effets à l'égard de toute autre personne.

270. ***Possession publique ou clandestine.*** Il importe de ne pas considérer une possession publique comme étant celle qui appartiendrait à tous ou au public. La possession est dite publique lorsqu'elle s'exerce au grand jour, d'une manière ostensible, visible ou manifeste. Elle est clandestine lorsque les faits ou les actes, qui devraient être posés normalement au grand jour, sont intentionnellement cachés. Ce qui rend ladite possession suspecte puisque ceux qui auraient dû s'y opposer ne sont pas en mesure de le faire[10].

La clandestinité est plus remarquable en matière mobilière. Car, en matière immobilière, avec le système d'enregistrement des droits réels immobiliers ou de jouissance foncière de l'article 219 de la loi du 20 juillet 1973, il est très difficile de dissimuler la chose (immeuble) faisant l'objet du droit.

271. Tout comme la violence, la clandestinité est un *vice temporaire* et *relatif*[11]. Elle cesse dès que la possession devient ostensible ou publique. Et elle ne peut être revendiquée que par les personnes à qui la possession est cachée. Car elle peut être cachée aux uns et non aux autres. Seuls donc les premiers peuvent s'en prévaloir.

---

[10] Voy. J. HANSENNE, *Précis, op. cit.*, t. 1, n° 165, p. 177.

[11] Liège, 15 oct. 1991, 10 févr. 1992 et 29 juin 1992, *Rev. trim. dr. fam.*, 1993, p. 534.

La clandestinité peut également résulter des déclarations inexactes du possesseur[12]; du silence du possesseur quant au contenu, dans l'espèce, d'une enveloppe prétendument lui remise par le titulaire des titres litigieux[13].

272. ***Possession équivoque et non équivoque.*** Quand on parle de vice de l'équivoque, l'on pense surtout au vice qui affecte le titre de la détention ou qui entache la mentalité du possesseur. Une possession est équivoque lorsque les actes accomplis par le possesseur ne révèlent pas suffisamment son *animus domini* et qu'ils peuvent s'interpréter autrement.

L'équivoque peut porter tout autant sur le *corpus.*

Ainsi, une possession est équivoque au sens de l'article 2229 du CC belge (= 623 du CC livre III) lorsque les actes qui pourraient la constituer, peuvent aussi être interprétés comme étant la manifestation d'un autre droit que celui auquel prétend le possesseur[14]. Entre autre, lorsqu'il existe un doute concernant la qualité de propriétaire ou de détenteur de la personne entre les mains de laquelle le bien se trouve[15].

273. ***Équivoque sur l'*animus domini**. L'exemple approprié est celui de l'indivision ou de la copropriété. Lorsqu'un copropriétaire pose un acte, l'on peut se demander s'il le fait en sa propre qualité, en son propre nom *(qualitate sua)* ou au nom des autres. Dès lors, il y a doute ou équivoque sur la qualité en vertu de laquelle agit cette personne.

274. ***Sur le* corpus.** Dans ce cas, le doute porte sur la chose objet de la possession. Il en est ainsi en cas de mariage dont le régime matrimonial est la séparation des biens ou en cas de concubinage. L'on peut se poser la question de savoir qui est le véritable propriétaire du bien[16]. Il s'agit d'un équivoque portant sur le *corpus.*

L'équivoque est un vice *absolu* parce qu'il tient à la nature de la possession et il peut donc être invoqué par tout le monde comme en cas de discontinuité. Par ailleurs, comme tous les autres vices, l'équivoque est également un vice *temporaire*: dès qu'il a cessé, la possession produit ses effets, c'est-à-dire, elle devient utile.

---

[12] Gand, 3 déc. 1993, *T. not.*, 1994, p. 134.

[13] Anvers, 3 avr. 1989, *Rev. not. b.*, 1989, p. 578.

[14] Cass 1re ch., 3 mai 1984, *Pas.*, 1984, I, 1079.

[15] Cass., 1re ch., 4 déc. 1976, *Pas.*, 1977, I, 415.

[16] Cass., 4 déc. 1986, *Pas.*, 1987, I, 415; Bruxelles, 24 janv. 1991, *RGEN*, 1991, p. 149.

275. Preuve du vice de la possession. En principe, une possession est présumée utile, c'est-à-dire elle est censée exempte de vice. Il appartient à celui qui invoque le vice de l'établir ou de le prouver par tous les moyens. C'est l'application de l'adage latin *«actori incumbit probatio»*. Il appartient à celui qui invoque ou allègue un fait à le prouver[17].

§4. POSSESSION DE BONNE FOI ET POSSESSION DE MAUVAISE FOI

276. Il faut rappeler que la bonne foi tout comme la mauvaise foi se rapportent toutes deux à l'*animus domini*, c'est-à-dire à l'élément psychologique ou subjectif de la possession, bref, à la mentalité du possesseur. La possession non viciée ou utile produit toujours des effets juridiques, c'est-à-dire, la création, la modification, la transmission ou l'extinction d'un droit. Mais tout dépend de la nature de la possession. En effet, selon qu'elle est de bonne ou de mauvaise foi, la loi peut reconnaître à ladite possession tous les effets ou seulement certains effets juridiques.

A. Possession de bonne foi

277. ***Notion***. Il est utile de définir d'abord ce type de possession avant de voir les effets juridiques qu'elle peut produire.

La possession est de bonne foi lorsque le possesseur croit être titulaire du droit qu'il exerce. La bonne foi du possesseur consiste donc à ignorer le vice qui l'a empêché de devenir propriétaire du bien. Le possesseur est donc de bonne foi lorsqu'il possède comme propriétaire en vertu d'un titre translatif de propriété dont il ignore le vice. Il cesse de l'être dès le moment où ce vice lui est connu.

En effet, la bonne foi implique dans le chef du possesseur l'existence d'un titre ou la croyance à l'existence d'un titre. Il s'agit d'une ignorance équipollente à une erreur. Le titre putatif[18] produit les mêmes effets

---

[17] Liège, 23 nov. 1989, *RGEN*, 1991, p. 149; Liège, 15 oct. 1991, *Rev. not. belge*, 1993, p. 106; Brux. (16e ch), 29 mai 1998, *RGDC*, 1998, p. 471.

[18] Par analogie au mariage putatif qui consiste en ce que les époux ou l'un d'eux croit à l'existence d'un mariage valide. La loi reconnaît des effets juridiques en faveur des époux ou de celui qui ignorait de bonne foi que l'union n'était pas valide. Au titre d'effets, les enfants nés d'une telle union sont réputés légitimes: Elis., 4 avr. 1950, *RJCB*, 1951, p. 4; Léo., 14 août 1951, *RJCB*, 1952, p. 6. Il s'agit de la croyance légitime en l'existence d'un titre alors qu'il n'existe pas réellement.

Il a été ainsi jugé que le droit aux avantages matériels qui est susceptible de procurer un mariage putatif, constitue, dans le chef de l'épouse survivante et de

que le titre effectif. La bonne foi est toujours présumée. La preuve du contraire peut s'administrer par toutes voies de droit.

278. Effets juridiques de la bonne foi sur la possession. La bonne foi est un principe général de droit consistant en ce que celui qui l'invoque puisse bénéficier de la protection de la loi. L'on parle ainsi de l'exécution de bonne foi; de surprendre la bonne foi d'un administré; de quelqu'un qui se trompe de bonne foi, etc.

En matière de possession, de façon générale, la bonne foi produit trois types d'effets:

- présomption de la qualité de propriétaire et prescription acquisitive instantanée. Le possesseur d'un bien mobilier en devient propriétaire instantanément en vertu de l'article 658, alinéa 1, du CC livre III: *«en fait de meubles, possession vaut titre»;*
- lorsqu'il s'agit des constructions ou des plantations faites sur le terrain d'autrui, le possesseur de bonne foi est mieux traité que celui de mauvaise foi.

  Il a été jugé que, a violé l'article 23 de la loi du 20 juillet 1973 (possession de bonne foi), le jugement qui refuse au possesseur de bonne foi le remboursement de la valeur des travaux de mise en valeur du terrain litigieux au seul motif que les constructions faites par le possesseur l'avaient été sans autorisation de bâtir. Un tel jugement encourt cassation partielle[19].
- l'usufruitier de bonne foi fait les fruits siens. Il importe, cependant, au moment de leur perception, qu'il (le possesseur) soit de bonne foi.

279. Il résulte de tout ce qui précède que la possession de bonne foi, en tant qu'elle est utile, produit des effets juridiques. Le possesseur de bonne foi est donc bien traité, pour tout dire, protégé par la loi. Il convient de voir ce qu'il en est de la possession de mauvaise foi.

---

bonne foi un droit acquis indépendamment du droit analogue de la première épouse: 1re Inst. Léo., 25 sept. 1946, *RJCB*, 1947, p. 31.

[19] CSJ, RC 224, 11 avr. 1979, *Bull. Arr.*, 1984, p. 65.

B. *Possession de mauvaise foi*

280. ***Notion***. Comme pour la possession de bonne foi, nous allons définir d'abord la possession de mauvaise foi avant de parcourir les effets qu'elle peut produire.

Une possession est dite de mauvaise foi lorsque son titulaire sait pertinemment bien ne pas être le propriétaire de la chose qu'il possède. Le vice porte sur la mentalité ou l'esprit de la personne. Cette dernière doit se savoir ou se reconnaître, en tout cas, ne pas être propriétaire de la chose.

281. ***Effets juridiques.*** La possession de mauvaise foi produit également trois types d'effets.

- le possesseur de mauvaise foi n'acquiert la propriété mobilière que par *prescription trentenaire*. Celle-ci ne peut se faire que si la possession répond aux conditions exigées par l'article 623 du CC livre III et si elle a été notamment continue et non équivoque[20];
- en cas de construction sur le terrain d'autrui (art. 23 alinéa 2 de la loi), les constructions peuvent être supprimées aux frais du constructeur, sans préjudice des dommages-intérêts ou le remboursement soit de la dépense, soit de la plus-value;

  La preuve de la mauvaise foi incombe au demandeur. À défaut de ce faire, «demeure de bonne foi et a droit au remboursement de la plus value sur base de l'article 23 de la loi du 20 juillet 1973, le détenteur d'un contrat de location se rapportant à un fond enregistré au profit du concessionnaire»[21].
- le possesseur de mauvaise foi doit restituer et les fruits et la chose, et ce, depuis l'entrée en possession du bien litigieux.

282. Contrairement au possesseur de bonne foi, il apparaît que le possesseur de mauvaise foi est sanctionné par la loi.

---

[20] Liège, 23 juin 1970, *JCLM*, 1970-1971, 145.
[21] CA Bukavu, RCA 1136, 1er avr. 1986, *RJZ*, 1988, p. 43.

Section 4:

EFFETS JURIDIQUES DE LA POSSESSION

283. La possession n'est protégée qu'en cas de bonne foi. Par ailleurs, la possession tout comme la détention, en ce qu'elles supposent la possession d'un bien, sont des droits proches de la propriété. D'où, justement, l'adage selon lequel la « possession réalise l'image de la propriété ». Toutes ces considérations semblent bien justifier l'institution de la possession dont il faut à présent rechercher le fondement.

§ 1. FONDEMENT DE LA POSSESSION

284. La possession est définie comme un pouvoir de fait exercé sur un bien. Apparemment, la possession entre en contradiction avec la propriété qui, comme nous le verrons, est un pouvoir de droit absolu sur un bien.

La doctrine[22] justifie l'utilité et la protection de la possession essentiellement sur deux plans: du point de vue politique et du point de vue économique.

A. *Raison politique*

285. Justification. La possession est principalement protégée pour éviter des troubles à l'ordre public. Ceux-ci pourraient se manifester sous la forme de justice privée ou de violence. Si la loi ne détermine pas les modalités de la possession, les citoyens risquent de se rendre justice à eux-mêmes avec cette conséquence que la possession reviendrait au plus fort. Ce serait le règne de la violence. D'où, la loi doit intervenir pour protéger le possesseur (de bonne foi). S'il peut y avoir quelques revendications, les tribunaux sont seuls habilités à rendre justice, en vertu du respect de l'ordre public.

B. *Raison économique*

286. Le sens des mots. Un bien n'est réputé tel que s'il est utile à l'homme (sinon il ne serait pas *bien*). La vie des hommes n'est pas concevable sans

[22] Voy. entre autres G. KALAMBAY LUMPUNGU, *op. cit.*, vol. I, V° possession.

biens. Nous le savons, c'est la personne qui donne une certaine valeur aux biens. Celle-ci a comme mesure l'argent. Ainsi, la possession est considérée comme la manifestation extérieure d'un véritable droit. C'est pourquoi, l'on est toujours présumé possesseur (de bonne foi) jusqu'à preuve du contraire. Le possesseur est toujours présumé propriétaire. Voilà qui permet une certaine sécurité dans les transactions.

Sur le plan économique, la possession est justifiée par deux considérations :

- la présomption de possesseur permet aux parties de conclure des transactions en toute légitimité et de considérer l'objet de la transaction comme étant la propriété de l'une des parties ;
- le possesseur est la personne qui donne une valeur économique à un bien puisqu'il veut le garder sous sa maîtrise.

287. Au total, l'ordre public, la sécurité des rapports économiques, la protection des tiers, sont les trois raisons essentielles qui fondent la légitimité ou la protection de la possession. Il reste à en considérer les effets.

§ 2. Effets généraux de la possession

288. Base légale et principe : art. 623, 650 et 658 CC liv. III. Les effets concernent tant la possession de bonne foi que celle de mauvaise foi. Le possesseur de bonne foi est présumé propriétaire de la chose détenue. Les effets de la possession résultent de la combinaison des articles 623, 650 et 658 du Code civil livre III. Il nous suffit d'analyser la portée juridique de ces articles.

289. « La possession réalise l'image de la propriété » ou **présomption de qualité de propriétaire.** Aux termes de l'article 650 du CC liv. III, lorsqu'on possède quelque chose, l'on est présumé posséder pour soi. Il appartient à celui qui prétend le contraire à le prouver. Cela induit que le possesseur est considéré comme propriétaire du bien en sa disposition. Dès lors, il peut revendiquer son droit auprès de n'importe quelle autre personne. Toutefois, il faut souligner que cette présomption est fragile du moment où elle peut être renversée par une preuve contraire.

290. Jurisprudence. Il a été jugé, à bon droit selon nous, que s'agissant du droit de revendication, il doit être interprété restrictivement et il ne peut s'appliquer qu'aux cas expressément indiqués. Ces cas ne comprennent ni le fait de s'être librement dessaisi d'un objet, ni la banqueroute[23]; même en s'étant laissé abuser[24].

291. Acquisition du droit de propriété. En principe, pour posséder, il faut acquérir le bien possédé. Cette acquisition est instantanée quand la possession est de bonne foi et ce, en vertu de l'article 658, alinéa 1 du CC livre III, qui dispose qu'en fait de meubles, possession vaut titre.

292. Jurisprudence. La possession d'un objet mobilier, constitue en faveur du possesseur un titre d'acquisition parfait, le dispensant de fournir toute autre justification de son droit de propriété, sauf fraude du titre l'obligeant à restitution[25]. Toutefois, la possession doit être de bonne foi. Celui qui possède un objet mobilier par suite d'acte de violence ou d'une voie de fait ne peut se prévaloir de sa détention matérielle[26].

En cas de mauvaise foi, l'acquisition de la propriété est retardée: il faut attendre 30 ans pour prescrire!

La jurisprudence admet que si l'on ne peut prescrire contre son titre, il n'est pas interdit de prescrire au-delà de ses titres. En effet, celui qui n'a aucun titre sur un bien, qu'il a toujours possédé à titre de propriétaire, n'est pas un détenteur précaire[27]. Dans tous les cas, celui qui a la possession de bonne foi des biens meubles ne fait naître le droit de propriété que si la possession est utile, c'est-à-dire si elle est continue, non interrompue, paisible, publique, non équivoque et à titre de propriétaire[28]. Dès ce moment, il est dispensé de fournir une autre preuve de la propriété desdits biens[29].

Soulignons que la règle de l'article 658 du code civil livre III ne protège les acquéreurs d'objets mobiliers que si aucune circonstance n'a été de nature à éveiller leurs soupçons sur la légitimité de la possession du cédant.

Ainsi, le bijoutier, qui achète des lots de bijoux à un vendeur à l'aspect douteux et décide de faire fondre immédiatement les bijoux achetés, ne peut bénéficier de la possession de bonne foi avec acquisition

[23] Elis., 21 sept. 1915, *Jur. Col.*, 1926, p. 156.
[24] Elis., 3 mai 1924, *Jur. Kat.*, 1924, I, p. 55.
[25] Elis., 29 janv. 1944, *RJCB*, 1944, p. 130.
[26] Léo., 1er mars 1927, *Jur. Col.*, 1928, p. 172.
[27] Cass., 1re ch., 10 juin 1892, *Pas.*, 1892, I, 303.
[28] Cass., 1re ch., 20 déc. 1974, *Pas.*, 1975, I, 441.
[29] Cass., 1re ch., 16 févr. 1973, *Pas.*, 1973, I, 577.

immédiate de la propriété. Il engage dès lors sa responsabilité et il doit être condamné à des dommages et intérêts[30].

Mais, le propriétaire d'une chose possédée de bonne foi par un tiers et qui s'est emparé de cette chose par voie de fait n'a pu de cette façon faire perdre au possesseur, le titre et le droit que lui conférait la situation acquise[31].

293. Actions possessoires. La possession est une institution basée sur l'ordre public et sur la sécurité juridique. Pour cette raison, le législateur a tenu à la protéger. Bien plus, dès qu'il y a trouble de jouissance, le possesseur dispose d'une série d'actions dites actions possessoires dont l'objectif est de sauvegarder sa situation et de le remettre dans sa situation antérieure s'il venait à être évincé.

Ces actions sont au nombre de trois :

- la complainte ;
- la dénonciation de nouvel œuvre ;
- la réintégrande.

294. *La complainte.* Il s'agit d'une action possessoire générale contre tout trouble de possession. Le trouble peut être un fait matériel, une agression matérielle commise contre la possession. Exemple, destruction d'un bien, déplacement d'une borne.

295. *Jurisprudence.* Il a été jugé que lorsque l'action possessoire est fondée sur un trouble de possession causé par une voie de fait, le demandeur ne doit pas établir que la possession réunit les qualités requises par les articles 2228 à 2235 du Code civil belge (623 et s. du CC congolais livre III)[32].

Toutefois, il convient de souligner que le droit de revendication doit être interprété restrictivement et ne peut s'appliquer qu'aux cas expressément indiqués. Ces cas ne comprennent ni la banqueroute[33], ni le fait de s'être librement dessaisi d'un objet, même en s'étant laissé abuser[34].

Le trouble peut être aussi de droit c'est-à-dire consister par exemple en une négation de la possession, en une prétention contraire à la possession.

---

[30] Liège, 21 févr. 1990, *JLMB*, 1990, 632.
[31] Léo., 2 mars 1926, *Jur. Kat.*, III, p. 194.
[32] Cass., 1re ch., 29 sept. 1972, *Pas.*, 1973, I, p. 121.
[33] Elis., 21 sept. 1915, *Jur. Col.,* 1926, p. 156, précité.
[34] Elis., 3 mai 1924, *Jur. Kat.*, I, p. 55.

Il peut en être le cas d'une personne qui prête quelque chose alors que elle n'en est pas propriétaire.

296. ***La dénonciation de nouvel œuvre.*** Elle est une variante de la première action. Sauf qu'elle n'est pas dirigée contre un trouble actuel de fait ou de droit comme la complainte mais contre un trouble simplement éventuel ou futur. Le but de cette action est de faire cesser les travaux qui sont de nature telle, s'ils étaient poursuivis, qu'ils porteraient atteinte à la possession. Elle est intentée quand les travaux sont en cours.

297. ***La réintégrande.*** Cette action est conférée à celui qui a été dépossédé par violence ou voies de fait. Le but est de sanctionner les actes de dépossession par lesquels une personne prétend se faire justice en recourant à la violence ou à une voie de fait. En substance, la réintégrande suppose une dépossession de longue durée et une dépossession violente. Son but est de rétablir la paix.

298. ***Jurisprudence.*** La Cour de cassation belge a admis que l'action la réintégrande soit initiée par celui qui est dépossédé d'un bien immobilier ou qui est troublé dans la jouissance de celui-ci ou d'un droit immobilier, pour violence ou toute voie de fait, lorsqu'il s'est écoulé moins d'une année depuis le trouble ou la dépossession; il n'est légalement requis ni que le demandeur prouve avoir été en possession pendant une année au moins ni qu'il puisse se prévaloir d'une possession réunissant les caractères requis par les articles 2228 à 2233 du CC belge (623 et s. du CC congolais, livre III)[35].

L'action possessoire réintégrande ne peut être admise en matière de servitudes légales de passage. Si le droit de clôturer son bien est, comme tout autre droit, susceptible d'abus, pareil abus ne peut cependant résider dans le seul fait de mettre fin à une tolérance de passage ou de clôturer ce bien pour empêcher qu'il soit porté atteinte à la possession dont justifie[36].

Dans tous les cas, le juge est compétent pour vérifier si les qualités requises sont réunies[37].

299. ***Les actions possessoires dans le système de l'*Act Torrens.** La jurisprudence congolaise n'est pas riche en actions possessoires. Probablement à cause de ce que ces actions ne concernent que les biens meubles.

---

[35] Cass., 1re ch., 18 déc. 1975, *Pas.*, 1976, I, 476; Cass., 1re ch., 11 févr. 1977, *Pas.*, 1977, I, 631.

[36] Cass., 1re ch., 10 mars 2005, *J.T.*, 2005, n° 6185, p. 416.

[37] Cass., 1re ch., 20 déc. 1962, *Pas.*, 1963, I, 494.

Il est notoire, sur le plan économique, que les meubles ne revêtent pas autant d'importance que les immeubles : *res mobilis res vilis* (bien meuble, bien vil) disaient les Latins. D'où, la tendance à ne pas saisir un tribunal pour revendiquer un bien meuble supposé « vil » puisque sans valeur économique importante.

300. ***Spécificité du droit congolais.*** Le système de l'*Act Torrens*[38] institué en droit congolais requiert que toute propriété immobilière ou tout droite de jouissance foncière soient enregistrés par le Conservation des titres immobiliers. La propriété immobilière et le droit de jouissance foncière, appelé « concession », ne peuvent découler et être établis que par un certificat d'enregistrement. Dans un tel système, il est inconcevable que le titulaire d'un droit de propriété immobilière soit dépossédé et donc qu'il recoure aux actions possessoires. Les actions possessoires ne peuvent se concevoir qu'en matière mobilière. Et dans ce cadre, rares sont des actions en matière mobilière portées devant les cours et tribunaux congolais. Ce qui justifie le manque de jurisprudence spécifiquement congolaise sur les actions possessoires.

---

[38] Article 219 de la loi du 20 juil. 1973. Pour des plus amples développements, cfr *infra*, 2e partie, « Théorie spéciale des droits réels fonciers et immobiliers congolais ».

CHAPITRE 2

LA DÉTENTION PRÉCAIRE

301. Le sens des mots et le droit – Précisions terminologiques. Le langage du droit se veut être précis et spécifique. En effet, si de façon générale ou dans le langage courant, l'on ne distingue pas toujours «posséder» et «détenir», en droit, ces concepts ont bien un sens et une portée différents et spécifiques. Nous avons déjà défini la possession. Il y a lieu de définir la détention précaire (Section 1) avant de voir son régime juridique (Section 2).

Section 1:

NOTION DE DÉTENTION PRÉCAIRE

302. Base légale: art. 630-635 du CC liv. III. Comme pour la possession, il serait vain de chercher le siège légal de cette matière dans la loi du 20 juillet 1973. En effet, ce sont plutôt les articles 630 à 635 du CC livre III qui régissent cette matière.

§1. DÉFINITION

La détention est définie comme *«l'exercice d'un pouvoir de fait sur une chose, soit avec la permission et pour le compte du propriétaire, soit en vertu d'une habilitation de la loi ou de la justice».*

En fait, la détention ne comporte pas, dans le chef de la personne qui détient une chose, la volonté de tenir cette chose pour elle[1]. L'adjectif «précaire», accolé à la détention, veut signifier que le détenteur de la chose n'en est pas propriétaire. Il détient en réalité pour autrui (*precari*, en latin, signifie prière).

Aux termes de l'article 630 du CC livre III, «le fermier, le dépositaire et tous les autres qui détiennent précairement la chose du propriétaire...

[1] Cass., 1re ch., 4 mai 1972, *Pas.*, 1972, I, 822.

détiennent cette chose en vertu de la loi ou d'un titre (contrat). Tel est le cas, aux termes des articles 221 et suivants du Code de la Famille, des parents, pour les biens de leurs enfants mineurs; des tuteurs pour ceux de leurs pupilles.

§ 2. ÉLÉMENTS CONSTITUTIFS DE LA DÉTENTION PRÉCAIRE

303. L'on peut déjà anticiper et noter, à ce stade, les éléments qui peuvent différencier la détention de la propriété ou de la possession:

- propriété: *usus* + *abusus*
- possession: *corpus* + *animus*
- détention: *corpus* sans *animus.*

Le détenteur n'a pas l'*animus*, car il doit restituer la chose. Il ne peut donc disposer de la chose qui, par principe, appartient à autrui. Tel est le cas de location, de prêt ou de dépôt, bien que le locataire, le prêteur ou le dépositaire ont la chose en leur possession, mais ils n'en sont pas propriétaire car il y a une obligation de restitution de par la nature même du contrat. Il serait intéressant dans cette optique de voir les éléments constitutifs de la détention précaire.

304. Les éléments constitutifs de la détention précaire peuvent se déduire de sa définition:

- la détention est un pouvoir de fait;
- elle est (doit être) fondée sur un titre régulier;
- ce titre de détention est toujours temporaire.

305. ***Détention – pouvoir de fait.*** À l'instar du possesseur, tant qu'il a la chose sous sa garde ou son emprise, le détenteur exerce sur celle-ci un pouvoir de fait parce qu'il a le *corpus.* Ce pouvoir dérive logiquement de la détention matérielle de la chose. En ce qui concerne la possession, ce pouvoir peut se commuer en pouvoir de droit alors que dans la propriété, le propriétaire exerce *directement un pouvoir de droit sur la chose.*

306. ***La détention doit être fondée sur un titre régulier.*** Le possesseur détient par et pour lui-même. Ce qui lui confère l'*animus domini.* Le détenteur a la chose (d'autrui) en vertu d'un titre régulier qui constitue en définitive la cause de la détention *(causa detentionis).*

La détention peut avoir plusieurs sources (causes) qui peuvent en constituer des titres réguliers, tels que :

- le contrat pour le dépôt ;
- un acte unilatéral comme le testament ;
- la loi dans le cas de l'usufruit légal de la femme mariée ;
- l'habilitation de la justice dans le cas du mandataire de justice.

307. Il est important de noter que le possesseur réunit toujours dans son chef le *corpus* et l'*animus* alors que le détenteur précaire n'a que le *corpus* d'autant que l'*animus* appartient au véritable propriétaire de la chose. Ce qui justifie en fait le titre de la détention.

Cependant, le fait qu'il ait la chose sous sa garde ou sous sa direction, le détenteur peut être fondé à intenter des actions en vue de protéger la possession de la chose. Il en est ainsi du détenteur d'un véhicule automoteur dépossédé[2]. Le détenteur dispose donc des actions possessoires.

308. ***Caractère temporaire du titre de la détention.*** Le détenteur « détenant » pour autrui, doit avoir conscience du fait qu'un jour la chose ainsi détenue doit être restituée ou rendue à son propriétaire. En effet, en matière de droit de propriété, il n'est pas admis que la propriété soit démembrée de façon définitive. D'où, la détention ou le titre qui le fonde doit être temporaire.

§ 3. Rapports entre possession et détention précaire

309. Au titre de ressemblances, le possesseur tout comme le détenteur exercent sur la chose un pouvoir de fait. Ils ont le *corpus*.

Cependant, le possesseur détient pour lui-même – *res facti* – (pouvoir de fait) alors que le détenteur détient pour autrui – *res juris* – (pouvoir de droit) en vertu d'un titre de droit. L'un a un lien direct ou média avec la chose et l'autre un lien immédiat, devant passer par le propriétaire. Dans la détention, le propriétaire et le détenteur ont des droits différents. Ce qui justifie la précarité même de la détention.

[2] Sur la base de l'article 4 de la loi du 5 janv. 1973 portant obligation d'assurance RC automobile.

Section 2:

RÉGIME JURIDIQUE DE LA DÉTENTION PRÉCAIRE

310. Il s'agit de voir les effets de la détention précaire ainsi que les modalités de sa cessation.

§1. EFFETS

311. De la compréhension de l'article 658 du CC livre III, alinéa 1, l'on peut déduire que la possession conduit à la propriété après un laps de temps mais il n'est pas de même pour la détention qui est toujours présumée précaire. La possession est protégée par les actions possessoires. Le détenteur précaire peut en jouir mais à des conditions que nous allons parcourir dans les points qui suivent.

312. ***Le détenteur précaire ne peut prescrire.*** Aux termes de l'article 630, alinéa 1 du CC liv. III, il est dit que *«ceux qui possèdent pour autrui ne prescrivent jamais, par quelque laps de temps que ce soit»*.

Cette disposition veut dire, quelle que soit la durée de la détention, que le détenteur ne peut pas devenir propriétaire de la chose (prescription acquisitive). De même, en vertu de l'article 631 du CC livre III, les héritiers de ceux qui tenaient la chose à quelqu'un des titres désignés par l'article 630 ne peuvent pas prescrire. En effet, celui qui a commencé à posséder pour autrui, est toujours présumé posséder au même titre, s'il n'y a preuve du contraire[3].

313. ***Refus d'actions possessoires au détenteur.*** Il convient de noter que le détenteur précaire ne peut bénéficier des actions possessoires. Toutefois, la détention précaire est protégée contre les voies de fait et les violences. Aussi, le détenteur précaire peut-il exercer la réintégrande à l'encontre des tiers.

§2. CESSATION DE LA DÉTENTION PRÉCAIRE

314. Aux termes de l'article 631 du CC livre III, si le titre de la détention précaire est toujours temporaire, la détention est plutôt perpétuelle. Elle est transmissible aux héritiers ou aux successeurs universels. Ainsi,

[3] Cass., 1re ch., 6 nov. 1986, *Pas.*, 1997, I, 298.

aux termes de l'article 625 du CC livre III, «quand on a commencé à posséder pour autrui, on est toujours présumé posséder au même titre, s'il n'y a preuve du contraire».

Le titre de la détention est l'acte juridique qui fonde la détention. Cet acte suppose qu'après un laps de temps, le bien ainsi détenu doive retourner à son propriétaire. D'où, la détention est précaire (dans les deux sens juridique et commun): instable, soumis aux aléas et aux humeurs du propriétaire.

Toutefois, la détention peut passer d'une personne à l'autre (cas de succession). Dans ce cas, la détention sera continuée par les héritiers. Elle a ainsi le caractère perpétuel.

Le détenteur précaire ne peut donc changer le titre de sa détention.

Aux termes de l'article 634 du CC liv. III, «*on ne peut pas prescrire contre son titre, en ce sens que l'on ne peut point se changer à soi-même la cause et le principe de sa possession*». Néanmoins, précise l'article 632 du CC livre III, le fermier, le dépositaire, les héritiers peuvent prescrire, si le titre de leur possession se trouve interverti, soit par une cause venant d'un tiers, soit par la contradiction qu'ils ont opposée au droit du propriétaire.

De ce qui précède, la précarité peut essentiellement finir de deux façons:

- par l'interversion du titre par une cause d'un tiers;
- et par l'interversion du titre par une contradiction opposée au droit du propriétaire.

315. ***Interversion du titre par une cause ou fait d'un tiers.*** Il peut arriver que le titre auquel croit le détenteur ne soit pas de son propre fait mais que cela soit occasionné par une autre personne. Il en est ainsi en cas d'acquisition de la propriété d'un bien non pas du propriétaire mais d'un tiers qu'il croit propriétaire. Dès ce moment, la détention a un titre nouveau qui remplace le premier. Le détenteur bénéficie d'un «*animus domini*» (il se croira propriétaire) à la condition, cependant, d'être de bonne foi.

316. ***Interversion du titre par une contradiction opposée au droit du propriétaire.*** Contrairement au cas précédent, il s'agit ici du fait du détenteur lui-même. Il en serait ainsi lorsque le détenteur pose des actes signifiant au propriétaire qu'il (le détenteur) a des prétentions contraires sur la chose. Ces actes doivent être sans équivoque. Ils doivent être matériels et ne laisser aucun doute sur les intentions du détenteur.

Ils peuvent être aussi judiciaires: dénégation en justice ou signifiée par actes d'huissier ou extrajudiciaire (amiable).

§3. PREUVE DE LA DÉTENTION PRÉCAIRE

317. Entre la possession et la détention précaire, la différence se situe surtout au niveau de l'*animus*. Or il n'est pas toujours facile de déceler l'*animus*. D'où, il importe de recourir à des présomptions. Et il y en a deux: la présomption légale de possession et la présomption de perpétuité de précarité.

318. ***Présomption légale de possession.*** Il s'agit d'une présomption positive qui, en fin de compte, exclut toute éventualité de détention précaire.

En effet, aux termes de l'article 624 du CC livre III, *«on est toujours présumé posséder pour soi et à titre de propriétaire, s'il n'est pas prouvé qu'on a commencé à posséder pour autrui»*.

Il s'agit en réalité de l'amorce d'une autre présomption, celle prévue à l'article 658: *«En fait de meubles, possession vaut titre»*. Mais il s'agit des présomptions qui peuvent être renversées en ce qu'elles admettent la preuve du contraire. Il suffit que celle-ci soit apportée pour que le détenteur actuel ou le possesseur actuel ne soit plus présumé propriétaire.

La possession est une institution protégée par la loi. Le possesseur n'a rien à prouver. Bénéficiant de la présomption légale (positive), il est ainsi dispensé de toute preuve. Il appartiendra à celui qui conteste sa qualité d'apporter la preuve (contraire) de ce qu'il allègue.

319. ***Présomption de perpétuité de précarité.*** En revanche, le détenteur précaire, quant à lui, est toujours présumé détenir pour autrui et non pour lui-même. La loi lui dénie toute possibilité de se prétendre propriétaire. Il s'agit d'une présomption négative qui oblige le détenteur précaire, à prouver qu'il a commencé à détenir ou à posséder pour soi.

L'article 625 du CC liv. III dispose que *«quand on a commencé à posséder pour autrui, on est toujours présumé posséder au même titre, s'il n'y a preuve du contraire»*. Il s'agit d'appliquer le principe en matière de dénégation et de preuve: si le détenteur prétend ne plus posséder pour autrui, il doit le prouver. À défaut, il est présumé posséder toujours pour autrui[4].

---

[4] *Idem.*

Il faut souligner que l'exercice n'est pas facile car la charge de la preuve revient au détenteur alors que dans le cas de la possession, le possesseur est dispensé de prouver. C'est aux tiers qui contesteraient sa qualité de possesseur de bonne foi ou de propriétaire à prouver le contraire.

320. Considérations. L'étude du régime juridique de la détention et de la possession nous a démontré que ces dernières peuvent avoir des éléments communs avec la propriété ce qui fait qu'elles soient proches de la propriété. Toutefois, la ressemblance s'arrête là car elles n'ont pas les mêmes caractères ni le même régime juridique que la propriété. Pour s'en rendre compte, l'étude approfondie du droit de propriété est-elle indiquée.

TITRE III

THÉORIE ANALYTIQUE ET CRITIQUE DE LA PROPRIÉTÉ

321. Nature juridique et place du droit de propriété. Aux termes de l'article 34 de la constitution, la propriété est un droit sacré. Cette consécration répond à une finalité qu'il conviendrait de scruter. Aussi, le présent titre étudie-t-il, de façon critique, au départ de sa définition, les différentes formes ainsi que les aspects juridiques afférents à la propriété.

322. Plan sommaire. Pour bien faire, les développements s'étalent sur deux sous-titres :

1. Théorie analytique : la propriété et ses formes
2. Théorie critique : la propriété et ses démembrements.

SOUS-TITRE I

THÉORIE ANALYTIQUE : LA PROPRIÉTÉ ET SES FORMES

323. Énoncé et menu. La propriété est un fait social et en tant que tel, elle est fortement liée au statut de l'homme dont elle est destinée à faciliter l'existence. La propriété a connu une évolution caractérisée à la fois par une notable extension de son champ d'application à des domaines individuels nouveaux et par des limitations exigées par l'intérêt général[1] et par les principes contenus dans la célèbre Déclaration des droits de l'homme (Révolution française), accusant ainsi des variations du point de vue philosophique. En dépit de cette circonstance, la propriété est restée sujette à deux formes de titularisation : soit à titre individuel (propriété), soit une propriété à plusieurs (copropriété).

324. Plan du sous-titre. Ainsi donc, les deux formes de propriété légalement organisées sont :

- la propriété (Chapitre I) et
- la copropriété (Chapitre II).

---

[1] Ce qui remet en cause sa définition en raison justement de multiples entraves à l'exercice des prérogatives du propriétaire : H. DE PAGE et R. DEKKERS, T.V, n° 891, p. 793 ; G. MARTY et P. RAYNAUD, *Droit civil, Les Biens*, Paris, Sirey, 1980, n° 36, p. 34 et s.

CHAPITRE 1

LA PROPRIÉTÉ

325. Brève évolution historique de la propriété. La propriété est étroitement rattachée à l'individu, à son environnement, à sa culture, à la philosophie sociale bref, à la société. Il apparaît ainsi logique que ce concept ne connaisse pas la même définition dans les différents systèmes juridiques. Ceci explique, logiquement, le fait que le droit de propriété soit tributaire des influences culturelles, philosophiques et sociales qui la déterminent en lui donnant un contenu et un sens précis et conforme[1].

326. Il convient de noter, tout comme le droit lui-même, que le concept de propriété – individuelle s'entend – n'est pas apparue en droit congolais qu'avec la colonisation. Les Congolais ont une conception de la propriété (en général ou foncière spécialement) qui reflète leur culture. Est-ce ainsi de bon droit, au départ de la «loi Bakajika» (1966) ayant culminé à celle du 20 juillet 1973, que le législateur congolais définisse de façon particulière, mais conforme à la conception que les Congolais s'en font, la propriété et notamment la propriété foncière.

Aux termes de l'article 14 de la loi du 20 juillet 1973, la propriété est le droit de disposer d'une chose d'une manière absolue et exclusive, sauf les restrictions qui résultent de la loi et des droits réels appartenant à autrui. Il s'agit d'une définition générale mais limitée à certains biens.

En effet, s'agissant du sol, moins l'article 9 de la constitution du 18 février 2006 que l'article 53 de la loi du 20 juillet 1973 porte que le sol est la propriété exclusive, inaliénable et imprescriptible de l'État. Nous le verrons, en termes de conséquences juridiques, le sol est hors propriété privée.

327. Il n'est pas exclu qu'il y ait des interférences culturelles dans l'approche juridique de la propriété entre la conception coutumière de la propriété et la conception du droit écrit véhiculée par la loi du 20 juillet 1973.

---

[1] Concernant cette évolution historique en droit congolais, voy. KALAMBAY LUMPUNGU, G., *op. cit.,* vol. I., pp. 105-117.

328. Propriété et droit coutumier. Il serait erroné de croire que le droit coutumier ne connaît pas le droit de propriété.

Il est vrai, comme le souligne Vanhove, qu'il est difficile d'introduire le terme «propriété», tel que nous l'entendons en droit écrit, dans le droit coutumier. Les conceptions juridiques des [Congolais] dans ce domaine, moins abstraites que [celles des Européens], sont voisines de la notion de possession, d'appropriation et de plus n'impliquent pas comme chez [les Européens] l'idée de l'indépendance de l'individu ayant des droits et pouvant s'obliger seul.

Le droit coutumier connaît certes une «propriété» complète. Mais, même si un indigène a la possession de certaines choses à titre exclusif, du fruit de son travail par exemple, ses proches qui l'assistent de diverses manières: prêt d'un fusil ou d'un filet de chasse, transport de gibier, travail aux plantations, construction d'une case, intervention dans le paiement de la dot, etc., ont vis-à-vis de lui, une sorte de droit de créance. La propriété n'est pas démembrée, mais le propriétaire a contracté des obligations à l'égard de la parenté[2].

Il reste acquis que la conception de la propriété y est plutôt «communautaire» qu'individuelle. D'ailleurs, cela n'a pas échappé au législateur du 20 juillet 1973 au point de réglementer les terres qu'occupent les communautés locales en vertu de la coutume et des usages locaux (art. 387). Le droit coutumier ignore la distinction entre la propriété collective (communautaire) et la propriété individuelle. Ce qui est reconnu aux individus est le droit d'usage collectif ou le droit d'usage individuel d'un bien revenant à la communauté. Celle-ci n'a pas le droit d'aliéner les biens «collectifs»[3]. C'est le régime d'appropriation ou d'affectation à un usage déterminé, sans appropriation privative.

S'agissant de la propriété en général, il s'impose de la définir et d'analyser ses caractères avant de voir les restrictions imposées par la loi à ce droit.

---

[2] J. VANHOVE, *op. cit.*, n° 38.

[3] Voy. R. RARIJAONA, *Le concept de propriété en droit foncier de Madagascar*, Paris, Éd. Cujas, 1967, 306 p., spéc. p. 28 et s.

Section 1:

DÉFINITION ET CARACTÈRES DE LA PROPRIÉTÉ

Avant de souligner les traits caractéristiques et l'étendue de la propriété, il convient d'abord de la définir.

§1. DÉFINITION

329. ***Siège légal: article 14, alinéa 1 de la loi.*** La définition de la propriété est le résultat d'une longue évolution tirant sa source, comme le droit hérité de la colonisation lui-même, de la Révolution française[4]. Toutefois, relevons que la propriété privée n'est pas la seule forme de propriété. Dans cette occurrence, plusieurs définitions ont été proposées pour cerner la notion de propriété:

- «droit d'user, de jouir et de disposer d'une manière exclusive, perpétuelle et absolue sauf les restrictions qui résultent des droits d'autrui». Cette approche a l'avantage de ressortir déjà les caractères et les attributs de la propriété;
- «droit reconnu par la loi à l'individu ou à la collectivité, de jouir et de disposer par sa puissance propre (et non pour celle qu'il aurait obtenue d'un tiers) et pour son propre intérêt (et non pour celui d'autrui) des moyens de production, de même que des résultats de sa production» (définition socialiste de la propriété).

330. En droit congolais, l'article 14 de la loi dispose que «*la propriété est le droit de disposer d'une chose d'une manière absolue et exclusive sauf les restrictions qui résultent de la loi et des droits réels appartenant à autrui*».

Cet article s'appesantit sur le droit de disposer pour qualifier le droit de propriété contrairement à l'article 544 du CC belge ou français qui le définit comme «le droit de jouir et de disposer d'une chose».

Il importe de rappeler ici la valeur constitutionnelle de ce droit pour souligner le degré de protection et de reconnaissance dont il est l'objet. De par la Constitution, la propriété privée est sacrée (article 34 alinéa 1).

---

[4] Dans son évolution et en fonction de certaines options, politiques ou philosophiques, la propriété a reçu une définition appropriée, revendicative, libérale ou révolutionnaire. Voy. le cas de la Révolution française ou de la Révolution russe.

§2. CARACTÈRES DU DROIT DE PROPRIÉTÉ

331. De la définition du droit de propriété, l'on peut relever quatre traits caractéristiques :

- la propriété est d'abord un *droit;*
- ce droit est *absolu* ;
- il est *exclusif;*
- il est *perpétuel.*

332. Propriété en tant que droit. Des rapports existant entre la propriété et la possession, il résulte que cette dernière consiste en *un pouvoir de fait* sur une chose (on peut posséder une chose sans en être propriétaire) alors que la propriété est *un pouvoir de droit*, une relation de droit entre une personne et une chose qui fait que celle-ci se trouve dans le patrimoine du propriétaire qui peut l'aliéner, le céder ou le détruire. Le propriétaire a un pouvoir absolu sur la chose. Ce qui n'est pas le cas de la possession ou de la détention précaire. Aussi, aux termes de l'article 634 du CC livre III, la possession ne se présente-t-elle que comme une apparence ou une présomption de propriété.

333. Droit absolu. La propriété est un droit absolu. Ce caractère est sujet à plusieurs interprétations et donc à des controverses. Il existe deux thèses quant au sens à donner à cette épithète « absolu ».

334. ***Thèse extrême.*** Les tenants de cette opinion pensent que la propriété est une liberté par essence. Cette liberté est de principe. (Nous sommes en plein libéralisme du 18e siècle). Or, nous le savons, « la liberté d'une personne finit là où commence celle de l'autre », « l'absolutisme » de la propriété ne doit pas occulter les restrictions qui s'imposent eu égard aux droits des autres. Il est vrai que le propriétaire dispose des droits assez étendus sur son bien. Il peut en user comme il l'entend, mais sans pourtant nuire aux droits des autres[5]. C'est déjà l'amorce du deuxième courant d'opinion.

335. ***Thèse moyenne.*** Cette opinion estime, dans la définition du droit de propriété, qu'il faille tenir compte des restrictions prévues par la loi. Elle relativise donc les choses. Ainsi, l'adjectif « absolu » ne doit pas être pris dans le sens de sans limite. Plutôt, il signifie que le droit de propriété

---

[5] Limitations en raison de l'abus de droit, Civ., 3e, 20 mars 1978, *Bull. civ.*, III, n° 128 ou de rapports de voisinage (cfr *infra*).

est opposable à tous. Le propriétaire peut défendre et revendiquer son bien à l'égard de tous.

Le caractère absolu de la propriété doit s'entendre comme le fait pour le propriétaire de disposer de la chose, soit en la consommant, soit en la détruisant, soit en l'aliénant, ou enfin en la grevant des droits réels au profit des tiers.

336. Droit exclusif. Par cette caractéristique, l'on veut dire que le droit de propriété est un droit individuel, il n'appartient qu'au titulaire du droit lequel en jouit sans partage. Le titulaire du droit peut s'opposer (droit absolu) à ce qu'un tiers retire de son bien un avantage quelconque même si cet acte ne lui causerait aucun préjudice.

Toutefois, l'on devrait atténuer la portée du caractère exclusif du droit de la propriété.

- En effet, aux termes de l'article 15 de la loi, «*le propriétaire ne peut repousser l'atteinte à son droit si elle est indispensable pour écarter un danger imminent incomparablement plus grand que le dommage qui doit en résulter pour lui-même. S'il a subi un préjudice, il peut se faire indemniser par la personne qui en a profité*».

  Il faut noter que l'atteinte au droit de propriété n'est autorisée qu'à des conditions strictes: un danger imminent, plus grand que le dommage résultant de l'atteinte. S'il y a préjudice, celui qui a profité de l'atteinte doit indemniser le propriétaire. L'atteinte est qualifiée en droit d'état de nécessité lequel suppose le choix entre deux valeurs également protégées mais dont l'une est inférieure à l'autre[6].

- Le droit de propriété n'est pas toujours un droit exclusif ou individuel. Il arrive que le titulaire du droit se trouve en concurrence avec d'autres. Il en est ainsi de la *copropriété* ou de l'*indivision*. Dès cet instant, l'on parle de la *propriété fractionnée*. En effet, dans la copropriété, il y a autant de fractions de propriété qu'il y a des titulaires de droit qu'on appelle copropriétaires.

- Il n'est pas, non plus, toujours vérifié qu'une seule personne puisse jouir de toutes les prérogatives de la propriété, c'est-à-dire user, jouir et disposer. En effet, une chose matériellement une, peut juridiquement être divisée entre deux personnes, emportant de ce fait au profit de l'un quelques attributs du droit de la propriété.

[6] Voy. également la notion en droit pénal général: NYABIRUNGU MWENE SONGA, *Traité de droit pénal général*, Kinshasa, Éd. DES, 1999, V° état de nécessité (cause de justification).

337. ***Applications.*** Il en est ainsi du superficiaire (article 123 de la loi) ou de l'usufruitier (article 132 de loi) qui a le droit de jouir de la chose *(usus)* et d'en tirer tout avantage *(fructus)* sans être propriétaire *(abusus)*. L'on désigne cette situation comme étant le *démembrement de la propriété*. En effet, celle-ci reste juridiquement une mais elle est éclatée quant à ses attributs. Il y a d'un côté, l'usufruitier avec l'usufruit *(usus et fructus)* et de l'autre le nu-propriétaire avec la nue-propriété *(abusus)*.

338. ***Différence propriété démembrée et propriété fractionnée.*** Elle réside dans les attributs de la propriété et sur le plan de la preuve. Dans le premier cas, la propriété est unique et individuelle, il n'y a que les attributs qui sont partagés (*« usus et fructus »* dans le chef d'une autre personne, *« abusus »* dans le chef du propriétaire alors que dans le second, il y a pluralité des propriétés avec, respectivement, tous leurs attributs du droit de la propriété.

Sur pied des articles 219 et 227 de la loi, a propriété fractionnée donne lieu à autant de certificats d'enregistrement qu'il y a des titulaires tandis que dans la propriété démembrée, il n'existe qu'un seul certificat d'enregistrement, celui du propriétaire.

Une propriété fractionnée peut également être démembrée ou demeurer telle à cause de la situation du bien, objet du droit. Tandis que le droit démembré l'est toujours pour une période ou un temps déterminé. En effet, en dehors de la propriété qui est un droit perpétuel, les autres droits réels sont toujours temporaires. Le caractère perpétuel de la propriété mérite d'être explicité.

339. **Droit perpétuel.** Lorsqu'on parle de la propriété, il y a en réalité deux aspects : la chose elle-même (objet du droit) et le droit se rapportant à la chose. Il y a donc une confusion entre l'objet et le droit s'y rapportant. Mais l'objet ou la chose et le droit sont indissociables. Voilà qui justifie l'assertion que toute chose est un bien et tout bien, dans la mesure où il peut être approprié, est un droit. L'un est matériel et l'autre incorporel.

Logiquement, la perpétuité veut dire que la propriété dure autant que la chose objet du droit.

- La première conséquence est que l'objet peut changer de titulaire, la propriété sera permanente et s'y rapportera toujours ;

- La deuxième veut que la propriété ne puisse s'éteindre par non usage [7]. La prescription extinctive est inconciliable avec la perpétuité de la propriété.

Dans une affaire, un tribunal belge a jugé que le propriétaire d'un immeuble qui est resté plus de 30 ans sans exercer son droit, peut néanmoins encore intenter l'action en revendication contre celui qui, dans l'intervalle, s'est mis en possession du bien, tant que celui-ci ne l'a pas usucapé [8].

340. ***Limites du caractère perpétuel de la propriété.*** Le titulaire peut abandonner son droit. De même, il peut en être privé (confiscation, vol, destruction méchante…) en ce moment le droit aura pris fin dans le chef du titulaire pour continuer dans le chef du nouvel acquéreur (sauf mauvaise foi et cas de destruction). Tous ces cas constituent en fait des tempéraments au caractère perpétuel de la propriété. Il convient à présent de les examiner.

341. ***Expropriation.*** L'expropriation est une procédure légale par laquelle un bien quitte le patrimoine d'une personne privée (l'expropriée) pour entrer dans le domaine public. L'expropriation ne concerne que les immeubles et ne peut être réalisée que pour l'intérêt public. Ainsi, l'on parle de l'expropriation pour cause d'utilité publique. Elle se fait moyennant une indemnité préalable au profit de l'exproprié [9]. C'est ce qui ressort de l'article 34, alinéa 4 précité de la constitution.

342. ***Réquisition.*** Elle est définie comme une opération par laquelle dans des conditions strictement déterminées, l'autorité publique administrative ou militaire impose à une personne physique ou morale de droit privé ou de droit public, l'accomplissement de certaines prestations en vue d'un but d'intérêt général. Par exemple, requérir d'une société de transport un certain nombre de bus pour le transport ou l'évacuation

---

[7] Civ., 3e, 9 juil. 1970, *D.*, 1971, 111.

[8] Charleroi, 12 avr. 1988, *RGDC*, 1989, p. 40. Notons qu'en droit congolais, il n'est pas possible de se prévaloir d'une prescription immobilière. Ce serait contraire aux prescrits de l'article 219 de la loi.

[9] Voy. loi n° 77-001 du 22 févr. 1977 sur l'exproprațion pour cause d'utilité publique, *J.O. de la Rép. du Zaïre*, n° 7, 1er avr. 1977. En fait, il s'agit de se conformer aux prescriptions de la constitution : aucune atteinte au droit de propriété ne peut se faire sans indemnité équitable et préalable. Cette loi est plus pertinente que le décret du 24 juil. 1956 en ce qu'elle précise la consistance de l'utilité publique en des domaines et aux nécessités les plus divers (art. 2). *« Nul ne peut être privé de sa propriété que pour cause d'utilité publique et moyennant une juste et préalable indemnité octroyée dans les conditions fixes par la loi ».*

des victimes d'une catastrophe vers des institutions hospitalières. La réquisition peut concerner l'accomplissement de certains services par certaines catégories des personnes (valides, adultes, hommes, étudiants...). C'est ce que l'on appelle la réquisition des personnes.

343. ***Autres formes de réquisitions***. Il existe, en droit congolais, en dehors de la réquisition d'usage des biens mobiliers, la réquisition de propriété des biens de consommation (vivres, denrées et produits alimentaires à l'entretien des militaires). Tout comme en cas d'expropriation, la réquisition ouvre au prestataire un droit à une indemnité.

344. ***Indemnité d'expropriation – jurisprudence***. Le principe souvent admis est que cette indemnité ne peut avoir pour effet de réparer la perte subie qui est une notion de droit commun et qui implique donc la réparation de tous dommages, mais seulement la réparation objective de la chose, c'est-à-dire le préjudice réel, sans égard aux dommages indirects ou au gain non réalisé.

Ainsi, en l'absence de marché connu déterminant la valeur de la chose requise, la valeur vénale s'établit en tenant compte de la valeur d'usage pour le propriétaire, mais aussi de la vétusté de la chose [10]. La réquisition devant se faire moyennant une indemnité représentative de la valeur de l'objet réquisitionné et comprendre le préjudice réel subi par le prestataire, c'est au moment de la réquisition qu'il faut se placer pour évaluer l'indemnité [11].

345. ***Nationalisation.*** La définition de la nationalisation donne parfois lieu à des controverses. En effet, selon une opinion, la nationalisation est l'appropriation des moyens de production par la Nation constituant une réalité plus large que l'État, où sont réunis à la fois les travailleurs, les consommateurs ou utilisateurs et l'État lui-même» [12].

Pour une autre, la nationalisation comprend plutôt deux réalités : selon que la propriété est transférée à l'État ou aux travailleurs [13]. Dans le premier cas, on parle de l'étatisation ou collectivisation (courante dans les ex-pays socialistes ou communistes) alors que dans le second, il s'agira de la socialisation.

---

[10] Léo., 15 déc. 1942, La colonie du Congo belge c. La société S., *RCJB*, 1943, pp. 193-194.

[11] Léo., 9 déc. 1941, D. c. Colonie, *RJCB*, 1942, pp. 92-96.

[12] Voy. J. VINCENT et R. GULLIEN, *Lexique des termes juridiques*, 9e édition, Paris, Dalloz, 1993.

[13] A. WEIL, *Droit civil, les Biens*, Paris, Dalloz, 1969, p. 267.

Le droit congolais est riche en histoires des nationalisations. En effet, plusieurs lois ont été prises, particulièrement entre 1966 et 1977, essentiellement en matière des sociétés et entreprises étrangères, lesquelles ont changé de maîtres passant des propriétaires étrangers à l'État et/ou à des nationaux congolais[14].

346. ***Jurisprudence.*** Dans une affaire, saisie d'un conflit relatif aux biens nationalisés et rétrocédés, la Cour Suprême de Justice a décidé que par application de la loi n° 77-027 du 27 novembre 1977, portant mesures générales de rétrocession des biens zaïrianisés, qu'elle n'est pas compétente pour examiner un recours en annulation dirigé contre une décision de rétrocession de ces biens[15].

La Constitution et les lois particulières ont toujours admis le principe de la protection de la propriété et aussi sa conséquence logique: l'indemnisation préalable et équitable de tout propriétaire[16] d'autant que la propriété privée est garantie par la Constitution, les Traités et les conventions internationales[17].

347. Confiscation. Généralement, ce concept s'analyse plutôt comme une sanction pénale même si au cours de l'évolution, elle apparaît beaucoup plus qu'une simple sanction pénale[18].

En effet, aux termes de l'article 5 du Code pénal livre I: «*Les peines applicables aux infractions sont:*

- *la mort;*
- *les travaux forcés;*
- *la servitude pénale;*
- *l'amende;*
- *la confiscation spéciale (...)*».

---

[14] Cfr le cas de l'UMHK devenue actuellement Gécamines. Il en est de même de la vague de zaïrianisation, radicalisation et rétrocession. Voy. LUKOMBE NGHENDA, *Zaïrianisation, radicalisation et rétrocession en République du Zaïre,* Kinshasa, PUZ, 1979.

[15] CSJ, RA, 85, 28 oct. 1983, *RJZ*, 1987, pp. 108-109.

[16] Voy. par exemple, la Constitution du 15 août 1974, article 2; article 34 alinéa 3 et 4 de la constitution du 18 févr. 2006.

[17] Cf. Fondement et source des droits réels patrimoniaux, *supra*, Introduction générale.

[18] Pour en savoir un peu plus, l'on peut consulter KENGO WA DONDO, *La confiscation.* Mercuriale prononcée à l'audience solennelle de rentrée de la CSJ du 20 sept. 1973, Kinshasa, Éd. de la CSJ, 1973.

348. ***Nature de la confiscation.*** En tant que telle, la confiscation est une peine consistant dans l'attribution à l'État de l'ensemble des biens présents du condamné, soit certains objets de celui-ci, objets ayant un rapport avec l'infraction. La confiscation est générale dans la première hypothèse alors dans la seconde, elle est spéciale. Du point de vue de la théorie pénale, la confiscation n'est jamais conçue comme une peine principale. Elle est toujours complémentaire et personnelle au condamné [19]. Dès lors, elle ne peut atteindre les héritiers du condamné que si elle a été prononcée contre celui-ci par un jugement passé en force de chose jugée, avant son décès. Dans ce cas, elle peut être exécutée contre les héritiers du condamné, car la décision de confiscation est attributive de propriété à l'État [20].

349. **Considérations.** Au terme de ce parcours sur les caractères du droit de propriété, nous pouvons retenir que la propriété est un droit perpétuel. Mais il connaît, au cours de l'évolution des sociétés, des atténuations ou tempéraments dont l'expropriation pour cause d'utilité publique, la réquisition, la nationalisation et la confiscation. En réalité, toutes ces situations ne mettent pas fin au droit de propriété car celui-ci subsiste ou continue d'exister dans le chef du nouveau titulaire au profit de qui le transfert de propriété a été décidé. Le droit ne s'éteint donc pas. Il se transmet d'une personne à une autre. Tant que le bien ou la chose existera le droit qui s'y rapporte subsistera. Il est intéressant de voir, après les caractères, les attributs de la propriété.

§3. ATTRIBUTS DE LA PROPRIÉTÉ

350. La propriété est souvent définie comme le droit d'user, de jouir et de disposer d'une chose. De cette définition, il résulte trois attributs: le droit d'user *(usus)*; le droit de jouir *(fructus)* et le droit de disposer *(abusus)*.

Mais l'article 14 de la loi du 20 juillet 1973 définit simplement et pertinemment la propriété comme étant le droit de disposer d'une chose d'une manière exclusive et absolue sauf les restrictions résultant de la loi et des droits réels appartenant à autrui.

---

[19] Voy. le cas de certains condamnés pour atteinte à la sûreté de l'État (Aff. KUDIAKUBANZA et autres) et aussi CSJ, Sect. jud., RC 414, 3 sept. 1981, *RJZ*, 1981, p. 91 et note.

[20] *Répertoire Pratique de Droit Belge* (RPDB), V° confiscation, n° 259.

351. Droit d'user et de jouir *(usus et fructus)*. Il s'agit, pour le titulaire du droit, de la faculté lui reconnue par la loi de retirer de son bien tel avantage qu'il lui plaira.

Il a été ainsi jugé que le propriétaire a seul le droit d'exploiter son bien sous quelque forme que ce soit. L'exploitation du bien sous forme de photographies porte atteinte au droit de jouissance du propriétaire[21]. Cet avantage peut être transféré à une autre personne que le propriétaire du bien. Cas du locataire, du fermier ou de l'usufruitier. Seulement, ils sont obligés de restituer la chose à son propriétaire et en bon état ou dans un état conforme à l'utilisation normale de la chose. C'est dire donc que cet attribut n'est pas déterminant dans la définition du droit de la propriété.

352. Droit de disposer *(abusus)*. Disposer d'une chose ne signifie nullement l'avoir sur soi. C'est s'en débarrasser, l'aliéner ou au pire des cas, la détruire, *(ab-usus)*. Un acte de disposition est un acte qui met fin à la relation existant entre une chose et son propriétaire. La disposition peut être matérielle (destruction de la chose) ou juridique (transfert du droit sur la chose). Mais les effets sont les mêmes sur le plan du droit : avec cet acte, le propriétaire n'a plus d'emprise sur son bien et donc son droit finit avec le dernier acte de disposition ainsi posé. Celui-ci est ainsi différent de l'acte conservatoire ou de l'acte d'administration qui ne consiste qu'en des mesures d'entretien ou de sauvegarde du bien. Dès lors, l'attribut essentiel de la propriété est le droit de disposer, seul susceptible de le distinguer des autres droits réels.

§4. PORTÉE DU DROIT DE PROPRIÉTÉ

353. Base légale : ***Décret du 20 juin 1960 sur le mesurage et le bornage officiels des terres – Ordonnance n° 98 du 13 mai 1963 sur le mesurage et le bornage des terres***[22]. Pour bien appréhender la portée du droit de propriété en droit congolais, il est indispensable de se reporter à ces textes, datant d'avant la loi foncière, lesquels doivent être

[21] Civ., 1re ch., 10 mars 1999, in H. CAPITANT, F. TERRE et Y. LEQUETTE, *Les grands arrêts de la jurisprudence civile*, t. 1, 11e édition, Paris, Dalloz, p. 327. L'espèce portait sur la prise d'image d'un bien avec exploitation commerciale par un tiers sans autorisation du propriétaire. Il y a dès lors atteinte au droit de jouissance du propriétaire.

[22] Voy. *Code foncier, immobilier et du régime des sûretés*, Textes légaux et réglementaires coordonnés, *J.O. de la République du Zaïre*, 33e année, n° spécial, 5 avr. 2006, pp. 159-165.

lus, interprétés et appliqués en ayant égard aux principes, postérieurs, posés par la loi du 20 juillet 1973.

La question que l'on peut se poser est celle de savoir sur quoi porte le droit de propriété ou quelle serait l'assiette du droit de la propriété en droit congolais? En d'autres termes plus clairs, quels sont les biens pouvant tomber sous la propriété d'une personne?

La propriété, nous l'avons vu, peut être mobilière, immobilière ou foncière. Du point de vue de sa portée, la propriété s'étend à la chose toute entière. En matière mobilière, la détermination ou l'étendue du droit de la propriété ne pose pas de problème particulier d'autant que les limites de la chose ou du bien sont matériellement fixées. Mais, il en va autrement surtout en matière de propriété foncière.

A. *Propriété foncière*

354. Principe. La propriété foncière s'entend de la propriété du sol. En droit congolais, en vertu des articles 9 de la Constitution et 53 de la loi, le sol et le sous-sol congolais appartiennent à l'État congolais. Ils sont la propriété exclusive de l'État, inaliénables et imprescriptibles. Viole ainsi la loi, le juge qui reconnaît cette propriété à un particulier[23].

La propriété foncière, pour l'État, le droit de jouissance foncière ou la propriété immobilière pour les particuliers, portent sur le sol ou sur les éléments qui lui sont attachés (immeubles, bâtiments, arbres, plantations, etc.). La délimitation de la propriété foncière de l'État se confond avec les limites territoriales de la République démocratique du Congo. Cependant, le droit de jouissance foncière (concession ordinaire ou perpétuelle) ou de propriété immobilière suppose des limites. Il peut s'agir de celles de l'immeuble ou de l'étendue de la concession. Cette étendue doit porter sur la surface du terrain occupé. En effet, il est requis que toute concession foncière soit délimitée par des extrémités la séparant des autres concessions. Sur le plan géographique, les concessions sont délimitées par les bornes. Il s'agit des repères placés par un agent des Affaires foncières et permettant d'en fixer l'étendue. La destruction des bornes est réprimée par la loi[24]. Les lignes joignant les bornes sont,

---

[23] CSJ, RC 299, 23 juil. 1982, *Bulletin des Arrêts, 1980-1984*, Service de Documentation et d'Études du Ministère de la Justice et des Affaires parlementaires, Kinshasa, 2001, p. 315.

[24] Article 115, Code pénal livre II.

dans des circonscriptions urbaines, obligatoirement constituées des murs séparatifs ou mitoyens[25].

355. ***Propriété du dessus et propriété du dessous.*** En plus de la délimitation sur la surface, la concession peut être également déterminée par son volume. Il se poserait ainsi la question de savoir si le propriétaire du dessus (de la surface) est également propriété du dessous (sous-sol) ! En droit congolais, une telle question serait d'un intérêt purement historique et surtout pédagogique.

En effet, sous l'empire de l'ancienne législation, il avait existé un article 16 qui posait en présomption que la propriété du dessus emportait celle du dessous et celle en hauteur, et dans ce dernier cas sous réserve de certaines limites[26].

356. ***Limites en droit congolais – art. 9 de la Constitution et 53 de la loi.*** En l'état actuel du droit positif congolais, l'on ne peut concevoir en effet l'existence d'un propriétaire foncier autre que l'État. De même, un propriétaire immobilier n'est pas non plus propriétaire du fonds sur lequel l'immeuble est bâti : le sol [et le sous-sol] congolais appartiennent à l'État congolais (article 53 de la loi)[27]. Les mines appartiennent également à l'État.

En effet, aux termes de l'article 3 de la loi n° 007/2002 portant Code minier et relatif à la propriété des substances minérales, les gîtes des substances minérales, y compris les gîtes artificiels, les eaux souterraines et les gîtes géothermiques se trouvant sur la surface du sol ou renfermés dans le sous-sol ou dans les cours d'eaux du Territoire National sont la propriété exclusive inaliénable et imprescriptible de l'État.
La propriété des immeubles (bâtiments, plantations) est envisagée séparément de la propriété du sol[28].

---

[25] Voy. articles 34 et suivants de la loi.

[26] Cfr pour les développements, G. KALAMBAY LUMPUNGU, *op. cit.*, vol. I, pp. 141-144.

[27] Sus aux «faux-amis» ! L'analogie des termes ou expressions de droit comparé ne présupposent ni celle des principes de solution, ni celle de l'identité du contenu des règles. L'attention devrait être attirée sur la lecture croisée de la littérature et des dispositions correspondantes de droits belge ou français : les principes et solutions en certaines matières, notamment foncière, sont totalement opposés à ceux adoptés en droit congolais depuis la loi du 20 juil. 1973. La prudence et la réserve devraient être de mise.

[28] Voy. Exposé des motifs de la loi du 20 juil. 1973, *Jour. Off. du Zaïre*, 1974, n° 3, p. 69. Ce principe était déjà de mise sous l'E.I.C. En effet, depuis le décret de 1888, les substances minérales sont la propriété de l'État.

B. *Propriété et usage des eaux*

357. Principe. L'on ne conçoit nullement les cours d'eau sans rattachement au sol ni au sous-sol. Or, ceux-ci sont la propriété de l'État congolais. Les cours d'eau appartiennent logiquement à ce dernier.

Il résulte de l'article 16 de la loi que le lit de tout lac et celui de tout cours d'eau navigable, flottable ou non, font partie du *domaine public de l'État*. Celui qui a dans sa concession une source ne formant qu'un simple filet d'alimentation d'un cours d'eau peut en user à volonté. Celui qui a dans sa concession une source formant la tête d'un cours d'eau dont le lit est distinct des terres avoisinantes ne peut en user que suivant les règles établies par les articles 18 et 19, à savoir que :

- *l'eau des cours d'eau et des lacs et les eaux souterraines appartiennent à l'État, sous réserve du régime des concessions particulières* (art. 18) ;
- *nul ne peut corrompre l'eau ni en changer le cours.*

Comme on le voit, la question de la propriété des eaux ne se pose pas en droit congolais, tout ce qui relève du sol et du sous-sol est la propriété de l'État congolais.

C. *Théorie de l'accession*

358. Siège légal (art. 21 de la loi) et définition. Aux termes de l'article 21 de la loi, « *la propriété d'une chose, soit mobilière, soit immobilière, donne droit sur tout ce qui s'y unit et s'y incorpore, soit naturellement, soit artificiellement, sauf ce qui sera dit de la propriété immobilière distincte de celle du sol ou de la concession foncière* ».

L'accession peut être définie comme un mode par lequel une personne devient titulaire d'un droit, et plus précisément, d'un droit réel. Étant donné que la chose se confond au droit, l'accession peut être mobilière, immobilière et dans les deux cas, naturelle ou artificielle. Nous examinerons d'abord l'accession mobilière ensuite celle immobilière.

359. Accession mobilière. À première vue, les règles relatives à l'accession mobilière ne présentent pas d'intérêt majeur. Déjà, sur la base de l'article 658 du CC livre III, l'on est présumé propriétaire des biens que l'on

---

Voy. également les dispositions sur la législation minière sous l'empire du décret de 1937 et sous celui de la loi n° 007/2002 du 11 juil. 2002 portant Code minier. Voy. E. MUKENDI WAFWANA, *Droit minier congolais*, *op. cit.*

possède. Cependant, il n'est pas exclu que des difficultés apparaissent en cette matière, notamment en cas de connexion ou mélange et en cas de transformation. Des questions de droit se posent.

360. ***Connexion ou mélange. – Art. 28, alinéa 1 de la loi.*** Selon cette disposition, *« lorsque des choses mobilières appartenant à des propriétaires différents sont réunies ou mélangées de telle sorte qu'il n'est pas possible de les séparer sans détérioration notable ou qu'au prix de frais excessifs, les intéressés deviennent copropriétaires de l'ensemble en proportion de la valeur qu'avaient ses parties au moment de la connexion ou du mélange »*.

Cet alinéa ne mérite pas de commentaire particulier sinon qu'au regard de la nature des choses qui se trouvent mélangées ou réunies, deux propriétaires deviennent, par la force des choses, copropriétaires mobiliers. Mais si, dans la connexion ou le mélange de deux choses, l'une ne peut être considérée que comme l'accessoire de l'autre, l'ensemble est acquis au propriétaire de la chose principale, précise l'alinéa 2 du même article et de toute évidence, moyennant une indemnité proportionnelle.

361. ***Transformation ou spécification – Art. 29 de la loi.*** Cette disposition suppose deux situations selon que « l'ouvrier » (entendez, celui qui s'est mis à l'ouvrage de transformation) a été de bonne foi – c'est-à-dire, il *ignorait* que la chose qu'il était en train de transformer n'appartenait pas à une personne déterminée, en l'occurrence, l'actuel propriétaire – ou, au contraire, de mauvaise foi, c'est-à-dire, il *savait* que le bien qu'il était en train de transformer est la propriété d'autrui. Nous savons que la loi traite toujours mieux la personne de bonne foi que celle de mauvaise foi.

Il a été jugé que la loi présume que les ouvrages réalisés sur une chose sont faits par le propriétaire de celle-ci et à ses frais. Il s'agit bien sûr d'une présomption réfragable qui peut être renversée non seulement quand il est établi que les ouvrages ont été réalisés par un tiers, mais encore lorsqu'ils ont été réalisés par le propriétaire de la chose principale aux frais d'un tiers. Lorsque les travaux ne sont pas susceptibles d'enlèvement, il convient d'appliquer, non la suppression des ouvrages, mais la théorie des impenses, en vue d'indemniser la victime de l'appauvrissement[29].

362. ***En cas de bonne foi – Art. 29, alinéa 1***. Lorsqu'une personne a travaillé ou transformé une ou plusieurs choses mobilières appartenant

---

[29] Liège, 22 févr. 1980, *JCL*, 1980, 169; si le contraire n'est pas prouvé: Cass., 16 juin 1995, *Pas.*, 1995, I, 643.

à autrui, la chose nouvelle est acquise à l'ouvrier, si l'industrie a été plus précieuse que la matière sinon au propriétaire de celle-ci.

Cet alinéa tranche, en mettant en balance la matière et l'industrie. Il retient deux hypothèses : si l'industrie a été plus précieuse ou importante que le bien, celui-ci est acquis à l'ouvrier de bonne foi. Sinon, la chose reste la propriété de son titulaire, sous réserve d'une indemnité proportionnelle.

363. ***En cas de mauvaise foi – Art. 29, alinéa 2.*** Il s'agit ici de l'hypothèse où l'ouvrier savait bien que la chose qu'il était entrain de transformer appartient à une autre personne. Dans ce cas, l'article 29, alinéa 2 est clair : si l'ouvrier a été de mauvaise foi, le juge peut attribuer la chose nouvelle au propriétaire de la matière.

La loi laisse au juge le pouvoir d'apprécier et donc, de décider s'il y a lieu d'attribuer la chose nouvelle à l'une ou l'autre partie. Tout dépendra des circonstances de fait. Mais, nous pouvons noter en passant que le libellé de cet article n'est pas d'une lecture heureuse. En effet, le risque est grand de confondre «la matière» à ce qui a permis de transformer la chose.

En relisant l'alinéa 1 de cet article ainsi que l'article 30, l'on se rend finalement compte que le propriétaire de la matière à qui reviendrait la chose nouvelle n'est autre, en réalité, que le propriétaire de la chose (originale) qui a subi de transformation.

364. Dans tous les cas, notamment lorsque le juge décide d'attribuer la chose nouvelle soit au propriétaire de la matière soit à l'ouvrier de mauvaise foi, les règles de droit commun des obligations concernant le droit à des indemnités notamment pour enrichissement sans cause et des dommages et intérêts pour atteinte illicite à la propriété d'autrui restent d'application (article 30 de la loi).

365. ***Fondement du droit à l'indemnité.*** Pour avoir droit à une indemnité, il faut une cause. Celle-ci peut trouver sa source dans tout fait ou acte juridique. S'il s'agit d'un dommage, le droit à l'indemnité doit être justifié tant sur le plan matériel que sur le plan juridique.

- *du point de vue matériel* : la cession du bien (transformé) à l'ouvrier de bonne foi doit être justifiée ou avoir une cause. Est-ce une libéralité ? une donation ? une vente ? Sinon, il faut, pour respecter l'équilibre, une obligation ou un droit correspondant.
- *du point juridique* : l'équilibre suppose qu'à chaque droit corresponde une obligation. Une personne ne peut gratuitement et sans cause

s'enrichir au détriment d'une autre. Sinon, il peut y avoir restitution de ce qui a été payé sans cause s'il s'agit d'un paiement de l'indu (art. 252 du CC livre III). En effet, ce sera sur le fondement du principe que nul ne peut s'enrichir injustement aux dépens d'autrui et que celui qui se trouve appauvri sans cause a droit à une restitution (*actio de in rem verso*)[30].

366. Accession immobilière. L'accession, rappelons-le, est une modalité d'acquérir la propriété d'une chose. Celle-ci peut être mobilière ou immobilière. Par ailleurs, l'on peut devenir propriétaire d'une chose sans gros effort, par exemple, avec l'aide de la nature ; tout comme on peut le devenir après un travail d'homme ou à la suite d'une transaction. De tout ce qui précède, l'accession immobilière peut être naturelle ou artificielle.

367. *Accession immobilière naturelle – Art. 20 et 21 de la loi.* Le principe posé par ces articles, combinés, peut être résumé comme suit : *« La propriété d'une chose (…) immobilière donne droit sur tout ce qu'elle produit (art. 20) et sur tout ce qui s'y unit et s'y incorpore naturellement »* (art. 21).

L'accession immobilière naturelle peut être s'opérer de deux manières : soit par production soit par incorporation.

368. *Accession par production*. La portée de la disposition de l'article 20, alinéa 1 paraît évidente. Tout propriétaire ou tout concessionnaire d'un fonds, sauf convention contraire, est présumé propriétaire de tout ce qui est produit par tout ce qui est incorporé ou uni au fonds. Tels, les mangues, les avocats, bref les fruits ou les produits de la chose.

369. *Accession par incorporation.* Il peut être arrivé, par la force de la nature, qu'une chose s'incorpore à un fonds ou s'y unit. Telle, une source d'eau qui jaillit ; des alluvions, des atterrissements qui se forment sur les rives d'un cours d'eau ou d'un lac, etc. Serait-ce la propriété du concessionnaire ou du propriétaire du fonds (État) ?

Les alluvions sont des dépôts de sédiments (boues, sables, graviers, cailloux) abandonnés par un cours d'eau quand la pente ou le débit sont devenus insuffisants alors que les atterrissements sont des amas de terre ou de sable apportés par les eaux.

---

[30] Pour les dévéloppements, voy. KALONGO MBIKAYI, *Cours de droit civil : les Obligations*, Faculté de droit, Université de Kinshasa, 2003, 379 p.

Aux termes de l'article 26, *«l'atterrissement ou relais qui se forme à la rive d'un lac ou d'un cours d'eau navigable ou flottable appartient à l'État. Celui qui se forme à la rive d'un cours d'eau non navigable ni flottable appartient aussi à l'État»*.

Il en est de même, des îles et îlots, sauf ceux qui se forment par un nouveau bras qui traverse et entoure le fonds d'un concessionnaire riverain. Ceux-ci appartiennent au concessionnaire (art. 27 de la loi).

370. ***Accession immobilière artificielle.*** L'accession immobilière artificielle constitue la base de conflits en matière immobilière. La question de déterminer qui est propriétaire des constructions faites sur un terrain et celle de savoir si le terrain lui-même a été concédé à celui qui prétend en être concessionnaire, alimente l'activité juridictionnelle. Toutefois, il est vrai que la loi présume que tout ce qui est construit sur le terrain d'un concessionnaire est supposé l'avoir été par ce dernier ou lui appartenir, sauf preuve du contraire. Mais la difficulté n'est pas pour autant résolue[31].

371. Jurisprudence. Il a été jugé qu'en cas de clause du contrat de bail prévoyant le droit du locataire de procéder à des aménagements pour les besoins de son exploitation et leur acquisition au bailleur en l'expiration du bail, il faut – même devant le silence de ladite clause – l'interpréter comme visant une acquisition sans indemnité. Il ne peut s'agir d'un enrichissement sans cause, le locataire s'étant appauvri en gérant exclusivement ses propres intérêts sans s'occuper du déplacement de richesse qui en résulte[32]. En principe, un tel locataire est un constructeur de bonne foi.

Il en serait ainsi en matière des biens acquis par les époux, les concubins bien qu'ils soient régis par des dispositions spécifiques, il peut bel et bien y avoir problèmes en matière de droit commun des biens.

372. Droit comparé. Dans une espèce lui soumise, la Cour d'appel de Bruxelles a jugé que l'habitation construite avec des deniers appartenant au patrimoine commun sur un terrain propre à un époux en vertu de l'article 1400 du CC [belge] qui définit la consistance du patrimoine propre de chaque époux en y incluant, «les accessions d'immeubles ou

---

[31] Cas des constructions faites par le locataire même au su du bailleur, sur le terrain loué: Cass., 7 mars 1955, *D.*, 1955, 590 et note.

[32] Elis., 9 juil. 1963, *RJC*, 1964, p. 154. La plus value doit s'estimer à l'époque de la restitution du fonds.

de droits immobiliers propres». Cette disposition étant d'ordre public, toute clause de renonciation au droit d'accession est nulle[33].

De même, le concubin qui a acquis officiellement un bien immobilier en son nom propre, sans opposition de sa partenaire, doit, en principe, être considéré comme seul propriétaire du bien, quelle que soit l'origine des fonds avec lesquels le prix a été acquitté et même si la construction, comme en l'espèce, a été financée par un compte commun ouvert par les partenaires. La concubine qui revendique la propriété d'une partie de la construction érigée sur le sol appartenant en propre à son partenaire doit fournir la preuve de sa propriété par un titre émanant du propriétaire du sol susceptible d'être transcrit. Par ailleurs, l'existence même du concubinage, par les relations affectives qu'il suppose, permet de considérer les paiements effectués par l'un des concubins au profit de l'autre comme la manifestation d'une intention libérale, à défaut d'avoir opéré le moindre redressement en fonction du profit personnel ou commun des dépenses, ce qui exclut le recours à la théorie de l'enrichissement sans cause[34].

373. Relevons, en passant, que si ce genre des faits est courant devant les cours et tribunaux congolais, toutefois le problème ne s'y poserait pas dans la mesure où, aux termes des articles 219 et 227 de la loi du 20 juillet 1973, le droit de jouissance foncière et la propriété immobilière n'est légalement établie que par un certificat d'enregistrement au nom du titulaire du droit. Mais dès lors qu'il y aurait un mariage valide, il convient de recourir au régime matrimonial des époux.

Aux termes de l'article 492, alinéa 1, du Code de la famille, quel que soit le régime choisi, lorsque l'un des époux ne peut justifier de la propriété ou de la concession exclusive d'un bien, celui-ci est présumé indivis. Toutefois, précise l'article 517 du Code de la Famille, les biens acquis à titre onéreux pendant le mariage, en échange d'un bien propre, restent propres, sous réserve des dispositions spéciales relatives aux concessions foncières, aux cessions et concessions immobilières enregistrées.

374. Ainsi donc, quelque soit le régime choisi, un bien immobilier ou une concession foncière faisant l'objet d'un certificat d'enregistrement, appartiendra à celui des époux dont le nom y est mentionné (art. 219 et 227 de la loi foncière)[35].

---

33 Brux., 4 févr. 1993, *T. Not.*, 1993, p. 439 et note.

34 Brux., (7e ch.), 6 sept. 1996, *Rev. trim. de dr. fam.*, 1997, p. 128.

35 Voy. notamment, CSJ, RC 100, 3 avr. 1976, *Bull. Arr.*, 1976, p. 64; CSJ, RC 1266, 5 sept. 1990, in KALONGO MBIKAYI, *Code, op. cit.*, p. 201.

Par ailleurs, contrairement à ce que l'on pourrait penser, tout concubinage n'est pas forcément illicite. Tel, entre personnes majeures, le fait d'être en relation de concubinage.

375. ***Biens des concubins – jurisprudence.*** Dans plusieurs arrêts, la CSJ a accueilli des actions basées sur les liens de concubinage et a décidé qu'un concubin est fondé de réclamer le remboursement d'un prêt consenti à son ancienne concubine pour exercer le commerce durant leur vie commune, son action doit être accueillie, car elle n'a pas une cause illicite ou contraire aux bonnes mœurs, mais elle résulte de la dissolution de la société de fait issue du commerce que les deux parties avaient administrée ensemble[36].

Sur le plan des principes, en matière d'accession immobilière artificielle, et hors des cas régis par des dispositions spécifiques comme le mariage, la loi a institué des présomptions.

376. ***Notion et sortes de présomptions.*** Aux termes de l'article 225 du CC livre III, les présomptions sont des conséquences que la loi ou le magistrat tirent d'un fait connu à un fait inconnu. Elles peuvent être établies par la loi ou par l'homme (magistrat).

Lorsqu'elles sont établies par la loi, les présomptions dispensent la personne qui en est bénéficiaire de la charge de la preuve. Il en est ainsi en matière d'accession immobilière artificielle.

La loi du 20 juillet 1973 a édicté deux présomptions particulières:

- *le propriétaire ou le concessionnaire d'un fonds est propriétaire de tout ce qui s'incorpore au sol: constructions, plantations et ouvrages.* En d'autres termes, tous les immeubles par incorporation sont présumés appartenir au concessionnaire du fonds;
- *les matériaux qui ont servi à la construction de ces ouvrages sont également censés appartenir au propriétaire ou au concessionnaire du fonds ou que ces constructions ont été faites aux frais de celui-ci.*

Cette circonstance paraît normale d'autant que l'on ne peut imaginer qu'une personne sans titre ni droit puisse construire sur un terrain d'autrui et se prétendre ainsi propriétaire des constructions ainsi érigées. Il est évident que la preuve contraire est admise: le tiers peut prouver le titre qui lui donnerait droit aux ouvrages.

---

[36] CSJ, RC 285, 6 févr. 1985; CSJ, RPP (prise à partie) 045, 21 nov. 1996, in KALONGO MBIKAYI, *Code, op. cit.*, p. 285; CSJ, RC 544, 12 nov. 1986, *RJZ*, 1989, p. 38.

377. ***Constructions ou plantations faites par le titulaire du droit sur le sol avec des matériaux, des plantes, des végétaux appartenant à autrui.*** Aux termes de l'article 22 de la loi, le concessionnaire qui a fait des constructions, ouvrages ou plantations avec des matériaux, des plantes ou des végétaux qui ne lui appartenaient pas, doit en payer la valeur; il peut être aussi condamné à des dommages et intérêts s'il y a lieu; mais l'ancien propriétaire des matériaux ou des végétaux n'a pas le droit de les enlever.

La justification de cette position semble être d'ordre économique. En effet, détruire ce qui a été construit ou planté, sans raison ou juste motif, serait économiquement autant une perte inutile qu'un comportement irrationnel.

378. ***Constructions et plantations sur le terrain d'autrui.*** En principe, construire sur le terrain d'autrui, sans son accord, est une atteinte au droit de propriété de ce dernier. Or, toute atteinte au droit d'une personne est illicite. Aussi, est-il intéressant de connaître le sort réservé aux constructions faites sur le terrain d'autrui.

Avant de ce faire, en ce qui concerne le constructeur, il faudrait distinguer selon que ce dernier est de bonne foi ou plutôt de mauvaise foi.

379. ***Constructeur de bonne foi – Art. 23, alinéa 1.*** Lorsque les constructions, ouvrages ou plantations ont été faits par un possesseur de bonne foi, avec des matériaux ou des végétaux lui appartenant, l'État ou le concessionnaire du fond ne peut en exiger la suppression. Mais il a un choix, rembourser au possesseur:

- soit la valeur des matériaux ou des végétaux et le prix de la main-d'œuvre;
- soit la plus-value qui en est résultée pour le fonds.

380. Le paiement de l'indemnité obéit au principe en la matière selon le droit commun. C'est-à-dire la réparation doit être proportionnelle au dommage. Et l'indemnité n'est destinée à ne réparer que le dommage subi pas plus, pas moins. L'indemnisation doit autant que possible correspondre au coût des matériaux et au prix de la main-d'œuvre nécessaire pour obtenir des constructions ou plantations de la même valeur que celles existant à la date du remboursement. Sinon, ce serait un enrichissement sans cause dans le chef de l'État ou du concessionnaire du fonds.

381. **Jurisprudence.** Dans une espèce assez typique, il a été judicieusement décidé que lorsqu'une personne a été autorisée par un propriétaire à construire sur un fonds appartenant à ce dernier, la circonstance que la propriété a changé de maître ne suffit pas à lui ôter sa qualité de possesseur de bonne foi et à la priver du bénéfice de l'article 24 alinéa 1 (de la loi foncière). À défaut de titre enregistré consolidant *erga omnes* son droit, le possesseur de bonne foi qui a ainsi construit doit être condamné à délaisser sa construction; en revanche, sa demande reconventionnelle en remboursement soit de la valeur des matériaux, soit du prix de la main d'œuvre, soit de la plus-value qui en est résultée pour le fonds, doit être agréée en application de l'article 24 alinéa 1 du Code civil livre II (loi foncière aujourd'hui)[37].

La bonne foi du constructeur peut résulter de ce qu'il aurait entamé des constructions sur base d'un titre valide et qu'il ne pouvait que légitimement croire en la validité de ce titre. Dans cette occurrence, est occupant de bonne foi et ne peut être condamné à une indemnité pour privation de jouissance, celui qui occupe un immeuble en vertu d'un titre obtenu de l'Administration des Affaires foncières et qui n'a ainsi commis aucune faute[38].

De même, si la preuve de l'interdiction de construire n'a pas été rapportée, demeure de bonne foi et a droit au remboursement de la plus-value sur base de l'article 23 de la loi du 20 juillet 1973, le détenteur d'un contrat de location se rapportant à un fonds enregistré au profit d'un concessionnaire[39].

Toute décision, tendant à priver le constructeur de bonne foi de l'indemnité qui lui est due est illégale. Dans une espèce, la CSJ a ainsi cassé une décision pour violation de l'article 23 alinéa 1, en ce qu'elle a refusé à un possesseur de bonne foi le remboursement de la valeur des travaux de mise en valeur du terrain litigieux au motif que les constructions faites par le possesseur l'avaient été sans autorisation de bâtir[40].

382. ***Moment précis de l'accession***. En matière d'accession immobilière, il se pose souvent la question de savoir à partir de quand l'État ou le concessionnaire du fonds deviennent-ils propriétaires des constructions ou des plantations faites sur le fonds. Deux théories sont avancées pour

[37] Lushi, 29 déc. 1972, *RJZ*, 1973; voy. aussi: Bukavu, RCA 1136, 1er août 1986, *RJZ*, 1988, p. 43 (*détention d'un contrat sur un fonds enregistré au profit d'un autre concessionnaire*); TGI Kinshasa/Gombe, RC 52 952, 6 juin 1986 (*constructeur avec titre délivré par les Affaires foncières)*. Voy. V. KANGULUMBA MBAMBI, « Revue critique de la jurisprudence de la CSJ… », in *La loi du 20 juil. 1973…*, *op. cit.*, n° 9.

[38] TGI Kin/Gombe, RC 52992, 6 juin 1986, *RJZ*, 1986, p. 44.

[39] CA Bukavu, RCA 1136, 1er avr. 1986, *RJZ*, 1986, p. 43.

[40] CSJ, RC 224, 11 avr. 1979, *Bull. Arr.*, 1984, p. 65, in V. KANGULUMBA MBAMBI, *La loi du 20 juil. 1973…*, *op. cit.*, p. 128.

aider à déterminer ce moment : *la théorie de l'accession immédiate* et *la théorie de l'accession différée ou reculée.*

383. Accession immédiate. Pour ceux qui soutiennent cette option[41], l'État ou le concessionnaire du fonds deviennent propriétaires des constructions du fait dès leur incorporation au fonds.

384. Accession différée. Pour ceux qui soutiennent la deuxième théorie, l'État ou le concessionnaire du fonds ne deviennent propriétaires des constructions ou plantations érigées sur leur fonds qu'à partir du moment où l'option est levée, soit dès la restitution des frais engagés par le constructeur.

En effet, nous pensons que l'accession est immédiate car l'on doit envisager séparément la cause et la conséquence de ladite accession. C'est l'incorporation qui est le fait générateur ou qui rend l'accession possible indépendamment du paiement de l'indemnité, qui n'intervient que postérieurement encore que l'indemnité n'est qu'un droit subjectif dont la réclamation est du ressort souverain du titulaire qui peut ou ne pas réclamer une indemnité.

385. En réalité, cette solution est tirée et dépend en grande partie, du sort réservé aux constructions ou plantations faites de mauvaise foi sur le terrain d'autrui.

386. ***Constructeur de mauvaise foi***. Aux termes de l'article 23, alinéa 2 de la loi, si celui qui a fait les travaux est un possesseur de mauvaise foi ou un détenteur précaire[42], l'État ou le concessionnaire a le choix :

- *ou exiger la suppression des constructions, ouvrages et plantations, aux frais de l'auteur, sans préjudice des dommages et intérêts, s'il y a lieu ;*
- *ou rembourser, soit la dépense, soit la plus-value comme en cas de bonne foi.*

Dans ce cas de mauvaise foi, l'État ou le concessionnaire ne deviennent propriétaires des plantations ou ouvrages que s'ils lèvent l'option de

---

[41] M. FREJAVILLE, Note in *JCP,* 1952, II, 6908.

[42] Le détenteur précaire, on le sait, ne peut jamais changer de lui-même le titre de la détention. Ainsi, il ne peut se permettre de construire sur le terrain d'autrui, sans droit. S'il le fait, il sera de mauvaise foi et les constructions tomberont sous le coup de l'article 23, alinéa 2 de la loi.

ne pas supprimer les constructions. L'accession n'a donc lieu qu'après la levée de l'option.

Il en est ainsi lorsque le preneur a obtenu, pour déguerpir des lieux loués, un délai de grâce, le droit d'option du bailleur pour la suppression ou le maintien des constructions érigées par le preneur et le droit éventuel de celui-ci à une indemnité ne naissent qu'au moment où l'obligation de restituer les lieux loués devient exigible[43].

387. ***Portée de l'article 23 de la loi.*** En principe, l'État ou le concessionnaire ne sont pas tenus par les options prévues par l'article 23. En d'autres termes, ils peuvent se comporter autrement que comme le prévoit cette disposition. Dès lors, nous pouvons considérer que cet article n'est pas d'ordre public. Les parties concernées peuvent y déroger.

Quant aux personnes visées par l'article 23, il ne peut s'agir que de celles dont les titres ne prévoient aucune faculté de construire sur le terrain d'autrui. Par contre le locataire foncier (article 144 de la loi du 20 juillet 1973, encore qu'il a l'obligation de la mise en valeur du terrain), le superficiaire (article 126 de la loi du 20 juillet 1973) ou le concessionnaire minier (articles 196 et suivants du Code minier) ne sont pas visés car leurs titres autorisent de procéder aux constructions ou plantations.

388. Empiétements marginaux sur le terrain d'autrui. On parle d'empiétements marginaux lorsque le propriétaire d'un fonds porte atteinte à une concession voisine, en en entamant les limites. Ce fait arrive, souvent, quand le tracé des propriétés ou parcelles est indécis et qu'en élevant, par exemple une construction, un propriétaire écorne le fonds voisin ou la parcelle voisine. Il y a donc empiétement marginal. Sur le plan du droit, il se pose le problème de savoir si le voisin (victime) peut contraindre l'auteur de la construction ou de l'empiétement à la démolir sur la base de l'article 23 de la loi.

La réponse à cette question, comme dans le cas des constructions, passe par celle de savoir si l'empiétement est de bonne foi ou non.

389. ***Empiétement de bonne foi – art. 24 de la loi.*** La bonne foi est un principe de droit susceptible de conférer des droits à celui qui l'invoque. En effet, aux termes de cet article, *lorsque l'État ou le concessionnaire d'un fonds, en y faisant une construction ou un autre ouvrage a empiété de bonne foi sur le fonds du voisin, celui-ci ne peut exiger la suppression de*

---

[43] Civ., 1re ch., 9 févr. 1956, *Pas.*, 1956, I, 529.

l'empiètement s'il est établi que le dommage qu'il éprouve est notablement inférieur à celui que le constructeur subirait par suite de la démolition[44].

En ce cas, le juge attribue l'empiétement au constructeur à titre de droit réel moyennant indemnité à payer au voisin.

390. ***Jurisprudence.*** La loi[45] tout comme la jurisprudence fait de la bonne foi un principe de droit dans diverses situations. Ainsi, la bonne foi s'applique à celui qui possède, comme propriétaire en vertu d'un titre translatif de propriété dont il ignore le vice[46]. Tel est aussi le cas d'un preneur qui a construit avec l'autorisation du bailleur[47]; ou lorsque l'interdiction de construire n'a pas été rapportée[48]; ou encore, lorsque l'on occupe un immeuble en vertu d'un titre obtenu de l'administration des Affaires foncières, sans avoir commis de faute[49].

Le constructeur de bonne foi a la propriété des constructions érigées sur le terrain du voisin moyennant indemnité à la condition qu'il soit établi que la démolition coûterait plus cher au maintien et qu'elle serait d'une importance inférieure au dommage que subirait le voisin de ce fait. La jurisprudence française admet que le juge puisse décider de cette option, et qu'il lui revient également de décider de la suppression des constructions. Il peut trancher si le propriétaire ne prend pas position[50]. C'est de son pouvoir d'appréciation souveraine[51]. Mais l'indemnité est évaluée au jour de son versement[52].

L'indemnité devrait être destinée à réparer le dommage du fait de la construction ou de l'empiétement et de couvrir les frais consécutifs au changement de superficie, de mesurage conformément à la nouvelle configuration du fonds du voisin, ainsi presque dépossédé. Mais en cas de mauvaise foi, la situation semble plus corsée pour le constructeur.

---

[44] La reproduction de cet article dans le *Code Civil et Commercial congolais* (KALONGO MBIKAYI, *op. cit.*) contient une fâcheuse erreur matérielle d'autant qu'elle en arrive à changer complètement le sens de cette diposition. En effet, il faudrait intercaler la préposition «**ne**» entre «**celui-ci**» et «**peut**» pour faire (...) *celui-ci ne peut exiger* (...) s'il est (...). Telle est la rédaction originale et correcte de cet article. Cette précision est conforme à l'esprit de la loi. Comp. avec la version originaire des articles 15 et 23 de l'ancien Code civil, livre II.

[45] Par ex. articles 252 à 257 du CC livre III (répétition de l'indu).

[46] Civ., 3e, 17 nov. 1971, *Bull. civ.*, III, n° 565; 8 déc. 1971, *idem*, n° 619.

[47] Civ., 3e, 3 oct. 1970, *Bull. civ.*, III, n° 180.

[48] CA Bukavu, RCA 1136, 1er avr. 1986, *R.J.Z.*, 1988, p. 43.

[49] TGI Kinshasa/Gombe, RC 52 992, 6 juin 1986, *RJZ*, 1988, p 44.

[50] Civ., 3e, 24 oct. 1990, *Bull. civ.*, III, n° 204.

[51] Civ., 3e, 23 avr. 1974, *JCP*, 1975, II, 18 170 note T.

[52] Civ., 3e, 12 mars 1970, *Bull. civ.*, III, n° 202.

391. ***Empiétement de mauvaise foi: art. 25, al. 1, de la loi.*** Par principe, la mauvaise foi ne se présume pas. L'on ne peut, de but en blanc, dire d'une personne qu'elle est de mauvaise foi sans en apporter la preuve.

Mais, dans le cas de l'empiètement, le législateur a répondu à cette préoccupation en avançant des cas où l'on ne peut raisonnablement considérer une personne comme étant de bonne foi. Il s'agit en fait d'une présomption légale dispensant celui qui en bénéficie de rapporter toute autre preuve.

L'article 25, alinéa 1 dispose:

> *«Sera toujours présumé de mauvaise foi, celui qui aura empiété notamment:*
>
> *1) sur un terrain urbain loti;*
>
> *2) sur une terre rurale dont les limites étaient matérialisées par des signaux, poteaux, clôtures ou autres moyens nettement perceptibles;*
>
> *3) en dépassant ses limites, alors que son terrain était loti et cadastré ou délimité comme il est dit au 2° ci-dessus.*
>
> *4) qui a obtenu sa concession par quelque fraude à la loi ou aux droits réels des tiers.»*

En cas d'empiétement (art. 24, al. 1 de la loi), l'État ou le concessionnaire ne peut exiger la suppression de l'empiètement s'il est établi que le dommage qu'il éprouve est notamment inférieur à celui que le constructeur subirait par suite de la démolition. En ce cas, le juge attribue l'empiètement au constructeur (de bonne foi) à titre de droit réel moyennant une indemnité à payer au voisin.

392. Jurisprudence. Dans une espèce intéressante, le tribunal de grande instance de Kinshasa/Matete a jugé que dans les circonscriptions urbaines, les empiétements sont toujours présumés avoir été faits de mauvaise foi. La charge de la preuve incombe au demandeur. Mais l'empiétement peut être prouvé par toutes voies de droit et notamment par le rapport du géomètre, le croquis de reconstruction des limites, la lettre du conservateur rétablissant la situation réelle du lieu[53].

393. ***Présomption légale de mauvaise foi de l'article 25 de la loi.*** Les cas de présomption de mauvaise foi doivent être, à notre avis, de stricte

---

[53] Trib. de Grande Instance Kinshasa/Matete, RC 5805, 13 févr. 2003, in *Les An. Jur.*, n° 9/2006, *op. cit.*, p. 81 et note de KIFWABALA TEKILAZAYA.

interprétation. L'on ne devrait se reporter qu'aux seuls cas énoncés par loi.

Il en est ainsi de la personne qui construit sur un terrain loti et qui ne peut prétendre avoir ignoré que ledit terrain est attribué ; de même, si le terrain est délimité par des signaux (bornes, piquets, poteaux...), elle ne peut prétexter de son ignorance ; bref, dans les quatre cas énumérés par l'article 25 de la loi, la bonne foi du constructeur est exclue. Ce faisant, la loi limite ou exclut la possibilité pour le juge d'apprécier les cas de mauvaise foi.

394. ***Jurisprudence.*** La mauvaise foi consiste en la connaissance par l'acquéreur ou en la conscience du vice qui affecte le titre translatif du droit. Ainsi, il a été jugé qu'est de mauvaise foi, celui qui construit sciemment sur le terrain d'autrui[54] ou qui a reçu sommation du propriétaire d'avoir à supprimer l'ouvrage édifié et communications des documents établissant la preuve du droit de propriété[55].

395. ***Personnes susceptibles d'invoquer la mauvaise foi.*** La bonne foi étant par principe toujours présumée, il n'est que logique qu'il revienne à celui qui allègue un fait à prouver la matérialité de celui-ci. C'est-à-dire, démontrer que le terrain est concédé à un tiers, il est délimité, borné ou litigieux. Aux termes de l'article 25, alinéa 2 *« toute personne intéressée peut produire la preuve que l'empiétement est de mauvaise foi »*. Il s'agit d'une matière d'ordre public.

396. ***Sort des ouvrages ou des constructions en cas de mauvaise foi.*** Alors qu'en cas de bonne foi la question est tranchée, en ce qui concerne la mauvaise foi, l'article 25 ne règle pas la question du sort ou de la destination des ouvrages érigés par le constructeur de mauvaise foi ! Pourrait-on y étendre les solutions prévues par l'article 23 ou, peut-on penser que le soin en est laissé au juge du fond ? Les avis peuvent être partagés.

Il nous semble que celui qui construit sur le terrain d'autrui (cas de l'article 23 al. 2) est pareil à celui qui érige des ouvrages en empiétant sur un terrain loti, délimité ou sur la base de quelque titre acquis par la fraude.

En effet, tous les deux sont de mauvaise foi aux yeux de la loi : ils *savent* pertinemment bien qu'ils font des ouvrages sur le terrain d'autrui. La loi ne fait pas de distinction entre les ouvrages. La loi réprouve et

---

[54] Civ., 3e, 15 juin 1971, *Bull. civ.*, III, n° 40.
[55] Civ., 3e, 30 nov. 1988, *Bull. civ.*, III, n° 172.

punit la mauvaise foi. Or, dans les deux cas, il y a manifestement une dose particulière de mauvaise foi de sorte que les solutions arrêtées par l'article 23, alinéa 2, ne peuvent que s'accommoder de celles que l'on peut envisager pour l'article 25.

Ainsi donc, *a contrario* de l'article 24, l'État ou le concessionnaire peut exiger soit la suppression des ouvrages aux frais du constructeur, sans préjudice des dommages et intérêts s'il y a lieu; soit rembourser soit la dépense, soit la plus-value.

397. ***Jurisprudence.*** Il a été ainsi jugé que le propriétaire du fonds ou le concessionnaire qui retiennent les constructions faites par un tiers doit à celui-ci le remboursement de ses impenses même en l'absence de contrat ou de quasi-contrat entre parties[56].

398. Considérations. Les hypothèses prévues par les articles 23 à 25 de la loi foncière [constructions et/ou ouvrages sur le terrain d'autrui; empiétements marginaux sur le fonds d'un concessionnaire voisin] constituent en fait des atteintes au droit de propriété. L'on aurait pu accréditer la thèse selon laquelle, en tant que droit absolu, le droit de propriété ne peut souffrir d'aucune atteinte éventuelle ! Loin s'en faut, tout absolu qu'il soit, le droit de propriété connaît un certain d'autres types de restrictions. Il nous suffit de les parcourir.

Section 2:

RESTRICTIONS LÉGALES AU DROIT DE PROPRIÉTÉ

399. Rappel du principe de l'article 53 de la loi. Il existe, en droit congolais, trois sortes de propriété: mobilière, immobilière et foncière. Si pour les deux premières, les particuliers peuvent en être titulaires, pour la troisième par contre, seul l'État en est titulaire. Les particuliers ne peuvent être que des concessionnaires (droit de jouissance autonome) du fonds appartenant à l'État.

Nous examinons d'abord les restrictions au droit de propriété mobilière (§ 1), ensuite celles relatives au droit de propriété immobilière (§ 2).

[56] Cass., 1re ch., 17 nov. 1883, *Pas.*, 1883, I, 367; Voy. aussi, Liège, 22 févr. 1980, *JCL*, 1980, 169, précité.

§1. Restrictions au droit de propriété mobilière

Les restrictions au droit de propriété peuvent être légales ou conventionnelles.

A. Restrictions légales

400. Les limitations au droit de propriété sont diverses en raison de la diversité des interdictions ou des incriminations. Il existe des lois particulières ayant pour vocation de limiter le droit de propriété mobilière. Nous pouvons ramener ces restrictions à quatre groupes.

401. ***En raison des droits réels appartenant à autrui***. Il s'agit d'une restriction légale issue des termes de l'article 14, alinéa 1, de la loi du 20 juillet 1973 «*la propriété est le droit de disposer d'une chose d'une manière absolue et exclusive, sauf les restrictions qui résultent de la loi et des droits réels appartenant à autrui*».

Sur le plan des principes, le seul droit réel principal susceptible de porter sur un meuble et qui peut être de nature à restreindre le droit de propriété mobilière est l'usufruit. Dans cette éventualité, le propriétaire doit souffrir le démembrement si l'usufruit est légal (cas de l'usufruit conjugal de l'article 785 du Code de la Famille) ou si l'acquisition de la propriété mobilière est déjà grevée au profit d'un tiers. Il en est ainsi en cas de succession, les héritiers copropriétaires sont tenus par la charge qui grève un bien mobilier tombant dans la masse successorale.

402. ***En raison de l'état de nécessité***. Cette restriction est également légale.

Il résulte de l'article 15, alinéa 1 de la loi qui dispose que «*le propriétaire ne peut repousser l'atteinte à son droit si elle est indispensable pour écarter un danger imminent incomparablement plus grand que le dommage qui doit en résulter pour lui-même*».

Cet article est d'application générale en ce que l'atteinte peut être portée tant au droit de propriété mobilière qu'au droit de propriété immobilière. Toutefois, ces atteintes ne sont concevables que dans les rapports de droit privé, c'est-à-dire entre particuliers à l'exclusion des atteintes justifiées par l'exercice des charges du pouvoir exécutif (pouvoirs de Police). Il peut s'agir d'une gestion d'affaires (article 248 CC livre III) ou d'un cas typique d'état de nécessité.

Une disposition du code civil belge (article 545) dispose que «*nul ne peut être contraint de céder sa propriété, si ce n'est pour cause d'utilité publique et moyennant une juste et préalable indemnité».* Consacré dans l'article 34 de la constitution du 18 février 2006, ce principe est une règle générale en ce que cet article proscrit toute atteinte, sans raison légale, aux droits d'autrui.

B. Restrictions diverses et particulières

403. Des lois particulières interdisent la disposition de certains biens meubles en raison de la protection dont ces lois les entourent.

Il en est ainsi des restrictions portant sur certains objets d'art africain[57] ou fabriqués à partir des matières premières interdites par la loi (cas de défense d'éléphant)[58].

En effet, aux termes du décret du 16 août 1939, certains meubles sont classés ou peuvent l'être. C'est le cas notamment de dessins, peintures, sculptures, statuettes, etc., en raison de leur intérêt historique, archéologique, artistique ou pédagogique. Les restrictions au droit de propriété portent essentiellement sur l'interdiction d'aliénation de pareils biens meubles. Toute personne qui aliène un bien classé par une décision administrative doit d'abord faire connaître à l'acquéreur l'existence du classement. Ensuite, elle doit en notifier aux autorités administratives son intention d'aliéner le ou les objets classés. Le propriétaire est donc tenu de garder la chose et d'assurer sa conservation. En fait, il s'agit d'une restriction au droit des particuliers dans l'intérêt public.

Il en va de même de certaines lois particulières comme celles relatives à la police des mines, des denrées alimentaires; de l'alcool, à la détention des armes à feu, chanvre à fumer, à la vente des diamants en dehors de comptoirs[59], etc.

Les restrictions ci-dessus analysées sont d'ordre légal; elles sont prévues par la loi. Mais, il en existe d'autres qui sont conventionnelles, c'est-à-dire qui résultent des rapports contractuels entre particuliers.

---

[57] Cfr décret du 16 août 1939, *Codes Piron*, t. II, p. 377.

[58] Voy. pour la protection des parcs: la Convention d'Alger du 15 juil. 1965 sur la Conservation de la Nature; la loi n° 75-024 du 22 juil. 1975 relative à la création des Secteurs de sauvergarde; Ordonnance-loi n° 69-041 du 22 août 1969 relative à la Conservation de la Nature, in P. MBALANDA KISOKA, *Recueil des textes juridiques en matière environnementale en RD Congo*, Kinshasa, ED. Jurisdata, 2000, pp. 86-96.

[59] E. MUKENDI WAFWANA, *op. cit.*, p. 73 et s., n°s 116-119 (caractères et nature de la propriété minière).

C. *Restrictions conventionnelles*

404. Justifications. Il convient d'observer que la plupart des restrictions portent sur le principe même de la propriété : le droit de disposer (*abusus*) caractéristique essentielle du droit de propriété. Par ces limitations, la loi astreint les propriétaires de certains biens meubles à une obligation négative : interdiction d'aliéner, de vendre, de disposer du bien ! Il s'agit là d'une charge ou d'une obligation assez lourde. Si un propriétaire ne peut disposer de son bien, que lui resterait-il encore de son droit de propriété ?

Mais, il arrive également que le propriétaire d'un bien, en transmettant son bien par convention, donation ou testament, impose à celui qui l'acquiert ou lui succède des restrictions ayant pour objet de ne pas disposer du bien à son tour ! L'on peut se poser la question de savoir si tel comportement est licite ?

405. Le droit de propriété, du moins les principes ou les règles qui le régissent ont évolué. En effet, au 19e siècle, les limitations conventionnelles du droit de propriété apparaissaient comme contraires à l'ordre public et aux bonnes mœurs [60]. La propriété est une utilité sociale et économique. L'on ne conçoit que difficilement de restreindre la mobilité d'un bien permettant la réalisation des différentes transactions.

Pour l'heure, ce principe est battu en brèche d'autant que nombre de législations prévoient la possibilité de restreindre conventionnellement les attributs du droit de propriété [61]. Ces restrictions concernent *le droit de disposer* et *le droit de jouir et d'user*.

406. *Droit de disposer*. Dans certaines circonstances, le propriétaire peut interdire au nouvel acquéreur l'aliénation du bien faisant l'objet du contrat. Cette clause va certainement à l'encontre de la règle qui veut que l'on ne puisse frapper définitivement une propriété d'inaliénabilité. Cependant, la loi admet dans certains cas la validité de pareille clause.

Il en est ainsi des articles 905 à 911 du Code de la Famille sur l'institution contractuelle (les pactes fidéicommissaires). L'article 905 alinéa 1 dispose : « *Toute personne ne peut disposer, à titre gratuit, de tout ou partie des biens qui auront composé sa succession, qu'au profit d'un futur époux ou d'un époux et au profit des enfants à naître de leur mariage dans le cas où*

---

[60] Voy. G. KALAMBAY LUMPUNGU, *op. cit.*, vol. I, p. 178.

[61] Voy. en droit belge, art. 544 du code civil et en droit congolais, spécialement les articles 211 et s.; 893 et s. du Code de la Famille.

le donateur survit à l'époux donataire». Le droit de disposer du donateur est ainsi limité et conditionné pourtant, il s'agit de sa propriété.

407. ***Droit de jouir et d'user.*** Cette restriction est souvent insérée dans les clauses de certains contrats et apparaissent finalement comme des charges ou des obligations conditionnelles et personnelles (à l'opposé des charges réelles appelées aussi servitudes, art. 169 et s. de loi).

Dans un contrat de vente, des clauses peuvent limiter le droit de jouir ou d'user d'une des parties contractantes. Ainsi, par exemple, vendre un immeuble à quelqu'un à condition qu'il ne le transforme pas en boîte de nuit; ou concéder un terrain, à condition que le concessionnaire y installe ou construise une école, un parc, etc. En tant que telles, ces clauses ne survivent pas à l'ancien acquéreur en cas de cession, car les charges qu'elles véhiculent ne sont pas attachées au fonds. Sauf à évoluer sur le terrain de la stipulation pour autrui, comme le cas de certains contrats dits «pour compte de qui il appartiendra»[62]. Comme on peut le supposer les restrictions conventionnelles peuvent valoir autant pour la propriété mobilière que pour celle immobilière.

§ 2. RESTRICTIONS AU DROIT DE PROPRIÉTÉ IMMOBILIÈRE

408. Il est de principe légal que toute atteinte à un droit, et notamment au droit de propriété est toujours illicite, c'est-à-dire proscrite par la loi. Ces infractions font l'objet d'une répression par le Code pénal livre II[63]. Si donc la loi ou les conventions (qui doivent être conclues conformément à la loi, art. 33 du CC livre III) autorisent quelques atteintes au droit de propriété ce qu'il n'y a plus illicéité. Nous tombons dans la légalité[64].

Ces atteintes au droit de propriété peuvent porter soit sur le principe du droit (droit de disposer) soit sur l'exercice même du droit. Ces restrictions sont tantôt d'origine légale tantôt, nous venons de le voir, d'origine conventionnelle.

---

[62] En droit des assurances, il en est souvent le cas en matière d'assurance maritime. Il s'agit d'un contrat ouvert dont le bénéficiaire n'est pas connu au jour de la stipulation. Il ne le sera qu'au jour de l'exécution et il reste tenu aux clauses dudit contrat.

[63] Voy. le titre II du Code pénal, en ses articles 79 à 115. Pour des plus amples informations, LIKULIA BOLONGO, *Droit pénal spécial zaïrois*, Paris, LGDJ, 2e édit., 1985.

[64] Pour plus des détails, NYABIRUNGU MWENE SONGA, *Traité, op. cit.*

A. *Restrictions relatives au caractère absolu du droit de propriété ou au principe du droit*

409. Principe. Le droit de propriété, bien qu'absolu dans le principe, souffre de certaines limitations. Il y en a qui sont édictées par la loi portant régime général des biens, celles qui sont prévues par les lois particulières et d'autres qui sont prescrites en vertu de la théorie de l'abus de droit.

410. En vertu de la loi du 20 juillet 1973. Il s'agit des mêmes restrictions que celles examinées au sujet de la propriété mobilière.

Aux termes des articles 14 et 15 de cette loi, si le droit de propriété est un droit absolu, cependant, il doit tenir compte dans son exercice des droits réels appartenant à autrui. C'est ce qui est repris dans l'article 14 de la loi quand il réserve que *«sauf les restrictions résultant des droits réels appartenant à autrui»*. Par ailleurs, en cas de nécessité, de danger imminent, il est permis de porter atteinte au droit de propriété si certaines conditions sont réunies.

411. *Restrictions résultant de l'article 14 de la loi: respect des droits réels d'autrui.* Les limitations conventionnelles du droit de propriété peuvent s'analyser comme des limitations volontaires d'un propriétaire dans l'exercice de son droit. Il en est ainsi en cas de location ou de bail.

Il peut arriver aussi qu'un immeuble nouvellement acquis par une personne soit grevé des charges au profit d'autrui. Le nouveau propriétaire est tenu de ces charges. Il en est ainsi en cas de vente d'un immeuble loué et dont le contrat est enregistré ou qui porte une date certaine. Dans ce cas, le nouveau propriétaire est tenu de ne pas expulser le locataire. Il s'agit pourtant des obligations préexistantes à son droit[65].

412. *Restrictions résultant de l'article 15 de la loi: en raison de l'état de nécessité.* Aux termes de cet article, le propriétaire ne peut repousser l'atteinte à son droit si celle-ci est indispensable pour conjurer un danger imminent. Mais, il y a des conditions: il faut qu'il y ait un danger imminent; que l'atteinte soit indispensable pour écarter le danger et que le danger soit incomparablement plus grand que l'atteinte au droit.

L'appréciation de la réalisation de ces conditions est de la compétence du juge du fond. Toutefois, s'il s'avérait, *a contrario*, que le danger est

---

[65] Voy. les articles 1743 et suivants du code civil belge ou 399 du code civil livre III congolais.

moins grand que l'atteinte, l'auteur de celle-ci aura commis une faute et doit, en vertu de l'article 258 du CC livre III, indemniser le propriétaire. Par ailleurs, même justifiée par la loi, cette atteinte ouvre un droit à indemnité pour le propriétaire. En effet vertu de l'article 15, alinéa 2, *in fine* de la loi, si le propriétaire a subi un préjudice, ce qui paraît évident, il peut se faire indemniser par la personne qui en a profité.

413. En vertu des lois particulières. En matière des limitations au droit de propriété, plusieurs textes existent et tendent tantôt à exproprier le titulaire du droit, tantôt à lui interdire tout exercice ou à souffrir certaines servitudes ce qui, de toute évidence, porte atteinte au caractère absolu du droit de propriété. Il nous suffira de rappeler ces lois particulières.

414. *Décret du 2 juin 1928: restriction pour la distribution de l'énergie électrique*[66]. En vertu de ce texte, les particuliers sont tenus de subir l'ancrage et les supports des câbles d'électricité aux murs et façades de leurs maisons ainsi que le placement des câbles à haute tension au-dessus de leur propriété ou en surface du sol. Les propriétaires doivent également souffrir que les sociétés concessionnaires de la distribution de l'énergie électrique coupent les branches d'arbres jonchant sa propriété pour éviter des éventuels courts-circuits ou des dégâts aux installations.

Il est évident qu'en cas de préjudice, les propriétaires ont droit à une indemnisation.

415. *Décret du 16 août 1939: restrictions en matière de protection des monuments et sites*[67]. En matière d'urbanisme, d'esthétique ou de construction, les autorités peuvent prendre des mesures tendant à restreindre ou à interdire l'exercice du droit de propriété. La décision qui porte ces effets est appelée décision de *classement*. Classer un site, un monument, un immeuble[68], un objet, c'est conserver la mémoire historique, archéologique, ethnographique ou artistique d'un objet ou d'un lieu. De ce fait, il est interdit d'y apporter toute modification susceptible d'effacer les traces historiques du bien classé.

Lorsqu'un immeuble à classer appartient à un particulier, ce dernier doit être notifié par l'Administration de l'intention de celle-ci de classer

---

[66] *Codes Piron*, t. III, Éd. 1960, p. 487.

[67] *Codes Piron*, t. II, p. 372.

[68] Il s'agit d'un devoir de mémoire collective. Par exemple, l'ancienne résidence du premier ministre P.E. Lumumba sur le boulevard du 30 juin à Kinshasa, ou le baobab centenaire de Boma dans le Bas-Congo.

ledit immeuble. La Commission de classement entendue. Le propriétaire peut se pourvoir conformément au droit administratif en cas de litige (réclamation, recours gracieux, juridictionnel). Il est évident que le classement ouvre le droit à l'indemnisation du propriétaire pour compenser le préjudice résultant du classement (qui constitue en fait une expropriation pour cause d'utilité publique).

Les restrictions résultant du fait de classement peuvent être à charge du propriétaire :

- informer, en cas de vente de l'immeuble, l'acquéreur de la décision du classement affectant l'immeuble ;
- interdiction de procéder à des modifications ou à des travaux quelconques sans autorisation de l'administration. Comme on le voit, il s'agit d'une forte limitation du droit de propriété. Il y en a d'autres.

416. ***Ordonnance du 12 février 1953 : restrictions pour l'exploitation des établissements dangereux, insalubres ou incommodes***[69]. Il s'agit d'une législation relative à l'hygiène publique et à la protection des citoyens contre certaines installations dangereuses ou réputées telles. Il en est ainsi des établissements qui sont susceptibles de dégager des odeurs nauséabondes, putrides, nuisibles ; ceux qui présentent des dangers d'explosion[70] ou d'incendie ; ceux qui sont susceptibles de provoquer des maladies ou de polluer l'environnement[71], etc.

Pour tous ces établissements, il faut une autorisation préalable de l'administration. Celle-ci est délivrée après une procédure d'enquête publique dite *de commodo* ou *incommodo*. Si le résultat de l'enquête est favorable, il y a *commodo*, dans le cas contraire *incommodo* et l'autorisation ne peut être alors donnée.

417. ***Décret du 20 juin 1957 : restrictions en matière d'urbanisme***[72] ***– Arrêté interministériel n° 0021 du 29 octobre 1993 portant***

---

[69] *Idem*, p. 498.

[70] Par exemple, le Centre Nucléaire de Kinshasa (CREN) sur le campus universitaire de Kinshasa. En principe, des pareilles installations, sauf avis favorable des experts, ne peuvent être implantées en pleine ville, comme c'est le cas. Il peut y avoir de fuites des radiations avec des effets néfastes sur les personnes, les biens et l'environnement.

[71] Cas de certaines industries de fabrication à base des produits chimiques ; des sociétés chargées de vider les fosses sceptiques mais qui se déchargent en pleine ville (cas de la société ex « Auto-Service Zaïre » vers Funa).

[72] *Idem*, pp. 250-257 ; *B.O. du Congo,* 1957, p. 1406.

application de la réglementation sur les servitudes[73]. En règle générale, la matière d'urbanisme est de la compétence des autorités administratives (centrales ou décentralisées). Celles-ci définissent et arrêtent les plans locaux d'aménagement en prévoyant certaines interdictions (par exemple, ne pas construire en hauteur dans les zones proches des aérodromes; sur des terrains érodables ou à reboiser) ou restrictions (respecter les zones vertes, les trottoirs, les espaces de recul, emprises de la voie publique…). En principe, toute nouvelle construction ou modifications, dans certaines zones, notamment urbaines, requiert une autorisation administrative (permis de bâtir[74]); de même toute modification des constructions existantes.

Il existe d'autres restrictions[75], qui s'analysent en servitudes légales, par rapport à tout ce qui touche l'urbanisme:

- en matière d'esthétique: toitures, façades pour celles des parcelles longeant les boulevards;
- en matière de publicité: pose des réclames, il faut une autorisation spéciale;
- en matière de voirie: tout lotissement d'une propriété en lots de superficie inférieure à 5 hectares est subordonné à l'obligation pour le propriétaire d'équiper la voirie projetée par ce lotissement;
- en matière de recul: respect d'une profondeur de 10 à 20 m pour faciliter le parcage des véhicules.

418. ***Loi du 22 février 1977 organisant l'expropriation pour cause d'utilité publique***[76]. Aux termes de l'article 34 alinéa 4 de la constitution du 18 février 2006, il n'est permis aucune atteinte au droit de propriété.

[73] *Code foncier, op. cit.*, p. 175.

[74] Arrêté départemental n° CAB/CE/URB.HAB./012/88 du 22 oct. 1988 portant réglementation sur la délivrance de l'autorisation de bâtir et aussi arrêté départemental n° CAB/CE/URB.HAB./013/88 du 14 nov. 1988 portant création de la Commission Urbaine et de la Commission Régionale de l'Autorisation de bâtir tels que modifiés par l'arrêté n° 013 CAB/MIN.URB-HAB/2005 du 06 mai 2005, in *J.O. de la RDC, Code foncier, immobilier et du régime des sûretés, Textes légaux et réglementaires coordonnés*, n° spécial, Kinshasa, 5 avr. 2006, pp. 184 et 186.

[75] L'on peut consulter avec grand profit: VUDISA MUGUMBUSHI, «La législation congolaise en matière de planification urbaine: nécessité d'harmonisation», *Rev. de Dr. Afric.*, Bruxelles, n° 9/1999, pp. 58-78; en ce qui concerne les conséquences des constructions anarchiques, cf. V. KANGULUMBA MBAMBI, «Les dégâts causés par les eaux: gestion et responsabilité. Cas de la ville de Kinshasa», in *Rev. de droit congolais*, Kinshasa, 3/2000, pp. 17-29.

[76] Voy. G. KALAMBAY LUMPUNGU, «La nouvelle loi zaïroise sur l'expropriation pour cause d'utilité publique», *Penant*, Paris, 1979, n° 88, pp. 164-187.

Celle-ci est sacrée. Personne ne peut être saisi dans ses biens. La seule exception est que ces atteintes ou ces saisies ne peuvent être faites qu'en vertu d'une loi.

Aussi, en ce qui concerne l'expropriation pour cause d'intérêt général ou d'utilité publique, l'article 34 alinéa 4 précité précise-t-il qu'« elle ne peut intervenir qu'en vertu d'une loi moyennant une juste et préalable indemnité octroyée dans les conditions fixées par la loi. Nul ne peut être saisi en ses biens qu'en vertu d'une décision prise par une autorité judiciaire compétente ».

419. ***Portée de l'expropriation.*** Il s'agit d'une atteinte à ce point grave d'autant qu'elle met fin au droit de propriété de la personne expropriée. La privation peut être partielle ou totale. Ainsi, en cas d'évacuation de tout un quartier pour construire un ouvrage d'intérêt général : école, route, tunnel, rail, pont, etc. Et comme pour toute atteinte, l'État bénéficiaire de l'expropriation doit une indemnité proportionnelle au dommage causé à l'ancien propriétaire, sans préjudice d'autres indemnités (aménagement, réinstallation, construction...). Il importe de souligner que l'expropriation ne porte jamais sur les biens mobiliers.

420. ***Biens ou droits susceptibles d'expropriation.*** En ce qui concerne les biens susceptibles d'expropriation pour cause d'utilité publique, l'article 1er de la loi du 22 février 1977 énumère :

- la propriété immobilière ;
- les droits réels immobiliers à l'exclusion du permis d'exploitation minière et de la concession minière qui sont régis par une législation spéciale ;
- les droits de créance ayant pour objet l'acquisition ou la jouissance d'immeubles ;
- les droits de jouissance des communautés locales sur les terres domaniales ;
- les droits autres que la propriété immobilière sont expropriés conjointement avec les immeubles qu'ils affectent. Au cas où ils affectent les immeubles domaniaux, ils forment l'objet direct de la procédure.

421. **Quid** ***des concessions foncières ?*** La question que l'on peut se poser est celle de savoir si les concessions foncières (droits réels fonciers ou droit de jouissance sur un fonds) sont concernées par l'expropriation[77]. L'article 1er de la loi du 22 février 1977 qui énumère les biens expropriables ne mentionne pas les concessions.

Nous avons une opinion contraire. Nous pensons que l'alinéa 4 [qui concerne les droits de jouissance des communautés locales sur les terres domaniales] de cet article viserait aussi les concessions foncières. Mais de façon plus nette, l'article 101, 1°, de la loi du 20 juillet 1973 précise que les concessions peuvent prendre fin par l'expropriation pour cause d'utilité publique. Ce qui coupe court à tout débat sur la question. Toutefois, sur le fond, la question demeure si l'on doit parler dans ce cas d'expropriation entendue comme «le fait qu'une propriété quitte le patrimoine d'une personne privée pour le domaine publique»!

En poussant le raisonnement plus loin, nous nous rendons à l'évidence qu'il est possible de parler d'expropriation en ce qui concerne les concessions. Sur le plan de la théorique juridique, il y a une justification.

422. ***Justification.*** En effet, dans la théorie des droits réels fonciers, les concessions ne sont pas qualifiées de droit de propriété. Il s'agit des droits de jouissance sur le fonds dont la propriété revient à l'État congolais. Or, l'expropriation est définie comme étant le transfert de la propriété d'un patrimoine privé pour le domaine public de l'État. Les concessionnaires n'ayant pas le fonds comme propriété privée, il serait inconcevable que ledit fonds soit exproprié. Ce serait absurde que l'État s'exproprie lui-même.

Mais, à l'instar des droits de jouissance des communautés locales sur les terres domaniales, les concessions sont concernées en ce que le concessionnaire est propriétaire des immeubles incorporés au fonds. L'expropriation porte sur le droit de jouissance et sur la propriété immobilière qui, du reste, n'est pas concevable sans l'existence d'un fonds. Celui-ci n'est pas logiquement expropriable. Ce sont les droits afférents audit fonds qui le sont et qui sont également saisissables. Aussi, l'hypothèse du rachat de ce droit de jouissance, prévue par l'article 101 de la loi, paraît-elle adaptée comme l'un des procédés de cessation des concessions.

423. L'expropriation peut être de portée générale (un ensemble des biens), ou de portée individuelle (un bien particulier faisant partie d'un ensemble).

La procédure en matière d'expropriation est de stricte application et suppose avant toute chose, une phase administrative nécessitant la

---

[77] Voy. G. KALAMBAY LUMPUNGU, *op. cit.*, pp. 164-187.

consultation d'une Commission locale composée des représentants de l'État et des particuliers. Celle-ci donne son avis sur l'opportunité de la mesure. La phase judiciaire, quant à elle, est importante quant à la détermination et quant au paiement de l'indemnité à l'exproprié. Il s'agit d'une phase juridictionnelle si l'arrangement amiable n'a pu avoir lieu.

424. ***Autres restrictions.*** Des lois particulières peuvent limiter d'une façon ou d'une autre le principe même du droit de propriété en fonction des mesures prises par l'autorité compétente.

Il en est ainsi par exemple:

- des servitudes aéronautiques limitant la hauteur des constructions ainsi que des plantations dans la zone avoisinant les plaines d'aviation; ou d'y habiter ou y installer un marché[78];
- de l'interdiction dans une bande de 100 m de chaque côté d'une voie ferrée d'établir des toitures de chaume ou autres matières inflammables;
- l'interdiction de construire une habitation ou de creuser un puits à proximité d'un cimetière[79];
- l'interdiction de déboiser sur les pentes afin d'éviter l'érosion et dans un rayon de 75 m autour des sources;
- des servitudes en matières minières (art. 279 du code minier);
- l'obligation de démolir un bâtiment menaçant ruine, etc.

---

[78] Cas de l'aérodrome de Kinshasa Ndolo situé en face et dans le prolongement d'un grand marché (Marché Zikida). Un accident aérien a causé la mort de plusieurs centaines des personnes. Entre autres causes de l'accident, c'est la présence de cet aérodrome en pleine ville. Cf. V. KANGULUMBA MBAMBI, «Accident aérien de Ndolo: Des morts sans frais. Leçons à tirer de l'inadéquation de la loi et des mécanismes de réparation des dommages corporels», in *L'Africain*, Revue des Étudiants africains en Belgique, mars 1997; V. KANGULUMBA MBAMBI, «Dommages causés par un aéronef aux tiers à la surface (Catastrophe aérienne de Kinshasa-Ndolo)», Note critique sur le jugement rendu le 5 août 1996 sous RP 14 482/I», *Rev. de Droit Africain*, n°s 0 et 1, oct. 1996-janv. 1997, pp. 26-31 et *Rev. Française de Droit Aérien et Spatial,* Paris, sept. 1997, p. 397.

[79] Mais l'on trouve à Kinshasa, des cités entières bâties dans des cimetières non correctement désaffectés (Commune de Ngiri-Ngiri) ou des jardins pour maraîchers (cimétière de la Commune de Kasa-Vubu)!

B. Restrictions touchant à l'exercice du droit

425. Principe. L'article 14 alinéa 2 de la loi limite l'exercice du droit de la propriété en tenant compte des droits réels appartenant à autrui. Il en est ainsi des rapports de voisinage et de l'abus de droit. En effet, aux termes de l'alinéa 2 de l'article précité, il est précisé que «les restrictions du droit de propriété en raison des rapports de voisinage sont établies au titre des charges foncières». C'est-à-dire, au titre des servitudes lesquelles, on le sait, ne peuvent être établies que sur un fonds au profit, en d'autres termes pour l'usage ou l'exploitation, d'un autre fonds.

426. ***Restrictions tenant aux rapports de voisinage.*** Conformément à la théorie générale des obligations tirant son fondement des articles 258 à 259 du code civil livre III en ce que «tout fait quelconque de l'homme, causant dommage à autrui, oblige celui par la faute duquel il est arrivé, à le réparer», il existe une série de devoirs pesant sur tout titulaire d'un droit par rapport aux autres. Dans le cas qui nous concerne, sur tout propriétaire, il pèse notamment le devoir général de prudence. Il s'agit d'un principe général de droit. Chacun doit faire en sorte que dans l'exercice de son droit qu'il n'en arrive pas à gêner ou à porter atteinte aux droits des tiers ou des voisins.

En effet, dans l'exercice de son droit, le propriétaire peut être amené à commettre des erreurs, des imprudences ou des négligences susceptibles de causer des préjudices aux tiers ou aux voisins. Or, en matière de voisinage, chaque propriétaire a un droit égal sur sa propriété. Il existe ou il doit exister un rapport équilibré de droits et obligations entre voisins de sorte qu'aucun d'entre eux ne peut imposer à l'autre des charges excédant le rapport normal de voisinage[80]. S'il en est un, l'on conçoit dès ce moment que cet excédent constitue un trouble de voisinage, une faute causant préjudice et qui demande à être réparé. Mais il arrive que le trouble de voisinage le soit sans qu'une faute soit reprochée au propriétaire. Il est intéressant de voir, dans les deux cas de figure, comment cette question est tranchée sur le plan du droit.

427. ***Solutions en cas des troubles de voisinage.*** La doctrine a abondamment opiné sur les troubles de voisinage et la jurisprudence n'est pas de reste quant aux différentes applications qu'elle en fait[81]. Le fondement de

---

[80] Civ., 3e, 4 févr. 1971, *JCP*, 1971, II, 16 781, note L.; Civ., 3e, 24 oct. 1990, *Bull. civ.*, III, n° 205; Elis., 29 mars 1947, *RJCB*, 1947, p. 94.

[81] Nous en voulons pour preuve, notamment en droit belge: N. VERHEYDEN-JEANMART *et alii*, «Chronique de jurisprudence», *op. cit.*, n° 105 et s., et bibliographie de renvoi accompagnant les commentaires de jurisprudence.

cette théorie repose en ce que le propriétaire qui, par un fait fautif ou non fautif, rompt l'équilibre qui doit exister entre les droits respectifs du voisin, en imposant des charges qui excèdent la mesure des inconvénients ordinaires du voisinage, doit à ce dernier, une juste et adéquate compensation susceptible de rétablir l'égalité rompue.

La charge du rétablissement de l'équilibre incombe à tout propriétaire, particulier ou pouvoirs publics, même s'il est des auteurs qui pensent, avec raison en partie, que le conflit résultant des troubles causés par les pouvoirs publics n'est pas résolu de la même manière que s'il oppose les particuliers entre eux. Ainsi, pour ces auteurs, la solution dans ce cas doit être recherchée au regard du principe de l'égalité devant les charges publiques[82].

428. ***Troubles de voisinage avec faute.*** Cette hypothèse est la plus classique d'autant qu'elle est prévue par la loi. En effet, aux termes de l'article 258 du CC livre III, *« tout fait quelconque de l'homme qui cause à autrui dommage, oblige celui par la faute duquel il est arrivé, à le réparer ».*

429. ***Jurisprudence. Droit comparé.*** Les applications de ce principe sont multiples. Il a été jugé notamment que :

- l'exercice même légitime du droit de propriété devient générateur de responsabilité lorsque le trouble qui en résulte pour autrui dépasse la mesure des obligations ordinaires du voisinage[83] ;
- que le bruit provenant d'un appartement est fautif lorsqu'il est excessif pour les voisins[84] ;
- le fait de jouer à des instruments de musique[85] ;
- le bruit des pas et chocs sur un plancher ; d'un cinéma[86] ;
- l'émission des poussières, fumées et mauvaises odeurs[87] ;
- les bruits de la vie quotidienne résultant notamment de l'organisation de fêtes sur une terrasse extérieure ou du fonctionnement

[82] *Ibid.* et aussi jurisprudence minoritaire, n° 107.

[83] Civ., rej., 29 mai 1937, *D. H.*, 1937, 393 ; Cass., 1re ch., 19 oct. 1972, *J.T.*, 1974, p. 114 et note B. De Clippel.

[84] Civ., 2e, 3 janv. 1969, *D.*, 1969, 3232 ; Lyon, 23 déc. 1980, *D.*, 1983, 605 et note.

[85] Paris, 2 mai 1983, *Gaz. Pal.*, 1983, 2, 457 et note.

[86] Civ., 2e, 12 janv. 1966, *D.*, 1966, 473.

[87] Civ., 2e, 22 oct. 1964, *D.*, 1965, 344 et note.

d'un appareil de radio[88] mais non les nuisances sonores causées par l'exploitation de l'aéroport (de Zaventem)[89].

430. ***Troubles de voisinage sans faute.*** La responsabilité civile ne repose toujours pas sur une faute. Il est des cas où, faute ou non, la responsabilité d'une personne n'en reste pas moins engagée. En matière de voisinage, il convient de distinguer les charges ou obligations ordinaires ou inconvénients normaux de voisinage et ce qui est qualifié d'inconvénients anormaux.

Dans le premier cas, il s'agit d'un type particulier de comportement que l'on peut retrouver dans un lieu, à une époque donnée. Il peut être réduit à la manière d'agir de tous les propriétaires d'une même région ou d'une même localité. Les inconvénients normaux de voisinage renvoient plutôt à l'influence du milieu, des circonstances de l'occupation et de la sensibilité de la personne, victime de trouble de voisinage. Il s'agirait dans cette occurrence du seuil de tolérance[90].

Dans la seconde hypothèse, l'on envisage que les troubles causés au voisin sont excessifs et dépassent le seuil normal de tolérance ou de ce qu'un voisin peut supporter. Il y a dépassement de la limite ou de la norme. Or, tout excès est inégal et donc préjudiciable.

431. Pour bien dire, la qualification de troubles de voisinage est immanquablement liée à l'appréciation des exigences normales de la vie en société ainsi qu'à l'inévitable évolution de ces exigences. Ainsi, l'établissement et l'exploitation d'un terrain de football de peu d'importance, sur un terrain initialement destiné à la réalisation d'un lotissement, dont la buvette et le vestiaire sont érigés à l'opposé du fonds des plaignants et qui accueille un club évoluant en division régionale inférieure, constitué de joueurs amateurs et bénévoles, ne crée pas un trouble excessif de voisinage[91].

432. ***Fondement de la théorie des troubles de voisinage.*** Sur le plan doctrinal, l'on considère que la conduite des voisins trouve sa base dans la théorie du quasi-contrat de voisinage dont le fondement juridique est logé dans les articles 15 de la loi du 20 juillet 1973 et 246 du CC livre III.

---

[88] J.P. Liège, 10 juil. 1996, *J.L.M.B.*, 1996, p. 1836, obs. J. HANSENNE.

[89] Brux., 9e ch., 24 janv. 1997, *JLMB*, 1997, p. 332; 15 janv. 1998, *JLMB*, 1998, p. 268.

[90] Ce qui peut être taxé d'obligation normale ou ordinaire de voisinage dans une cité ou commune déterminée ne le serait pas forcément dans une autre.

[91] Namur, 5e ch., 26 mars 1992, *JLMB*, 1992, p. 679.

Alors que l'article 14 de la loi du 20 juillet 1973 institue le principe du droit égal des voisins, aux termes de l'article 246 du CC livre III, il est dit que «*certains engagements se forment sans qu'il intervienne aucune convention, ni de la part de celui qui s'oblige, ni de la part de celui envers lequel il est obligé.*

Les uns résultent de l'autorité seule de la loi; les autres naissent d'un fait personnel à celui qui se trouve obligé».

Les premiers sont les engagements formés involontairement, *tels que ceux entre propriétaires voisins*[92].

433. Il importe d'évoluer et d'envisager d'autres hypothèses dans les rapports de voisinage. Si les voisins s'établissent ensemble, c'est le cas, par exemple, d'une occupation des terrains nouvellement lotis, il va se créer entre eux un mode courant de jouissance des lieux. Une fois ce mode de jouissance des lieux fixé, chacun des voisins a «les obligations ordinaires de voisinage» de maintenir cet équilibre des rapports respectifs. L'homme n'est pas toujours sédentaire. Il se déplace, il aménage et déménage. Le nouveau venu trouve forcément un mode de jouissance créé par les habitants de la localité. Dans ces conditions, le nouveau peut-il se plaindre de certains inconvénients?

La réponse à cette question a donné lieu à deux théories: *la théorie de la pré-occupation* et *la théorie de l'acceptation des risques.*

434. ***Théorie de la pré-occupation.*** Le critère de la préoccupation individuelle qui définit l'usage normal de la propriété par rapport à celui conféré par le premier occupant ou utilisateur du bien est, à l'heure actuelle, souvent rejeté par la jurisprudence[93].

La pré-occupation est le fait, pour une personne, d'être la première à occuper un lieu. Relativement à la question posée ci-dessus, l'on peut envisager que la victime du trouble de voisinage soit la première à s'établir sur le lieu: ici, il n'y aurait point de problème d'autant que celle-ci serait habituée aux inconvénients dudit trouble. Le cas contraire, et le plus fréquent, est celui où la victime du trouble qui aménage, trouve la partie auteur du dommage déjà installée sur les lieux. Comment résoudre le problème?

435. ***Jurisprudence.*** Pour une partie de la jurisprudence, il n'y aura pas lieu à réparation lorsque les activités auxquelles les nuisances sont dues se

---

[92] Souligné par nous.

[93] N. VERHEYDEN-JEANMART *et alii*, *op. cit.*, n° 115.

sont exercées antérieurement à la demande de permis de construire faite par le réclamant, en conformité avec les dispositions législatives ou réglementaires en vigueur et lorsqu'elles se sont poursuivies dans les mêmes conditions que le dommage. La condition ainsi formulée se trouvait déjà implicitement incluse dans la loi [94].

Pour une autre, l'antériorité d'une situation par rapport à l'installation de nouveaux voisins ne confère pas à l'auteur du trouble des droits acquis, l'autorisant notamment à conserver, en l'espèce, des niches permettant d'abriter sept chiens de grande taille particulièrement bruyants [95] ou si cette activité n'est pas exercée conformément aux dispositions législatives et réglementaires [96].

436. ***Théorie de l'acceptation des risques.*** Pour l'application de cette théorie, en se décidant de s'établir sur un lieu, l'on présume que la victime du trouble a accepté de supporter de courir les risques du voisinage. Ce qui éviterait à l'auteur du trouble toute condamnation aux dommages et intérêts. La validité de cette théorie est controversée en doctrine.

En effet, il n'y aurait pas lieu de faire état de l'acceptation des risques de voisinage si l'auteur du trouble n'a pas pris toutes les précautions élémentaires suffisantes pour faire cesser ce trouble (devoir général de prudence).

437. ***Jurisprudence – Droit comparé.*** Il a été notamment décidé qu'un industriel qui, par l'exploitation de son établissement, cause au voisin un préjudice excédant la mesure des obligations impliquées par les rapports de voisinage est en faute, quelle que soit la date respective de deux installations, s'il a négligé de prendre les précautions qui s'imposaient pour prévenir ces inconvénients [97]. En effet, quiconque construit sur sa propriété n'acquiert pas un droit à l'invariabilité du voisinage, et que la perte, même dommageable, des avantages de son voisinage, s'ils étaient appréciés antérieurement, est à attribuer autant à son manque de prévoyance qu'aux intérêts légitimes du voisin qui construit le nouvel immeuble, et qu'il ne serait donc pas juste pour protéger le premier d'enlever toute liberté au second [98].

---

[94] Civ., 2e, 5 janv. 1983, *Bull. civ.*, II, n° 3.

[95] J.P., Huy, 23 avr. 1994, *J.J.P.*, 1995, p. 202 et note.

[96] Civ., 3e, 10 oct. 1984, *Bull. civ.*, III, n° 165; Civ., 2e, 7 nov. 1990, *Bull. civ.*, II, n° 225 (aggravation des troubles par rapport au début).

[97] Civ. rej., 29 mai 1937, *D.H.*, 1937, 393 précité.

[98] R. DERINE, «Les troubles de voisinage», *Annales de droit*, Liège, 1965, p. 167.

Notons, comme l'a jugé la Cour d'appel de Mons, que la violation d'un intérêt ne peut donner lieu à une action en justice que si cet intérêt est licite. Celui qui ne poursuit que le maintien d'une situation contraire à l'ordre public, en l'occurrence, la construction d'une véranda sans permis de bâtir et sans architecte, n'a pas un intérêt licite. Il n'est pas requis à cette fin que cette situation résulte d'une infraction commise par l'intéressé lui-même.[99]

438. Quid *en cas de connaissance du fait dommageable excessif avant l'établissement du nouveau voisin?* Il arrive que le voisin, victime des troubles, ait connu le fait avant son établissement sur les lieux. La question que l'on peut se poser est celle de savoir si la théorie de l'acceptation des risques est applicable si le dommage excessif était connu de la victime lors de son établissement. La réponse à cette question trouve des tempéraments dans la jurisprudence.

Beaucoup de critères d'appréciation peuvent être mis en concours pour retenir ou non la responsabilité de l'auteur des troubles. Ainsi, le caractère rural ou urbain, résidentiel ou industriel et commercial d'un quartier ou d'une région. En l'espèce, l'odeur dégagée par l'élevage de porcs, dans une région agricole et une commune rurale, n'est pas un trouble anormal pour l'habitant qui s'installe à proximité d'une telle entreprise, surtout si elle répond aux conditions d'exploitation[100].

Il est possible de retenir la responsabilité du voisin antérieurement établi sur les lieux ce qui ouvre le droit d'indemnisation au nouveau venu.

439. Il serait aussi équitable de tenir plutôt compte à la fois de l'attitude de l'auteur du dommage et de celle de la victime pour éviter de condamner nécessairement l'auteur du trouble à indemniser la victime du fait du préjudice auquel elle s'est nécessairement exposée. Toutefois, nous pouvons admettre que nous sommes là en plein subjectivisme. La limite de ce qui est normal ou anormal tout comme le seuil de tolérance dépend d'une personne à l'autre. Ce qui, finalement, impose la tâche d'appréciation au cas par cas selon les espèces en présence. Mais si la faute est retenue, la victime a droit à la réparation. Il reste à voir comment l'évaluation en est faite.

440. Sanction et indemnisation. La sanction devrait varier selon le trouble a été causé avec ou sans faute.

---

[99] Mons, 2e ch., 26 sept. 2006, *J.T.*, 2006, p. 812.

[100] J.P. Beveren, 10 avr. 1990, *J.J.P.*, 1990, p. 374; autres cas similaires: Liège, 19 mars 1993, *R.R.D.*, 1993, p. 393; Liège, 22 déc. 1988, *R.R.D.*, 1990, p. 385.

441. ***En cas de troubles de voisinage avec faute.*** La sanction est prévue par la loi. L'auteur de la faute doit réparation à la victime. Et cette réparation doit être intégrale et proportionnelle au dommage. Si elle ne peut être faite en nature, la réparation aura pour objet de faire cesser le trouble ou l'origine du trouble : démolition, enlèvement de la chose le provoquant ; construction ou exécution des travaux devant mettre fin auxdits inconvénients. Elle peut se faire par équivalent c'est-à-dire moyennant payement des dommages et intérêts.

442. ***En cas de troubles de voisinage sans faute.*** Dans cette occurrence, il n'y aura pas réparation par nature consistant, par exemple, en la démolition ou la suppression de la chose. L'auteur du trouble sera contraint à faire une compensation en nature ou en espèce. Cette compensation, qui doit être juste et équitable, est destinée à rétablir l'équilibre des rapports de voisinage ainsi rompu par les troubles.

443. **Considérations.** La théorie des troubles de voisinage constitue bel et bien une restriction du droit de propriété car elle le rend moins absolu qu'il l'est habituellement proclamé. Ainsi, le propriétaire doit user de son bien en tenant compte des limites qui résultent des droits réels des autres ; il doit jouir de son bien en bon père de famille et en jouir avec la plus grande prudence pour qu'aucun dommage n'en résulte pour les tiers et les voisins.

444. **Restrictions en raison de l'abus de droit.** Entre voisins, il existe une série d'obligations, dérivant du bon voisinage. En effet, le voisin ne doit pas chercher à nuire au voisin ; le voisin ne doit pas causer au voisin des gênes intolérables. Sinon, le voisin fautif engage sa responsabilité civile pour cette manière abusive ou excessive dont il exerce son droit. C'est la théorie jurisprudentielle bien connue de l'abus de droit et des inconvénients anormaux de voisinage.

445. ***Notion d'abus de droit.*** L'abus de droit est défini comme le fait de se servir de son droit dans le but de nuire. C'est employer un instrument légitime à une fin qui n'en est pas une. Il y a abus lorsqu'un propriétaire dépasse les limites de son droit en en entamant celles d'autrui.

Il s'agit en fait d'une théorie qui s'applique à toutes les matières du droit et non seulement au droit des biens dont, certes, elle constitue une application particulière.

La raison d'être de l'article 14 peut être trouvée dans le rapport du Conseil colonial[101]. En effet, il y est écrit que *«le second alinéa de l'article 14 consacre le principe universellement reçu que le droit de propriété est toujours limité par le droit égal des propriétaires voisins»*.

446. Jurisprudence. Il a été jugé que constitue un abus de droit, l'édification d'une fausse cheminée ou la plantation d'un rideau des fougères devant une fenêtre[102]. Le propriétaire ne peut faire exécuter, sur sa propriété, des travaux qui modifient l'écoulement naturel des eaux, sans prendre les précautions nécessaires pour que ces travaux ne nuisent pas à la propriété du voisin[103].

447. ***Portée de la théorie de l'abus de droit*.** La théorie de l'abus de droit ne s'applique qu'en cas d'exercice d'un droit. Elle ne peut s'appliquer lorsque le titulaire exerce ou n'exerce pas une simple faculté[104]. Cependant, note Fagnart, la distinction paraît d'une subtilité bien académique car l'abus de droit en matière non contractuelle n'est qu'une variante de la faute aquilienne[105].

448. Jurisprudence. Il a été ainsi jugé qu'il y a abus de droit lorsque le propriétaire s'oppose à ce qu'il y soit porté remède, alors même qu'il n'en résulterait pour lui aucune atteinte à l'usage normal de son droit[106]. L'abus de droit ne suppose pas toujours à l'origine que des actes positifs. Il peut résulter des actes d'omission. Il peut s'agir d'une erreur d'appréciation. Il peut exister en dehors de toute intention de nuire et résulter d'une simple négligence dans l'usage d'un droit, révélant chez l'agent l'indifférence complète au préjudice qui en naît pour autrui et qu'il pourrait éviter sans qu'il lui en coûte aucun sacrifice matériel[107].

Mais, à cela, il y a des conditions:

- il faut un dommage causé à un voisin;

---

[101] *Code Piron*, Éd. 1960, p. 84.

[102] Civ., 3e, 20 mars 1978, *Bull. civ.*, III, n° 128; TGI Beauvais (réf.), 2 mars 1983, *Gaz. Pal.*, 1983, I, 250.

[103] Elis., 29 mars 1947, *RJCB*, 1947, p. 94.

[104] Sur la délicate distinction entre l'abus de droit et le mauvais usage d'une liberté: GHESTIN et GOUBEAUX, *Traité de droit civil,* t. 1, n° 698 et s., p. 580 et s.

[105] J.-L. FAGNART, «Chronique de jurisprudence. La responsabilité civile 1976-1984», *J.T.*, 1986, n° 5379, §55 et s.

[106] Civ. cass., 29 mai 1937, *D.H.*, 1937, 394.

[107] Sommaire d'un arrêt dans *R.C.J.B.*, 1953, p. 275.

- en vertu d'un acte de propriété;
- avec l'intention de nuire par un acte positif ou d'omission;
- alors qu'on n'a pas intérêt à poser cet acte.

L'appréciation de la matérialité de ces conditions est de la compétence du juge. Toutefois, l'abus du droit étant illicite, il constitue une faute donnant lieu à réparation dans les conditions de celle des troubles avec faute: réparation en nature ou par équivalent (dommages et intérêts).

449. Critiques de la théorie des troubles de voisinage et d'abus de droit. Ces deux théories ont fait l'objet de critiques en ce sens qu'elles n'ont pas spécifiquement de rapport avec le droit de propriété et que le problème peut se rencontrer entre locataires. Toutefois, la doctrine reconnaît qu'historiquement, ces deux théories ont apparu en matière de propriété.

Par ailleurs, l'expression «abus de droit» a été aussi critiquée en ce qu'elle est logomachique car «le droit cesse en tout cas là où l'abus commence») tant qu'il apparaît, en fait, que le propriétaire s'embusque derrière son droit pour nuire à autrui.

450. Considérations. Il y a lieu de retenir que tout droit, et en l'occurrence le droit de propriété, est limité dans son usage et dans son exercice. Les restrictions peuvent être prévues par la loi ou par des conventions et concerner soit le principe même du droit soit l'exercice ou l'usage qu'on en fait. Il en est du cas des troubles de voisinage ou de l'abus de droit.

Outre les restrictions que nous venons d'étudier, le droit de propriété renferme une autre réalité: il peut supposer l'exercice de ce droit par une seule personne sur un seul bien mais il peut aussi signifier l'exercice d'un droit identique par plusieurs personnes sur une chose ou plusieurs choses. Généralement, l'on parle, en ce cas, de la copropriété. C'est l'objet du chapitre suivant.

CHAPITRE 2

LA COPROPRIÉTÉ

451. Bibliographie indicative. DE CLERK, L., «Le régime foncier, le régime minier et le droits des biens», in *L'ordre juridique colonial belge en Afrique centrale. Éléments d'histoire. Recueils d'études*, Bruxelles, ARSOM, 2004, pp. 253-309; De CORDES, P., «Un décret méconnu: le décret du 23 mars 1940, sur la copropriété», *RJCB*, 1952, p. 41; DUFRENOY, P., *Précis de droit colonial, Les Novelles*, Bruxelles, Bruylant, 1946, p. 151; GIVORD, F. *et al.*, *La copropriété*, 5e édition, Paris, Dalloz, 2005; JENTGEN, P., «Coup d'œil sur la réforme foncière de 1949. La propriété des immeubles par incorporation envisagée séparément du sol. Les immeubles à appartements», *J.T.O.*, 1950, pp. 65-78; LECOCQ, P., «Le syndic et le conseil de gérance: leur rôle et leur pouvoir», in N. VERHEYDEN-JEANMART (dir.), *La copropriété forcée des immeubles et copropriété d'immeubles bâtis. 5 ans d'application de la loi du 30 juin 1994*, UCL, Faculté de droit, 16 mars 2001, p. 279.

452. Brève historique de la copropriété. La propriété individuelle n'est pas la seule forme de propriété. Il arrive que deux ou plusieurs personnes soient propriétaires, à part entière, d'une fraction d'un bien commun. L'on parle de la propriété plurale ou de la copropriété.

En droit congolais, le législateur (colonial) a formulé une théorie de la copropriété, sujet sur lequel le Code civil belge était muet à cette époque. Les cinq articles originaires (31-34 et les dédoublements de ce dernier en *bis* et *ter*) résument en fait l'enseignement de la doctrine et de la jurisprudence belges et françaises, en s'inspirant du Code suisse.

À l'origine, il n'y était traité que de la copropriété fortuite et de la copropriété volontaire. Le décret du 28 mars 1949 autorise la propriété privée des immeubles par incorporation, envisagés séparément du sol. Par la même occasion, il a complété le chapitre de la copropriété, en y introduisant des dispositions sur l'indivision forcée., permettant de résoudre les problèmes que pose la copropriété dans les immeubles comportant des parties communes à différents propriétaires. Ce décret s'inspire, en cette matière, de la loi belge du 8 juillet 1924[1].

---

[1] L. DE CLERCK, *op. cit.*, pp. 296-297.

Pour bien comprendre son régime juridique, il est intéressant de définir la copropriété avant d'étudier les règles relatives aux différentes sortes de copropriété.

Section 1 :

NOTION DE COPROPRIÉTÉ

453. Il importe de rappeler que la copropriété[2] est une forme de propriété. Mais une forme particulière dans la mesure où elle traduit la propriété de plusieurs personnes sur un seul et même bien. C'est ce que nous avons qualifié de propriété plurale. La chose sur laquelle porte la copropriété peut être, par nature, indivise ou divise entre plusieurs personnes. Il s'agit en quelque sorte de la superposition de deux ou plusieurs droits de même nature sur un même objet[3].

La copropriété est donc la propriété de plusieurs personnes sur une chose indivise entre elles[4] ou le droit de propriété d'une même chose, divise entre plusieurs personnes. En fait, la chose n'est pas physiquement divisée mais c'est le droit qui s'y rapporte qui est partagé. Aujourd'hui encore, on assiste à une nouvelle forme de copropriété le « *time sharing* », l'usage à temps ou temps partagé dans la jouissance d'un immeuble[5].

454. Jurisprudence (droit comparé). Dans une affaire, la Cour de Cassation belge a admis que « la copropriété suppose non une division de la chose mais une division du droit de propriété dont la chose fait l'objet et qu'il n'y a pas de copropriété dans le cas de la conjonction de plusieurs droits de propriétés portant sur des parties distinctes d'un même bien »[6]. Mais nous savons que la chose (objet) se confond souvent avec le droit qui s'y rapporte. Cela étant, la copropriété peut porter tant sur les meubles que sur les immeubles.

---

[2] Dont la naissance a été favorisée par la crise de logement en Occident, cfr *R.P.D.B.*, V° copropriété.

Selon une enquête réalisée en France le 28 nov. 2001 par l'Agence Nationale pour l'Information sur le Logement (ANIL), le parc de logement français est estimé à 28,2 millions dont 6,1 millions en copropriété et 12.000 logements sont gérés par des syndicats. Voy. Fr. GIVORD *et al.*, *La copropriété, op. cit.*, p. 10, n° 29.

[3] Voy. *supra*, cas du mélange ou de connexion (art. 25 de la loi).

[4] J. HANSENNE, *Précis, Les biens, op. cit.*, p. 845, n° 847.

[5] Notamment en droit portugais et en droit belge, Liège, 1re ch., 4 nov. 2003, *J.T.*, 2004, p. 215.

[6] Cass., 1re ch., 30 juin 1988, *Pas.*, I, 1989, 1336.

Ainsi définie, la copropriété doit être distinguée des autres formes qui lui sont apparentées ou proches : l'indivision et la servitude.

§1. COPROPRIÉTÉ ET INDIVISION

455. La copropriété doit être distinguée de l'indivision.

La copropriété est un droit réel qui appartient à plusieurs personnes sur une ou plusieurs choses déterminées sans qu'il y ait division matérielle de leurs parts. Tandis que l'indivision a pour objet, au contraire, des éléments actifs, donc une masse des biens dépendant d'une universalité de droits. Ici, il y a pluralité des titulaires des droits et obligations figurant dans une universalité juridique. Il en est ainsi d'une masse successorale.

Par ailleurs, l'indivision peut porter sur un autre droit que la propriété. Par exemple, le droit de créance faisant partie d'une masse successorale.

Une autre distinction, non pas des moindres, se situe au niveau de l'existence légale de ces deux droits. En effet, en cas de copropriété, chacun des copropriétaires doit avoir un certificat d'enregistrement établi en son nom alors qu'en cas d'indivision immobilière, il ne peut y avoir qu'un seul certificat d'enregistrement reprenant les noms de tous les indivisaires (article 219, loi du 20 juillet 1973), il en sera ainsi en cas de mutation pour cause de décès (article 233, *idem*).

§2. COPROPRIÉTÉ ET SERVITUDE

456. La matière des servitudes est étudiée au titre des charges foncières. Sous réserve donc des développements ultérieurs, aux termes de l'article 169 de la loi foncière, une servitude est définie comme étant *une charge* imposée sur un fonds au profit d'un autre fonds. Elle peut découler soit de la situation naturelle des lieux, soit des obligations imposées par la loi ou des conventions entre titulaires des droits (art. 170 alinéa 2, loi du 20 juillet 1973). Elle suppose l'existence de deux fonds appartenant absolument à deux propriétaires différents. En cela, la servitude est un droit réel (pour le propriétaire du fonds dominant) accessoire nécessitant, pour sa réalité, l'existence d'un droit réel principal.

457. La copropriété apparaît, certes, comme une restriction des prérogatives du propriétaire mais elle n'est pas, à ce point, une servitude[7]. C'est un droit réel principal sur lequel peut se greffer la servitude. Celle-ci s'éteint après un laps de temps en cas de non-usage (30 ans) alors que la copropriété, en tant que propriété, ne peut s'éteindre pour cause de non-usage. Les copropriétaires ont des droits égaux sur la chose commune alors que dans la servitude, il n'y a de profit que pour le titulaire du fonds dominant. Enfin, sur la base de l'article 219 alinéa 2 de la loi, en tant que propriété immobilière, la copropriété nécessite, pour son existence légale, qu'elle soit établie par et dans un certificat d'enregistrement relatif à l'immeuble concerné alors que, en tant que charge, la servitude doit être plutôt *inscrite* dans le certificat d'enregistrement (article 220 alinéa 3 de la loi).

Quant aux sortes de copropriété, l'on en distingue deux : la *copropriété ordinaire* ou *copropriété volontaire* et la *copropriété forcée*. Il ne s'agit pas d'une distinction formelle. En effet, les principes qui président à ces différentes sortes de copropriété ont leur particularité qu'il importe, de toute évidence, d'analyser.

Section 2 :

LA COPROPRIÉTÉ ORDINAIRE

458. La copropriété ordinaire peut trouver son origine dans plusieurs situations juridiques (§ 1). Elle présente par ailleurs une caractéristique particulière (§ 2) qui fait que sa fin est vivement souhaitée par la loi (§ 4) encore qu'en tant que propriété de plusieurs personnes sur un seul bien, les droits des uns doivent être corrélés aux obligations des autres conformément à la destination du bien (§ 3).

[7] Dans les Codes civils belge et français, la copropriété, et aussi la mitoyenneté, sont rangées au titre des charges ou servitudes. En droit congolais, nous l'avons souligné, il n'en est pas le cas. Et même alors, la définition et le régime juridique de la copropriété et de la mitoyenneté sont si différents de ceux de la servitude pour que ces concepts soient identiques. Tout au plus, en droit congolais, la loi foncière énumère la copropriété et la mitoyenneté parmi les formes de propriété (propriété fractionnée).

§1. Sources

459. La copropriété ordinaire peut avoir comme source l'ouverture d'une succession. Les héritiers deviennent propriétaires indivis des biens de la succession[8].

L'on peut également devenir copropriétaire ordinaire par l'effet d'un acte unilatéral comme le testament. Celui-ci est défini comme étant un acte personnel du *de cujus* par lequel il dispose pour le temps où il ne sera plus, de son patrimoine, le répartit, détermine ses héritiers et fixe les dispositions tutélaires, funéraires ou de dernière volonté[9]. Le testateur peut, pour cause de mort, transmettre son droit de propriété à deux personnes différentes qui deviennent par ce fait copropriétaires.

Il peut en être autant à la suite d'une donation; d'une accession mobilière[10]; d'une indivision entre époux mariés en cas de régime de communauté des biens[11]. Soulignons toutefois que le régime de l'indivision est spécifique et ne peut être assimilé à celui de la communauté conjugale existant entre des époux. Lorsque deux époux mariés sous le régime de la séparation pure et simple, acquièrent des biens immeubles durant leur mariage, cette acquisition fait naître une indivision et non une communauté et les règles relatives à la gestion de la communauté ne sont pas applicables à ces biens[12].

§2. Caractères

460. La copropriété ordinaire a deux caractéristiques principales: elle est d'abord inorganisée probablement à cause du fait, et c'est la deuxième caractéristique, qu'elle est aussi provisoire.

---

[8] Voy. article 758 et s. du Code de la famille fixant les différentes catégories d'héritiers.

[9] Art. 766 du Code de la Famille. Soulignons que le testament est soumis à certaines conditions et restrictions pour sa validité.

[10] Art. 28 de la loi du 20 juil. 1973, relatif à l'accession mobilière (connexion, mélange).

[11] Article 487 du Code de la Famille. Il peut s'agir du régime de la communauté réduite aux acquêts, dans ce cas l'indivision ne portera que sur les acquêts (articles 516 et s.), ou du régime de la communauté universelle, dans quel cas l'indivision porte sur l'ensemble des biens (articles 533 et s.).

[12] Anvers, 1re ch., 26 oct. 1988, *Rev. not. b.*, 1989, p. 481.

A. *Caractère inorganisé*

461. Dans la plupart des cas, la copropriété naît sans la volonté de personnes concernées (succession, accession immobilière ou testament). La volonté des intéressés n'existe pas au moment de la naissance de la copropriété ordinaire. Toutefois, la loi (article 32 de la loi foncière) a tenu à en fixer au moins les règles en disposant que «si une chose appartient à plusieurs personnes pour les parts indivises égales ou inégales, chacun des copropriétaires peut user de la chose intégralement, mais en se conformant à sa destination et pourvu qu'il ne mette pas obstacle à l'usage des autres»[13].

B. *Caractère provisoire*

462. De par les charges ou les obligations qu'elle comporte, l'indivision apparaît effectivement comme une situation anormale, contraire à la nature du droit de propriété avec ses caractères et ses attributs: le copropriétaire doit toujours tenir compte des droits des autres quand il doit agir (article 33 de la loi). Il aurait été seul, il agirait librement tant que le bien faisant l'objet de propriété n'appartient qu'à lui seul. Dès lors, cet état des choses est appelé à cesser un jour: *«nul n'est obligé de rester dans l'indivision»*.

Aussi, aux termes de l'article 34 de la loi, est-il prévu que chacun des copropriétaires peut toujours demander le partage de la chose commune, nonobstant toute convention ou prohibition contraire.

463. Durée limite de l'indivision (art. 34, al. 2 de la loi). Les copropriétaires peuvent cependant convenir de rester dans l'indivision pendant un certain temps déterminé qui ne peut excéder cinq ans, si la convention est faite pour un terme plus long ou pour une durée illimitée, elle est réduite à ce terme».

La durée d'une copropriété ordinaire est de 5 ans maximum. Elle ne peut subsister au-delà de ce terme. Mais en attendant, les copropriétaires sont soumis à certains droits et obligations dans l'usage du bien commun.

---

[13] Voy. aussi, l'article 14 de la loi.

§3. Droits et charges dans la copropriété ordinaire

464. Le régime juridique de la copropriété ordinaire est défini par l'article 32 de la loi. En principe, chaque copropriétaire est propriétaire de sa quote-part abstraite et copropriétaire de la chose commune.

A. Droits

Le copropriétaire a un droit individuel (de propriété) sur la chose et aussi un droit collectif de propriété sur la chose commune.

465. ***Droit individuel sur sa quote-part.*** Sur sa quote-part, le copropriétaire exerce un véritable droit de propriété avec l'étendue et la portée que la loi reconnaît à ce droit (article 14 de la loi). Il nous suffit de renvoyer aux développements antérieurs sur la propriété (chapitre 2). Les fruits de la chose se partagent dans la mesure du droit de chacun (article 32 de la loi, alinéa 2).

Ainsi, chaque copropriétaire peut disposer librement de sa part et la grever de droits réels, sans le concours des autres indivisaires[14]; vendre les droits indivis qu'il possède dans un immeuble sans le concours des autres successibles. Il ne peut cependant pas disposer seul du bien indivis[15].

466. ***Droits sur la chose commune***. Le copropriétaire peut poser un certain nombre d'actes sur la chose commune : des actes matériels comme des actes juridiques, mais dans les limites des droits des autres copropriétaires.

Aux termes de l'article 32, le copropriétaire peut faire des actes d'administration courante, tels que réparations d'entretien et travaux de culture. Les actes juridiques que peut poser le copropriétaire ne peuvent être que des actes d'administration courante, des actes conservatoires ou provisoires qui ne s'analysent point comme des actes de disposition juridique.

467. **Jurisprudence**. Généralement, il est admis qu'un copropriétaire puisse agir seul pour obtenir la compensation des troubles de voisinage qu'il subit[16].

---

[14] Cass., 9 sept. 1994, *Bull.*, 1994, p. 697.

[15] Anvers, 19e ch., 27 avr. 1993, *R.W.*, 1994-1995, col. 1194.

[16] J.P. Charleroi, 10 oct. 1988, *JLMB*, 1991, p. 683 ; J.P. Courtrai, (2e canton), 9 oct. 1990, *JJP*, 1994, p. 245.

Mais pour les actes de disposition, le consentement des autres copropriétaires est requis. Ainsi, s'agissant de l'indivision communautaire des époux, n'est pas valable la vente d'un immeuble commun d'une très grande valeur consentie par un époux sans l'accord de l'autre époux, en violation des articles 499 et 500 du code de la famille[17]. De même, pour être valide, le mandat de vendre un bien successoral, qui constitue une copropriété, requiert l'accord de tous les copropriétaires. La nullité de la vente entraîne celle des droits que ce titre est censé constater[18].

Il en est de même de la location à des tiers d'un bien immobilier indivis qui ne constitue pas un acte purement conservatoire ni un acte d'administration provisoire. Un tel acte n'est valable que moyennant l'accord ou le concours de tous les copropriétaires[19]. La conclusion d'un bail nécessite l'accord de tous les copropriétaires, il en va de même des actes destinés à y mettre fin[20].

B. Charges ou obligations

468. Aux termes de l'article 32 de la loi, les charges sont supportées par chacun proportionnellement à sa part. Il est évident qu'il doit s'agir des charges utiles à la conservation et à l'entretien de la chose commune. Il en va de même en ce qui concerne les frais d'administration. La contribution aux dépenses est aussi proportionnelle à la part de chacun. En fait, autant l'on a droit au partage des fruits émanant de la chose autant l'on est obligé de contribuer aux charges d'entretien de la chose commune[21].

469. Le rapport du Conseil colonial sur le décret du 30 mars 1913 précisait que « le principe de la limitation des droits de chacun des communistes ne s'applique pas seulement aux actes de disposition, mais à tous les actes d'administration autres que ceux déterminés par l'article 32. Notamment le bail consenti par un des copropriétaires n'est pas opposable aux autres. La finale de l'article 33 réserve à chacun des copropriétaires le droit d'aliéner ou d'hypothéquer sa part indivise. Mais la validité de

---

[17] CA Kinshasa/Gombe, RCA 87/17092, 19 mai 1998, *RAJC*, 2000, p. 33.

[18] CA Kisangani, RCA 3760/3762/3763, 20 janv. 2004, *RAJC*, Fasc. I, 2004, p. 29. Sauf, pour nous, de noter qu'il s'agit plus, dans ce cas, d'indivision successorale que de copropriété.

[19] Cass., 1re ch., 5 oct. 1990, I, *Pas.*, 1990, 150.

[20] Cass., 1re ch., 13 juin 1997, *Larcier Cass.*, 1997, p. 273; JP Jumet, 16 mai 1994, *J.J.P.*, 1994, p. 381.

[21] Mons, 2e ch., 24 sept. 1991, *J.T.*, 1992, p. 248.

l'aliénation ou de l'hypothèque restera soumise aux règles [établies] ailleurs sur les effets du partage»[22].

Aussi, au regard de la nature de l'objet (chose commune), aucun des copropriétaires ne peut, sans le consentement des autres, changer la destination de la chose commune, ni la grever de droits réels au-delà de sa part indivise. Cependant, le copropriétaire qui a réalisé des travaux sur le bien avec ses propres deniers sans le consentement de l'autre doit être indemnisé en fonction de la plus-value apportée à l'immeuble et ce, sur base de la théorie de l'enrichissement sans cause[23].

§4. CESSATION DE LA COPROPRIÉTÉ ORDINAIRE

470. Principe: art. 34, al. 1 de la loi. Nous avons relevé le caractère provisoire de la copropriété ordinaire dont la durée, aux termes de l'article 34, alinéa 2 de la loi du 20 juillet 1973, ne peut dépasser 5 ans[24]. La raison d'être de cette limitation se trouve dans le fait que la copropriété ordinaire comporte beaucoup d'inconvénients pour contraindre une personne de demeurer dans l'indivision. C'est ce qui ressort de l'article 34, alinéa 1 de la loi, qui dit que chacun des copropriétaires peut toujours demander le partage de la chose commune, nonobstant toute convention contraire.

471. Modalités de sortie de la copropriété volontaire. L'article 34 alinéa 1 de la loi parle du partage. Il s'agit d'une opération par laquelle les copropriétaires substituent des parts matériellement déterminées – *parts divises* – aux parts fixées seulement en quotité – parts indistinctes appelées *parts indivises* – qu'ils possédaient sur le bien[25]. Il n'est pas exigé une formalité particulière pour le partage. Il peut être fait à l'amiable[26].

La cessation de la copropriété ordinaire peut donc intervenir à tout moment, tout au plus, mais pas au-delà, endéans 5 ans.

---

[22] Voir P. PIRON et P. DEVOS, *Codes et lois du Congo belge, Code civil, livre II,* note sous l'article 33, Éd. 1954, p. 76.

[23] Civ. Charleroi, 21 févr. 1992, *J.T.*, 1993, p. 362.

[24] Encore une différence, quant à la durée, entre la copropriété ordinaire et la servitude.

[25] Mons, 2e ch., 27 janv. 1988, *JLMB*, 1989, p. 33.

[26] Civ. Liège, 3e ch., 29 avr. 1991, *JLMB*, 1993, p. 380.

Section 3 :

LA COPROPRIÉTÉ FORCÉE

472. La copropriété forcée se différencie fondamentalement de la copropriété ordinaire ou volontaire en ce qu'elle est fortuite, accidentelle alors que la seconde peut être volontaire. Toutefois, les différences ne s'arrêtent pas là. Pour nous en convaincre, nous suivrons le cheminement ci-après : sources (§ 1), caractères (§ 2) et régime juridique de la copropriété forcée (§ 3).

§ 1. SOURCES ET SORTES DE COPROPRIÉTÉ FORCÉE

473. La copropriété ordinaire naît d'une situation fortuite, accidentelle et celle-ci est provisoire. Cependant, de par la nature des choses, il en est qui, soit par leur objet, soit par leur destination, ne se prêtent pas au partage. La raison en est qu'une fois partagés, ces biens deviennent désormais impropres à leur destination. Dès lors, les personnes ayant des droits sur ce genre des choses sont contraints de rester copropriétaires. C'est la copropriété forcée. Celle-ci peut être à titre principal ou à titre accessoire.

474. ***Copropriété forcée à titre principal.*** Il s'agit des cas où la copropriété affecte des objets destinés à l'usage d'un groupe ou d'un certain nombre des personnes. Il en est ainsi des biens de famille : tombeau ou souvenirs de famille pour lesquels le partage n'est pas concevable. Cette matière est réservée au droit des personnes et des successions (article 38 de la loi).

Soulignons dans ce registre que dans une espèce (biens de famille), la Cour Suprême de Justice a décidé qu'aucune coutume n'établit la copropriété d'une maison ex-Fonds d'avance entre le père, la mère (épouse) et ses enfants du vivant du premier[27]. Ce qui paraît logique dans la mesure où la maison serait enregistrée au nom du seul mari et que tant qu'il n'est pas décédé, les enfants ne sont encore héritiers de rien du tout. Il en irait autrement si les enfants et/ou leur mère figuraient sur le titre de propriété comme copropriétaires.

475. ***Copropriété à titre accessoire.*** Aux termes de l'article 36 alinéa 1 de la loi, la copropriété est accessoire lorsqu'elle concerne plutôt des

[27] CSJ, 21 janv. 1981, RC 316, in KALONGO MBIKAYI, *Code, op. cit.*, p. 177.

choses affectées à l'usage commun de deux ou plusieurs immeubles appartenant à des propriétaires différents. C'est la matière qui nous intéresse en ce qu'elle relève du droit des biens.

§2. CARACTÈRES DE LA COPROPRIÉTÉ FORCÉE

476. Contrairement à la copropriété ordinaire, la copropriété forcée a un caractère perpétuel (A) et elle est organisée (B).

A. Caractère perpétuel

477. Il est un fait incontestable que la copropriété est une forme de propriété. Elle est une propriété à deux ou à plusieurs. Or la propriété est un droit perpétuel. Il dure autant que l'objet sur lequel porte le droit. Elle ne s'éteint pas et elle se transmet d'une personne à une autre jusqu'à la disparition de l'objet. Il en est ainsi, aux termes de l'article 35 de la loi, des clôtures mitoyennes, des puits, des citernes, des passages et chemins dépendant de plusieurs fonds.

B. Caractère organisé

478. Par le fait que la loi a prévu des dispositions applicables à cette sorte de copropriété, l'on en déduit qu'elle est organisée. Ainsi, les droits et obligations des copropriétaires forcés sont-ils nettement déterminés (articles 35 à 48) pour que l'on puisse les examiner.

1. Droits des copropriétaires sur la chose commune

479. ***Base légale: art. 36, alinéa 3, de la loi.*** Il est loisible à chacun des copropriétaires de modifier à ses frais la chose commune pourvu qu'il n'en change pas la destination et qu'il ne nuise pas aux droits des autres copropriétaires. Le copropriétaire forcé a donc le droit de modifier la chose commune sans l'assentiment des autres copropriétaires.

Le copropriétaire forcé a des droits plus étendus que le copropriétaire ordinaire dans la mesure où la copropriété forcée n'est pas susceptible de partage. Le partage permet, tout au moins, de sortir de l'indivision et met fin à la copropriété ordinaire. Or, la copropriété forcée est perpétuelle.

2. Obligations

480. ***Base légale: art. 36, alinéa 2, de la loi*** Cette disposition prévoit que les frais d'entretien, de réparation et de réfection doivent être répartis en proportion de la valeur des héritages principaux. En d'autres termes, en proportion de chaque lot ou propriété.

Section 4:

LA COPROPRIÉTÉ DES IMMEUBLES À APPARTEMENTS

481. Rappel. En introduisant le titre relatif à la propriété, nous avons fait état de ce que cette dernière évolue avec la société, avec les besoins et les nécessités de chaque époque. Il devient à ce point logique que cette sorte de copropriété ne soit pas suffisamment connue et répandue dans certains lieux et à une certaine époque[28]. Il importe d'en voir les sources avant de parcourir les règles qui l'organisent.

§1. SOURCES ET SORTES DE COPROPRIÉTÉS DES IMMEUBLES À APPARTEMENTS

482. Sources. La copropriété des immeubles à appartement peut avoir plusieurs sources dont principalement:

- la concession d'un terrain afin d'y construire un immeuble pour se partager les appartements;
- la surélévation d'un immeuble appartenant à un propriétaire unique au cas où ce dernier accordait des droits aux tiers;
- le partage d'un immeuble faisant jusque-là l'objet d'une copropriété ordinaire;
- le fait qu'un propriétaire d'un immeuble divise en appartements son immeuble.

Dans tous ces cas, le nouvel acquéreur devient copropriétaire d'un ou de plusieurs appartements que comporte l'immeuble. L'on distingue, la copropriété verticale et la copropriété horizontale.

---

[28] Pensons aux provinces de la RDC ou aux autres pays africains. De façon générale, la copropriété, le «time sharing», les immeubles à appartements sont plus une nécessité de vie urbaine.

483. Sortes. La copropriété verticale ou à hauteur est concevable pour les immeubles à étage ou appartements alors que la copropriété horizontale est envisagée pour plusieurs corps de bâtiments ou maisons individuelles faisant partie d'un ensemble qui est en copropriété.

§ 2. NATURE JURIDIQUE

484. Dans la copropriété des immeubles à appartement, il convient de distinguer les parties privatives et les parties communes. Seules les parties communes sont dans la copropriété à l'exclusion des parties privatives.

Ainsi, aux termes de l'article 37 de la loi, il s'agira des choses affectées à diverses parties, pour l'usage commun, tels que les fondations, gros murs, toits, puits, corridors, escaliers, ascenseurs, canalisations et tous autres. Ces biens, d'après l'article 36, alinéa 1 de la loi, ne sont pas sujets à partage. Ils ne peuvent être aliénés, grevés de droits réels ou saisis qu'avec l'héritage ou la propriété dont ils sont l'accessoire.

485. La copropriété des immeubles à appartements s'exerce donc *sur les parties communes de ces immeubles*. Les parties privatives, quant à elles, restent des propriétés individuelles à part entière. Cette précision nous conduit à examiner les éléments qui composent la copropriété à appartements.

§ 3. ÉLÉMENTS CONSTITUTIFS DE LA COPROPRIÉTÉ DES IMMEUBLES À APPARTEMENTS

486. Dans la copropriété des immeubles à appartements, on trouve généralement :

- les parties communes ;
- le parties privatives et
- les parties mitoyennes.

Les parties communes sont celles affectées à l'usage ou à l'utilité de tous les copropriétaires ou de plusieurs d'entre eux (art. 36 et 38 de la loi). C'est le cas des escaliers, ascenseurs, cabine pour coffret électrique, etc.

Les parties privatives sont des parties des bâtiments et terrains réservés à l'usage exclusif d'un copropriétaire déterminé et tout ce qui se trouve à l'intérieur de chaque lot.

Les parties mitoyennes – à ne pas confondre avec les murs mitoyens qui supposent l'existence de deux fonds appartenant à deux concessionnaires différents[29] – sont les parties séparatives de deux propriétés ou plusieurs propriétés dans l'immeuble. Il en est ainsi des murs, des poutres, etc.

§4. DROITS ET OBLIGATIONS DES COPROPRIÉTAIRES

Il importe de toujours distinguer selon qu'il s'agit de la partie privative ou de la partie commune.

A. Droits

487. Partie privative. Sur cette partie, le copropriétaire exerce en effet des prérogatives de tout propriétaire ordinaire telles que prévues à l'article 14 de la loi avec toutes les conséquences juridiques possibles (action en justice, aliénation sans devoir rendre compte aux autres copropriétaires).

488. Partie commune. Le copropriétaire a un droit d'usage sur toutes les choses en indivision. Chacun des copropriétaires peut donc user de la totalité de la chose commune et de ses diverses parties comme il en est de sa partie privative à la seule limite de respecter la destination de la chose et les droits des autres.

489. Particularités de la copropriété des immeubles à appartements. Dans ce type de copropriété, l'on ne peut pas concevoir une partie privative sans partie commune. Il s'agit des droits qui sont étroitement liés au point de penser au rapport du «principal à accessoire». En effet, l'aliénation de la partie privative entraîne celle de la part que le copropriétaire détient dans la partie commune. En revanche, l'hypothèque sur la partie privative grèvera également la quote-part des choses communes y relatives.

En effet, aux termes de l'article 36 alinéa 1 de la loi, «Les biens immobiliers indivis qui sont affectés, à titre accessoire et pour l'usage

[29] Cf. articles 49-48 de la loi du 20 juil. 1973.

commun, à plusieurs héritages (= biens, ici immeubles) distincts appartenant à des propriétaires différents ne sont pas sujet à partage. Ils ne peuvent être aliénés, grevés de droits réels ou saisis qu'avec l'héritage dont ils sont l'accessoire». Mais, «il est loisible, (...), à chacun des copropriétaires, de modifier, à ses frais la chose commune pourvu qu'il ne change pas la destination et qu'il ne nuise pas aux droits de ses consorts» (art. 36, alinéa 3).

B. *Obligations*

490. Sur la partie privative. Les obligations incombent au seul titulaire du droit qu'est le propriétaire. Les charges d'entretien, d'impôts, de responsabilité pèsent sur la tête du propriétaire. C'est le corollaire de ses droits.

491. Sur la partie commune (art. 36, la. 2 de la loi). En contrepartie des droits de jouissance qu'ils exercent sur la partie commune, les copropriétaires doivent contribuer aux dépenses générées par et pour l'usage de l'immeuble dans ses parties communes. Les charges de cette copropriété, et notamment, les frais d'entretien, de réparation et de réfection sont répartis en proportion de la valeur des héritages principaux. Il s'agit des charges communes dans lesquelles l'on distingue les charges générales des charges spéciales.

Les charges générales sont celles inhérentes à la conservation, à l'administration, à l'entretien des parties communes. Elles sont dues proportionnellement à la quote-part de chaque copropriétaire[30].

Les charges sont dites spéciales lorsque les copropriétaires sont obligés de contribuer en fonction de l'utilité que ces services et éléments présentent pour chaque lot[31].

---

[30] Entretien des ascenseurs, des marches d'escalier, paliers, rénovation de la peinture, des conduites d'eau et d'électricité, etc. Quant à l'administration, généralement il y a un syndic des copropriétaires que ceux-ci doivent payer; la concierge, la sentinelle, le jardinier, les assurances, etc.

[31] Exemple: faire installer un ascenseur dans l'immeuble. Mais ici, il faut le consentement de tous les copropriétaires. Chacun contribuera selon l'utilité qu'il en retirera. Ainsi, celui qui est au rez-de-chaussée devait payer moins que celui qui est au 45e étage. Dans ces conditions, ceux qui n'auraient pas contribué à cette charge peuvent se voir interdire l'usage de l'ascenseur.

§5. CESSATION DE LA COPROPRIÉTÉ FORCÉE

492. Il n'est pas du tout évident de vivre dans une copropriété forcée. Hormis les charges que cela entraîne, il y a tous les problèmes de conflits ou de mésentente entre copropriétaires voisins ou non qui font que, souvent, la fin de cet état des choses est vivement souhaitée.

Ainsi, le copropriétaire voulant quitter cette situation peut vendre son bien si celui-ci ne disparaissait pas de lui-même, par un cas fortuit.

La vente de sa quote-part et la disparition de la partie privative ou de tout l'immeuble, le rachat par une seule personne de toutes les parties privatives donnant lieu à la propriété ordinaire, mettent-ils ainsi carrément fin à la copropriété forcée.

§6. ORGANISATION ET ADMINISTRATION DE LA COPROPRIÉTÉ FORCÉE

493. Nécessité d'un minimum d'ordre. Dans les immeubles à appartements, il y vit généralement un grand nombre des personnes pouvant réunir des centaines des familles. Si donc, aucune organisation n'est prévue pour réglementer la vie en commun, il y a des fortes chances que l'on assiste à des troubles, à des dégradations des parties communes ou à des règlements de comptes entre voisins. Généralement, les copropriétaires recourent à un syndic chargé de l'organisation et de veiller au respect du règlement de copropriété.

A. *Règlement de copropriété*

494. Nature. Il s'agit d'un ensemble des dispositions organisant les droits et les obligations des copropriétaires sur les parties communes. L'on peut se poser la question de savoir la nature et la portée exacte du règlement de copropriété.

Par essence, c'est une convention spécifique liant les copropriétaires en rapport avec l'organisation et l'usage des parties communes. Il peut, ce règlement, se prêter à un contrat d'adhésion mais spécifique : il est établi dans la plupart des cas par le constructeur avant toute accession immobilière. Ceci permet aux futurs copropriétaires d'être mis au courant de leurs droits et obligations. Le règlement s'analyse comme un instrument obligatoire et nécessaire pour l'organisation de la vie en communauté.

495. Portée et contenu du règlement. Le règlement est obligatoire en ce sens qu'il lie tous les copropriétaires dans toutes ses dispositions. Il en est de même des ayants-cause universels ou à titre universel; des locataires dès lors qu'ils sont tenus au courant de son existence sous peine de poursuites judiciaires par le syndic.

Le contenu du règlement a pour but de déterminer justement la destination des parties privatives et des parties communes, les conditions de leur jouissance et les règles relatives à leur administration. Il peut porter des indications sur l'état descriptif et la répartition de l'immeuble, la quote-part des parties communes afférents à chaque lot, le mode d'utilisation des biens affectés aux parties communes, les mesures à prendre en cas d'incendie...

B. Le syndicat des copropriétaires

496. Le syndicat des copropriétaires est une expérience de droit comparé belge et français mais qui est peut-être utile en droit congolais où des traces empiriques peuvent en être trouvées[32].

Le syndicat est doté d'une personnalité civile. Aux termes de l'article 577-5 du code civil belge, l'association des copropriétaires acquiert la personnalité jurdique au moment où sont réunies les deux conditions suivantes:

1° la naissance de l'indivision par la cession ou l'attribution d'un lot au moins;

2° la transcription de l'acte de base et du règlement de copropriété à la conservation des hypothèques. Les plans de l'immeuble peuvent y être annexés sous forme de copie conforme par les notaires.

À ce titre, il peut agir en justice, tant en demande qu'en défense. Il a pour objet de veiller à l'entretien, à l'administration des parties communes et à la conservation de l'immeuble.

Comme attributions, le syndicat des copropriétaires:

- nomme et révoque le syndic (celui qui préside le Syndicat) et les membres du conseil syndical;

---

[32] Il n'est pas possible qu'une collectivité des familles puissent vivre sur un espace, comme un immeuble à appartements, sans la moindre organisation, ne serait-ce que de fait! Ainsi, par exemple, l'évacuation des déchets ménagers, la réparation des ascenseurs et tous autres menus travaux: ils nécessitent une organisation ou une entente!

- assure la conservation de l'immeuble, sa garde, son entretien et l'administration des parties communes et en est tenu en conséquence pour responsable;
- fait assurer l'immeuble;
- établit le règlement de copropriété et le modifie;
- agit en justice même contre les copropriétaires;
- passe tous actes d'administration ou d'aliénation des parties communes ou de constitution des droits réels immobiliers au profit de la charge des parties communes; il peut acquérir, à titre onéreux ou gratuit, des parties privatives sans que celles-ci perdent leur nature privative.

497. L'administration de la copropriété est assurée par le syndic, nommé par l'assemblée générale des copropriétaires, organe suprême composé de tous les copropriétaires.

CHAPITRE 3

LA MITOYENNETÉ

498. Origine et place de la mitoyenneté dans la loi du 20 juillet 1973. La tentation à vouloir assimiler la mitoyenneté à une servitude est souvent grande. Ainsi, peut-on lire, par exemple, à l'article 176 de la loi que *« les différentes servitudes qui peuvent être établies par la loi sont, notamment, les murs mitoyens, la distance à observer et les ouvrages requis pour certaines constructions, les vues, l'égout des toits, le droit de passage, etc.»*. Mais quelle est véritablement la nature de la mitoyenneté en droit congolais?

À l'origine, souligne De Clerck, le chapitre de la copropriété ne contenait aucune disposition concernant les murs mitoyens, le besoin de légiférer en cette matière ne se faisant pas sentir en 1913. La réforme de 1949 ne s'est pas intéressée non plus à cet aspect de la copropriété. Le développement rapide des villes après la Seconde Guerre mondiale a poussé les autorités à légiférer en 1954. Le décret du 25 mars 1954 [*B.O.* 1954, p. 122] a introduit un chapitre sur la mitoyenneté dans le titre traitant des biens[1]. Il se démarque, comme nous le relèverons, ainsi du Code civil belge qui traite de cet aspect, de façon éparse, dans le cadre du droit des servitudes et dans le Code rural.

En parcourant les dispositions de la loi (ou l'ancien code civil, livre II), il est manifeste que la mitoyenneté est rangée dans le titre II portant sur la propriété, dont elle est, outre la copropriété une des formes. La mitoyenneté n'est pas un droit réel principal. Elle ne peut exister que s'il y a une propriété principale et, précisément s'il y a deux propriétés principales.

Section 1:

DÉFINITION ET NATURE JURIDIQUE

Nous allons d'abord chercher à définir cette forme de propriété avant de voir ses caractéristiques.

[1] DE CLERCK, *op. cit.*, pp. 253-309, spéc. p. 297.

§1. DÉFINITION

499. Les dispositions de la loi du 20 juillet 1973 (articles 39-48) ne définissent pas la mitoyenneté. Mais de la combinaison de ces dispositions ainsi qu'à la lumière de la théorie juridique, l'on peut définir la mitoyenneté comme étant la propriété des clôtures séparant deux fonds contigus appartenant à deux concessionnaires voisins.

De cette définition, il résulte que la mitoyenneté est une forme de copropriété dans la mesure où deux concessions ou deux propriétés voisines sont mises en concours. Mais il convient de qualifier juridiquement un tel droit.

§2. NATURE JURIDIQUE

500. Il est incontestable que la mitoyenneté se prêterait moins, comme dans d'autres systèmes juridiques, à une servitude[2]. En effet, à la suite de l'article 175 de la loi, le législateur semble s'empresser de préciser, à l'article 176, que «la mitoyenneté est régie par les dispositions des articles 39 à 48 [de la loi]». Or, ces articles sont repris dans le titre portant sur la propriété et ses formes, notamment, dans les formes de copropriété. Donc, la mitoyenneté est une sorte de copropriété, mieux de copropriété forcée et accessoire.

A. Copropriété forcée et accessoire

501. Base légale: art. 39 de la loi. Cet article dispose que la mitoyenneté est réglée par les mêmes dispositions que la copropriété forcée.

La mitoyenneté est une copropriété forcée car il est fait obligation à tout propriétaire de céder la propriété du mur séparatif à son voisin moyennant certains aménagements que la loi a prévus (participation aux frais d'élévation du mur)[3]. Aux termes de l'article 45 de la loi, le propriétaire qui a construit un mur ne peut refuser au voisin de lui en céder la mitoyenneté.

---

[2] Voy. art. 656 du Code civil belge et français qui range la mitoyenneté au titre des servitudes établies par loi.

[3] Cass. 22 févr. 1985, *Pas.*, 1985, I, p. 772; Cass., 18 févr. 1983, *Pas.*, I, p. 692. Voy. aussi F. GIVORD *et al.*, *La copropriété*, 5e édition, Dalloz, Paris, 2005, p. 845.

Elle est accessoire dans la mesure où elle suppose préalablement une propriété principale ou un droit de jouissance – une concession – lesquelles doivent, du moins dans les circonscriptions urbaines, être limitées par un mur séparatif.

B. Servitude

502. Aux termes de l'article 169 de la loi, une servitude foncière est définie comme une charge imposée à un fonds au profit d'un autre. L'on considère ainsi que le mur séparatif construit entre deux propriétés est une charge au profit de l'un ou l'autre propriété. Dans les modalités d'extinction de ce droit, dès qu'un des fonds n'appartient plus à un des propriétaires, et qu'elle devienne la propriété d'un seul, il n'y aura plus mitoyenneté car la présomption de mitoyenneté d'un mur séparatif n'a pas lieu lorsqu'il n'existe de bâtiment que d'un seul côté[4] et elle ne concerne que le mur séparatif et non pas un plafond[5].

503. Jurisprudence. Dans une espèce, il a été jugé que la mitoyenneté est un droit de propriété dont deux personnes jouissent en commun et non une servitude[6]. Ce qui conforte les dispositions de l'article 39 de la loi qui étendent les règles de la copropriété (et non des servitudes) à la mitoyenneté même si l'article 175 rajoute à la confusion en disant que la mitoyenneté est une servitude légale pendant que l'article 176, qui le suit, renvoie non aux règles de servitudes mais à celles de la mitoyenneté !

Section 2 :

ACQUISITION DE LA MITOYENNETÉ

Il importe de dire que la mitoyenneté n'est obligatoire que dans certaines circonscriptions. Elle peut être acquise soit au moment de la construction du mur soit longtemps après de façon amiable ou forcée. En vertu de l'article 45 de la loi, le propriétaire qui a construit un mur

---

4 Civ., 3e, 7 juin 1973, *Bull. civ.*, III, 186; Req., 24 oct. 1951, *D.*, 1951, 772.
5 Civ., 3e, 8 juin 1988, *Bull. civ.*, III, n° 107.
6 Civ., 3e, 20 juil. 1989, *Bull. civ.*, III, n° 173 et aussi *RTDC*, 1990, 686 obs. Zenati.

ne peut refuser au voisin de lui en céder la mitoyenneté. Il importe dès lors de voir comment l'on acquiert la mitoyenneté d'un mur.

§1. CHAMP D'APPLICATION DES DISPOSITIONS SUR LA MITOYENNETÉ

504. Base légale: art. 46 de la loi. Aux termes de cet article, la mitoyenneté n'est obligatoire que dans les circonscriptions urbaines. Le terme «circonscription urbaine» doit avoir le sens lui réservé par la loi sur l'organisation administrative et politique de la RD Congo[7]. Une agglomération ne devient urbaine, c'est-à-dire élevée au rang de ville, que si elle est un chef lieu de province ou si elle a une forte concentration (art. 53 du décret-loi). Cette prérogative revient au Président de la République.

En effet, aux termes de l'article 60 de la loi, «*les terres qui font partie du domaine privé de l'État sont urbaines ou rurales.*

Les terres urbaines sont celles qui sont comprises dans les limites des entités administratives déclarées urbaines par les lois ou les règlements en vigueur.

Toutes les autres terres sont rurales (...)».

En matière foncière, le pouvoir de créer des circonscriptions foncières urbaines revient au Ministre des Affaires foncières[8].

§2. MODE D'ACQUISITION ET ÉTABLISSEMENT

505. Acquisition de la mitoyenneté. De la lecture des dispositions sur la mitoyenneté, il résulte que ce droit peut être acquis de trois manières:

- soit au moment de la construction du mur parce que deux propriétaires voisins s'entendent pour élever ledit mur séparatif en contribuant également aux frais;
- soit pendant la construction dudit mur;

[7] Décret-loi n° 081 du 2 juil. 1998 portant organisation territoriale et administrative de la RDC, in *Codes RDC. Droit public*, Larcier, 2003, p. 23.

[8] Voy., par exemple, l'arrêté départemental n° 00122 du 8 déc. 1975 érigeant en circonscriptions urbaines certaines zones ou parties de zone de la Ville de Kinshasa, in *J.O., Code foncier, immobilier et régime des sûretés*, n° spécial, avr. 2006, pp. 125-149.

- soit après la construction.

De toutes les façons, de par la loi, il est imposé aux propriétaires de clôturer leur fonds à la limite de leurs propriétés ou concessions respectives. La clôture est ainsi forcée, imposée et le droit qui en découle l'est tout autant. La mitoyenneté est une copropriété forcée d'un mur séparatif de deux concessions ou propriétés.

506. Si un propriétaire a élevé seul le mur séparatif, son voisin peut acquérir la mitoyenneté de façon amiable ou forcée. L'accession à la propriété peut être immédiate ou différée, c'est-à-dire, jusqu'à ce que le voisin désireux d'acquérir la mitoyenneté aura payé la contrepartie.

507. Conditions. Aux termes de l'article 45 déjà cité, le propriétaire qui a construit un mur ne peut refuser au voisin de lui en céder la mitoyenneté. Cependant, cette cession ne se fait pas sans conditions. La cession obéit aux règles suivantes, il faut :

- *quant à l'objet*, un mur, c'est-à-dire une clôture en maçonnerie. Dès lors toute construction qui ne serait pas en maçonnerie est exclue du champ de la mitoyenneté. Par exemple, une clôture en fleur, en oranger, en haie, en bambou ou en bois ;
- *quant aux personnes*, il doit s'agir de tout propriétaire. En fait, il est sous-entendu tout copropriétaire voisin. Il est exclu que la mitoyenneté soit acquise par un locataire (il s'agit là d'un acte de disposition dont le locataire n'est pas nanti) ;
- *quant à la cause de la cession*, c'est l'acquisition de la moitié de la propriété du mur dans l'état où il se trouve ;
- *quant au prix de l'acquisition*, il doit être tenu compte de la valeur des matériaux et du coût de la main-d'œuvre. Aux termes de la loi, (art. 45), l'acquéreur doit payer :
  - la moitié de la valeur du mur. Cette valeur se calcule depuis les fondations ;
  - la moitié de la valeur du sol sur lequel le mur est bâti car le mur séparatif doit être érigé à la limite de deux fonds voisins. Il va sans dire que lorsque le mur est construit à cheval, celui qui acquiert la mitoyenneté ne doit rien payer pour la moitié du terrain qui fait partie de sa propriété.

Il peut se poser la question de savoir le moment à partir duquel il faut se placer pour apprécier la valeur ou le prix des matériaux. Il s'agit logiquement du moment de l'acquisition.

508. Nature de la cession de la mitoyenneté. La cession a pour objet de transférer la propriété d'une partie du mur au propriétaire ou concessionnaire du fond voisin. En cas de cession forcée, en principe l'ancien propriétaire du mur doit garantir le nouvel acquéreur contre tout vice de construction. Et en payant le prix de la cession, l'on devient propriétaire du mur mitoyen avec pour effet que les deux propriétaires seront désormais considérés et traités à pied égal (copropriété forcée).

509. Établissement et preuve de la mitoyenneté. La mitoyenneté est une sorte de propriété et précisément de copropriété forcée. Il s'agit d'un droit réel immobilier. Aux termes des articles 219, 220 et 227 de la loi, la preuve et l'établissement des droits réels immobiliers, tout comme celle des droits de jouissance foncière, ne résultent que de la mention que l'on en fait au certificat d'enregistrement. Dès lors, comme le prévoit l'article 40, alinéa 2 de la loi, «la cession (de la moitié du mur séparatif) n'est réalisée[9] que par la mention qui en est faite sur le certificat d'enregistrement.»

Les certificats d'enregistrement mentionnent, en outre, l'emplacement des murs séparatifs et des clôtures sur chaque fonds en spécifiant s'ils s'y trouvent à titre de concession ou de copropriété. Cela doit résulter du rapport du géomètre chargé de faire le constat des lieux. Notons qu'il existe de mur qui ne peuvent faire l'objet d'une mitoyenneté.

510. Mur du domaine public de l'État. Exclusion de la mitoyenneté. En droit, l'acquisition de la mitoyenneté a comme implication que les propriétaires voisins deviennent des copropriétaires forcés du mur qui sépare leurs concessions. Or, par nature, les biens du domaine public sont hors commerce, c'est-à-dire inaliénables, imprescriptibles et insaisissables. Le mur faisant partie du domaine public ne peut donc faire objet de mitoyenneté. Dès lors, un tel mur n'est susceptible ni de mitoyenneté ni de copropriété[10], ni même d'expropriation[11].

---

[9] Nous dirions «établir» car la cession a déjà lieu avant même l'inscription qui en résulte.

[10] Cass., 16 nov. 1906, *Pas.* I, 1907, 45; Cass., 8 fév. 1926, *Pas.*, I, 1926, 223. Voy. Ph. FLAMME, «Crise ou cure de jouvence de la domanialité publique: un obstacle au financement privé des équipements collectifs?», in *J.T.*, n° 5595, 15 juin 1991, pp. 414-454, n° 18.

[11] *Idem*, n° 17.

§3. DROITS ET OBLIGATIONS DANS LA MITOYENNETÉ

511. Il est bon de sc souvenir toujours que la mitoyenneté est une sorte de copropriété et de copropriété forcée. Dans le chef de chaque copropriétaire, de toute évidence, il pèse des droits et des obligations.

512. **Droits.** Le copropriétaire a tous les droits de propriété sur la partie qui lui revient en propre. Bien évidemment, il jouira de ce droit en respectant la destination du bien et les droits du voisin.

Il a le droit d'appui et d'enfoncement. Par exemple, enfoncer des clous pour y accrocher des fils servant au séchage du linge.

Il a aussi le droit à l'exhaussement du mur (art. 43). Il peut également modifier la clôture sous certaines conditions. Par exemple, la reconstruire ou la surélever. En principe, il le fait sans requérir le consentement du voisin. Mais la loi exige cependant que cela soit approuvé par le voisin ou à dire d'experts. Sinon, en cas de dommage résultant de cette modification, le constructeur doit réparation (art. 262 du CC livre III). Il doit s'agir des dommages excédant les inconvénients normaux du voisinage.

513. **Obligations et charges.** En tant que copropriété, la mitoyenneté fait naître des obligations et comporte tout autant des charges.

514. **Obligation ou faculté de cession de droit de mitoyenneté**. La doctrine fait état de deux terminologies : elle parle d'*abandon* et de *cession*. Le droit congolais a opté pour le terme « cession » dans la mesure où il comprend, plus que le mot « abandon », toutes les modalités auxquelles le transfert peut donner lieu en l'occurrence [12].

515. **Charges.** Chacun des copropriétaires doit se comporter en bon père de famille et veiller à la conservation du mur. Cela suppose que les copropriétaires participent, mieux, interviennent dans les frais de réparation et de reconstruction du mur proportionnellement au droit de chacun.

Si la dégradation du mur nécessitant réparation ou reconstruction est le fait personnel du copropriétaire, celui-ci engage sa responsabilité personnelle conformément aux dispositions des articles 258 et 259 du CC livre III.

Il faudrait considérer les charges de la mitoyenneté comme se rattachant à la chose même, c'est-à-dire à la propriété. Dès lors que ces charges

---

[12] G. KALAMBAY LUMPUNGU, *op. cit.*, vol. I., p. 234.

apparaîtraient excessives pour un des copropriétaires, il peut y échapper en cédant son droit dans l'indivision. C'est en ces termes que l'on peut interpréter et saisir l'intelligibilité de l'article 40 alinéa 2 de la loi (cession du droit de mitoyenneté). En principe, cette cession ne donne lieu à aucune indemnité si le copropriétaire cédant n'a pas procédé aux réparations ou reconstructions dues. Dès lors qu'il y a cession, le mur devient privatif et la mitoyenneté prend ainsi fin. Cependant, la faculté de cession peut aussi être refusée à un propriétaire.

516. Refus de faculté de cession. Aux termes des articles 40 alinéa 2 et 45 alinéa 2 de la loi, il y a refus de cession lorsque le mur soutient un bâtiment de celui qui veut céder le droit de mitoyenneté. En effet, il paraît suffisamment logique dans la mesure où cession ou pas, le propriétaire continuera d'utiliser ce mur. Or, la cession a pour finalité de rendre privatif le mur mitoyen. Dans ces conditions, comment rendre privatif un mur soutenant le bâtiment d'un voisin?

517. Jurisprudence – droit comparé. Il a été jugé en effet qu'un mur de soutènement n'est pas un mur séparatif et par conséquent il ne peut être considéré comme mitoyen[13]; il est présumé appartenir à celui dont il soutient le bâtiment et qui en profite[14]; il n'y aurait pas non plus mitoyenneté, lorsque l'état du mur mitoyen est défectueux par la faute de celui qui veut céder son droit, enfin, lorsqu'il s'agit d'une clôture forcée de l'article 47.

L'explication en est donnée par la doctrine française. En effet, écrit Renard, «le voisin ne saurait se soustraire aux obligations établies par l'article 663 qu'en abandonnant son héritage en entier, c'est en effet tout son héritage qui est grevé de la charge de construire un mur de la hauteur légale ou de réparer celui qui existe; l'abandon de la mitoyenneté du mur, ou du terrain sur lequel le mur doit être construit, ne mettant pas fin à l'état de voisinage, ne saurait non plus mettre fin aux obligations qui en résultent»[15].

§4. CESSATION DE LA MITOYENNETÉ

518. Modalités. La mitoyenneté peut prendre fin de plusieurs façons. Mais nous pouvons retenir principalement les modalités suivantes:

---

[13] Req., 13 févr. 1939, *Gaz. Pal.*, 1939, 1, 709.

[14] TGI Tours, 10 juil. 1980, *D.*, 1981, IR, 513, obs. R.

[15] Cl. RENARD, *Droit civil: les biens, la propriété et les droits réels principaux*, 3e fasc., PUL, s.d., p. 448.

- la cession (dans les conditions examinées ci-dessus) ;
- la réunion ou la confusion de deux fonds contigus en un seul ne donnant plus lieu qu'à une seule propriété mettant ainsi fin à la copropriété ;
- décision de l'autorité publique (expropriation pour cause d'utilité publique).

Il est logique, comme à l'établissement de la mitoyenneté qu'il soit fait mention de son extinction dans le certificat d'enregistrement.

519. Considérations. Le régime juridique de la mitoyenneté révèle bien sa nature de droit réel et, précisément, de droit de copropriété forcée. En tant que telle, en matière preuve, leur existence légale résultera de la mention qui en sera faite au certificat d'enregistrement de chacun des copropriétaires.

Outre le fractionnement, la propriété peut connaître également une déstructuration en ce sens que souvent, le propriétaire d'un bien n'en a pas toujours la jouissance ou la possession réelle. Dans ce cas de figure, l'on parle du démembrement du droit de la propriété. Il en est ainsi de l'usufruit, de l'usage et de l'habitation.

SOUS-TITRE II

THÉORIE CRITIQUE : LA PROPRIÉTÉ ET SES DÉMEMBREMENTS

520. Liminaire. Les droits réels peuvent être rangés en droits réels principaux et en droits réels accessoires. Les droits réels principaux sont l'emphytéose, la superficie et l'usufruit tandis que les sûretés sont considérés comme des droits réels accessoires. Cependant, aux termes de l'article 1er, alinéa 2 de la loi, l'institution, en droit congolais, d'un droit réel nouveau : la concession perpétuelle ou ordinaire. Il s'agit là d'un droit réel autonome, indépendant de la propriété qualifiée de droit réel foncier ou droit de jouissance foncière. Il implique, aux termes de l'article 53 de la loi, la distinction absolue entre la propriété foncière, ne revenant qu'au seul État congolais, et la propriété immobilière (biens incorporés au fond ou au sol) pouvant revenir aux particuliers (article 219 de la loi).

La concession perpétuelle, l'emphytéose, la superficie, l'usufruit et l'usage sont des démembrements de la propriété. La concession perpétuelle et la concession ordinaire font, quant à elles, l'objet d'une étude approfondie dans la deuxième partie de ce Précis.

521. Plan. Par démembrement de la propriété, sous réserve des particularités du démembrement du droit de la propriété foncière de l'État en des droits spécifiques et autonomes[1], nous entendons les prérogatives issues du droit de propriété, attribuées à une autre personne que le titulaire du droit de propriété. Il en est ainsi de l'usufruit, l'usage et de l'habitation. Ces trois sortes de droit sont si proches ou similaires que les deux derniers apparaissent comme des diminutifs du premier. Toutefois, il nous semble pratique de les étudier en deux chapitres distincts.

---

[1] Voir 2e partie, *infra*, étude des concessions foncières.

CHAPITRE 1

L'USUFRUIT

522. De façon générale, la propriété est définie comme le droit d'user, de jouir et de disposer d'une chose de la façon la plus absolue sauf les restrictions prévues par la loi. L'usufruit, qui est un démembrement de la propriété, apparaît comme une restriction à ce droit, notamment en ce qui est de ses deux attributs: l'usage et la jouissance. En effet, si le propriétaire garde l'*abusus* cependant l'*usus* et le *fructus* lui échappent. En quelque sorte, le propriétaire est contraint de souffrir cette privation. Aussi, dans l'ancien droit français, l'on considérait l'usufruit comme une servitude personnelle par opposition aux servitudes réelles (se rapportant à la chose) alors que l'usage et l'habitation étaient regardés comme des usufruits distincts.

Au bout de compte, le démembrement de la propriété donne naissance à deux droits différents mais portant sur le même bien:

- *usus* + *fructus*: usufruit
- *ab usus*: nue-propriété.

523. Notons toutefois que l'usage et la jouissance d'un même bien peuvent ou ne pas être établis au profit d'une même personne. Ainsi, un locataire peut jouir d'un bien alors qu'une autre personne, autre que le propriétaire, profite des loyers de l'immeuble loué. Quoiqu'il en soit, il s'agit dans l'un ou dans l'autre cas d'un démembrement de la propriété dont il faut analyser la consistance.

Section 1:

DÉFINITION, CARACTÈRES ET SORTES D'USUFRUIT

Nous définirons l'usufruit avant d'en relever les caractéristiques.

§1. DÉFINITION

524. La loi du 20 juillet 1973 ne contient aucune disposition sur l'usufruit de façon générale. Elle ne donne cependant la définition de l'usufruit qu'en tant que droit réel foncier (art. 132).

L'usufruit peut être défini comme «le droit de jouir des choses dont un autre a la propriété, comme le propriétaire lui-même, mais à charge d'en conserver la substance».

Il ressort de cette définition que le droit de propriété, dans ses attributs, est véritablement démembré. En effet, l'*usus* et le *fructus* appartiennent à une autre personne que le propriétaire qui ne garde plus que l'*abusus* ou la nue-propriété. Il en est ainsi du droit de jouissance d'un immeuble d'habitation avec condition d'habitation personnelle[1].

525. Il y a lieu de noter que la définition donnée ci-dessus n'offre pas l'essentiel du droit de l'usufruit. Nous savons que le droit de propriété est perpétuel. Si donc l'usufruit l'était, il y aurait là une atteinte à l'un des attributs du droit de propriété. Or, tout démembrement est temporaire, en conséquence, l'usufruit en tant que tel l'est aussi. Par ailleurs, l'usufruit a toujours un caractère réel dans la mesure où il met en évidence le lien qui existe entre une personne (l'usufruitier) et la chose donnée en usufruit.

L'usufruit est donc un droit réel temporaire mais au maximum viager conférant à son titulaire l'usage et la jouissance d'une chose qui appartient à autrui ou d'un droit dont une autre personne est titulaire. Il est susceptible de possession. Cette définition énonce déjà les caractères de l'usufruit.

§2. NATURE DE L'USUFRUIT

526. Sortes. Selon la nature du bien ou du droit, de façon générale, l'on peut avoir trois types d'usufruit:

- usufruit mobilier;
- usufruit immobilier;
- usufruit foncier.

[1] TGI Avesnes, 26 févr. 1964, *J.C.P.*, 1964, II, 13904, note D.

L'usufruit portant sur un meuble implique que l'usufruitier soit tenu, à la fin du contrat, de restituer le bien à son propriétaire. Vu sous cet angle, l'usufruit mobilier se rapproche plus du prêt à usage ou à la consommation régi par des règles spécifiques.

S'agissant de l'usufruit immobilier, il emporte le droit de jouissance ou d'usage d'un immeuble appartenant à autrui. Le risque est grand de pouvoir le rapprocher de l'habitation ou du bail alors que leur nature et leur régime juridique sont déterminés par le contrat de base. En effet, l'habitation tout comme l'usage sont des droits de nature personnelle consistant pour une personne, propriétaire de l'immeuble, de permettre à une autre ou à sa famille d'habiter un immeuble lui appartenant. Le bail est un contrat synallagmatique, onéreux et à exécution successive dont le trait caractéristique est le paiement du loyer.

L'usufruit foncier est en réalité une sorte de concession foncière régie par les articles 132 à 140 de la loi du 20 juillet 1973. Il s'agit d'un droit de jouissance portant sur un fonds appartenant à l'État, pour une période déterminée et à charge de rendre ledit fonds. Nous réservons les développements sur cette sorte d'usufruit pour la partie portant sur l'étude des concessions foncières, et notamment, des concessions ordinaires. Toutefois, par rapport aux deux autres types d'usufruit, l'usufruit foncier fait obligatoirement l'objet de certificat d'enregistrement conformément au principe général contenu dans les articles 219 et 227 de la loi.

§ 3. CARACTÈRES

L'usufruit, nous venons de le voir, est un droit réel, temporaire au maximum viager ayant pour objet l'usage et la jouissance d'un droit appartenant à une autre personne. Il est utile de passer à l'examen de chacun de ces caractères.

527. Droit réel. L'usufruit fait maintenir un lien entre l'usufruitier et la chose. Il s'agit d'un droit direct sur la chose si celle-ci peut être corporelle. Le droit de jouir peut se présenter de deux façons soit comme un droit réel soit comme un droit de créance ou d'obligation. Mais il importe de distinguer l'usufruit et le bail.

La première distinction provient de la possibilité ou non du droit de suite. L'usufruitier a un droit direct sur la chose. Il possède en effet le droit de suite. La locataire doit en ce qui le concerne faire appel au bailleur. Il en est ainsi de la garantie contre l'éviction.

Par ailleurs, le droit de l'usufruit d'un immeuble est immobilier alors que celui du locataire est mobilier.

L'usufruitier prend la chose en l'état où elle se trouve, par exemple, à l'ouverture de la succession. Le locataire quant à lui doit pouvoir jouir de la chose et peut exiger un inventaire des lieux avant la jouissance du bien.

Enfin, le locataire ne doit pas faire des réparations sur les choses louées, des grosses réparations s'entend, alors que l'usufruitier en est tenu parce que dans ses obligations, il doit conserver la chose et la restituer en bon état.

528. Droit temporaire. L'usufruit n'est pas perpétuel. Il n'y a que la propriété qui dure de façon indéfinie jusqu'à la perte ou à l'aliénation de la chose. Sinon, il se transmet d'une personne à une autre. L'usufruit est ainsi temporaire au maximum viager. Il peut être limité dans le temps mais il ne peut dépasser la durée de la vie de l'usufruitier.

L'usufruit peut être consenti au profit de plusieurs personnes. Par rapport au caractère viager, il s'éteindra à la mort de la dernière personne. Ainsi, l'on conçoit que l'usufruit n'est pas transmissible pour cause de mort mais il reste cessible entre vifs et dans ce cas, c'est au décès du cédant et non du cessionnaire qu'il prend fin.

En cas de succession, il y aura aussi autant d'usufruitiers qu'il y a d'héritiers. Il peut être consenti au profit d'une personne morale et dans ce cas, la durée sera celle de la personne morale, c'est-à-dire 30 ans.

529. Droit de jouissance. L'usufruitier a le droit de jouir de la chose, de s'en servir et donc d'en tirer profit. Il a le droit d'en recueillir les fruits. Cela paraît de toute évidence sinon il n'y aurait plus place à usufruit.

§ 4. BIENS SUSCEPTIBLES D'USUFRUIT

530. En règle générale, l'usufruit peut porter sur les meubles ou sur les immeubles et même sur les choses incorporelles.

Il peut porter sur une chose, une fraction du patrimoine ou sur l'ensemble des éléments du patrimoine. Dans le premier cas, l'usufruit est à titre particulier et dans le second, il est à titre universel.

Cette distinction a son importance notamment dans le règlement du passif où l'usufruitier à titre particulier n'est pas tenu à l'obligation de contribuer au paiement des dettes grevant le patrimoine dont le bien fait partie. L'usufruitier universel ou à titre universel reste tenu. Enfin, l'usufruit d'une chose s'étend à tous ses accessoires.

531. Toutefois, sur le plan pratique, compte tenu des obligations qui pèsent sur l'usufruitier (entretien, conservation et restitution de la chose) l'on s'imagine bien qu'il puisse porter sur des choses d'une certaine nature. Ainsi, l'usufruit doit porter sur des choses qui résistent au premier usage, des choses non consomptibles[2]. En principe, la restitution suppose que l'usufruit puisse avoir comme assiette des choses de genre.

L'usufruit peut toutefois porter sur des choses ou des biens consomptibles dès le premier usage, il est alors appelé quasi-usufruit. Il en est ainsi des prêts à la consommation portant sur des biens consommables (nourriture).

§5. CONCURRENCE ENTRE NUE-PROPRIÉTÉ ET USUFRUIT

532. Rappel. Le démembrement de la propriété produit la séparation de l'usage et de la jouissance (*usus* et *fructus*) de la disposition (*abusus*). Les deux droits s'exercent pourtant sur le même bien. La nue-propriété[3] et l'usufruit se prêtent ainsi comme deux droits réels concurrents dans la mesure où ils portent sur la même chose. Or, sur cette même chose, il peut y avoir des intérêts contradictoires, ceux de l'usufruitier et ceux du nu-propriétaire. Certes, il n'y a pas lieu de parler d'indivision éventuelle de la propriété entre l'usufruitier et le nu-propriétaire qui sont, en fait et en droit, titulaires des droits différents et indépendants l'un de l'autre[4].

533. L'usufruit est *temporaire*. Son titulaire risque d'avoir tendance à en abuser. C'est-à-dire à en tirer toute l'utilité possible sans se soucier de son épuisement.

De son côté, le nu-propriétaire peut se désintéresser de la chose ou refuser de faire des dépenses nécessaires pour de grosses réparations lui revenant. Dès lors, la chose risque d'être délaissée sans soins nécessaires. L'on pense même que l'existence de l'usufruit est défavorable à la bonne négociabilité de la chose et sur le plan économique l'on

---

[2] C'est toute l'importance de la théorie générale de la distinction des biens et des fruits. Cf. *supra*: Autres classifications des biens.

[3] C'est-à-dire la propriété démembrée.

[4] Civ., 2e, 18 oct. 1989, *Bull. civ.*, II, n° 192.

conçoit que fort difficilement une transaction séparée de l'usufruit et de la nue-propriété.

534. Cependant, la conservation de la chose, qui est une obligation pour l'usufruitier, fait naître dans le chef du nu-propriétaire l'espoir de voir la chose lui être restituée en bon état. Probablement, pour éviter ces inconvénients, l'usufruit est souvent pratiqué entre membres de famille et il reçoit ainsi la qualification d'usufruit familial et alimentaire. Car il y est destiné pour les nécessités familiales.

Si l'usufruit est converti en rente viagère, il y a reconstitution de la pleine-propriété sur la tête du nu-propriétaire qui sera ainsi tenu à la rente au profit de l'ancien usufruitier.

Section 2:

SOURCES DE L'USUFRUIT

L'usufruit peut être acquis à la suite d'une convention, par prescription ou par l'effet de la loi. Dans le premier cas, l'on parle de l'usufruit conventionnel, de l'usufruit par usucapion, dans le second et, dans le dernier, de l'usufruit légal.

§1. USUFRUIT LÉGAL

535. En parlant de sorte de source, nous avons dit que l'usufruit peut être familial et successoral. Dans la plupart des cas, il résulte d'une succession. Il en est ainsi de l'usufruit du conjoint survivant.

En effet, aux termes de l'article 785 du Code de la Famille, il est dit:

> *« Le conjoint survivant a l'usufruit de la maison habitée par les époux et des meubles meublants.*
>
> *Il a en outre droit à la moitié de l'usufruit des terres attenantes que l'occupant de la maison exploitait personnellement pour son propre compte ainsi que du fonds de commerce y afférent, l'autre moitié revenant aux héritiers de la première catégorie.*
>
> *En cas de mise en location de la maison habitée par les époux, le fruit de celle-ci est partagé en deux parties égales entre le conjoint survivant et les héritiers de la première catégorie.*

L'usufruit du conjoint survivant cesse par le convol de ce dernier ou sa méconduite dans la maison conjugale, s'il existe des héritiers de la première ou de la deuxième catégorie».

536. Cette disposition avait été inspirée pour parer au traitement injuste dont les veuves sont victimes lors de partage de l'héritage laissé par leurs défunts maris. Cependant, précise l'article 785 du code de la famille, cet usufruit cesse en cas de convol de la veuve.

§ 2. USUFRUIT TESTAMENTAIRE

537. Il résulte des dispositions testamentaires aux termes desquelles, le *de cujus* lègue en termes d'usufruit, une partie de ses biens à une personne. Il peut être à titre particulier, à titre universel ou universel.

§ 3. USUFRUIT CONVENTIONNEL

538. Il peut être à titre gratuit ou à titre onéreux. Il peut être constitué par un transfert réel ou même par l'exercice du droit de rétention lorsque le vendeur ou le donataire se réserve ce droit dans le contrat. Lorsque l'usufruit porte sur des actions d'une société commerciale, les dividendes relatifs à ces actions appartiennent à l'usufruitier en proportion de la durée de son usufruit[5]. Par ailleurs, il est concevable que l'usufruit puisse porter aussi sur des biens déjà grevés d'usufruit mais il ne pourra s'exercer éventuellement qu'au décès du premier usufruitier[6].

§ 4. USUFRUIT ACQUIS PAR PRESCRIPTION

539. L'on peut acquérir un usufruit par prescription. Il importe de noter que le droit de propriété immobilière ne s'éteint pas par le non-usage ou par prescription.

L'usufruitier est par nature un détenteur précaire. Il tient la chose d'autrui sur base d'une convention passée avec le propriétaire de la chose (le nu-propriétaire). Sur la base de l'article 639, il ne peut prescrire. Sauf

[5] Cass., 1re ch., 9 mars 1961, *Pas.*, 1961, I, 745; Cass., 1re ch., 16 janv. 1964, *Pas.*, 1964, I, 520.

[6] 1re Inst. Brux., 27 janv. 1986, *Pas.*, 1986, III, 27.

si le titre de sa possession est interverti par un fait d'un tiers ou par la contradiction qu'il opposerait au propriétaire, il peut alors prescrire pourvu qu'il soit encore de bonne foi. Mais il ne peut s'agir que des biens meubles. Toutefois, dans la pratique, les cas sont rares eu égard au caractère viager de l'usufruit.

§5. Durée de l'usufruit

540. L'usufruit est temporaire. Il est limité dans le temps mais il peut être au maximum viager. C'est-à-dire durer autant que son titulaire et prend fin avec la mort de celui-ci.

Section 3 :

DROITS ET OBLIGATIONS DES PARTIES AU CONTRAT D'USUFRUIT

541. Les droits et obligations des parties varient selon que l'on se situe avant, pendant ou après la constitution de l'usufruit. Il importe de noter que ces règles ne sont pas d'ordre public[7].

§1. Avant la constitution de l'usufruit

Nous devons distinguer les obligations de l'usufruitier de celles du nu-propriétaire.

542. Obligations de l'usufruitier. Puisqu'il y a obligation, au terme du contrat, de restituer la chose donnée en usufruit, l'usufruitier,

- doit faire tenir un inventaire des meubles et état des immeubles contradictoirement et à ses frais (c'est lui qui en profite) ; sinon, par exemple, les immeubles, objet de l'usufruit ne sont pas présumés avoir été délivrés en bon état[8] ;
- il peut être dispensé de ce devoir mais il court le risque de faire des réparations pour les dégâts qu'il n'a pas causés à la chose ;
- il doit fournir caution (de jouir en bon père de famille). La caution peut être une personne physique ou morale. Elle doit être solvable

[7] Brux., 10 juil. 1957, *Ann. Not.*, 1958, 80.
[8] Trib. civ. Brux., 6 avr. 1976, *Pas.*, 1976, III, 55.

eu égard à la nature et à l'importance des biens soumis à l'usufruit. La caution peut être remplacée par une sûreté réelle (hypothèque ou gage).

En principe, s'il n'y a pas de caution, il n'y aura pas usufruit. Mais la dispense est possible.Celle-ci peut être légale ou conventionnelle (cf. sources). Ainsi, légalement, les père et mère sont réputés servir de caution pour l'usufruit de leurs enfants. La dispense par titre constitutif est révocable par les tribunaux, s'il y a de nouveaux faits.

543. Obligation du nu-propriétaire. Il n'en a presque pas sinon qu'il s'agit d'une obligation négative : il ne doit rien faire.

§ 2. Pendant l'usufruit

Ici aussi, nous devons distinguer les droits et obligations de l'usufruitier et ceux du nu-propriétaire.

544. Droits et obligations de l'usufruitier. L'usufruitier a droit à l'usage de la chose. Il a le droit de jouissance. Les fruits produits par la chose lui reviennent; il peut les céder et il possède des actions réelles. Il a le droit d'administrer la chose.

L'usufruitier doit jouir de la chose en bon père de famille.

Il doit assumer les charges usufructuaires.

Il doit payer les impôts fonciers (cédulaires).

Il est tenu aux réparations et à l'entretien de la chose. Il s'agit des réparations autres que celles énumérées à l'article 656 du code civil livre III en respectant la destination du bien [9].

545. Droits et obligations du nu-propriétaire. Au titre des droits, le nu-propriétaire a un droit réel sur la chose. Il en a l'abusus. Il peut donc céder ou aliéner la chose. Il a le droit d'exercer une surveillance sur la chose. Il peut poser des actes conservatoires. Il a droit à tous les produits sauf ceux que la loi considère comme des fruits [10].

Mais il a la charge de ne pas troubler l'usufruitier dans sa jouissance. Les charges extraordinaires lui incombent (grosses réparations). En effet, l'usufruitier dispose d'une action pour contraindre le nu-propriétaire

---

[9] *Idem.*

[10] Cf. la distinction déjà soulignée, *supra.*

à effectuer les grosses réparations devenues indispensables en cours d'usufruit et il peut recouvrer à charge du nu-propriétaire le coût de ces réparations [11]. Mais s'il les a effectuées, il peut réclamer une indemnité au nu-propriétaire dans la mesure de la plus-value qui en résulte, soit à la cessation de l'usufruit, soit immédiatement. L'usufruitier a donc intérêt à faire constater par expertise l'état du bien sur lequel porte l'usufruit avant réparation [12].

§3. FIN DE L'USUFRUIT

546. Nous distinguerons les causes d'extinction et les conséquences de l'extinction de l'usufruit sur les droits et obligations de chaque partie au contrat de l'usufruit.

547. Causes d'extinction. De façon générale, il y a des causes normales et des causes exceptionnelles.

Les causes normales sont la mort de l'usufruitier et l'arrivée du terme, si l'usufruit est temporaire.

Les causes exceptionnelles peuvent être :

- la consolidation (art. 617, alinéa 3 du CC liv. III) ;
- le non-usage pendant 30 ans (sauf s'il est exercé par un tiers au nom de l'usufruitier) ;
- perte totale de la chose, objet de l'usufruit ;
- déchéance pour abus de jouissance prononcée par le tribunal même si ce dernier a plusieurs possibilités en dehors de la déchéance [13]. Tout dépend de la gravité de la situation. Le tribunal peut ainsi soit :
- prononcer l'extinction absolue de l'usufruit (art. 618 du CC) ;
- ordonner que le nu-propriétaire rentre dans la jouissance de la chose moyennant une compensation jusqu'au moment où l'usufruit aurait dû s'éteindre ;
- maintenir l'usufruit moyennant paiement d'une indemnité ou condamner l'usufruitier à fournir caution et garantie pour l'avenir ;

---

[11] Brux., 10 juil. 1957, *Ann. Not.*, 1958, 80.
[12] Trib. civ. Verviers, (réf.), 1er oct. 1981, *JCL*, 1982, 7.
[13] Cass., 1re ch., 22 janv. 1970, *Pas.*, I, 1970, 428.

- prononcer la déchéance partielle de l'usufruitier.
- renonciation de l'usufruitier, qui peut être tacite ou expresse. Elle est attaquable en cas d'abus;
- résolution du droit du constituant avec comme conséquence la disparition automatique de l'usufruit.

548. Conséquences de l'extinction de l'usufruit. Autant lors de sa constitution, à l'arrivée de son terme, l'usufruit comporte une série de droits et d'obligations à l'égard de chaque partie au contrat. Il est vrai que l'usufruitier a plus d'obligations que le nu-propriétaire. Il suffit de les passer en revue.

549. Obligations de l'usufruitier. La charge qui pèse sur l'usufruitier est celle de la restitution de la chose à la fin du contrat. De même la restitution des fruits au cas où il n'y aurait plus droit.

550. *Restitution de la chose.* L'usufruitier restitue la chose en nature. Voilà qui justifie l'importance de l'inventaire. En effet, pour pouvoir restituer une chose en nature, il faut qu'il soit établi que l'usufruitier l'a reçue en l'état. Ainsi, les choses qui sont détériorables par l'usage sont restituées en cet état sauf cas de perte fortuite.

Quant aux choses consomptibles, et en cas de quasi-usufruit, elles sont restituées par des semblables ou leur valeur estimée en argent (restitution par équivalent).

551. *Restitution des fruits.* En principe, l'usufruitier restitue les fruits à partir du moment où le contrat a pris fin. Car, pendant le contrat, l'usufruitier fait les fruits siens. Il ne pourrait restituer que les fruits qu'il aura consommés après la durée de validité de son contrat. Il les aurait ainsi consommés de façon indue, d'où il est obligé de les restituer.

552. Droits de l'usufruitier. En théorie, les grosses réparations nécessitées par l'entretien et la conservation de la chose peuvent être faites et supportées par l'usufruitier. En ce cas, il a droit au remboursement des dépenses ainsi effectuées. Car les grosses réparations reviennent au nu-propriétaire.

553. Droits et obligations du nu-propriétaire. Son droit le plus évident est de rentrer dans la pleine propriété, de récupérer l'*usus* et le *fructus*, lesquels associés à l'*abusus*, reconstituent la propriété. Et, si l'usufruitier a engagé des dépenses, comme celles relatives aux grosses réparations, il doit les lui restituer à la fin du contrat[14].

---

[14] App. Brux., 3 mars 1925, *Pas.*, 1925, II, 129.

CHAPITRE 2

L'USAGE ET L'HABITATION

554. L'usage et l'habitation sont deux droits similaires à l'usufruit. En principe, tout ce qui a été dit au sujet de l'usufruit est applicable à l'usage et à l'habitation. Mais pour plus d'informations, il convient de définir ces deux concepts avant d'en examiner le régime des droits et d'obligations.

Section 1 :

NOTIONS

555. L'usage est défini comme étant un contrat par lequel une personne confie l'usage d'une chose à une autre sans contrepartie alors que l'habitation est le contrat par lequel une personne met son logement à la disposition d'une autre qui y habite. C'est en fait un droit d'usage portant sur un logement. Il y a donc un droit d'usage et de jouissance d'un bien qui appartient à une autre personne.

Ces démembrements de la propriété, très peu visibles dans la pratique, sont en fait des émanations de l'usufruit dont ils sont, à quelque chose près, des diminutifs. Leur étendue étant moindre que celle de l'usufruit.

556. De façon générale, il s'agit des droits à caractère essentiellement alimentaire, personnel et familial. Ils ont cours entre membres de famille et pour des raisons de subsistance. Ils ne sont ni cessibles, ni saisissables, ni susceptibles de location ou d'hypothèque. En fait, il s'agit des droits réels temporaires.

Section 2:

DROITS ET OBLIGATIONS

557. Rappel. Les droits et les obligations dans les contrats d'usage et d'habitation sont les mêmes que dans celui d'usufruit. Sauf, moins que pour l'usufruit, l'usage et l'habitation servent plus pour les besoins de famille de sorte que certaines obligations très strictes telles que le régime de grosses réparations, inventaire, restitution des fruits, peuvent ou ne pas y être de mise du fait du caractère familial et solidaire de ce type de contrat qui, par ailleurs, ont les mêmes causes d'extinction que l'usufruit.

558. Jurisprudence – droit comparé. Dans une espèce portée devant le tribunal de Ypres (Belgique), il a été jugé que le droit d'habitation subsiste même à défaut d'inventaire et de caution. Seule la délivrance du bien est suspendue[1].

Dans une autre, la Cour de Cassation belge a jugé que le droit d'usage et d'habitation peut cesser pour abus du titulaire dans sa jouissance. Il peut commettre par exemple des dégradations sur le bien, ou le laisser dépérir faute d'entretien[2].

559. Considérations. Pour l'essentiel, le régime juridique des démembrements de la propriété s'analyse en des règles d'usage ou de jouissance temporaires d'un bien appartenant à autrui dans le strict respect du droit de propriété de ce dernier. En cas d'abus, la responsabilité contractuelle de l'usufruitier ou de l'usager peut être retenue.

---

[1] Civ. Ypres, 14 sept. 1993, *R.G.D.C.*, 1994, p. 415.

[2] Cass., 1re ch., 22 févr. 1985, *Pas.*, 1985, I, 770.

TITRE IV

MODES GÉNÉRAUX D'ACCESSION À LA PROPRIÉTÉ OU LES DIFFÉRENTES MANIÈRES DE DEVENIR PROPRIÉTAIRE

560. Importance de la question. La propriété est un droit consacré et protégé par la constitution (art. 34) et par les lois particulières (par ex. la répression du vol par le code pénal). Toutefois, pour qu'il soit protégé, le droit de propriété doit avoir été acquis de façon régulière. La question est de savoir comment peut-on devenir propriétaire d'un bien? À cette question, une autre d'importance égale: celle de la nature du bien susceptible d'appropriation. S'agit-il de tout bien mobilier, immobilier ou foncier?

Dans tous les cas, il n'existe pas qu'un seul mode d'accession ou d'acquisition de la propriété. La propriété peut s'acquérir de plusieurs façons:

- selon les modalités du code civil des contrats et obligations (par titre ou par acte: droit de rétention du créancier gagiste, vente, accession différée en matière de bail en cas de location-vente);
- selon les modalités du Code la famille (libéralités, legs; droit des successions, régimes matrimoniaux...).

561. Par «mode ou voie d'accession ou d'acquisition de la propriété», il convient d'entendre tout fait ou tout acte ayant pour effet de faire naître ou de transmettre la propriété.

Cette définition donne lieu, en gros, à deux modalités particulières d'accession à la propriété: soit de façon *originaire*: en créant ce droit, en faisant naître ce droit; soit, de façon *dérivée*, en le recueillant des mains d'une autre personne.

562. Plan. Sous réserves des précisions concernant les modalités de la transmission des droits immobiliers et de jouissance foncière, nous étudierons la matière en deux chapitres: d'abord, les modes originaires d'accession à la propriété (Chap. I) et, ensuite, les modes dérivés (Chap. II).

CHAPITRE 1

MODES ORIGINAIRES

563. **Notion et énumération.** Les modes originaires sont donc ceux par lesquels l'on devient propriétaire d'un bien sans tenir ce droit d'une autre personne. Parmi ces modes, l'on peut distinguer notamment[1]:

- l'occupation;
- l'invention;
- l'accession;
- la prescription acquisitive;
- la possession de bonne foi de meubles corporels.

Nous allons étudier chacune de ces modalités en rapport strict avec le droit des biens alors que dans le cadre de leurs branches respectives, elles font l'objet de développements conséquents et approfondis.

Section 1:

OCCUPATION ET INVENTION

Ces deux concepts méritent d'être définis avant d'examiner leur régime juridique.

§1. DÉFINITION

564. L'occupation est définie comme étant la prise de possession d'un bien (meuble) jusque-là sans maître avec l'intention de se l'approprier[2].

[1] Sur le plan civil, il en existe d'autres tels que le droit de retention ou le droit du créancier gagiste.

[2] Voy. H. CAPITANT (dir.), *Vocabulaire juridique*, Paris, PUF, 1936; *Lexique des termes juridiques*, V° occupation, Dalloz, 1991.

C'est, en d'autres termes, l'appréhension d'une chose n'appartenant à personne avec l'intention d'en devenir propriétaire[3].

En tant que mode originaire d'acquisition de la propriété, l'occupation consiste dans le fait matériel et unilatéral de la possession faisant ainsi naître la propriété dans la mesure où la loi n'en dispose pas autrement[4].

L'invention, quant à elle, est une trouvaille, une découverte d'une chose.

565. Nous l'avons vu, les choses sans maître constituent une réalité plus vaste dont il convient de préciser la composition. En effet, parmi les biens ou les choses sans maître, il y a :

- des choses non encore appropriées ;
- des choses abandonnées :
- des choses perdues ;
- l'occupation de trésor ;
- l'occupation en suite d'opérations de guerre (butin de guerre ?).

§ 2. RÉGIME JURIDIQUE

566. Aux termes des articles 51 et 52 de la loi du 20 juillet 1973, l'accession, l'incorporation, la prescription acquisitive, l'occupation des choses perdues, la découverte d'une chose, sont des modes d'acquisition de la propriété, et toutes ces modalités sont réglementées par des législations particulières. Toutefois, en ce qui concerne le droit des biens, il est indiqué, ne serait-ce qu'à titre de renseignements, de parcourir l'une ou l'autre règle relative à ces modes d'accession à la propriété.

L'on doit s'interroger sur la compréhension et l'interprétation de l'article 12 de la loi en ce qu'il attribue la propriété des biens sans maître à l'État, sous réserve de ce qui sera dit au sujet du droit d'occupation. Et c'est justement le lieu d'en parler.

---

[3] AUBRY et RAU, t. II, § 201.

[4] Par exemple, en réprimant le cel frauduleux (article 102 du Code pénal livre II) ou en limitant le droit d'accession pour une catégorie des biens. Par exemple pour les immeubles, le squatting n'est pas un mode légal d'accession à ce type de propriété.

567. Article 12, de la loi: occupation des biens sans maître. Renvoi. Nous avons déjà abordé la problématique de la consistance de l'article 12 de la loi en ce qu'il trouve en réalité son origine dans la distinction et les régimes de terres de l'époque de l'EIC.

Dès lors, il y a lieu de regretter que cet article reçoive, bien souvent, une interprétation, strictement parlant, qui lui est totalement étrangère[5].

568. Portée générale. En effet, appliquée aux biens meubles, les seuls susceptibles de ce mode d'appréhension qui fait du possesseur, propriétaire du bien accaparé, l'occupation se justifierait en tant que mode d'accession à la propriété.

L'occupation est basée sur un acte ou un fait matériel et ne peut porter que sur des choses susceptibles d'appréhension; donc sur des choses corporelles et mobilières. Cependant, il existe des biens mobiliers qui sont soustraits de l'occupation comme ceux émargeant d'une succession en déshérence et qui, aux termes de l'article 763 du Code de la Famille, reviennent à l'État.

569. Les règles relatives à l'appropriation de choses trouvées ou non encore appropriées (*res nullius*: certains animaux (pas ceux des parcs), poissons, etc., et portions de *res communes*: l'air, le gaz), abandonnées ou perdues ont déjà fait l'objet d'examen dans les développements des titres précédents. En fait, la loi réglemente d'une façon particulière l'accession à la propriété de ces biens.

Ainsi, par exemple, en ce qui concerne l'abandon, celui-ci doit être volontaire. Dès ce moment, il fait perdre le droit de propriété. Il s'agira d'une *res derelictae* devenue une *res nullius* susceptible d'être la propriété de celui qui, le premier, s'en empare. En ce qui concerne la prise de gibier, sous réserve des règles du droit de la chasse, le gibier en tant que *res nullius*[6], ce sont les principes de ces biens qui lui sont appliqués: le premier qui y pose des actes d'appropriation en devient le maître.

570. Quant aux choses perdues, il ne s'agit pas à proprement parler des choses sans maître ou des *res nullius*. Les choses perdues ont un maître mais qui ne se laisse pas voir, qui ne se représente pas et dans cette mesure, le droit de propriété du nouveau maître ne naît pas immédiatement. L'ancien peut revendiquer sa chose dans les trois ans (art. 717

---

[5] Voy. V. KANGULUMBA MBAMBI, *Rapport sur les biens saisis, spoliés…*, *op. cit.*

[6] JP Hannut, 29 sept. 1987, *JJP*, 1991, p. 158: application au massacre des cerfs; possession par occupation du premier occupant.

CC belge) à l'encontre du possesseur de bonne foi et trente ans, si ce dernier est de mauvaise foi.

S'il ne se présente pas, l'on ne peut s'approprier une chose perdue sans tomber sous les prévisions du cel frauduleux. Sauf abandon du propriétaire, l'objet trouvé conserve son maître légitime. (Sauf épaves terrestres).

571. L'occupation du trésor est un mode d'accession à la propriété. Le trésor est défini (art. 716 du CC belge) comme « toute chose cachée ou enfouie sur laquelle personne ne peut justifier sa propriété et qui est découverte par le pur effet du hasard ».

La propriété d'une telle chose en est reconnue à celui qui la découvre dans son propre fonds; par moitié, si la découverte a eu lieu sur le fonds d'une autre personne. Sauf si le propriétaire avait déjà réalisé des découvertes archéologiques[7].

Une chose n'est considérée comme trésor que si elle est cachée ou enfouie: l'objet resté en surface du sol ne peut être un trésor. Exclus, certains biens cachés dans les meubles. Et même alors, le propriétaire de la chose doit demeurer inconnu. Sinon, il a le droit de revendiquer son bien.

La chose doit être mobilière. Ce n'est pas une exigence légale mais une simple logique. Une statuette placée dans une niche et immobilisée par destination ne peut être un trésor. Elle reste après découverte la propriété du propriétaire du fonds[8].

572. En ce qui concerne l'occupation en suite d'opérations de guerre, il importe de noter que la guerre en soit est une activité illicite. Toute occupation par la violence est proscrite. La violence est un vice de possession et en tant que telle, elle ne peut justifier un droit régulier.

Le soldat qui prend la propriété d'un bien appartenant à un habitant du territoire ennemi ou un objet appartenant à son adversaire ou ennemi, n'en acquiert pas la propriété: ce fait constitue un acte de pillage pur et simple[9].

---

[7] Anvers, 5 oct. 1994, *Limb. Rechtst.*, 1994, p. 221.

[8] Paris, 20 nov. 1877, *D. P.*, 1878, 2, 197.

[9] Sur les atteintes au droit de propriété et le régime d'indemnisation, l'on peut lire avec grand profit, A. DE BOECK, « Attitudes des jeunes zaïrois envers quelques atteintes aux biens », in *Annales de la Fac. de droit*, vol. 2, 1973, PUZ, Kinshasa, p. 169 et s.; V. KANGULUMBA MBAMBI, *Réparation des dommages causés par les troubles en droit congolais, op. cit.* Bien que le régime d'indemnisation que nous préconisons relève essentiellement du droit interne, il convient de souligner que

Section 2:

ACCESSION, PRESCRIPTION ACQUISITIVE ET POSSESSION DE BONNE FOI

573. Renvoi. Tous ces modes ont déjà fait l'objet de développements conséquents. Il suffit de s'y reporter [cf. n° 278-280 (possession de bonne foi), 356 et s. (accession)].

Il convient cependant de rappeler, aux termes de l'article 50 de la loi du 20 juillet 1973, que «la propriété s'acquiert aussi par *le travail de l'esprit, le travail artisanal et le travail industriel*».

L'accession (naturelle ou artificielle) peut être à l'origine de la naissance d'un droit de propriété. Tout dépend donc de types d'accession artificielle, l'on peut tomber dans des régimes particuliers de propriété (intellectuelle, industrielle...) qui ne sont pas des matières couvertes par le présent ouvrage[10].

574. Le droit de propriété immobilière et le droit de jouissance foncière se prouvent – et non sont créés, nous y reviendrons avec force arguments et précisions – en droit congolais par leur mention au certificat d'enregistrement du titre concédé par l'État.

Aussi, convient-il, en matière d'accession, de distinguer selon qu'il s'agit de la propriété immobilière – susceptible d'accession et d'acquisition de bonne foi – ou du droit de jouissance foncière, lequel, devons-nous rappeler, ne peut faire l'objet d'acquisition par prescription acquisitive.

Ces précisions étant données, il reste à relever l'un ou l'autre aspect particuliers aux modes dérivés d'accession à la propriété.

---

le droit international n'exclut pas ce mode de réparation. Que l'on se rapporte, par exemple, au rapport des Nations Unies sur le pillage des ressources minières de la RDC par les troupes rwandaises, ougandaises et burundaises dans l'Est de la RDC. Pour plus de renseignements, l'on serait plus édifié en lisant les manuels de droit international (humanitaire, de la guerre ou des conflits armés).

[10] L'on peut se reporter aux dispositions de l'article 1er *in fine* de la loi en ce qui concerne les droits intellectuels. Voir aussi l'ordonnance-loi n° 86/033 du 5 avr. 1986 portant protection des droits d'auteurs et des droits voisins, *J.O. de la République du Zaïre*, n° spécial, avr. 1986, pp. 31-52.

CHAPITRE 2

MODES DÉRIVÉS OU DIFFÉRÉS D'ACCESSION À LA PROPRIÉTÉ

575. Notion. Les modes dérivés d'acquisition de la propriété se distinguent des modes principaux en ce que par ces derniers, la propriété est acquise à une personne de façon directe, originaire sans que ce droit n'ait transité par une autre personne et de quelque manière que ce soit.

Dès lors, par modes dérivés, il convient d'entendre des modes d'acquisition de la propriété non par la création mais par la transmission ou le transfert d'un droit[1]. Ce qui suppose *un acte juridique volontaire* par lequel un propriétaire aliène son bien. Pour tout dire, l'acquisition ou l'accession à la propriété par des modes dérivés ou différés trouve son fondement dans le rôle de la volonté dans la transmission du droit de propriété admise ainsi comme source créatrice des droits et obligations.

576. Base légale. Aux termes de l'article 49 de la loi du 20 juillet 1973, «La propriété des biens s'acquiert et se transmet par donation entre vifs, par testament, par succession et par convention». Il y a lieu d'ajouter qu'elle peut l'être par décision de l'autorité publique ou par jugement.

Ces différents modes de transmission ou d'acquisition de propriété font également l'objet des enseignements particuliers qu'il serait ici inopportun de reprendre. En effet, «les donations entre vifs» et les «conventions» sont étudiées dans le cours de Droit civil des obligations alors que les «Testaments» et les «Successions» sont examinés en profondeur dans le cours des Régimes matrimoniaux, Successions et Libéralités[2].

577. Interférences juridiques. Les ramifications du droit des biens dans ces autres branches du droit démontrent à nouveau l'importance et la complexité de l'étude du droit des biens mais aussi la nécessité de la maîtrise de ce droit pour pouvoir être en mesure d'offrir des solutions légalement acceptables en cas de conflit.

---

[1] Ainsi, l'accession différée en matière d'impenses et notamment en fin du bail: Civ. Liège, 1er mars 1991, *JLMB*, 1991, p. 1150.

[2] Voy. TSHIBANGU TSHIASU KALALA, *op. cit.*

578. Toutefois, ces modes d'accession à la propriété doivent être réexaminés quand il s'agit d'envisager l'accession à la propriété immobilière ou au droit de jouissance foncière en droit congolais. C'est l'instant choisi d'aborder la deuxième partie de ce *Précis* relative, justement, à la théorie spéciale des droits réels fonciers et immobiliers congolais.

DEUXIÈME PARTIE

THÉORIE SPÉCIALE DES DROITS RÉELS FONCIERS ET IMMOBILIERS CONGOLAIS

ÉTAT ET LIEU DE LA QUESTION

> *«Le sol est un code de droits, un document historique, une carte géographique que seuls les initiés savent lire et déchiffrer».*
>
> F. NgOMA NGAMBU, «Politiques et problèmes fonciers au Bas-Congo», in LAPIKA DIMONFU (dir.), *Politiques et problèmes fonciers en Afrique centrale*, Éd. Cerdas, Kinshasa, 1988, p. 55.

579. Bibliographie indicative. Les titres suivants peuvent être consultés avec grand intérêt:

BASSEYLA, D., «Régime foncier coutumier et développement agricole et rural en République populaire du Congo», *Cahiers d'Anthropologie du droit*, pp. 70-89; *Retour au foncier*, Paris, Karthala, 2002, 323 p.; CONAC, G., CONAC, F. et TAVERNIER, M., *La terre, l'eau et le droit en Afrique, à Madagascar et à l'Ile Maurice,* Bruxelles, AUPELF, Bruylant, 1998, 759 p.; KALAMBAY LUMPUNGU, G., *Droit civil, op. cit.* vol. II.; KANGULUMBA MBAMBI, V., *La loi du 20 juillet 1973..., op. cit.*; KIFWABALA TEKILAZAYA, J.-P., *Droit civil. Les droits réels fonciers, op. cit;* KOUASSIGAN, G. A., *L'homme et la terre*, Berger-Levrault, Paris, 1966; LAPIKA DIMONFU (dir.), *Problèmes fonciers et politiques agricoles en Afrique centrale.* Actes de la rencontre des sociologues et anthropologues de l'Afrique centrale, Kinshasa 27-29 juin 1988, Kinshasa, Cerdas, 1988, 223 p.; LUKOMBE NGHENDA, *Droit civil: les Biens, op. cit.*; MAGNANT, J.-P., «Les normes foncières traditionnelles en Afrique noire», in *La terre, l'eau et le droit en Afrique, à Madagascar et à l'île Maurice,* Bruxelles, AUPELF, Bruylant, 1998, pp. 57-75; MUGANGU MATABARO, S., *La gestion foncière rurale au Zaïre. Réforme juridique et pratique foncière locale. Cas des Bushi*, Louvain-la-Neuve, Academia-Bruylant, Paris, Karthala, 1997, 341 p.; RARIJOANA, R., *Le concept de propriété en droit foncier de Madagascar. Étude de sociologie juridique,* Paris, Éd. Cujas, 1967, 306 p.; VOLKER STRANM, *Structures et politiques foncières en Afrique de l'Ouest*, Paris, L'Harmattan, Éd. Africaines, 1998, 214 p.

I. COMPRENDRE LE FONCIER

580. Constance. De tout temps, l'existence de l'homme est liée à la terre et à ce qui sort de la terre. Celle-ci revêt une importance capitale dans la vie de l'homme en particulier et, en général, de la société tant qu'elle est source du développement économique. La terre est donc le pouvoir dans la mesure où elle tient l'agriculture, l'élevage, l'habitation, les ressources du sous-sol et elle configure par ailleurs, en tant que territoire, l'étendue du pouvoir d'un État (territoire).

Que des guerres et des conflits autour de l'appropriation ou pour la maîtrise du sol ![1] La quête de la terre, non seulement des terres fertiles, est toujours un problème social crucial.

A. L'homme et la terre : conception et statut de la terre en Afrique

581. Relations complexes. Au plan anthropologique, les relations entre l'homme et la terre et la conception que les hommes ont de celle-ci diffèrent d'une société à l'autre. De façon essentielle, la terre est la source de tout et de tout pouvoir. Aussi, est-il alors compréhensible qu'elle ait un caractère sacré, notamment dans les sociétés africaines[2].

582. *Conception de la terre.* Dans l'histoire des cultures et des civilisations et dans les représentations sociales, la terre est conçue comme un « dieu » d'où provient et où retourne l'homme ; c'est elle qui nourrit les vivants ; elle reçoit un « nom » ; elle est la source « de tout pouvoir » ; elle est identifiée à l'homme, etc.

En effet, d'après la mythologie, « la terre est la femme du créateur ». Mieux, « elle est la première femme du créateur ». Elle nourrit les vivants et les morts. D'où, souvent, les expressions « terre nourricière »,

---

[1] Il en est ainsi du conflit du Moyen Orient (Israël *c.* Palestine) au delà du problème d'accessibilité à l'eau. Les conflits fonciers au Zibambwé ou en RDC (notamment Kivu, Bas-Congo, Kinshasa).

[2] De même, « la terre promise » aux Israéliens est tellement sacrée que l'on peut mesurer ce caractère à l'aune de leur farouche détermination à se l'approprier ou la défendre.

« terre-mère », « *likambo ya mabele* », « *mabele mokonzi* » (en lingala[3]) qui invoquent le « pays natal »[4].

L'application de ces représentations peut se retrouver dans bien des domaines. L'on n'est jamais, l'on ne se sent jamais mieux que chez soi ! C'est-à-dire là où l'on est en symbiose avec son « territoire », son milieu. Les expressions comme « avoir le mal du pays », le congé de « reconstitution » ou les attitudes consistant à « donner un baiser au sol » lorsqu'on retourne ou l'on arrive dans un pays ; à demander et à consommer des produits du « terroir », à voyager avec un peu de « terre du pays natal » ou même, dans le monde animal, de « marquer son territoire[5] », traduisent l'attachement ou les fonctions que l'homme confère à la terre, laquelle est plus que ce qu'elle donne l'impression d'être.

Ainsi,

- Dans la bible : l'homme provient de la terre et il retournera à la terre (Gén. 3, 19) ;
- La terre a été donnée à l'homme pour qu'elle lui serve (Gén. 1, 28) ;
- La terre est la « propriété des ancêtres » (RD Congo), « terre nourricière » ;
- La terre est « l'univers mystique et mythique » (Bamun au Cameroun) ;
- La terre est « sacrée », habitat des « esprits des ancêtres » ; lieu où sont enterrés les ancêtres ; « terre divinité » (cf. sacrifice et dons offerts au dieu « terre ») ;
- La terre est « la femme du créateur », « terre mère » ; première femme du créateur (Madagascar) ;

---

[3] En français, « question de racine », ou de « source », allusion à l'endroit où l'on enfouit le nombril c'est-à-dire au lieu de naissance. Dans la culture et la philisophie africaines, l'homme ne s'exprime de façon optimale que dans son milieu natal. Il y est en symbiose.

[4] Voy. en ce qui concerne le droit malgache, les développements de R. RARIJAONA, *op. cit.*, pp. 30-31 ou, de façon symbolique, le *Cahier d'un retour au pays natal* de Aimé Césaire.

[5] Cas des lions ou, généralement, des animaux autoritaires. De même, un chien ne peut pas aboyer ailleurs que chez son maître. Sauf s'il est dans un « territoire non occupé ». Un proverbe congolais dit « qu'un chien étranger (c'est-à-dire hors de son territoire) rabat toujours sa queue entre les pattes ». Il se fait petit, il s'humilie. Il ne peut s'affirmer comme il aurait pu le souhaiter.

- Lorsqu'on décède et que l'on doive être inhumé, on fait une sorte de «retour au sein maternel» dans un «tombeau familial», ce «lieu d'enfouissement du nombril» est une sorte d'attache naturelle au sol; la terre et le sol natal ne font qu'un; l'on ne s'exprime mieux que chez soi...

La terre n'est jamais conçue comme *«res nullius»,* au sens d'un «bien sans maître» ainsi qu'il en résultait de la législation de l'État indépendant du Congo au mépris des coutumes des populations locales. La même théorie de *«terra nullius»* avait été d'application dans une espèce devant la Cour Internationale de Justice. Bayona Bameya et Mohammed Bedjaoui, cités dans l'opinion individuelle de l'auteur, ont exprimé des vues pénétrantes. «Bayona Bameya en vient à rejeter la notion matérialiste de la *terra nullia* qui a abouti au dépeçage de l'Afrique... il y «substitue la conception spiritualiste: le lien ancestral entre la terre, ou la 'mer nature', et l'homme qui en est issu, qui y reste attaché, et qui doit y retourner un jour pour s'unir à ses ascendants. Ce lien fonde la propriété du sol ou, mieux encore, la souveraineté»[6].

583. Terre natale et nationalité. Ces représentations sociales de la terre sont si fortes qu'elles se retrouvent dans la construction de la théorie de la nationalité. Le *«jus soli»* (le fait de naître dans un pays) peut faire d'une personne le national de cet État alors que le *«jus sanguinis»* est la faculté pour une personne d'avoir la nationalité de ses géniteurs[7]. Aussi, le fait d'être apatride est-il jugé trop grave car une telle personne est considérée comme sans attache, sans racine. De la conception que l'on se fait de la terre découlent la qualification et l'essence même de la terre.

---

[6] Opinion individuelle de Fouad Ammoun jointe à l'Avis consultatif du 16 oct. 1975 dans *l'Affaire du Sahara Occidental*, CIJ, *Rec.* 1975, pp. 85-86 cité par Sayeman BULA-BULA (dir.), *Pour l'épanouissement de la pensée juridique congolaise, op. cit.*, p. XXIX-XXX. Pour la petite histoire, cette remarque de feu Bayona Bameya avait été suivie.

[7] Il fut un temps, dans certains pays d'Afrique (notamment dans les deux Congo), que le terme «réfugié» était l'injure la plus grave à la dignité d'une personne. Un réfugié est un «errant», une personne sans «attache», sans racine. C'est dire que le rattachement à une «terre», un territoire ou un État, quel qu'il soit, pauvre ou riche, valorise la personne.

B. Statut et nature juridique de la terre

584. ***Retour au foncier.*** La terre ou l'accès à la terre ouvre un certain nombre des droits aux membres d'une société. Dans la plupart des sociétés, la terre est la «propriété des ancêtres». Elle est extrapatrimoniale. C'est-à-dire, elle n'est pas susceptible de propriété privée ou privative.

La terre est l'habitat de forces ou d'esprits; une «émanation de Dieu créateur». La terre n'est pas susceptible d'appropriation car elle est déjà appropriée par le «Dieu». La terre est un bien dont la jouissance revient à tous les membres de la société, dans le respect de sa destination. Il s'agit d'un bien communautaire qui est destiné à la satisfaction des intérêts de la communauté et donc des intérêts des membres pris individuellement.

L'accès à la terre s'effectue par la filiation, l'héritage, l'alliance, le prêt, la vente, le troc. Mais il peut être limité dans le temps et dans l'espace et conditionné par la mise en valeur.

585. ***Importance du territoire.*** Au plan de la théorie étatique, la terre ou plus exactement le territoire ferme ou terrestre duquel dérivent les autres limitations (fluviale, maritime et aérienne), est un des trois éléments constitutifs de l'État. Sans territoire, l'on ne peut parler d'État. En plus de la population, il faut un support géographique ou physique sur lequel le pouvoir doit s'exercer. Par ailleurs, les richesses et les investissements proviennent essentiellement de la terre. D'où l'importance accordée au territoire.

La terre, prise pour territoire, apparaît donc comme un support du pouvoir politique et économique. Sans ce support, sans cette assiette, aucun de ces deux pouvoirs ne peut être «debout».

C. Incidence de la conception et du statut de la terre sur la nature juridique du sol

586. Sol: faisceau des droits. Les différentes conceptions de la terre, son statut et sa nature juridique ont fait que dans certains systèmes juridiques, la terre ne soit pas susceptible d'appropriation. Elle appartient à l'État (cas, notamment, de la RDC et du Congo Brazzaville) à la communauté, composée des morts et des vivants, traduction de l'expression de «terre des ancêtres».

Ces conceptions et statut de la terre sont encore présents dans les sociétés africaines contemporaines. Pourtant, la coexistence des normes étatiques modernes et des normes traditionnelles ne fait pas toujours bon ménage. Leur logique étant, par pans entiers, inconciliables, ce qui implique que les conflits deviennent ainsi inéluctables.

D. *Interférences et relations sociopolitiques et économiques en matière foncière*

587. ***Pouvoirs traditionnels* versus *pouvoir étatique, grenier économique* versus *support politique, l'avoir et le pouvoir.*** Le droit de propriété et surtout l'accès à la terre, jumelés à la question du pouvoir coutumier, sont la trame des grands conflits autour du foncier[8]. En effet, le droit colonial avec sa conception privative et individualiste de la terre ne s'est jamais accommodé de la conception plutôt communautaire de la propriété et de la dimension sacrée de la terre « sous laquelle reposent les ancêtres ». En tous cas, pour l'Africain, « la terre est l'habitat des forces, d'esprits ; émanation du dieu créateur. La terre n'est pas susceptible d'appropriation [privative] car elle est déjà la propriété des dieux[9]. » Or, la plupart des dispositions sur le droit des biens véhiculent l'appropriation privative ou individualiste du Code Napoléon. Comment concilier ces deux conceptions si diamétralement opposées ?

La question foncière en Afrique est indéniablement liée à la question du pouvoir coutumier.Il est extrêmement difficile, voire impossible, de régler un conflit foncier coutumier sans avoir intégré la dimension « pouvoir coutumier ». Il s'agit moins, pour deux groupes en conflit, de se disputer la « propriété de la terre » que de maintenir la configuration du pouvoir coutumier ou clanique en vue de l'appropriation de la portion de territoire qui revient à l'un ou à l'autre. Le lien entre le « territoire » et le « pouvoir » est ainsi incontestable. Faute de tenir compte de cette double réalité, les litiges fonciers deviennent séculaires[10].

---

[8] Pensons à la situation des Ogoni au Nigeria (dont le territoire comporte des gisements de pétrole exploités par la Compagnie Shell sans que le peuple Ogoni en retire quelque chose) ; de l'interdiction en Afrique du Sud (Cap) pour les étrangers d'acquérir des propriétés immobilières ; au Zimbabwé (fermiers blancs c. population noire) ; à la zaïrianisation décretée dans l'ex-Zaïre par le Président Mobutu en 1973 ou à la « béninisation » au Bénin, etc.

[9] J.-P. MAGNANT, « Les normes foncières traditionnelles en Afrique noire », in G. CONAC, F. CONAC et M. TAVERNIER, *La terre, l'eau et le droit en Afrique, à Madagascar et à l'Ile Maurice*, Bruxelles, AUPELF, Bruylant, 1998, p. 68.

[10] Il en a été ainsi de l'intéressante « Affaire des terres Boko » en territoire Madimba dans le Bas-Congo : Trib. Terr. Madimba, RR 56/58, 5 mars 1958, Mayabu Emm. c. Mposa Th., in A. RYCKMANS et C. MWELANZAMBI, *Droit coutumier africain. Proverbes judiciaires Kongo (Zaïre)*, Mbandaka, Aequatoria, Paris, L'Harmattan,

588. Bibliographie sélective : BULU-BOBINA, B., « Les problèmes des terres cultivables en milieu rural – Cas de la Zone de Kasangulu (Bas-Zaïre) », dans *Zaïre-Afrique*, n° 189, Kinshasa, 1984 ; INONGA LOKONGA L'OME, « Le nouveau régime foncier zaïrois », *RJZ*, n° spécial, 1974, p. 41 et s. ; LE BRIS, E., LE ROY, E. et LEIMDORFER, F., *Enjeux fonciers en Afrique noire*, Paris, Orstom, Karthala, 1982, 425 p. ; LE ROY, E. et autres, *La sécurisation foncière en Afrique, pour une gestion viable des ressources renouvelables*, Paris, Karthala, 1996 ; MALENGREAU, G., « Propositions pour une solution du problème foncier », in *Zaïre, Revue congolaise*, Avril 1956, pp. 387-403 ; VAN ACKER, F., « La *pembenisation* du Haut-Kivu : Opportunisme et Droits fonciers revisités », in *L'Afrique des Grands Lacs* ; LUKOMBE NGHENDA, *Les nouveaux droits fonciers au Zaïre*, Thèse, Sorbonne, Paris, 1973 ; *Retour au foncier*, Paris, LAJP, 2005 ; ROCHEGUDE, A., « Le Droit de la Terre en Afrique. Caractéristiques et évolutions contemporaines », *op. cit.* ; RCN, Justice et Démocratie, *Dossier spécial : droit foncier*, Bruxelles, Bulletin, 4e trimestre, 2004.

E. *Droit traditionnel* versus *droit moderne de la terre*

589. Nœud du problème. La confrontation entre le droit moderne et le droit traditionnel, mieux les coutumes autochtones, existe depuis la rencontre de deux cultures, occidentale et africaine. Le problème est devenu juridique et politique, souligne Malengreau, le jour où les autochtones se sont rendus compte que la puissance coloniale avait associé l'établissement de sa souveraineté à une sorte d'appropriation du sol que les tribus s'étaient jadis partagé[11].

Si les droits originellement africains connaissent la propriété privée, celle-ci n'y a cependant pas plus d'importance que la propriété communautaire. Tout ce qu'un individu acquiert par son travail ou par toute autre activité est censé revenir à tous les membres de la famille. Tout le monde peut en jouir. Ainsi, la voiture que X vient d'acheter est pour toute la famille (au sens large et africain du terme). « C'est *notre* voiture », dirait un des membres de la famille et non « c'est la voiture de *X* ».

1992, pp. 288-376. Les deux clans en conflit n'ont pu concilier leurs prétentions que… 30 ans après le début du conflit. Et dans son dispositif du jugement du 8 mars 1960, le tribunal du territoire était bien inspiré en réglant d'abord la question du « pouvoir clanique » pour débloquer celle des terres.

[11] G. MALENGREAU, « Propositions pour une solution du problème foncier », in *Zaïre, Revue congolaise*, avr. 1956, p. 387.

Au contraire de l'Europe, écrit Magnant, s'agissant des droits réels ou droits personnels, «l'Afrique ancienne ignore l'individu autonome qui aurait des droits absolus et opposables à tout tiers sur une chose: l'individu n'a que l'accès aux choses et cet accès lui est ouvert ou non, selon son statut, par le groupe dont il est membre[12]».

Faute d'avoir intégré cette dimension, plusieurs textes de réforme agraire ou foncière en Afrique ont chaviré. D'autres ont réussi à inclure la dimension communautaire de la «propriété foncière», quoique de façon incomplète ou maladroite.

590. Droit comparé. Nous pouvons évoquer ici le cas de l'article 31 de la Constitution de la République du Congo (Brazzaville) du 8 juillet 1979, qui proclamait que

> *«Sur toute l'étendue de la République Populaire du Congo, la terre est propriété du peuple. Tous les titres fonciers et les droits coutumiers sont abolis. Tout usage de ces titres et droit est contraire à la Constitution et puni par la loi*[13]*.»*

Soulignons que le terme «peuple» doit être replacé dans son contexte philosophico-politique de l'époque. Il s'agit du peuple pris dans le sens de dépositaire de l'appareil étatique. «Tout au Peuple, rien qu'au Peuple». Le peuple était l'État.

En droit burkinabè, l'article 4 du décret n° 73-40 du 1er mars 1973 prévoit également que le domaine foncier est la propriété de l'État[14].

Au Bénin, il existe trois sortes de propriété: traditionnelle, familiale et collective. Le Béninois traditionnel possède en propre ses biens meubles et, s'il est chef de ménage, sa case d'habitation, son argent, etc. La propriété familiale est indivise et elle est gérée par le chef de famille qui doit en consacrer l'usufruit à la collectivité. Quant à la propriété collective, elle est celle qui est reconnue au village, notamment sur les terrains indivis, censés appartenir au roi, sur les sources ou les puits[15]. En fait, la qualification du droit varie en fonction de la nature et de la destination du bien sur lequel il porte. Cela suppose que toute initiative législative doit tenir compte de l'existence de ces rapports sociaux. Il reste

---

[12] *Idem*, p. 64.

[13] Loi n° 52/83 du 21 avr. 1983 portant Code domanial et foncier en République Populaire du Congo citée par J.-M. BRETON, «La réforme domaniale et foncière en République Populaire du Congo», *Penant*, 1984, pp. 41-82.

[14] *J.O.R.H.V.* (Journal Officiel de la République de la Haute Volta), du 22 mars 1973, p. 134.

[15] J.G. ZANOUVI,«Les systèmes juridiques du Bénin», in G. CONAC *et al.*, *op. cit.*, p. 21 et s., spéc. p. 24.

que le problème des droits coutumiers fonciers sur les terres proclamées propriété de l'État[16] est d'une gestion fort délicate et complexe.

591. Le territoire terrestre est l'assise matérielle de tout pouvoir. Il n'y a véritablement de pouvoir politique ou coutumier sans territoire. Celui-ci est en même temps source de revenu pour le pouvoir. Dans ces sociétés, et même dans celles étatiques, la terre joue un rôle primordial en tant qu'objet de cohésion sociale; trait d'union entre les vivants et les morts; déterminant de certains droits socio-économiques. Or, avec la logique de l'expansionnisme économique ou de l'industrialisation, le pouvoir étatique a tendance à «entamer» l'espace territorial du pouvoir traditionnel («expropriation», qui n'en est pas une juridiquement car souvent les terres sont domaniales, implantation industrielle ou agricole) privant ainsi les communautés locales d'un espace de culture, d'exploitation individuelle ou collective. Ce qui paraît comme un facteur de déstabilisation sociale ou de désagrégation. D'où une première cause, *politique*, de conflits entre le pouvoir étatique et le pouvoir traditionnel[17].

592. Sur le plan socio-économique, dans la plupart des cas, ces mesures ne s'accompagnent pas des modalités pratiques et efficaces de rétribution ou de substitution économique ou sociale. Des populations arrachées à leur terre sont appauvries et abandonnées par l'État censé pourtant leur assurer le bien-être. C'est la deuxième cause, *économique*, en rapport avec la gestion des espaces fonciers[18].

593. De façon globale, de mauvaises politiques économiques ou sociales, couplées à une organisation territoriale et administrative peu réfléchie conduisent à des conflits «fonciers»[19]. En fait, le sol en soi n'est que l'objet ou l'occasion des conflits. Ceux-ci sont plus issus des décisions

---

[16] Voy. en plus de la bibliographie citée: C. DE LESPINAY, «Ineffectivité de la loi foncière? Un exemple en Guinée Bissau», in *Droit et Cultures*, 1999, n° 38, pp. 70-79; «Toponymie, Autochtonie, Revendication foncière. Le cas de Baynunk en Afrique de l'Ouest», in H. GUILLOREL et G. KOUBI (dir.), *Langues et droits. Langues du droit, droit des langues*, Bruxelles, Bruylant, 1999.

[17] Conflits frontaliers: Cameroun c. Nigeria; Ethiopie c. Erythrée, Guinée c. Niger, par exemple. Bien souvent, il s'agit des conflits sur des espaces économiquement intéressants.

[18] Cas des Ogoni (Nigeria) avec l'exploitation du pétrole; des fermiers zimbabwéens; des creuseurs des diamants du Kasaï (en RDC).

[19] Cas notamment de la Côte d'Ivoire qui paraît être le seul pays de l'Afrique de l'Ouest où une partie infime de la population détient un pourcentage aussi élevé de terres arables, voy. E. ZORO, «La question foncière en Côte d'Ivoire», *Bulletin RCN*, 4e trimestre 2004, Bruxelles, 2004, p. 31.

inadaptées que de l'existence ou du statut même de la terre ou du fonds. La question foncière apparaît ainsi comme un volet déterminant des politiques socio-économiques et de stratégies d'aménagement du territoire pour les États africains.

594. Au Congo, point n'est besoin de démontrer, par de grandes théories, ce que représente la terre sur le *plan social* avec ses répercussions sur le *plan politique*. Nous pensons ici à l'importance du contentieux foncier coutumier lequel est fortement lié à l'exercice du pouvoir coutumier[20]. Ainsi donc, l'on ne peut raisonnablement et efficacement résoudre les conflits fonciers coutumiers sans envisager au préalable le règlement de la question du pouvoir coutumier lui-même.

Toutes ces représentations et tous ces paramètres méritent d'être pris en compte dans l'étude et dans la législation foncière.

F. *Évolution constitutionnelle et législative du principe de la propriété de l'État sur le sol*

595. La «loi Bakajika». Le régime foncier en droit congolais a son histoire, son importance[21] et il a connu une certaine évolution[22]. Celle-ci a culminé avec la «loi Bakajika» qui a consacré la propriété foncière de l'État en excluant toute appropriation privée du sol et du sous-sol congolais. C'est autour de ce principe-clé que le régime foncier congolais est bâti. Car, cette législation supprimait la propriété privative du sol avec comme conséquence que, désormais, les droits que peuvent détenir les particuliers sur le sol sont de simples droits de jouissance appelés «concession» (perpétuelle ou ordinaire).

Sauf en ce qui concerne la constitution du 18 février 2006 qui édicte en son article 9, toutes les autres constitutions, depuis celle de Luluabourg

---

[20] Voy. B. LAPIKA DIMONFU et KIYULU N., «Les enjeux fonciers et les conflits en République démocratique du Congo», in *La loi du 20 juil. 1973, op. cit.*, pp. 161-169; LAINGULIA NJEWA et V. KANGULUMBA MBAMBI, «Conflits des pouvoirs coutumiers et conflits fonciers dans le territoire de Lubero (Nord-Kivu», *op. cit.*, pp. 171-180.

[21] Voy. LUMPUNGU K., «Le régime foncier au Zaïre et son incidence sur le développement agricole», *Cahiers économiques et sociaux*, vol. XI, n°s 3 et 4, Kinshasa, IRES, PUZ, 1973, p. 55 et s.

[22] Voy. pour les développements, G. KALAMBAY LUMPUNGU, *Droit civil*, vol. II., *op. cit.*; KENGO WA DONDO, *De l'acquisition et de la transmission des droits immobiliers en droit zaïrois*, Mercuriale, Cour Suprême de Justice, Kinshasa, 1980, pp. 5-22.

(1964), n'ont jamais cessé de confirmer, de façon claire et sans équivoque, le principe que le sol congolais est la propriété de l'État[23].

Par ailleurs, le droit congolais a opté pour le système d'immatriculation et de la publicité foncière, hérité de l'*Act* Torrens : en effet, la propriété immobilière n'existe et n'est transmise légalement que par l'établissement d'un certificat d'enregistrement constatant ce droit (art. 219 et s. de la loi). Tout autre mode de création ou de transmission des droits réels immobiliers est inopérant à constater l'existence légale de ces droits.

Tels sont les principes-clés qui guident le régime foncier et le régime immobilier en droit congolais et qui seront largement développés pour une meilleure compréhension.

596. Base légale. L'affirmation du principe de la propriété du sol de l'État est consignée dans deux textes principaux : la constitution et la loi du 20 juillet 1973.

Aux termes de l'article 9 de la Constitution du 18 février 2006, *« l'État exerce une souveraineté permanente notamment sur le sol, le sous-sol, les eaux et les forêts, sur les espaces aérien, fluvial, lacustre et maritime congolais ainsi que sur la mer territoriale congolaise et sur le plateau continental.*

Les modalités de gestion et de concession du domaine de l'État visé à l'alinéa précédent sont déterminés par la loi ».

Cette disposition a donné lieu à des controverses[24] sur ce que le constituant a véritablement voulu dire surtout lorsqu'on lit cet article en parallèle avec l'article 53 de la loi du 20 juillet 1973, qui nous parait clair, concis et précis, et sans équivoque.

En effet, cet article dispose que « le sol est la propriété exclusive, inaliénable et imprescriptible de l'État ». Cette formulation ne se prête pas, à notre sens, à des interprétations d'ordre divers.

597. Conséquences juridiques. Le sol et le sous-sol congolais sont exclus de toute appropriation privative. D'où la distinction entre la propriété foncière et la propriété immobilière. Si celle-ci est reconnue à toute

---

[23] Voy., par exemple, l'article 10 de la Consitution (révisée) de 1978 : *« Le sol et le sous-sol appartiennent à l'État. Les conditions de leur concession sont fixées par une loi »*, *J.O. de la Rép. du Zaïre*, n° 5, 1er mars 1978 ; art. 4 de la loi du n° 93-001 du 2 avr. 1993 pour Acte Constutionnel Harmonisé de la Transition ; art. 4 de l'Acte Constitutionnel de la Transition du 9 avr. 1994 ; art. 9 de la transition du 4 avr. 2003 (article 9), *J.O. de la RDC*, n° spécial, 5 avr. 2003.

[24] Voy., par exemple, MUKADI BONYI, *Plaidoyer pour une relecture de la constitution de la troisième république, op. cit.*, n° 9.

personne, la propriété foncière est exclusive au seul État congolais. Ce dernier peut cependant concéder un droit de jouissance sur son sol soit de façon perpétuelle au profit des Congolais (concession perpétuelle), soit temporairement pour les étrangers et personnes morales (concession ordinaire limitée à 25 ans renouvelables). En ce qui concerne les immeubles incorporés au sol, ils peuvent être la propriété des particuliers. Le propriétaire du dessus n'est plus propriétaire, depuis la loi du 20 juillet 1973, également propriétaire du dessous. Par ailleurs, l'article 219 de la loi du 20 juillet 1973 institue le système d'enregistrement de la propriété immobilière et du droit de jouissance foncière (certificat d'enregistrement). Cependant, plus de 30 ans après, le nombre de propriétés enregistrées reste dérisoire. À vrai dire, pour la majorité de la population, «le fait de posséder «ou «d'occuper un fond» suffit pour être propriétaire» d'un immeuble, plutôt envisagé séparément du sol auquel il est incorporé.

Tels sont les conceptions, statut et nature juridique du sol en Afrique, et particulièrement en République démocratique du Congo où il reste, pour l'instant, d'étudier la portée et l'étendue des droits réels fonciers et immobiliers.

II. PLAN SOMMAIRE

598. Nous venons de l'évoquer, en droit congolais une distinction fondamentale existe entre le «foncier» et «l'immobilier». Dans cette mesure, nous étudierons dans un premier temps *le Régime foncier* (Titre I) et, dans un deuxième, le *Régime immobilier* (Titre II).

TITRE I

RÉGIME FONCIER : LA PROPRIÉTÉ FONCIÈRE ET LES DROITS DE JOUISSANCE FONCIÈRE

599. Rappel : Fonds – Propriété foncière – Droit de jouissance foncière (concessions). Dans l'étude du régime foncier congolais, il importe de ne pas perdre de vue que sur un même bien, le fonds ou le sol, il peut y avoir essentiellement deux droits, logiquement de nature différente, qui convergent : le droit de propriété foncière, revenant à l'État, et le droit de jouissance foncière, autrement désigné par le terme « concession », revenant aux particuliers ou aux communautés locales (article 387 de la loi).

L'examen du régime foncier congolais repose donc sur cette distinction fondamentale que la loi du 20 juillet 1973 opère entre la propriété foncière et les concessions alors que ces deux droits portent en fait sur le même bien ou le même fonds.

600. Plan du titre. Il comporte deux chapitres :

- Chapitre 1 : *Principes régissant la propriété et les concessions foncières* ;
- Chapitre 2 : *Étude des concessions foncières (perpétuelle et ordinaires).*

CHAPITRE 1

PRINCIPES RÉGISSANT LA PROPRIÉTÉ FONCIÈRE

601. Bibliographie indicative: DIKETE ONATHUNGU, *Thèse* précitée; HERBOTS, J., «Commentaire de la loi dite Bakajika», *Études congolaises*, vol. 10, n° 4, Bruxelles, juillet-août 1967, pp. 57-62; INONGA LOKANGA L'OME, «Le nouveau régime foncier zaïrois», *RJZ*, n° spécial, 1974, p. 41 et s.; KALAMBAY LUMPUNGU, G., *Droit civil, op. cit.*; KANGULUMBA MBAMBI, V., *La loi du 20 juillet 1973... op. cit.*; «Portée et implication de l'article 53 de la loi du 20 juillet 1973 sur les transactions en matière foncière», Note sous CA de Kinshasa/Matete, RCA 2983/2994, 23 septembre 1998, in *Rev. de Dr. Afric.*, n° 22/2002, pp. 215-223; «À propos des terres des communautés locales: qui en serait [encore] le propriétaire et quel en est le régime contentieux en droit congolais?», Note d'observation sous Tribunal de Paix de Bulungu, RC 586/2001, 19 oct. 2001, *Rev. de Dr. Afric.*, n° 35/2006, pp. 272-292; «La question foncière en Afrique: éléments de lecture et essai d'approche de résolution des conflits fonciers», *Cours d'été* de l'Académie Africaine de Théorie du Droit et KUB Brussel, août 2005; KIFWABALA TEKILAZAYA, J.-P., *Le concept de droit réel foncier en droit congolais*, Thèse, Lubumbashi, 2001-2002, 460 p.; *Droit civil, op. cit.*; «À qui appartient la terre en République démocratique du Congo? À l'État ou aux communautés traditionnelles?», in *Les Analyses Juridiques*, Lubumbashi, n° 3/2004, pp. 6-10. LAMY, E., «Commentaire général et comparatif de la loi foncière», *Annales de la Faculté de Droit*, Kinshasa, 1973, p. 107 et s.; LUKOMBE NGHENDA, *Les nouveaux droits fonciers au Zaïre*, Thèse, Sorbonne, Paris, 1973 et *Droit civil: les biens, op. cit.*

602. Portée et incidence du principe de la propriété foncière de l'État. Il est un fait incontestable que le régime foncier congolais a connu une importante évolution, laquelle a déterminé la proclamation de la propriété foncière au seul et exclusif bénéfice de l'État congolais. Cette appropriation comporte bien évidemment des conséquences, étant entendu qu'avant cette mesure, certains particuliers (nationaux ou étrangers) étaient des propriétaires légalement reconnus des fonds par eux occupés. Il y a lieu de voir ce qu'il en est advenu au départ du principe ainsi consacré par la Constitution de 1967 et reconduit par la loi du 20 juillet 1973[1].

En droit congolais, l'article 53 de la loi du 20 juillet 1973 dispose que «le sol est la propriété exclusive, inaliénable et imprescriptible de l'État». Nous en déduisons qu'aucune autre personne ne peut être propriétaire du sol congolais. L'État congolais peut concéder, à ceux qui en font la demande, un droit de jouissance, appelée, «concession».

603. La conséquence en est donc que l'État est propriétaire du sol, et de tout ce qui y est incorporé (forêts, eaux) et de l'espace aérien au dessus du territoire congolais; des mines et généralement des richesses du sous-sol. Mais comment l'État gère-t-il sa propriété?

Il importe d'expliciter davantage ces principes, en commençant d'abord par celui de l'appropriation de tout le sol par l'État congolais (section 1) et, ensuite, avec l'examen de ceux qui président à la gestion du domaine foncier de l'État (section 2).

Section 1:

PRINCIPE DE L'APPROPRIATION DE TOUT LE SOL PAR L'ÉTAT OU LA PROPRIÉTÉ FONCIÈRE DE L'ÉTAT

604. Siège légal: art. 53 de la loi. Le principe de la propriété de l'État sur le sol congolais est énoncé par l'article 53 de la loi qui dispose que «*le sol est la propriété exclusive, inaliénable et imprescriptible de l'État*».

§1. TRAITS CARACTÉRISTIQUES DE LA PROPRIÉTÉ FONCIÈRE DE L'ÉTAT

605. Ceux-ci se retrouvent dans l'énoncé même de l'article 53 de la loi. Cette affirmation a des implications sur le plan du droit. C'est que la propriété de l'État sur le sol est un droit universel, exclusif, absolu, inaliénable et imprescriptible.

[1] Voy. LAMY, E., «Commentaire général et comparatif de la loi foncière du 20 juil. 1973», in *Annales de la Faculté de droit*, 1973, Kinshasa, p. 107 et s.

A. *Propriété foncière de l'État en tant que droit universel*

606. Portée et justification. Le caractère «universel de la propriété de l'État» ne résulte pas de l'article 53 de la loi. Toutefois, dans l'évolution du régime foncier congolais, l'on note l'existence de plusieurs catégories des terres: vacantes, domaniales, indigènes, concédées... De par l'article 53 de la loi, et en vertu d'autres dispositions de la même loi, notamment les articles 369 et 387, ces distinctions n'existent plus. Désormais toutes les terres, jadis catégorisées et différenciées, sont la propriété du seul État congolais. Dans cette mesure, aucune portion de terre n'échappe à cette propriété, d'où le caractère *universel* de ce droit de propriété.

B. *Propriété foncière de l'État en tant que droit exclusif*

607. Siège légal – art. 53 de la loi. Cette caractéristique résulte de la loi. Elle tend à signifier qu'il n'existe plus désormais d'appropriation privée ou individuelle du sol congolais. Et l'État congolais ne peut pas partager ce droit avec une autre personne. Il s'agit d'un droit exclusif ou sans partage qui ne peut tomber dans la copropriété ou dans l'appropriation privée.

608. Jurisprudence. La jurisprudence de la CSJ est constante sur cette question.

Elle a ainsi jugé «[qu']est fondée, l'exception tirée de la violation de l'article 53 de la loi du 20 juillet 1973 dite foncière en ce que le juge d'appel a déclaré le défendeur propriétaire exclusif de la parcelle litigieuse, alors que la loi a établi l'État zaïrois seul propriétaire du sol, la conclusion d'un contrat de concession perpétuelle sur une parcelle de terre par lui avec un particulier ne transférant pas à ce dernier un droit de propriété»[2]. Aussi, encourt-il cassation, l'arrêt de la Cour d'appel qui reconnaît à un particulier le droit de propriété sur une parcelle de terre faisant l'objet d'un contrat de location conclu avec l'État alors que l'article 53 de la loi proclame la propriété du sol en faveur de l'État congolais seul[3]. Toutefois, ainsi que nous le verrons, ce droit peut être cependant démembré. Ainsi, bien qu'aux termes de l'article 53 de la loi du 20 juillet 1973, le sol soit la propriété exclusive,

---

[2] RC 373, 25 mars 1987, *Bull. des Arr.*, année 1987, Kinshasa, 2000, pp. 293-295.

[3] CSJ, RC 299, 23 juin 1982, in DIBUNDA KABUINJI, *Répertoire général de la jurispudence de la CSJ..., op. cit.*, p. 108, n° 3.

inaliénable et imprescriptible de l'État néanmoins ce dernier peut accorder des concessions à ceux qui en font la demande[4].

C. Propriété foncière de l'État en tant que droit absolu

609. Portée. Sauf le droit de disposer, la propriété de l'État n'est pas différente de la propriété en général avec tous les attributs que la loi (art. 14 et s.) reconnaît à celle-ci: droit de suite, droit de préférence et droit absolu. Lorsque l'État décide d'accorder des concessions sur ses fonds, il en détermine la destination et il fait respecter cette destination par la jouissance[5]. Son droit est également opposable à tous surtout qu'il tire son fondement tant de la Constitution (art. 9) que de la loi du 20 juillet 1973 (art. 53). Cela suffit pour réaffirmer l'effet d'opposabilité *erga omnes*.

D. Propriété foncière de l'État en tant que droit inaliénable

610. Fondement et portée. L'article 9, alinéa 2 de la loi du 20 juillet 1973 prévoit que «les biens qui n'appartiennent pas à des particuliers ne sont administrés et ne peuvent être aliénés que dans les formes et suivant les règles qui leur sont particulières». Par ailleurs, les biens de l'État qui relèvent du domaine public sont hors commerce tant qu'ils ne sont pas régulièrement désaffectés (article 10 de la même loi). En conséquence, tous les autres biens de l'État sont dans le commerce sauf les exceptions établies par la loi (article 11). Le sol, non par ce qu'il appartient à l'État, mais de par la loi, est déclaré inaliénable et donc nécessairement hors commerce[6].

611. Jurisprudence. Contrairement aux caractères universel et absolu, l'inaliénabilité du sol congolais est consacrée *expressis verbis* par l'article 53 de la loi. Ce qui fait échapper le sol à tout acte de disposition c'est-à-dire à toute aliénation. Cependant, l'inaliénabilité n'interdit pas à l'État propriétaire du sol de pouvoir conclure des contrats qui n'emportent

---

[4] CSJ, RC 1869, 29 août 1996, in KALONGO MBIKAYI, *Code, op. cit,* sous l'article 53 de la loi.

[5] CSJ, RC 1867, 29 août 1996, *idem.*

[6] V. KANGULUMBA MBAMBI, «Portée et implication de l'article 53 de la loi du 20 juil. 1973 sur les transactions en matière foncière», Note sous CA de Kinshasa/Matete, RCA 2983/2994, 23 sept. 1998, in *Rev. de Dr. Afric.*, n° 22/2002, pp. 215-223.

pas disposition juridique du sol (usufruit, usage, habitation ou toute autre concession)[7].

E. Propriété foncière de l'État en tant que droit imprescriptible

612. Fondement et portée. Cette caractéristique est la conséquence de la précédente. Il n'y a que les biens qui sont dans le commerce (aliénables) qui puissent être prescrits. Or, le sol congolais n'y est pas et donc juridiquement, il est imprescriptible. De façon générale, l'on ne peut, par quelque manière que ce soit, acquérir la propriété foncière de l'État, *a fortiori* par prescription. En droit congolais, la propriété immobilière ne s'acquiert pas par prescription car cela est incompatible avec les nécessités du certificat d'enregistrement. Les droits fonciers ne peuvent être constatés que par un certificat d'enregistrement[8]. En effet, l'on ne peut prescrire le domaine des choses qui ne sont point dans le commerce (article 620 du code civil des obligations).

F. **Quid** *de la portée de l'article 9 de la constitution du 18 février 2006?*

613. ***«Droit de propriété»* ou *«droit de souveraineté»*?** Nous avons relevé que cette disposition est à l'origine d'une controverse quant à sa véritable interprétation. En effet, quelle serait la nature juridique exacte du droit de l'État Congolais sur le sol et le sous-sol relevant de sa juridiction? S'agit-il du droit de propriété ou de celui de souveraineté?

Il vient d'être rappelé que depuis 1964, les différentes constitutions congolaises ont toujours consacré le principe de la propriété exclusive de l'État sur le sol et le sous-sol. L'article 9 de la constitution de 2006, lui, prend le contre-pied des constitutions antérieures, – qu'il lui en soit donné acte – en disposant que

> *«L'État exerce une souveraineté permanente notamment sur le sol, le sous-sol, les eaux et les forêts, sur les espaces aérien, fluvial, lacustre et maritime congolais ainsi que sur la mer territoriale congolaise et sur le plateau continental. Les modalités de gestion et de concession du domaine de l'État visé à l'alinéa précédent sont déterminées par la loi».*

---

[7] CSJ, RC 1867, 29 août 1996, *précité.*

[8] CSJ, RC 752, 25 févr. 1987, in KALONGO MBIKAYI, *op. cit.*, p. 339.

614. En effet, comme l'écrit judicieusement Mukadi Bonyi, «cette nouvelle formulation semble poser problème dans la mesure où il n'existe aucune justification à la substitution d'une terminologie ambiguë à une terminologie claire»[9]. Serait-ce la voie royale et un signe de la volonté du constituant de «légaliser» le bradage du territoire congolais, alors que le sol sur lequel est fixé ledit territoire a toujours été entendu comme inaliénable?

Pourtant aux termes des articles 214 et 217 de la constitution, il est dit respectivement que

> *«Les traités de paix, les traités de commerce, les traités et accords relatifs aux organisations internationales et au règlement des conflits internationaux, ceux qui engagent les finances publiques, ceux qui modifient les dispositions législatives, ceux qui sont relatifs à l'état des personnes, ceux qui comportent échange et adjonction de territoire ne peuvent être ratifiés ou approuvés qu'en vertu d'une loi.*
>
> *Nulle cession, nul échange, nulle adjonction de territoire n'est valable sans l'accord du peuple congolais consulté par voie de référendum».*
> *«La République Démocratique du Congo peut conclure des traités ou des accords d'association ou de communauté comportant un abandon partiel de souveraineté en vue de promouvoir l'unité africaine».*

Mais, plus avant, aux termes de l'article 5 alinéa 1, 2 et 3 de la même constitution, il est proclamé que

> *«La souveraineté nationale* ***appartient au peuple****. Tout pouvoir émane du peuple qui l'exerce directement par voie de référendum ou d'élections et indirectement par ses représentants.*
>
> *Aucune fraction du peuple ni aucun individu ne peut s'en attribuer l'exercice.*
>
> *La loi fixe les conditions d'organisation des élections et du référendum».*

Il nous revient que la qualité de «souverain», du moins dans le texte de la constitution, est partagée entre le peuple et l'État congolais. Toutefois, ce qualificatif n'a pas la même portée selon que nous envisageons les rapports internes (État – peuple) ou les rapports externes (État – autres États).

Mais qu'est-ce déjà la «souveraineté permanente sur les ressources vitales ou naturelles»?

---

[9] MUKADI BONYI, *op. cit.*, p. 36.

615. Bibliographie indicative : PAQUEROT, S., *Le statut des ressources vitales en droit international public. Essai de concept de patrimoine commun de l'humanité*, Bruxelles, Bruylant, 2002 ; ROSENBERG, D., *Le principe de la souveraineté des États sur leurs ressources naturelles,* Paris, LGDJ, 1983, 395 p. ; U.N. SECRETARY, *The status of permanent sovereignty over naturel wealth and ressources, Study* ; SCHRIJVER, N., *Sovereignty over natural ressources. Balancing rights and duties*, Cambridge University Press, 1997, 452 p.

616. Genèse et portée du principe. Pour comprendre le sens de l'expression « souveraineté permanente sur les ressources vitales ou naturelles », il convient de remonter après la deuxième Guerre mondiale avec la naissance du nouveau principe des droits économiques internationaux.

En effet, le principe de la souveraineté sur les ressources naturelles est l'un des plus discutés en droit international public depuis la deuxième Guerre mondiale. Il a été introduit dans les débats des NU pour contrer la demande des pays colonisés et en voie de développement tendant à pouvoir bénéficier des ressources d'exploitation et de revoir les arrangements inéquitables (léonins) par lesquels les investisseurs étrangers ont obtenu des droits d'exploitation desdites ressources, de les modifier ou de les annuler parce qu'ils rentrent en conflit avec le concept de la souveraineté permanente. Les pays industrialisés ont opposé à ces pays nouvellement indépendants le principe de *« pacta sunt servanda »* et le respect des droits acquis.

Ainsi, dès les années 50, ce principe était invoqué par les pays développés en vue de sécuriser, pour leur population vivant dans les pays colonisés, le bénéfice de l'exploitation des ressources naturelles sans contrepartie. C'est la période de l'interférence entre les intérêts économiques nationaux et le droit universel à l'exploitation des ressources (des pays colonisés).

En 1952, une résolution des Nations Unies est prise sur les nationalisations pour contrecarrer la tendance à l'indépendance économique. Ainsi, il en fut le cas de l'Anglo-Iranien *Oil company*, en Uruguay (nationalisations décidées par les communistes) avec à la clé, le principe ou le droit à l'autodétermination et aux ressources naturelles.

En 1962, cette déclaration fut solennellement confirmée à la suite de la prise de parole de l'Ambassadeur de Malte à l'Assemblée générale des N.U. le 18 août 1961[10].

---

[10] Doc. N.U., A/6695.

Il apparaît ainsi que la proclamation de la souveraineté sur les ressources naturelles ou vitales l'a été et peut toujours l'être encore vis-à-vis des autres États et dans le cadre international, sous réserve du droit pour un État de limiter ce droit par des traités ou des conventions internationaux[11].

617. Souveraineté économique internationale et article 9 de la constitution. Dans la mesure où le fondement de l'actuelle formulation de l'article 9 de la Constitution reposerait sur le concept de « souveraineté » telle qu'entendue internationalement, il importe de fournir, dès lors, les implications concrètes et incontestables de ce principe sur le plan national. S'agit-il d'admettre que la souveraineté au plan international impose à l'État un régime donné plutôt qu'un autre de son droit foncier? Ce droit implique-t-il de la disparition de l'appropriation publique des terres? Le droit des peuples à la souveraineté sur les richesses nationales et les ressources naturelles s'opposerait-il à un régime d'exclusivité de la propriété étatique sur le sol et le sous-sol? L'ancienne législation viol(er)ait-elle cette exclusivité? En quoi, le droit nouveau garantirait-il mieux le régime d'exclusivité de la propriété étatique sur le sol et le sous-sol? Rien n'est moins sûr.

C'est autant dire qu'en droit constitutionnel, si le concept de *souveraineté* renvoie à cette idée de « valeur de commandement », de « puissance absolue et perpétuelle » qui n'appartient qu'à « un État ». L'on peut concevoir que l'exercice par l'État de cette souveraineté (et notamment sur le sol et le sous-sol) puisse être *compatible* avec celle de *« propriété »* qui renvoie plutôt à une « valeur d'usage ». L'expression *« souveraineté dans l'État »* s'oppose à l'existence de toute autre souveraineté extérieure à l'intérieur des frontières nationales. Mais, à l'intérieur de l'État, n'est souverain que le peuple (article 5 de la Constitution). L'exercice par l'État de sa souveraineté sur le sol et/ou le sous-sol équivaudrait à une « propriété exclusive » de ce dernier sur lesdits sol et sous-sol dans les rapports entre l'État congolais et les autres États. Nous pouvons estimer que la formulation de l'article 9 se prêterait donc, dans cette hypothèse, comme une *conséquence*, voire *une explicitation* du principe ancien de la propriété exclusive de l'État sur le sol et le sous-sol. Mais, cette interprétation forcée et dans le sens favorable à certaines attentes légitimes d'une fraction des citoyens, aurait dû être donnée par le Constituant lui-même et en des termes non équivoques. Voilà qui justifie, entre autres, l'importance des travaux préparatoires.

---

[11] Voy. Th. HEYSE, *Domaine de l'État, Novelles*, t. 1, 1931, pp. 279-358, spéc. n° 81 : aliénation de souveraineté par traité mais en vertu de la Constitution.

En droit international, par contre, dans la mesure où le concept de souveraineté (*souveraineté de l'État*) n'est invoqué que pour expliquer l'indépendance et/ou l'égalité des États dans leurs rapports respectifs, celle-ci ne suffirait, à elle seule, à dénier la propriété de l'État sur son sol et son sous-sol à l'intérieur de son territoire national. En particulier, l'expression de «droit des peuples à leurs ressources naturelles» n'implique pas nécessairement l'absence d'un régime de droit public appliqué au sol et/ou au sous-sol. Il pourrait ainsi s'agir des régimes de concessions mais en considération des droits de la population entière ou locale.

618. Portée exacte du terme *«souveraineté»* dans l'article 9 de la constitution... Au regard de ce qui précède, il parait douteux que la nature juridique du droit de l'État sur le sol et le sous-sol soit fondée sur le concept de «souveraineté» tel qu'entendu en droit international. Celle-ci supposant qu'aucune autre autorité n'est au-dessus d'un État au point de dicter à ce dernier ce qu'il aurait à faire ou à ne pas faire. Le statut d'un État emporte d'office le caractère souverain. Tout au plus pourrait-on admettre, par hypothèse, que l'article 9 de la Constitution soit compatible avec le concept de souveraineté *dans* l'État tel qu'entendu en droit constitutionnel. Et même, est-il encore nécessaire de l'invoquer au plan interne et vis-à-vis de qui? Ce que, pour finir, le constituant aurait dû clarifier[12].

619. ...et dans les articles 5, 214 et 217 de la même constitution? Ces dispositions, ainsi que nous venons de le souligner, les termes «souverain» et «souveraineté» se retrouvent dans ces différentes dispositions sans pour autant offrir de dire la même chose.

En effet, sur le plan interne, il nous paraît clair que dans tout État démocratique, la souveraineté appartient au peuple. Il revient exclusivement à ce dernier de choisir ceux qui doivent diriger les institutions

---

[12] Cet article a subi quatre amendements (Honorables Alafuele, Bofaya, Choma et Masala). Seuls les amendements de deux premiers députés ont retenu l'attention des membres de la Commission et sont devenus le premier alinéa de l'article 9. *Source*: Tableau synthétique des amendements à l'Assemblée nationale.

En nous référant au *Mémoire explicatif*, en rapport avec cet article 9, il est dit que «s'agissant du concept de la souveraineté *stricto sensu*, l'article 9 de la Constitution étend pour la première fois cette notion aux espaces maritimes et aériens de notre pays, ce qui place les institutions de la République, dans l'obligation de mieux défendre les "Intérêts Nationaux" à ce niveau (cas du littoral de Moanda)». C'est la même explication que l'on retrouve dans le *Mémoire explicatif* (version initiale des Experts) alors que rien n'est dit dans le *Mémoire explicatif de l'Avant-projet de la Commission constitutionnelle*.

de l'État. C'est ce qu'affirme l'article 5 de la constitution dont l'article 214 apparaît comme conséquence logique: aucune cession de territoire ne peut être décidée sans consulter le peuple (souverain) qui, le cas échéant, l'autorisera par le vote d'une loi. En changeant, ce qui doit l'être, nous pouvons ainsi comprendre que le sol appartient au peuple congolais – *mabele ya ba nkoko* – en lingala (en français «la terre de nos ancêtres»). L'État ou l'administration mise en place n'est là que pour en assurer la bonne gestion et la surveillance à l'intérieur, et à l'extérieur, la protection et la sauvegarde, vis-à-vis des autres peuples et/ou États (article 9).

L'article 217, quant à lui, n'est qu'un refrain d'une chanson ancienne des années 60 et 70: «la vocation africaine du [Zaïre]» dans le cadre de la lutte de la libération totale de l'Afrique et l'implication dans les missions et objectifs de l'Organisation de l'Unité Africaine (O.U.A.), aujourd'hui Unité Africaine (U.A.)[13]. Dans ce cadre, les différents textes constitutionnels congolais ont toujours prévu la possibilité, pour le «grand» Congo, de servir de «base arrière» dans la défense de l'indépendance des autres États africains. Ce fait, comme nous pouvons nous en rendre compte, est loin d'être proche de l'aliénation d'une partie du territoire congolais. Ainsi donc, à l'analyse, il s'avère que le Constituant congolais s'est fait peur à lui-même, en complexifiant des choses claires et simplement énoncées. Tout cela, pour ne rien dire, de nouveau.

620. Formulation hasardeuse et conflictogène. Sur le plan légistique, il est assez malheureux que ledit constituant se soit comporté de manière lasse, sans aucun égard aux ressources légales et aux exigences systémiques du droit congolais. En effet, dans un système soucieux de la sécurité juridique, les normes doivent se compléter et non se contredire. Mais pourquoi avoir opté pour une formulation douteuse, comportant de gênes de conflit (inutile, vu la prépondérance systémique de la constitution) entre la constitution et la loi du 20 juillet 1973? Pourquoi, dans l'hypothèse où l'article 9 ne mettrait pas en question l'article 53 de la loi du 20 juillet 1973, reformuler différemment l'ancienne disposition,

[13] Sur cette mutation et son efficacité voy. notamment SOW A. I., «L'Union Africaine», *Rev. de Dr. Afric.*, n° 17/2001, pp. 3-31; F. ZEGBE ZEGS, «Le recours à la force en Afrique: un moyen efficace pour résoudre les conflits armés entre les États?», *op. cit.*, n° 18/2001, pp. 171-206; ADJOVI, R., «L'Union Africaine: étude critique d'un projet ambitieux», *op. cit.*, n° 21/2002, pp. 5-23; J. KANKEU-TAGHE-DJO, «La personnalité juridique de l'Union Africaine», in *op. cit.*, n° 21/2002, pp. 25-39.

devenue classique[14], pourtant claire et ne demandant jamais à être interprétée ?

621. Compatibilité possible mais... forcée de l'article 53 de la loi avec l'article 9 de la constitution. En poussant plus loin encore le raisonnement, nous notons que finalement, cet article 9 ferait plus de peur que de mal, bien que dans une nette confusion. En effet, le dernier alinéa de cette disposition prévoit que *« les modalités de gestion et de concession du domaine de l'État*[15] *visé à l'alinéa précédent sont déterminées par la loi »*.

Pris sous la lumière des dispositions de la loi du 20 juillet 1973, les termes « gestion » et « concession », employés par le constituant, sont lourds d'incidence en droit[16]. Gérer un bien n'a pas pour vertu de faire du gestionnaire propriétaire dudit bien. De même, ne peut concéder un droit que celui qui en est titulaire. En d'autres termes, l'on ne peut transférer plus de droits qu'on en dispose : *« Nemo plus juris transfere potest quam ipse habet »*. C'est dire que pour avoir le pouvoir de concéder une portion de terre, l'État congolais doit en être préalablement propriétaire.

Tel est également le sens que la loi du 20 juillet 1973 accorde aux termes « cession » et « concession ». En effet, dans l'exposé des motifs de cette loi, il est rappelé

> *« Qu'il était fait une nette distinction entre la 'cession' qui désigne un acte impliquant le transfert de propriété et la 'concession' qui est un acte impliquant seulement le transfert du droit de jouissance ».*

Ce qui rejoint, après quelques détours dont le constituant de 2006 aurait dû nous épargner, l'énoncé de l'article 53 de la loi, le rendant ainsi enfin compatible avec l'article 9 de la constitution.

Ces précisions apportées, l'appropriation du sol par l'État, avec toutes ses caractéristiques, emporte un certain nombre de conséquences au regard des droits que peuvent détenir les particuliers sur ledit sol.

---

[14] Tous les textes constitutionnels ont toujours clairement proclamé « le sol et le sous-sol, propriété de l'État ». Voy., par exemple, les art. 10 de la Constitution du 15 nov. 1980 et 9 de la Constitution de transition du 4 avr. 2003.

[15] Avec tout ce que cette expression implique comme sens. Ainsi, le droit de propriété de l'État sur le sol et le sous-sol peut en être déduit.

[16] Nous laissons de côté le débat sur la portée des articles 214 et 217 sur l'abandon de sa souveraineté par l'État et la cession ou l'adjonction d'une partie de territoire congolais (après référendum) en vue de promouvoir l'Unité Africaine.

§2. CONSÉQUENCES JURIDIQUES DE L'APPROPRIATION DE TOUT LE SOL PAR L'ÉTAT

L'incidence de l'appropriation du sol par l'État congolais doit être appréciée dans la situation de ceux qui avaient, avant le 20 juillet 1973, des droits de propriété foncière ou des droits fonciers régis par les coutumes. Que deviennent donc les titulaires de ces droits?

A. *Droit transitoire*

622. Portée des articles 369 à 393 de la loi. La propriété de l'État sur le sol est exclusive. Or, il a existé des droits régulièrement acquis sur le même sol par certains particuliers. Sur le plan du droit, il y a problème. Les conséquences qui peuvent en découler doivent être examinées au regard des droits acquis[17] antérieurement à la loi du 20 juillet 1973. Il est ainsi important de voir le sort réservé à ceux des particuliers qui détenaient des droits fonciers et immobiliers sur le sol congolais avant le principe posé par l'article 53 de la loi. Parmi ces particuliers, l'on dénombre également ceux qui détenaient des droits en vertu du droit coutumier.

B. *Droits fonciers enregistrés et acquis avant la loi du 20 juillet 1973*

623. Principe. Il a existé différentes sortes de terres et de titres d'occupation avant la loi du 20 juillet 1973. Il en est ainsi des terres indigènes, des terres de circonscriptions urbaines régies par le livret de logeur ou un titre administratif d'occupation. Dans la pratique, il se pose la question du droit applicable à la suite de la réforme décidée par les pouvoirs publics. Il s'agit là d'un conflit des lois, en l'espèce un conflit des lois interne lequel est généralement réglé par des dispositions transitoires.

Ainsi, aux termes des articles 369 et 385 de la loi, pour autant qu'ils soient matérialisés par une mise en valeur conforme à la loi, s'ils appartiennent à des Congolais personnes physiques, ces droits sont convertis

[17] Sur la théorie des droits acquis, cf. de J. BURLET, *Précis de droit international privé congolais, op. cit.*, V° droits acquis. Pour être reconnus, il faut qu'il s'agisse des droits subjectifs, définitifs et régulièrement acquis.

en concession perpétuelle. La loi oblige donc les détenteurs de ces titres à les convertir en concession (perpétuelle ou ordinaire)[18].

Aux termes de l'article 390 de la loi,

> *« À compter de l'entrée en vigueur de celle-ci, c'est-à-dire le 20 juillet 1973, « le droit d'occupation » constaté par le « livret de logeur » ou tout autre titre équivalent délivré dans une ville ou une zone de la République est supprimé.*
>
> *Ceux des Nationaux qui détiennent encore un tel droit, pourvu que celui-ci soit régulier et porte sur un terrain du domaine privé de l'État situé dans une circonscription lotie et cadastrée,* **se verront octroyer** *un titre de concession perpétuelle sur le fonds occupé. (C'est nous qui soulignons).*
>
> *Ne sont pas concernés par cette disposition : tous ceux qui, bien que détenant un livret de logeur ou un titre équivalent, sont encore liées par un contrat de location-vente avec un organisme public »*[19].

624. Jurisprudence. Dans une espèce, la Cour d'appel de Lubumbashi a – curieusement et *contra legem* –, jugé qu'un certificat d'enregistrement établi en 1959 n'est plus un titre légal à dater de la publication de la loi foncière. Il ne peut faire foi[20].

Pourtant, il existe des décisions plus anciennes (notamment une de la même Cour d'appel de Lubumbashi et dont la jurisprudence est constante) qui affirment le contraire de ce qu'elle a récemment jugé.

Ainsi, la « loi Bakajika » et [son] ordonnance-loi d'exécution n'ont pu disposer pour une période se situant après le 30 juin 1960 sans aller à l'encontre des garanties constitutionnelles. Ces textes ne comportent pas en eux-mêmes l'annulation d'un certificat d'enregistrement dont le propriétaire originaire reste titulaire et qui lui confère légalement des droits et prérogatives sur l'immeuble concerné tant qu'une décision ne lui a pas été notifiée par les autorités compétentes du refus de reconduction de ses droits fonciers[21].

De même, l'article 1er de l'ordonnance-loi 36/343 du 7 juin 1966 (reprise par l'État [congolais] de sa pleine disposition de ses droits

---

[18] Arrêté n° 90-0012 du 31 mars 1990 fixant les modalités de conversion des titres de concession perpétuelle ou ordinaire, in KALONGO MBIKAYI, *Code, op. cit.*, p. 241.

[19] Il en fut le cas de l'ONL (Office National de Logement), le Fonds d'Avance, etc. à ce jour liquidés.

[20] CA Lubumbashi, RC 10775/10992, 29 mars 2004, in *Les An. Jur.*, n° 3/2004, pp. 52-66, Note de KIFWABALA TEKILAZAYA : « La validité des certificats d'enregistrement dressés avant la loi foncière de 1973 ».

[21] Lub., 22 sept. 1972, *RJC*, 1972, p. 197.

fonciers concédés ou cédés avant le 30 juin 1960) est de stricte application dans le temps et quant à son objet, car il limite un droit garanti constitutionnellement.

Ladite ordonnance-loi n'a pu disposer pour une époque se situant après le 30 juin 1960, sans aller à l'encontre des garanties constitutionnelles. Sauf dispositions contraires, un arrêté ministériel ne rétroagit pas[22].

Dans une espèce plus récente, la CSJ a déclaré fondé, entraînant conséquemment l'annulation du titre attaqué, le moyen pris de la violation des articles 65 et 372 de la loi n° 80-008 du 18 juillet 1980 par le Ministre des affaires foncières en ce qu'il a loti et attribué le terrain que le demandeur avait acquis conformément à la loi ancienne, sous prétexte qu'il n'avait pas agi conformément à la loi nouvelle, lorsqu'il ressort du dossier de la cause que le demandeur avait introduit une demande de terre et sollicité le constat de la mise en valeur de celle-ci et que c'est par les négligences et lenteurs de l'administration que le contrat de location ne lui a pas été octroyé[23].

C'est autant dire que les droits acquis régulièrement et antérieurement à la loi du 20 juillet 1973 sont reconnus et reconduits, quitte à convertir les anciens titres ou, pour les personnes concernées, à se voir octroyer des certificats d'enregistrement conformes à la nouvelle loi. Cependant, l'interprétation de la disposition de l'article 390 de la loi fait poser un problème: dans la mesure où elle ne vise que «ceux des nationaux», peut-on en déduire que les «étrangers» sont exclus de cette disposition? Et, le cas échéant, que deviendraient leurs titres de propriété régulièrement acquis?

La disposition de l'article 371 y répond de façon explicite lorsqu'elle dit:

> *«Les certificats d'enregistrement établissant la propriété privée du sol et délivrés antérieurement à la présente loi seront remplacés par des certificats conformes aux dispositions de la présente loi au fur et à mesure des mutations opérées».*

À notre sens, cette disposition doit être interprétée en combinaison avec d'autres qui posent le principe des droits acquis et de la conversion des anciens titres de propriété en des titres conformes à la loi du 20 juillet 1973. Encore qu'aucune sanction ne soit formellement prévue en cas de non conversion des titres anciens de propriété ou de jouissance!

---

[22] Lub., 13 août 1971, *RJC*, 1972, p. 150.

[23] CSJ, RA 278, 21 déc. 1995, *Bull. des Arr.*, Années 1990-1999, Kinshasa, 2003, pp. 139-142.

C. *Droits fonciers acquis en vertu du droit coutumier*

625. Lieu de la question. Il importe de rappeler que la coutume est une des sources du droit positif congolais. La constitution du 18 février 2006 la reconnaît en tant que telle (art. 153, alinéa 3). La loi du 20 juillet 1973 en fait autant (art. 388), le code forestier (loi n° 011/2002 du 29 août 2002 également (art. 36, alinéa 1). Ne s'agit-il pas là, si l'on devrait en douter encore, d'une réponse explicite à la question de savoir si le droit coutumier connaît la propriété !

La doctrine juridique nationale devrait être sensible aux sources coutumières. Comme l'écrit un auteur, nous devons être capables de manier autant les principes coutumiers que les outils modernes du droit: classer et systématiser pour enseigner; interpréter pour juger et faire juger; critiquer pour réformer; « enseigner sans reproduire, innover sans détruire »[24]. Ces préceptes appliqués sans discernement feront que ces techniques s'évanouiraient dans le non droit[25].

626. Principe. La loi du 20 juillet 1973 entend être conséquente avec elle-même. Elle ne peut pas affirmer une chose et en même temps son contraire. Ainsi, s'agissant des droits fonciers coutumiers, aux termes de l'article 387 de la loi, les terres occupées par les communautés locales deviennent à partir de l'entrée en vigueur de la loi du 20 juillet 1973, des terres domaniales. En effet, ces terres sont celles qui sont occupées par lesdites communautés pour l'habitation, la culture ou toute autre exploitation, individuelle ou collective (article 388). Tout conflit relatif à ces terres est porté devant les tribunaux de droit écrit, à l'exclusion de ceux coutumiers[26] sans pour autant exclure l'application des règles coutumières à ce conflit. En vertu de l'article 389 de la loi, les terres occupées par les communautés locales sont régies par la coutume en attendant l'ordonnance qui devrait en réglementer les dispositions[27].

---

[24] Clin d'œil à une citation du professeur J. Vanderlinden.

[25] R. RARIJAONA, *Le concept de propriété en droit foncier de Madagascar*, Paris, Éd. Cujas, 1967, 306 p., introduction.

[26] CSJ, RC 334, 9 avr. 1980, *R.J.Z.*, 1988, p. 8. Pour un commentaire sur la compétence matérielle des tribunaux de paix en cette matière: V. KANGULUMBA MBAMBI, « À propos de la compétence matérielle des tribunaux de paix en matière foncière », Note sous Trib. de Paix de Butembo, RC 011/028/NGA, 6 sept. 1999, in *Rev. de Dr. Afric.*, Bruxelles, 17/2001, pp. 109-111.

[27] CSJ, RC 1032, 20 janv. 1988, *RJZ*, 1988, p. 7. Mais celle-ci n'est jamais intervenue. Voy. V. KANGULUMBA MBAMBI, « Quelques propos sur l'évaluation des lois. Cas de la loi foncière du 20 juil. 1973 », in *La loi du 20 juil. 1973…, op. cit.*, pp. 37-54, spéc., pp. 47-49.

627. Au plan de l'anthropologie juridique. L'option de l'appropriation du sol par l'État semble rencontrer la conception et le statut de la terre de la grande majorité des Congolais dans la mesure où le sol a toujours été considéré comme un bien à usage commun, certes, sous la surveillance d'une autorité clanique ou publique. En effet, la conception congolaise de la propriété est « communautaire » alors qu'il n'est pas exclu des droits individuels à l'intérieur de toute propriété. Voilà qui fait que les droits fonciers coutumiers acquis antérieurement soient reconnus et soumis également à conversion.

628. Éléments de distinction entre propriété foncière – droit de jouissance foncière. Les principes portant sur la propriété foncière de l'État étant précisés, il reste à souligner également que cette propriété échappe aux dispositions concernant la preuve des droits réels fonciers. En effet, aux termes de l'article 219 de la loi, seul le certificat d'enregistrement est légalement le titre prouvant l'existence d'un droit réel immobilier ou foncier. La raison en est que de par la loi (article 9 de la constitution et 53 de la loi), la propriété foncière de l'État congolais est déjà affirmée. Le principe est que dès que publiée, la loi est censée connue de tous et, partant, elle devient opposable à tous. Il ne servirait à rien à en faire une publicité subsidiaire encore que la propriété foncière de l'État est fondamentalement différente de droits de propriété immobilière ou de jouissance foncière appartenant aux particuliers.

Sur le plan pratique, la gestion des terres appartenant à l'État repose sur la distinction selon que ces terres appartiennent au domaine public ou au domaine privé de l'État. Mais il importe de voir par qui et comment le domaine privé de l'État est-il géré.

Section 2:

PRINCIPES DE GESTION DU DOMAINE FONCIER DE L'ÉTAT : PROCÉDURES ET RÈGLES DE COMPÉTENCE EN MATIÈRE FONCIÈRE

629. Énoncé et base légale. Selon les termes de l'article 54 de la loi, le patrimoine foncier de l'État comprend un domaine public et un domaine privé. Le domaine foncier public est constitué de toutes les terres qui sont affectées à un usage ou à un service publics. Ces terres sont inconcessibles tant qu'elles ne sont pas régulièrement désaffectées. Et, elles sont régies par des dispositions particulières aux biens affectés à un usage ou à un service publics (art. 55).

Toutes les autres terres constituent le domaine privé foncier de l'État (art. 56 alinéa 1). Il s'agit *mutandis mutandi*, des mêmes principes que ceux portés par les articles 9 et suivants de la loi du 20 juillet 1973.

630. Gestion des terres domaniales. Pluralité d'autorités? La gestion du domaine privé (immobilier et foncier) de l'État fait poser souvent des problèmes essentiellement issus de l'incompétence personnelle ou matérielle entre différentes autorités et de l'usurpation des pouvoirs, lorsque cette question est envisagée par rapport aux autorités coutumières. Mais la loi ne reconnaît cette compétence qu'à une seule autorité : *le conservateur des titres immobiliers* placé à la tête de chaque circonscription foncière (art. 222 et 223 de la loi). En effet, il importe de faire une nette distinction entre la *gestion* et *l'application de la politique foncière de l'État* qui est fonction du type et de la localisation des terres concernées.

Les terres du domaine privé de l'État sont gérées par le Conservateur, sous réserve, bien que domaniales, des terres des communautés locales (article 388) qui le sont conformément aux coutumes et usages locaux.

631. Gestion des biens immobiliers du domaine privé. En ce qui concerne la gestion de ces biens, l'article 217 prévoit qu'elle relève soit de la compétence des administrations publiques, soit des organismes publics créés à cet effet, soit des sociétés mixtes immobilières.

Telle est également la lecture que nous faisons des dispositions combinées de la loi du 20 juillet 1973, notamment les articles 55, 56, 61 et 182, sur les concessions ; 219 et 227 sur la preuve des droits réels fonciers et immobiliers, et essentiellement les articles 182 et 217 sur les autorités compétentes en matière de gestion. Mais, comme à l'accoutumée, les pouvoirs publics congolais aiment à créer des institutions ou à leur conférer des compétences sans qu'aucun texte n'en organise les modalités de fonctionnement. C'est ce qui résulte en tout cas de l'article 218 de la loi qui prévoit qu'une ordonnance présidentielle devrait être prise afin d'organiser les conditions et les modalités de la gestion des biens immobiliers du domaine privé de l'État. De pratique administrative, cette gestion est confiée actuellement au Ministère de l'urbanisme et de l'Habitat[28].

---

[28] G. KALAMBAY LUMPUNGU, « Le respect des concessions foncières et de la propriété immobilière étatique et privée ainsi que les procédures de leur mutation », in *Séminaire sur les biens saisis, Rapport final*, précité, pp. 50-56.

Nous savons que le domaine privé de l'État, en ce qu'il comporte des terres concessibles, est géré, sauf délégation des pouvoirs, par le Conservateur des titres immobiliers car celui-ci représente l'État. Il est à la tête des circonscriptions foncières et, dans la conclusion des contrats de concession, il les signe au nom de l'État.

632. ***Quid* de la compétence reconnue au Ministre des Affaires foncières (art. 181 de la loi) et au Gouverneur de Province (art. 183)**? Ces dispositions sont susceptibles de créer la confusion, source de conflit de compétences ou d'usurpation des pouvoirs. En effet, s'agissant du Ministre des Affaires foncières, il ne *gère* aucunement le domaine privé de l'État (allant, par exemple, jusqu'à signer des contrats de concessions ou les certificats d'enregistrement), il *applique* plutôt la politique de l'État en matière de lotissements, d'affectation et de distribution de terres. C'est donc uniquement dans ce cadre que certaines autorités, sous réserve de type de terres et de leur localisation, interviennent d'une façon ou d'une autre dans le processus de concession de terre sans avoir à se substituer au Conservateur des titres immobiliers.

Les règles qui déterminent la procédure dans la gestion du domaine privé foncier de l'État dépendent en partie de la nature des terres et des autorités qualifiées pour ce faire. En effet, l'on sait que le domaine privé foncier de l'État comprend des terres urbaines et des terres rurales. La gestion de ces terres est logiquement différente dans la mesure où les autorités appelées à intervenir ne sont pas les mêmes.

§1. MODES DE GESTION DES TERRES DU DOMAINE PRIVÉ DE L'ÉTAT

Les terres du domaine privé de l'État, qui ne sont pas à confondre avec les autres biens immobiliers dudit domaine prévus par l'article 217, sont gérées en fonction de leur importance et localisation. Plusieurs services de l'administration foncière concourent à cette gestion.

633. Gestion fonctionnelle. Dans l'étude du domaine privé de l'État, nous avons relevé que celui-ci est composé des plusieurs biens : meubles, immeubles (par incorporation et par nature) et qu'il pouvait être géré par les administrations publiques ou par les différents organismes publics ou mixtes. En ce qui concerne les terres du domaine foncier privé de l'État, il importe de distinguer les terres urbaines des terres rurales, et celles-ci des terres des communautés locales (art. 388 de la loi) selon la situation du fonds et l'importance (étendue) de la terre.

Les terres rurales sont gérées par les autorités locales, territoriales ou provinciales en fonction de leur étendue et de leur destination (art. 154).

Les terres des communautés locales, elles, sont gérées selon les coutumes et usages locaux par les autorités coutumières (art. 388).

Dans la gestion des terres des circonscriptions urbaines du domaine privé de l'État, le Conservateur des titres immobiliers est secondé par un certain nombre de services indispensables dans l'efficacité de ses tâches administratives et techniques.

634. Services d'appui à la gestion des terres. Le Conservateur des titres immobiliers ne saurait remplir sa mission s'il n'est pas secondé dans ses tâches courantes par d'autres services qui rendent efficace la gestion du domaine privé de l'État. Il s'agit, en règle générale, des directions et services émargeant du Ministère des Affaires foncières: les titres immobiliers, le cadastre foncier, le cadastre fiscal, la planification, le fond de promotion foncière, l'École nationale du Cadastre, le service contentieux, l'inspection et la direction «des biens sans maîtres».

De façon plus restreinte, le Conservateur travaille étroitement avec le Cadastre, le bureau du domaine, du contentieux et de l'enregistrement. En effet, aucun terrain ne peut être attribué si, au préalable, il n'a pas fait l'objet de lotissement selon un plan local ou général d'urbanisme. Le lotissement est une attribution du Président de la République, du Ministre ou du Gouverneur, selon les cas (article 63). Dès qu'un espace est loti, les terrains sont inventoriés, mesurés et bornés selon des plans et croquis ou, en termes techniques, cadastrés, avant d'être mis à la disposition de la Conservation des Titres immobiliers. Dès cette étape, les terrains sont prêts à être attribués à ceux qui en font la demande mais après certains préalables administratifs et techniques.

§2. PROCÉDURE : ENQUÊTE PRÉALABLE

635. L'autorité compétente est généralement saisie, lorsqu'il s'agit d'un terrain inculte, d'une demande de terre. Celle-ci est examinée par l'autorité destinataire de la requête. Et, avant d'y réserver une suite quelconque, l'autorité doit pouvoir ordonner une enquête de vacance de terre (art. 193). En effet, le terrain à concéder doit être libre, c'est-à-dire ne doit pas avoir été attribué à une autre personne. C'est l'intérêt attaché à la procédure d'enquête préalable.

La concession des terres rurales est subordonnée par une enquête préalable effectuée par l'Administrateur du territoire. Celle-ci a pour but de constater la nature et l'étendue des droits que des tiers pourraient avoir sur les terres demandées en concession. L'enquête est ouverte après l'avis favorable du Commissaire de District territorialement compétent. Elle est effectuée par l'Administrateur du Territoire ou son délégué.

L'enquête consiste essentiellement sur :

- la vérification sur place de la délimitation du terrain demandé ;
- le recensement des personnes s'y trouvant ou y exerçant une quelconque activité[29] ;
- la description des lieux et l'inventaire de ce qui s'y trouve (bois, forêts, cours d'eau... ;
- l'audition des personnes intéressées à la terre susceptibles de formuler des observations ou réclamations verbales ;
- l'enregistrement et l'étude de toutes les réclamations et informations écrites.

L'enquête est soumise au contrôle du Commissaire de district, du Gouverneur de Province et enfin à celui du Procureur de la République avant la décision définitive (art. 195-203).

§3. RÈGLES DE COMPÉTENCE

636. Il y a lieu de rappeler que les règles de compétences sont fonction de types de terres. Mais il reste que les terres sont, en principe, gérées soit par les administrations publiques, soit par des organismes publics créés à cet effet, soit par des sociétés mixtes d'équipement et de promotions immobilières. Il est aussi important de ne pas confondre la gestion des terres et l'aptitude à délivrer les titres donnant accès à l'acquisition du droit de jouissance lesquels doivent émaner de certaines autorités administratives ou politiques.

Dans cette occurrence, il importe de distinguer les terres urbaines (celles situées dans les localités déclarées ou instituées, selon la loi sur l'organisation administrative et territoriale, en villes, art. 71) ; les terres rurales, (celles situées en dehors des circonscriptions urbaines ou qui ne sont pas urbaines, art. 60, 153 et s. de la loi) ainsi que les

---

[29] Il s'agit des renseignements démographiques et relatifs à l'occupation du sol.

terres des communautés locales (celles gérées selon les coutumes et usages locaux, art. 388). Mais, vu le manque de politique efficace et responsable d'urbanisme, il est parfois possible de voir ces trois types de terres coexister faisant surgir un cortège des conflits inextricables[30].

Dans plusieurs pays, il y a comme une transformation et une prépondérance du droit coutumier foncier dans les villes africaines. Francophone, anglophone ou lusophone, l'Afrique subsaharienne est marquée par une caractéristique : entre 50 % et 75 % de la population y vit dans une situation foncière précaire.

La propriété coutumière, qui se caractérise par une appropriation collective de la terre et des droits d'usage sur celle-ci et sur ses produits, y est encore importante. Traditionnellement, le chef coutumier attribue ces droits d'usage aux membres de son groupe.

Mais progressivement, en particulier en périphérie des villes, le droit coutumier se transforme sous la pression démographique et économique, et les chefs coutumiers cèdent des parcelles et créent des lotissements informels. Ces pratiques « néocoutumières » sont ignorées par la loi sans être formellement interdites. Elles permettent aux populations de s'installer à proximité des villes. Au Ghana, la majorité des terres préurbaines sont coutumières. À Yaoundé (Cameroun), plus de 70 % de la population des quartiers périphériques occupent des terres coutumières. La situation est pareille à Dar es Salam (Tanzanie)[31].

Revenant aux règles de compétence, il importe de noter que les concessions des terres gérées par les administrations publiques ne sont valables que si elles sont accordées :

- par contrat approuvé par *une loi*, pour les blocs de terres rurales, égaux ou supérieurs à 2000 hectares et pour les blocs de terres urbaines, égaux ou supérieurs à 100 hectares ;
- par contrat validé par *un décret* du *Président de la République* pour les blocs de terres rurales supérieurs à 1000 hectares et pour les blocs de terres urbaines supérieurs à 50 hectares et inférieurs à 100 hectares ;
- par contrat validé par *arrêté* du *Ministre ayant les affaires foncières* dans ses attributions pour les blocs de terres rurales de plus de

[30] C'est la *villégisation des villes* à la source de l'insécurité foncière. À Kinshasa, par exemple, vu la propension de cette ville à s'étendre (par elle-même ?) ; des terres rurales, et même celles des communautés locales, côtoient celles urbaines mettant ainsi en conflit les Ministres ayant dans leurs attributions la matière foncière, le Conservateur des titres immobiliers et les autorités coutumières.

[31] Voy. *Alternatives internationales*, revue, 2006, p. 24.

200 hectares n'excédant pas 1000 hectares et pour les blocs de terres urbaines de plus de 10 hectares mais n'excédant pas 50 hectares;

- par contrat signé par le *Gouverneur de Province* pour les blocs de terres rurales égaux ou inférieures à 200 hectares et pour les blocs de terres urbaines égaux ou inférieurs à 10 hectares;
- pour les terres rurales de moins de 10 hectares et les terres urbaines de moins de 50 ares, le Gouverneur de Province peut déléguer ses pouvoirs au *Conservateur des titres immobiliers.*

De façon générale, pour les terres érigées en circonscriptions urbaines, le Président de la République ou son délégué fait dresser sur base du plan parcellaire des terrains à concéder (art. 63 de la loi). Le Président de la République ou le Gouverneur de province, le Ministre des Affaires foncières pour la Ville de Kinshasa, font établir les plans parcellaires ou en confier la gestion à des organismes publics.

En ce qui concerne la Ville de Kinshasa, les pouvoirs ci-dessus prévus au point 4° sont exercés par le Ministre des Affaires foncières pour les terrains dont la superficie ne dépasse pas 2 hectares. Il peut déléguer ses pouvoirs au Chef de Division des Terres dans les autres cas (art. 183).

§4. RÉGIME DES CONCESSIONS GRATUITES

637. Base légale: ordonnance n° 77/040 du 22 février 1977[32]**.** L'État peut octroyer des concessions à titre onéreux ou à titre gratuit. En réalité, il s'agit d'une gratuité particulière car elle suppose au départ un gain ou service acquis ou à acquérir. Ce serait, d'une façon ou d'une autre, une contrepartie d'un service rendu ou à rendre à l'État.

Cela étant, il est utile de dire un mot sur le caractère gratuit de ces concessions et sur leurs conditions d'obtention.

638. Caractère de gratuité de concession. Le régime de gratuité de concession est organisé par l'ordonnance n° 77/040 du 22 février 1977. Toutefois, il convient de ne pas prendre au mot le terme «gratuité».

Il s'agit en fait d'une dispense de certains frais dans la mesure où l'État prend en charge les frais d'établissement du contrat (mesurage, bornage

[32] Voy. le texte dans KALONGO MBIKAYI, *Code civil et commercial, op. cit.*, p. 264 et dans le *Code foncier*, *op. cit.*, Éd. 2006, p. 220 (sauf à corriger l'erreur matérielle de l'année: **1977** au lieu de 1997 qui y est reprise).

et taxe d'engagement) qui auraient du être supportés par le concessionnaire. Mais, les frais que peut occasionner le constat d'occupation ou l'enquête préalable à la concession sont supportées par celui qui les a provoqués (cas de contestation ou de conflit sur le fait de savoir si la concession est occupée ou non).

639. Conditions d'octroi. Elles sont prescrites à l'article 7 de l'ordonnance précitée. Il convient toutefois de distinguer entre les personnes physiques et les personnes morales susceptibles de bénéficier des concessions gratuites.

640. ***Pour les personnes physiques.*** Cinq conditions sont prévues par la loi.

a) il faut être Congolais;

b) il faut avoir rendu des services éminents à la Nation;

c) l'on ne peut bénéficier qu'une seule fois d'une concession gratuite;

d) le titulaire doit assurer personnellement la mise en valeur ou y édifier des bâtiments et constructions en matériaux durables (art. 162);

e) la concession gratuite n'est octroyée que pour des terres situées à 10 km de circonscriptions urbaines (art. 161 de la loi).

Elles sont accordées sur base des conditions fixées par décret du Président de la République. Aux termes de l'article 61, al. 3 de la loi, il peut y avoir deux concessionnaires mais ils seront solidairement tenus vis-à-vis de l'État.

641. ***Pour les organismes publics, les établissements privés d'utilité publique et des associations.*** Aux termes de l'article 163 de la loi, un décret du Président de la République fixe les conditions devant régir les concessions en faveur des personnes morales poursuivant une activité d'intérêt général et constituées conformément à la loi ou pour les centres commerciaux.

Ces concessions ne peuvent excéder une superficie de 10 hectares pour des terrains urbains ou 200 hectares pour les terrains ruraux. Cette superficie doit répondre aux besoins des installations prévues. Les associations ou les personnes morales doivent personnellement occuper et mettre en valeur les concessions ainsi obtenues, sous peine de déchéance. Toutefois, les établissements publics ne tombent pas sous le coup de cette sanction (art. 164).

§ 5. IDENTIFICATION DES BIENS DU DOMAINE PRIVÉ DE L'ÉTAT

Une question fondamentale se pose : existerait-il un titre pour les biens du domaine privé de l'État ? Si oui lequel, si non est-il nécessaire qu'il en existe un ?

642. Nécessité de titre d'identification. L'étude de la composition du domaine privé de l'État nous a fait voir que celui-ci comporte des biens meubles et des biens immeubles. S'agissant des biens immeubles, il y a des biens immeubles par nature et des immeubles par incorporation. Les immeubles par nature sont le sol et le sous-sol ainsi que les mines. En vertu de l'article 53 de la loi, ceux-ci sont déclarés propriété de l'État. Cette publicité légale suffit par elle-même. Il n'y aurait plus besoin de prévoir un titre particulier. Mais tel n'est pas le cas des biens immeubles par incorporation. Comment dès lors, les identifier et les reconnaître comme biens de l'État ?

Le débat est en cours consistant à savoir s'il faut ou non un titre pour ces biens. La tendance rencontrée au Parlement[33] est de doter ces biens d'un titre mais différent de celui des biens des particuliers. D'après les termes de l'article 9 de la loi du 20 juillet 1973, les biens qui n'appartiennent pas aux particuliers sont gérés selon des règles qui leur sont particulières. Cette disposition n'a pas pour tendance de dire que ces biens ne peuvent être identifiés. Or, de pratique légale ou administrative, les biens meubles de l'État (charroi automobile) sont bien identifiés.

643. Textes de base. Il a été pris, depuis 1997, deux arrêtés portant sur l'identification les biens du domaine de l'État (public et privé)[34] :

1. Arrêté ministériel CAB/MIN.TP/01/003/97 du 22 juillet 1997 portant création et organisation de la Commission chargée de reconstitution du patrimoine immobilier de l'État (Ministère des Travaux Publics et Aménagement du territoire, Urbanisme et Habitat) ;

---

[33] Séminaire organisé par la Commission spéciale de l'Assemblée Nationale chargée des biens saisis, spoliés, confisqués, abandonnés 21-23 mai 2005, Palais du Peuple, Kinshasa/Lingwala : www.pnud-aid.org/rapportbiensaisie/pdf.

[34] *Codes RDC,* t. IV, vol. 2, Bruxelles, Larcier, 2003, pp. 60-61.

2. Arrêté ministériel CAB/MIN.TPAT-UH004/K/2001 du 9 janvier 2001 portant création de la Commission chargée d'identifier les patrimoines immobiliers du domaine public et privé de l'État.

Selon l'article 2 du premier arrêté, cette Commission a pour missions:

- de reconstituer le patrimoine immobilier de l'État à l'accession du pays à l'indépendance;
- de répertorier les cas d'aliénation de ce patrimoine à la suite des cessions à titre onéreux ou gracieux;
- de recenser les nouvelles acquisitions de l'État enregistrées dans la période de juin 1960 à juin 1997;
- de faire la lumière sur les biens abandonnés, autrement appelés biens sans maîtres rétrocédés à l'État depuis l'accession du pays à l'indépendance (leur identification et leur statut actuel);
- de mettre à jour la liste du patrimoine immobilier de l'État et de procéder à leur contrôle physique.

Quant à la Commission mise en place, au terme de l'article 2 de l'arrêté ministériel du 9 janvier 2001, elle a pour mission «de s'assurer de l'identification du patrimoine immobilier du domaine public et privé de l'État».

Dès lors, la question ne résiderait pas sur la possibilité ou l'opportunité d'identification mais sur le type de titre qui identifierait les biens immeubles de l'État.

644. Titre distinct ou certificat d'enregistrement pour les immeubles de l'État? En pratique, les immeubles appartenant à l'État ne font pas l'objet de certificat d'enregistrement. C'est dans ce secteur qu'il y a beaucoup d'abus de la part des gestionnaires. En effet, presque toutes les maisons de l'État à Kinshasa ont été vendues à vil prix à ceux qui y habitent, comme s'ils avaient droit de préemption sur l'immeuble alors que le principe veut qu'en cas de vente, le bien qui appartenait à la collectivité soit mis aux enchères[35].

---

[35] G. KALAMBAY LUMPUNGU, «Le respect des concessions foncières et de la propriété immobilière étatique et privée ainsi que les procédures de leur mutation», in *Séminaire sur les biens saisis, Rapport final*, précité, pp. 50-56.

«Quatre-vingt pour cent des immeubles de l'État de la ville de Lubumbashi sont sans titre de propriété», a déclaré le Procureur de la République près le tribunal de Grande instance le 24 février 2007.

Dans les pays qui ont opté pour le système du livre foncier (Madagascar, Bénin, Australie, Maroc, Côte d'Ivoire, pour ne citer que ces exemples), rapporte Rochegude[36], les biens fonciers ou immobiliers de l'État sont immatriculés au livre foncier et le droit de propriété de l'État (ou de l'acteur public concerné) est inscrit sur le même livre, à la page correspondant à l'immeuble immatriculé. Il s'agit là, le plus souvent, d'immeubles déjà mis en valeur et qui correspondent pratiquement aux besoins fonctionnels des administrations, faute de quoi, légalement, ils devraient être soit loués, soit vendus».

En l'état actuel du droit congolais, aucune disposition ne prévoit de titre, quel qu'il soit, pour les biens immeubles du domaine privé et même pour ceux du domaine public de l'État. Cette situation favorise la prédation et le bradage de ces biens. Aussi, a-t-il été suggéré «pour empêcher l'aliénation de ces biens, de faire établir un certificat d'enregistrement de chaque fonds et de chaque immeuble et de fixer des règles précises de leur aliénation»[37].

Il nous semble, toutefois, tant que les immeubles de l'État sont dans le domaine privé, que rien ne s'opposerait à ce qu'ils soient enregistrés au nom de l'État, par quelque titre que ce soit, et notamment par un certificat comme le sont les biens des particuliers. Il en serait de même pour les immeubles appartenant aux entreprises publiques et qui ne sont pas spécialement affectés à un but d'intérêt général. Notre opinion est déduite des dispositions pertinentes de la loi du 20 juillet 1973.

En effet, sur pied des articles 219 et 227 de la loi, nous savons que les concessions ou le droit de propriété immobilière dans le domaine privé de l'État ne sont, en définitive établies que par un certificat d'enregistrement. Celui en est donc le titre légal. Or, aux termes de l'article 61 de la loi «*la concession est le contrat par lequel l'État reconnaît à une personne collectivité, **à une personne** physique ou **morale de droit** privé ou **public**, un droit de jouissance sur un fonds aux conditions et modalités prévues par la [présente] loi et ses mesures d'exécution*». Il s'agit d'une disposition claire qui ne demande pas à être interprétée.

Subsidiairement à ses communiqués de presse numéros 2M6/CDH/012 et 2M6/CDH/018 respectivement du 15 septembre 2006 et du 7 décembre 2006 sur «la fraude à grande échelle tendant à spolier l'État congolais de certains immeubles au profit des particuliers» et à son rapport du 6 février 2007, le CDH a déploré les propos du Procureur de la République près le Tribunal de Grande Instance de Lubumbashi, Monsieur Médard Luyamba wa Lemba, lors de sa conférence de presse avec les chevaliers de la plume de Lubumbashi à son cabinet de travail, alors qu'il est censé protéger la loi et la République.

[36] A. ROCHEGUDE, *op. cit.*, p. 9.

[37] *Idem.*

645. Jurisprudence. Il a été ainsi jugé qu'aucun texte n'interdit au Comité Spécial du Katanga (organisme de droit public) ou à la Colonie (État) de se constituer des propriétés privées en ayant recours à la formalité de l'enregistrement. Si une mutation d'immeubles ainsi enregistrés intervient, le droit de 4 % sera dû sur le prix de vente[38]. En d'autres termes, l'État doit être soumis aux mêmes principes que les particuliers dans les matières et domaines où il se comporte comme tout particulier. Jugé ainsi que ne sont pas d'ordre public les dispositions légales organisant une matière dans laquelle l'État se comporte comme un particulier en disposant de ses biens[39] tels les biens manifestement non utiles à l'exercice de la mission et à la continuité du service public[40].

Section 3 :

SANCTIONS

La violation des dispositions de la loi entraîne, même si leur efficacité est hypothétique, des sanctions tant civiles que pénales.

646. Caractère d'ordre public de la loi. La loi du 20 juillet 1973 comprend des dispositions tendant à préserver l'ordre public, l'intérêt général et aussi les intérêts privés auxquels elle confère une protection spéciale. En tant que telle, cette loi est une loi d'ordre public. Dans l'acquisition du droit de propriété ou de concession, elle exige que ces droits soient établis et constatés par le certificat d'enregistrement. Toute contravention aux dispositions relatives à ces exigences (art. 219 et s.) expose le concessionnaire ou le prétendant à des sanctions civiles et/ou pénales.

§1. SANCTIONS CIVILES

647. Nullité du contrat de concession. Au titre de conséquence du caractère des dispositions de la loi du 20 juillet 1973, en son article 204, il est énoncé [qu']

---

[38] Elis., 25 avr. 1931, *RJCB*, 1935, p. 185.
[39] CSJ, RC 1651, 14 avr. 1994, précité.
[40] Trib. 1re Inst. Brux., 15 mai 2003, *J.T.*, 2003.

«Est nul, tout contrat de concession conclu en violation des dispositions impératives de la loi (du 20 juillet 1973); tout contrat contraire aux impositions impératives d'ordre urbanistique».

Il est juridiquement justifié qu'un contrat, pour être conforme à la loi, ne puisse violer la base de sa propre validité (article 33 du CC livre III), c'est-à-dire la loi qui lui donne existence et force. Le contrat ne devient loi que s'il a été conclu en respect de la loi (notamment les conditions prévues par article 8 du CC livre III). Dès lors qu'il ne le serait pas, ce contrat encourt la sanction de nullité encore qu'il faille distinguer entre la nullité absolue et la nullité relative[41]. La nullité qui frapperait un contrat de concession en vertu de l'article 204 est d'ordre privé[42].

Toutefois, il importe de ne pas confondre la nullité éventuelle du contrat de concession et les sanctions qui s'en suivent avec la nullité ou l'annulation du certificat d'enregistrement qui obéissent à des règles différentes.

648. Par d'ailleurs, d'autres difficultés font voir les insuffisances de la loi par rapport aux obligations qu'elle met à charge des particuliers. Il en est ainsi en matière de conversion des titres et aussi des titres de propriété. Alors que la loi dispose que le seul titre de propriété ou constatant le droit de jouissance foncière est le certificat d'enregistrement, il est courant d'en trouver de plusieurs sortes et de plusieurs natures (certificat de propriété foncière, livret de logeur, fiche parcellaire...)[43]. Cette question est récurrente dans le contentieux des droits de propriété foncière constatés par des titres datant d'avant la loi du 20 juillet 1973 ou non conformes à cette dernière.

649. Jurisprudence. Dans une espèce déjà évoquée [voy. *supra* n° 613, Droit transitoire et n° 614, Droits fonciers enregistrés et acquis avant la loi du 20 juillet 1973], la Cour d'appel de Lubumbashi a décidé qu'un certificat d'enregistrement établi en 1959 n'est plus un titre légal à dater de la publication de la loi foncière. Il ne peut faire foi[44].

---

[41] En cas de nullité relative, seules les parties au contrat ou dont les intérêts sont protégés peuvent s'en prévaloir alors que la nullité absolue peut être invoquée par toute personne intéressée.

[42] CSJ, RC 937, 28 oct. 1989, in KALONGO MBIKAYI, *Code, précité*, p. 199.

[43] Voy. KATUALA KABA KASHALA, *Le certificat d'enregistrement et le livret de logeur*, *op. cit.*

[44] CA Lubumbashi, RC 10775/10992, 29 mars 2004, in *Les An. Jur.*, Lubumbashi, *op. cit.* et note de J.-P. KIFWABALA TEKILAZAYA (La validité des certificats d'enregistrements dressés avant la loi foncière de 1973).

Rien ne nous convainc de suivre cette position de la Cour d'Appel de Lubumbashi qui va à l'encontre des principes de droit qui veulent que la loi nouvelle ne peut agir que pour l'avenir et ne peut rétroagir jusqu'à modifier des situations juridiques antérieures à sa propre existence !

Pourtant, dans plusieurs espèces, notamment dans celles qui suivent, il a été jugé que :

- « le certificat d'enregistrement originaire relatif à l'immeuble litigieux reste valable aux termes de l'article 44 du CC livre II.

  La loi Bakajika et l'ordonnance-loi d'exécution n'ont pu disposer pour une période se situant après le 30 juin 1960 sans aller à l'encontre des garanties constitutionnelles. Ces textes ne comportent pas en eux-mêmes l'annulation d'un certificat d'enregistrement dont le propriétaire originaire reste titulaire et qui lui confère légalement des droits et prérogatives sur l'immeuble concerné tant qu'une décision ne lui a pas été notifiée par les autorités compétentes du refus de reconduction de ses droits fonciers »[45].

- De même, l'article 1er de l'ordonnance-loi 36/343 du 7 juin 1966 (reprise par l'État [congolais] de sa pleine disposition de ses droits fonciers concédés ou cédés avant le 30 juin 1960) est de stricte application dans le temps et quant à son objet, car il limite un droit garanti constitutionnellement.

  Ladite ordonnance-loi n'a pu disposer pour une époque se situant après le 30 juin 1960, sans aller à l'encontre des garanties constitutionnelles. Sauf dispositions contraires, un arrêté ministériel ne rétroagit pas[46].

À la limite, le juge n'irait pas jusqu'à nier le droit de propriété d'une personne possédant un ancien titre tant que son droit est constaté par un certificat d'enregistrement.

C'est dans ce sens, se fondant sur la nature du certificat d'enregistrement et des droits qui y sont inscrits, que la Cour de Cassation belge (à l'époque elle était également la juridiction suprême de l'ordre judiciaire colonial) a eu à décidé que le certificat d'enregistrement, dressé par le Conservateur des titres fonciers et constatant que le droit de propriété d'un immeuble sis au Congo belge appartient à telle personne, fait pleine foi et le droit de propriété ainsi constaté est inattaquable. Sous la seule réserve du cas prévu par l'article 49 du livre II du Code civil congolais « Des biens » et des différentes modifications de la propriété », tant les

---

[45] Lubumbashi, 22 sept. 1972, *RJC*, 1972, p. 197.

[46] Lubumbashi, 13 août 1971, *RJC*, 1972, p. 150.

causes de résolution ou de nullité du contrat d'aliénation que l'erreur de l'ordonnance d'investiture ne donne ouverture qu'à des actions en dommages et intérêts[47].

Bien que réguliers en la forme, puisque acquis avant le 20 juillet 1973, ces titres devraient être convertis en certificat d'enregistrement. Mais le défaut de conversion n'est assorti d'aucune sanction. Telle est encore la situation plus de 30 ans après depuis l'entrée en vigueur de la loi du 20 juillet 1973.

§ 2. SANCTIONS PÉNALES

Aux côtés des sanctions civiles, la loi a prévu également des sanctions pénales. Cependant, la question de leur efficacité reste discutée.

650. Peines prévues par les articles 205 à 207 de la loi. Aux termes de l'article 205, il est prévu que,

> *« Sera passible d'une peine de 6 mois à 5 ans et d'une amande de 50 à 300 Zaïres ou d'une de ces peines seulement :*
>
> *1° L'autorité qui aura conclu au nom de la personne public, propriétaire, un contrat visé par l'article 204 ;*
>
> *2° Le fonctionnaire qui aura adressé un certificat d'enregistrement en vertu d'un tel contrat.*
>
> *Sera passible d'une peine de 2 à 5 ans et d'une amende de 100 à 300 zaïres ou d'une de ces peines seulement, toute personne qui, par contrainte, menace ou toute pression aura obligé un fonctionnaire de l'administration du domaine ou des titres immobiliers à agir en violation des dispositions de la présente loi ».*

L'article 206 quant à lui dispose que :

> *« Nul ne peut construire ou réaliser n'importe quelle autre entreprise sur une terre concédée en vertu d'un contrat frappé de nullité.*
>
> *Toute infraction à la disposition qui précède sera punie d'une servitude pénale de deux mois à un et d'une amende de 100 à 500 zaïres ou d'une de ces peines seulement.*
>
> *En outre, l'administration peut ordonner la démolition des constructions ou toutes autres réalisations effectuées en vertu d'un contrat frappé de nullité.*

---

[47] Cass. 17 mai 1960, *RJC*, 1961, p. 1.

Faute par le contrevenant de s'exécuter, il pourra être procédé d'office à cette démolition, le tout à ses frais, soit par un entrepreneur que désignera l'administration, soit par l'administration elle-même

Le contrevenant ne pourra prétendre à aucune indemnisation à quelque titre que ce soit».

Enfin, selon les termes de l'article 207,

«Tout acte, d'usage ou de jouissance d'une terre quelconque qui ne trouve pas son titre dans la loi ou un contrat, constitue une infraction punissable d'une peine de deux à six mois de servitude pénale et d'une amende de 50 à 500 zaïres ou d'une de ces peines seulement. Les co-auteurs et complices de cette infraction seront punis conformément au prescrit des articles 21 et 22 du Code Pénal».

651. Inefficacité symbolique. Nous l'avons relevé, le non respect des dispositions de la loi du 20 juillet 1973 ne donne pas lieu qu'à des sanctions civiles. Il y a aussi des sanctions pénales. Mais le moins que l'on puisse dire est que ces sanctions sont plus symboliques que dissuasives. Elles ne paraissent pas efficaces. En plus du fait qu'il reste à savoir si les autorités compétentes ont déjà eu à les appliquer, il est regrettable que le taux des peines et celui des amendes soient si dérisoires par rapport à l'intérêt protégé.

Section 4:

PARTICULARITÉS DES PRINCIPES DE LA GESTION DU DOMAINE FONCIER PRIVÉ DE L'ÉTAT ET PROCÉDURE D'OCTROI DES CONCESSIONS

652. Rappel. En parlant du patrimoine, nous savons qu'il est le réceptacle de tout ce qui est évaluable en argent, cessible, transmissible et saisissable. La terre, si elle faisait partie du «patrimoine» de l'État, devrait logiquement tomber sous ce régime. La loi précise que les biens qui n'appartiennent pas aux particuliers sont régis par des lois particulières, bien qu'à ce jour ces lois particulières doivent être recherchées au cas par cas. Cependant, dans la mesure où l'on distingue le domaine public et le domaine privé de l'État, l'on peut concevoir – sans remettre en question la nature de «propriété d'affectation» de l'État sur son sol – que seuls les biens du domaine privé de l'État peuvent tomber dans le patrimoine de l'État à l'exception du sol, déclaré inaliénable par la loi, ainsi que certains autres biens du domaine public.

653. Jurisprudence. Sur ce sol qui est proclamé inaliénable, nous l'avons vu, l'État peut accorder des concessions sans que cela emporte son droit de propriété foncière.

La jurisprudence est constante quant à la propriété de l'État sur le sol congolais. Le fait pour celui-ci de conclure des contrats de concession perpétuelle sur une parcelle de terre avec un particulier, ne transfère pas à ce dernier un droit de propriété[48].

En vertu de l'article 57 de la loi, les terres du domaine privé de l'État peuvent faire l'objet d'une concession perpétuelle, d'une concession ordinaire ou d'une servitude foncière. C'est l'instant indiqué pour étudier la procédure d'acquisition d'une concession. Celle-ci se déroule, généralement et en cas de terrain inculte, en deux grandes étapes : celle de la «concession-contrat» et celle de la «concession-droit». Mais les deux étapes ne sont ni cumulatives ni impératives. Il est possible d'obtenir une concession sans passer par cette procédure. Dès cet instant, le nouveau locataire se sera substitué dans les droits et obligations du cessionnaire. En règle générale, il y a une démarche préalable à toute concession dans le cas d'un terrain inculte.

§1. PROCÉDURE PRÉALABLE

Il doit être distingué les obligations premières de l'État et celles des particuliers souhaitant bénéficier de la jouissance d'un fonds.

654. Lotissement. Les terres du domaine privé sont celles qui sont concessibles, c'est-à-dire qui peuvent faire l'objet de concession. Rappelons que ces terres ne sont pas affectées à un usage public ou à un service public. En d'autres termes, il ne s'agit pas des terres du domaine public de l'État.

Toutefois, pour être concédées, ces terres doivent être localisées, délimitées et assujetties à un plan local ou général d'urbanisme. Les terres doivent être divisées en parcelles avant d'être distribuées (art. 56, 58, 63 et 71). C'est la procédure de lotissement. Aux termes de l'article 204 de la loi, est nul, tout contrat conclu en violation de ses dispositions impératives ou qui serait contraire aux impositions d'ordre urbanistique. C'est autant dire que toutes les concessions doivent respecter les règles et principes en matière d'urbanisme et de distribution des terres.

---

[48] CSJ, RC 373, 25 mars 1987, in KALONGO MBIKAYI, *Code, op. cit.*, p. 179 ; CSJ, RC 299, 23 juin 1982, *Idem* ; CSJ, RC 378, 27 juin 1984, *Idem;* CSJ, RC 1867, 29 août 1996, *idem* ; CSJ, RC 1869, 29 août 1996, *idem.*

655. Demande de terre. Dès que loties, les particuliers peuvent demander à bénéficier du droit de jouissance de terre selon les règles de compétence prévues par les articles 161-168, 181 à 184 de la loi. C'est la première étape avant de conclure un contrat de concession foncière.

656. Enquête de vacance de terre. Lorsqu'une demande est enregistrée et qu'elle est relative à un terrain bien précis, il doit être ouvert une enquête de vacance afin de s'assurer de ce qu'il ne serait pas occupé ou attribué. C'est ici que le bureau du domaine intervient en vérifiant dans ses dossiers si le terrain ainsi cadastré n'a pas été déjà attribué. Si l'enquête et les vérifications se révèlent négatives, il est proposé la signature du contrat de location.

§2. CONCLUSION DU CONTRAT DE CONCESSION OU ÉTAPE DE « CONCESSION-CONTRAT »

Le terme « concession » utilisé par le législateur du 20 juillet 1973 mérite d'être compris afin d'éviter toute confusion.

A. *Notion de concession*

657. Définition. Le concept « concession » renferme plusieurs réalités. On distingue selon la nature les concessions administratives (de service public, d'occupation, de voirie, etc.), les concessions commerciales (concessions d'exclusivité, de vente ou de fabrication), les concessions civiles (concessions minières, concessions foncières).

Dans le cadre de la loi du 20 juillet 1973, l'article 61 définit la concession comme *« [étant] le contrat par lequel l'État reconnaît à une collectivité, à une personne physique ou à une personne morale de droit privé ou public, un droit de jouissance sur un fonds aux conditions et modalités arrêtées par la loi »*. Cette définition n'appelle pas d'autres commentaires sinon ceux relatifs à la procédure.

Lorsque la demande de terre d'un particulier est reçue, l'autorité compétente doit s'assurer de la vacance de ladite terre, à l'issue d'une procédure d'enquête préalable. Si l'enquête s'avère concluante et que rien ne s'oppose à ce que le requérant puisse obtenir la jouissance du fonds sollicité, le Conservateur ou le Chef de Division des Affaires foncières pour la Ville de Kinshasa procède à la signature du contrat de location avec le requérant.

B. Signature du contrat

Dès la signature du contrat, il naît un droit de location au profit du particulier. La loi qualifie cette location de provisoire. Ce qui ne peut surprendre. En effet, généralement, la location est toujours un droit précaire. Mais ici le terme «provisoire» a toute son importance.

658. Portée du terme «location provisoire» et définition de la location de l'article 144 de la loi. Aux termes de cet article, *«la location est un contrat par lequel l'État s'oblige à faire jouir une personne d'un terrain moyennant un certain prix que celle-ci s'oblige à lui payer»*. Il n'est pas à confondre avec la location mobilière ou immobilière, appelée «bail». Il s'agit ici d'une location foncière ou d'une location d'une portion de terre appartenant à l'État.

La location prévue à l'article 144 est un contrat provisoire préparatoire en ce sens qu'elle est prépare ou elle est, en principe, préalable à la concession-droit. Elle ne donne pas en effet directement lieu à établissement d'un certificat d'enregistrement sinon qu'à l'issue de la première étape (occupation et mise en valeur du fonds). Généralement, cette location fait l'objet d'un contrat stéréotypé de 17 articles étalés sur trois feuillets.

Les mentions essentielles de ce contrat sont:

- la localisation territoriale de la parcelle de terre (commune, territoire, ville);
- la dénomination du lotissement;
- l'usage ou la destination du terrain (résidentiel, industriel, enseignement ou commercial);
- le numéro du contrat et la date de signature.

En ce qui concerne les parties au contrat, celui-ci est conclu entre la République démocratique du Congo, représentée par le Chef de Division des Affaires Foncières (pour la Ville de Kinshasa) ou le conservateur des titres immobiliers et le particulier nommément désigné dans le contrat.

Les premiers articles (premier feuillet) portent sur:

- la description géographique et géométrique du terrain (localisation, n° cadastral, superficie et échelle);
- la durée du contrat (3 ans, 2 ans) et le prix du loyer;

- le compte créditeur du loyer et la période d'exigibilité du paiement.

Sur le deuxième feuillet, il est rappelé les obligations du locataire (art. 6-13).

Le troisième et dernier feuillet renvoie aux dispositions applicables au contrat de location ainsi qu'une clause spéciale éventuelle qui rappelle le nom du locataire, la localisation de la parcelle, le croquis et son numéro cadastral.

L'article 16 du contrat dispose que l'inexécution d'une des conditions générales ou spéciales pourrait entraîner la résiliation d'office du contrat si le locataire n'exécute pas ses obligations en dépit de la sommation qui lui aura été faite.

Enfin, le dernier article porte sur l'élection de domicile en cas de litige. Généralement, il s'agit d'une question de compétence territoriale. Aussi, en tant que contrat, il convient de voir les droits et obligations de chaque partie.

659. Droits du concessionnaire. Il y a lieu de tenir compte de deux étapes précédant la reconnaissance de la qualité de concessionnaire pour ressortir les droits qui reviennent à ce dernier en vertu du contrat.

660. ***Location et occupation provisoire***. Aux termes de l'article 144 de la loi, la location est conçue comme préparatoire à une « autre concession ». Elle ne peut être accordée pour plus de trois ans.

Pour qu'il y ait occupation provisoire, le locataire doit mettre en valeur le terrain ainsi reçu de l'État. Celle-ci suppose que le locataire entreprenne des constructions ou des plantations sur le fonds aux conditions prévues au contrat de location (art. 144).

661. ***Concession.*** Dès lors que le concessionnaire aura exécuté ses obligations préalables, l'État se voit obligé, à son tour, de lui octroyer la concession. Le contrat de concession perpétuelle ou ordinaire peut être alors conclu entre l'État et le concessionnaire. Ce contrat prévoit des droits et obligations à charge des parties. Le premier avantage pour le locataire, celui-ci devient effectivement *titulaire d'un droit réel de jouissance sur le fonds* mis en valeur. Les biens incorporés au sol deviennent des biens immobiliers dont le concessionnaire détient la propriété.

662. ***Nature juridique de la location provisoire.*** La qualification et la distinction des droits issus de la location provisoire entre « concession contrat» et «concession droit» ont généralement pour conséquence d'occulter la véritable nature de la location de l'article 144.

Aux termes de l'article 204 de la loi, tout contrat ou tout droit de jouissance qui violerait les dispositions impératives de la loi est nul. Partant, tout droit de jouissance foncière doit être fondé sur un titre conforme à la loi: un contrat de location (art. 144) ou un certificat d'enregistrement (art. 219).

En effet, contrairement à ce qu'on en penserait, la location de l'article 144 est une concession, une concession-droit et, pour tout dire, une concession ordinaire mais qui, aux termes de l'article 151 de la loi, ne donne pas lieu à un certificat d'enregistrement. Ce qui parait logique dans la mesure où il s'agit d'une étape provisoire qui peut aboutir à la conclusion d'un contrat de concession ou non. Aussi, est-elle constatée plutôt par un contrat de location. Contrairement aux autres concessions ordinaires, elle est la seule à avoir une durée qui ne peut excéder **3 ans** (minimum) et 5 ans (maximum, en cas de prorogation) (art. 144).

Par ailleurs, le régime juridique de la location provisoire mélange les règles de droit privé (contrat et biens) et celles de droit public notamment dans l'imposition du contrat et le recours à certaines prérogatives de la puissance étatique s'appliquant à tout contrat administratif.

663. Jurisprudence. La CSJ a décidé dans une affaire que le détenteur d'un contrat d'occupation provisoire a un droit à devenir concessionnaire. Il a ainsi qualité pour contester les titres délivrés en violation de son droit[49].

Sans approuver cette décision quant à la nature du contrat de location, la CA de Lubumbashi a jugé que «le contrat de location dressé par le conservateur n'est pas un acte authentique, ce dernier étant un acte qui contient la volonté des particuliers présenté au magistrat ou à un fonctionnaire public appelé notaire pour être dressé conformément à des modalités prévues par la loi, c'est-à-dire le décret du 17 novembre 1953.

Le conservateur, qui a le pouvoir d'authentifier la volonté des particuliers, ne peut jouer le rôle du notaire lorsqu'il est lui-même partie à l'acte, comme c'est le cas dans le contrat de location où il est partie en tant que représentant de l'État.

---

[49] CSJ, RC 1799, 03 août 1995, in *Les An. Jur.*, n° 1/2004, p. 45.

Un utilisateur privatif d'un bien du domaine public de l'État doit prouver les droits qu'il détient sur ledit bien[50] ».

En ce qui concerne la nullité possible du contrat de location, a été déclaré nul en application du principe « nul ne peut transmettre à autrui plus de droit dont ne dispose lui-même », le contrat de location signé par le conservateur en faveur d'une personne qui n'a pas acquis ce droit du précédent détenteur d'un contrat de location en cours de validité.

Tout comme en matière d'obtention de certificat d'enregistrement en cours d'instance[51], a été déclaré nul, un contrat de location signé par le conservateur alors qu'il existe un litige pendant devant les juridictions au sujet de l'immeuble, objet du contrat[52].

664. Obligations du concessionnaire – locataire. La loi prévoit que l'État peut consentir des concessions à titre onéreux ou à titre gratuit. De même, sur un même fonds, il peut y avoir un ou plusieurs concessionnaires qui seront tous solidairement tenus vis-à-vis de l'État. Le concessionnaire a trois obligations principales : paiement d'une redevance (si le contrat est à titre onéreux), occupation et mise en valeur du fonds et maintien de la mise en valeur et respect de la destination du fonds.

665. *Payement de la redevance.* Aux termes de l'article 148, à la condition que le contrat soit à titre onéreux, le premier terme de la *redevance* est libéré ou payé au moment de la signature du contrat. Elle peut consister en une quote-part des frais de construction et d'entretien de la voirie ou en une remise des titres de participation dans une société ou en d'autres valeurs mobilières.

Le versement peut être annuel, semestriel ou mensuel, au choix des parties. Dans tous les cas, il est fait anticipativement au premier janvier de chaque année.

666. *Occupation et mise en valeur du fonds.* Le locataire doit *occuper et mettre le fonds en valeur* dans les six mois. Toutefois, ce terme dépend

[50] CA Lubumbashi, RCA 10 948, 30 août 2002, *idem*, pp. 63-76, note de J.-P. KIFWABALA TEKILAZAYA.

[51] CSJ, RC 837, 5 mars 1986, *Bull. Arr.*, Année 1985-1989, Kinshasa, 2002, pp. 138-142.

[52] CA Lubumbashi, RCA 10721/11023, 18 mars 2004, *Les An. Jur., op. cit.*, pp. 70-81, Note de J.-P. KIFWABALA TEKILAZAYA (La notion de bonne foi dans l'article 23 de la loi foncière).

de type de terres: pour les terres rurales, dans les cinq ans et pour les terres urbaines dans les trois ans (article 154 de la loi).

En ce qui concerne la mise en valeur des terrains à usage résidentiel, commercial ou industriel, les constructions doivent être en matériaux durables. Si dans le délai, rien n'est fait, un nouveau délai est possible. À défaut de ce faire, l'État peut résilier le contrat ou réduire la concession à due proportion en cas de mise en valeur insuffisante ou partielle. Cependant, l'État ne pourra pas reprendre le fonds ni résilier le contrat sans avoir au préalable mis en demeure le locataire (art. 16 du contrat de location).

667. Jurisprudence. Le contentieux du contrat de location constitue une des matières récurrentes du conflit foncier et immobilier dont les ressources doivent être puisées souvent dans le droit des contrats.

Dans une espèce, il a été jugé qu'en vertu de la loi foncière, l'État propriétaire d'un terrain concédé, avant toute reprise, doit mettre en demeure le locataire défaillant sous peine de vicier la procédure et de la rendre nulle. Dans ces conditions, les contrats avenus entre l'État et d'autres locataires avant la reprise du premier contrat sont irréguliers et nuls[53].

De même, le détenteur d'un contrat de location passé avec la République qui a mis sa parcelle en valeur par la construction d'une maison en planches, ne peut voir son contrat annulé pour échéance du terme d'autant plus que la mise en demeure prévue par l'article 10 du contrat de location ne lui avait pas été donnée[54].

Toutefois, la loi a prévu la résiliation du contrat de plein droit si, dans les trois mois après la mise en demeure, le concessionnaire ne s'exécute pas ou ne fournit pas des motifs suffisants justifiant le retard (article 94, alinéa 3).

Aux termes de l'article 11, il est interdit au locataire de sous-louer, de céder son bail, de céder l'une des options prévues par les articles 8 et 9 (obligation de mise en valeur, mise en valeur insuffisante...), de changer la destination de la parcelle ou de la morceler sans l'autorisation préalable, expresse et écrite de l'autorité qui a consenti la présente

---

[53] TGI Kinshasa/Gombe, RC 66179, 12 janv. 1998, in *Rev. de Dr. Afric.*, Bruxelles, n° 7/1998, pp. 348-352; Kin, RCA 15 778, 7 mars 1991, *R.J.Z.*, 1993, pp. 22-23.

[54] CA Bukavu, RCA 1352/1500, 2 oct. 1990, *R.J.Z.*, 1993, p. 22; CA Kinshasa/Gombe, RCA 15778, 7 mars 1991, *précité*.

[location[55]]. Mais, il doit être traité comme occupant ou constructeur de bonne foi pour tout ce qu'il aura incorporé au fonds.

Dès lors, lorsqu'il est condamné à quitter les lieux, l'occupant, constructeur de bonne foi, a droit au remboursement de la valeur des constructions qu'il a érigées. Cette valeur devra être déterminée par un expert immobilier[56].

668. Cession de location – obligations contractuelles. Dans la pratique, en cas de cession de contrat de location, il est requis que celle-ci soit entérinée par le fonctionnaire qui agit au nom de la République (Chef de Division des Affaires foncières, Conservateur des titres immobiliers). Dès qu'entérinée, il est fait annotation de la cession au dos du contrat. À partir de ce moment, le cessionnaire devient locataire de la République et subroge l'ancien locataire dans ses droits et obligations vis-à-vis de l'État.

Il en résulte ainsi de l'article 18 de l'ordonnance n° 74-148 du 2 juillet 1974 portant mesures d'exécution de la loi du 20 juillet 1973[57]

En ce qui concerne les terres rurales, les conditions de mise en valeur sont généralement prévues au contrat. Mais la loi (article 157) précise que ne pourront être considérées comme mises en valeur et occupées, notamment:

- les terres qui ne sont pas couvertes sur un dixième au moins de leur surface par des constructions;
- les terres qui ne sont pas couvertes sur cinq dixième au moins de leur surface de cultures alimentaires, fourragères ou autres;
- les terres destinées à l'élevage et qui ne seront pas mises en valeur suivant les conditions minima fixées dans le contrat.

669. *Maintien de la mise en valeur et respect de la destination du fonds.* Il ne suffit pas seulement d'occuper et de mettre en valeur le fonds. Encore faut-il *maintenir la mise en valeur* et *respecter la destination du fonds* telle que prévue dans le contrat.

---

[55] Dans les clauses dudit contrat, il est fait mention de «bail» en lieu et place de «location». Encore une source possible de confusion de terminologie. Le «bail» de droit commun et différent de la «location» de l'article 144 de la loi du 20 juil. 1973.

[56] CA Lubumbashi, RCA 10721/11023, 18 mars 2004, *précité*.

[57] *Code foncier, op. cit.*, 2006, p. 111.

Lorsque la concession porte sur un terrain ou un fonds entièrement inculte, le locataire est tenu, aussi longtemps que dure son droit, de mettre le fonds en valeur, de l'entretenir, de l'occuper et de l'exploiter conformément à sa destination primitive (art. 93 de la loi). Toutefois, il est possible d'obtenir un changement de destination du fonds, avec l'accord de l'État propriétaire du fonds.

Il résulté ainsi de l'article 9 de l'ordonnance n° 74-148 du 2 juillet 1974 portant mesures d'exécution de la loi du 20 juillet 1973 qui dispose que «les baux sont transférés conformément à l'article 149 de la loi. Le transfert est constaté par une annotation portée au contrat initial, par le Conservateur des titres immobiliers ou le Chef de division des terres pour la Ville de Kinshasa et faisant référence à l'autorisation de l'autorité compétente (...)».

Le changement de destination des terres concédées s'opère conformément au prescrit des articles 72 et 93 de la loi (relatifs aux concessions). L'autorité compétente pour accorder le changement de destination doit être celle qui a accordé ou approuvé la concession. Le changement de destination est accordé ou refusé en fonction des prescriptions légales ou réglementaires en matière d'urbanisme, d'environnement ou d'hygiène et des exigences du développement du pays.

670. ***Sanction en cas de non respect de cette obligation***. En cas de changement de destination non autorisé, l'État a trois options:

- soit faire résilier le contrat sans préjudice des dommages et intérêts;
- soit exiger du concessionnaire fautif la mise en état du terrain conformément à sa destination originaire, et à ses propres frais et le paiement des dommages et intérêts forfaitaires. Cette indemnité sera égale au double de la différence entre la redevance et le loyer primitivement convenu et la valeur locative du terrain, calculée en raison de la destination nouvelle illicitement donnée et suivant le tarif en vigueur au moment de la constatation du manquement;
- soit autoriser ou entériner le changement de destination, dans ce cas, le contrat est maintenu quitte à l'État de revoir certaines clauses en fonction de la destination nouvelle du fonds.

Tels sont les droits et obligations du concessionnaire. Il reste à voir ceux de l'État, propriétaire du fonds.

671. Droits et obligations de l'État. L'État, comme toute partie contractante, a des obligations et des droits à faire prévaloir.

672. ***Droits***. Nous avons souligné que le contrat de concession peut être à titre gratuit ou à titre onéreux. S'il est onéreux, l'État a le droit de percevoir la redevance prévue au contrat.

En cas de non respect des clauses contractuelles, il peut faire résilier le contrat. Il a la faculté de reprise de son fonds, aux conditions évoquées dans le contrat et moyennant mise en demeure préalable. Il peut exiger la remise en état du terrain.

673. ***Obligations.*** À l'instar de tout propriétaire, l'État a l'obligation de faire jouir paisiblement le fonds au concessionnaire et donc d'empêcher qu'un tiers puisse troubler ce dernier dans sa jouissance. Il s'agit d'une obligation de principe. Il doit pouvoir garantir le locataire contre tout risque d'éviction,le cas échéant, l'État sera appelé en intervention ou en garantie et éventuellement condamné aux dommages et intérêts.

674. **Résiliation, résolution, transfert et renouvellement des contrats**. En droit des contrats, la résiliation est la faculté reconnue à chacune des parties de pouvoir prendre l'initiative de mettre fin au contrat en cas de faute de l'autre partie ou en cas de survenance d'une cause prévue au contrat. La résolution, elle, est la possibilité pour les parties contractantes de pouvoir mettre fin au contrat. Tout comme pour la résiliation, elle peut être judiciaire ou conventionnelle. La location de l'article 144, avons-nous vu, est régie et par le droit administratif (autorité compétente pour signer le contrat, localisation des terrains et compétence territoriale, etc.)[58] et par le droit privé (notamment en matière des droits et obligations, de mise en demeure et de la faculté de résiliation ou de résolution). S'agissant de la location, sur la base de l'article 94, alinéa 3 de la loi (défaut d'occupation ou de mise en valeur), l'autorité compétente peut mettre unilatéralement fin au contrat, trois mois après, après avoir mis en demeure le locataire.

La demande de résiliation est adressée au fonctionnaire qui a reçu la demande de concession. En cas de renonciation à une demande de concession, le requérant est soumis au paiement des frais résultant de l'examen auquel cette demande a donné lieu. Dans tous les cas, les causes de résiliation sont celles prévues par le droit commun des obligations, notamment aux articles 119 et 129 de la loi.

Le transfert de bail, tout comme en cas de résiliation, est constaté par une annotation faite par le Conservateur des titres immobiliers ou le chef de Division des terres de la Ville de Kinshasa sur le contrat initial. L'autorité compétente demeure celle qui a signé le contrat.

---

[58] Art. 14 de l'ordonnance 74-148 du 2 juil. 1974 précitée.

Le renouvellement doit être demandé à l'autorité compétente au plus tard six (6) mois avant l'expiration du contrat. Le renouvellement n'est possible qu'après vérification de la mise en valeur et du respect de la destination du fonds. L'État peut refuser le renouvellement. Dans le cas où le locataire a partiellement mis en valeur le fonds, l'État devra racheter les constructions y incorporées (art. 20-21 de l'ordonnance précitée).

675. La reconduction tacite du contrat est-elle possible? En droit des contrats, il y a tacite reconduction lorsqu'un contrat, à terme, se poursuit, à défaut d'une volonté contraire d'une des parties, au delà dudit terme. Il en est souvent le cas en matière de bail. Toutefois, il est requis que cette possibilité soit prévue au contrat. En matière de location de l'article 144, le contrat est prévu pour 3 ans. En cas de non mise en valeur suffisante, le locataire peut demander une prolongation de 2 ans. Il revient à l'État d'accepter ou de refuser le renouvellement. Aussi, aux termes de l'article 17 de l'ordonnance précitée, la reconduction tacite est-elle formellement exclue en matière de location.

676. Jurisprudence. À juste titre, dans une espèce, la CSJ a cassé un arrêt motif pris de la violation de l'article 17 de l'ordonnance n° 74-148 du 2 juillet 1974 portant mesure d'exécution de la loi foncière en ce que le juge d'appel qui a déclaré valables les contrats détenus par une partie faute de leur résiliation par l'administration foncière, opérant de la sorte leur reconduction tacite, alors que toute reconduction tacite des contrats du domaine foncier est prohibée par la disposition visée au moyen[59].

677. Signature du contrat de concession. L'étape de «concession-contrat» est ponctuée, si le locataire a respecté les termes du contrat, par la «concession-droit». En d'autres termes, la location devient concession de droit privé et le locataire, concessionnaire, régi par les dispositions de la loi du 20 juillet 1973 et précisément par les articles 13-21 de l'ordonnance n° 74-148 du 2 juillet 1974 portant mesures d'exécution de la loi du 20 juillet 1973 telle que modifiée par l'ordonnance n° 86-115 du 10 avril 1986[60].

Il nous faut souligner, toutefois, que la location de l'article 144 est une concession ordinaire à part entière. Il est, certes, vrai qu'elle ne fait pas

---

[59] CSJ, RC 1297, 24 avr. 1991, *Bull. Arr.*, Année 1990-1999, Kinshasa, 2003, pp. 55-57.

[60] Voy. le texte dans *Code foncier immobilier et régime des sûretés, J.O. de la RDC*, n° spécial, 5 avr. 2006, pp. 113-120.

l'objet d'un certificat d'enregistrement (article 151 de la loi) en tant que titre constatant le droit de jouissance sur le fonds et marquant l'étape de concession-droit.

§3. ACQUISITION DU DROIT DE JOUISSANCE OU «CONCESSION-DROIT»

678. La loi a tenu à fixer les conditions, pour toute personne, pour devenir concessionnaire. Le terme concession ainsi souvent utilisé renvoie plutôt à la «concession-droit». Celle-ci peut être ordinaire ou perpétuelle.

Il importe de noter, à l'instar de la location provisoire, que la «concession-droit» est également fixée dans un contrat de «concession perpétuelle» ou de «concession ordinaire» prévoyant les droits et obligations des parties. C'est en vertu de ce contrat, entre autres[61], que le certificat d'enregistrement sera dressé au nom du concessionnaire.

La loi fait une distinction fondamentale entre les droits réels immobiliers et les droits réels fonciers et, s'agissant de concession, entre la concession perpétuelle et la concession ordinaire. Avant de chercher le socle de la différence faite entre les droits réels immobiliers et les droits réels fonciers, il importe de préciser d'abord les droits réels fonciers.

A. Concession: droit réel foncier

679. Énumération incomplète de l'article 1er de la loi, al. 2 de la loi. Aux termes de cet article, ***les seuls droits réels*** *sont: la propriété,* ***la concession perpétuelle****, les droits d'emphytéose, de superficie, d'usufruit, d'usage et d'habitation, les servitudes foncières, le gage, le privilège et l'hypothèque.*

Cette énumération doit être complétée. En effet, outre les concessions perpétuelles, il y a lieu de citer les concessions ordinaires. Tout comme, les concessions minières ainsi que la location retenue à ce titre par l'article 109 n'ont pas été reprises par l'article 1 de la loi. Il est vrai que la location de l'article 144 ne donne lieu ni à un certificat d'enregistrement ni à une mention au certificat d'enregistrement vu son caractère préparatoire. Mais elle n'en reste pas moins une concession ordinaire et donc un droit réel foncier.

---

[61] Il ne s'agit pas ici de mutation. L'actuel concessionnaire ne tient pas son droit de jouissance d'un précédent concessionnaire.

Par contre, le législateur a omis certains droits autres réels. Il importe donc d'ajouter *la concession ordinaire spéciale* résultant de la conversion des droits acquis antérieurement à la loi du 20 juillet 1973 ainsi que les *concessions minières.*

B. Nature des droits réels fonciers prévus par la loi du 20 juillet 1973

680. Particularités. À lire l'exposé des motifs de la loi et à l'analyse des caractères de ces droits, il apparaît qu'ils sont des droits de jouissance foncière[62] mais autonomes au regard de l'étendue des avantages qu'ils confèrent à leurs titulaires[63].

681. ***Droit de jouissance autonome.*** Il faut partir des caractères et de la nature de la propriété de l'État sur le sol. Celle-ci est exclusive à l'État, inaliénable et imprescriptible. La loi n'accepte pas le démembrement de cette propriété. Mais puisqu'il faut malgré tout valoriser la terre, l'État peut consentir sur sa propriété certains droits de jouissance qui peuvent être perpétuels pour les Congolais personnes physiques ou ordinaires (limitées dans le temps) pour les étrangers et les personnes morales. En cela, ces droits de jouissance sont autonomes, particuliers.

La CSJ a eu l'occasion de le rappeler dans plus d'une décision. En effet, dans une espèce, elle a cassé un arrêt (qui reconnaissait à un particulier la propriété d'une parcelle en violation de l'article 53 de la loi) en disant que «la propriété du sol appartient au seul État congolais. Le fait pour celui-ci de conclure un contrat de concession perpétuelle sur une parcelle de terre avec un particulier, ne transfère pas à ce particulier un droit de propriété sur le sol»[64].

682. ***Droit réel.*** Un droit est dit réel, lorsqu'il fait exister un lien direct entre une personne (sujet de droit) et une chose qui en est l'objet. Et comme tout droit réel, celui-ci est aussi patrimonial, il est de nature civile ou commerciale. Ce droit ne naît véritablement qu'à la fin de

---

[62] Voy. J.-P. KIFWABALA TEKILAZAYA, *op. cit.*, p. 136 et s.

[63] Cf. E. LAMY, *article précité;* Voy. aussi, *Introduction.*

[64] CSJ, RC 373, 25 mars 1987; CSJ, RC 299, 23 juin 1982; CSJ, RC 1867, 29 août 1984, in KALONGO MBIKAYI, *Code civil et commercial congolais,* CRDJ, Kinshasa, 1997, p. 179; voy. aussi, CA Kinshasa/Matete, RCA 2983/2994, 23 sept. 1998, Note de V. KANGULUMBA MBAMBI, «Portée et implication de l'article 53 de la loi du 20 juil. 1973 sur les transactions en matière foncière», in *Rev. de Dr. Afric.*, n° 22/2002, pp. 215-223.

l'étape de la concession-contrat qui, elle, est du régime administratif alors que la concession est du droit civil des biens en ce qu'elle nécessite un certificat d'enregistrement qui est l'acte de naissance du droit sur le fonds.

683. ***Droit foncier.*** La concession est un droit foncier parce qu'elle porte sur un fonds qui est, de par la loi (article 6), un immeuble par nature, non susceptible, comme c'est le cas des immeubles par incorporation, de propriété privée. En définitive, la concession est un droit réel foncier de nature civile car soumise aux prescriptions de la loi du 20 juillet 1973 en ce qu'elle nécessite un certificat d'enregistrement.

684. Il résulte de l'examen des étapes menant à la concession et des caractères de celle-ci, lorsque la procédure et les obligations y afférentes ont été respectées, que les personnes concernées peuvent acquérir soit une concession ordinaire soit une concession perpétuelle. Aussi, s'impose-t-elle l'étude du régime juridique de concessions foncières afin d'en ressortir les particularités respectives. C'est l'objet du chapitre suivant.

CHAPITRE 2

LES CONCESSIONS FONCIÈRES

685. Sortes des concessions et raisons d'être. Les concessions foncières sont de deux types: la concession perpétuelle et les concessions ordinaires. En réservant la concession perpétuelle aux seuls Congolais, le législateur a entendu d'une certaine façon, permettre, selon l'expression de Planiol et Ripert, une «location perpétuelle» par les Congolais d'une partie du fonds appartenant à l'État. Cette «location» peut être justifiée pour des raisons sociales (habitation) ou économiques. Mais, dans cette vue, les étrangers sont aussi admis bien que les concernant, la location n'est accordée que pour un temps limité (concessions ordinaires). Il y a lieu d'étudier le régime juridique de ces deux types de concessions pour en relever, à l'occasion, les différences.

Section 1:

CONCESSION PERPÉTUELLE

Avant de donner les caractéristiques de la concession perpétuelle, il importe d'abord de la définir.

§1. DÉFINITION ET CARACTÉRISTIQUES

686. Définition. La concession perpétuelle est définie comme le droit que l'État reconnaît à une personne physique de nationalité congolaise, de jouir indéfiniment de son fonds aussi longtemps que sont remplies les conditions de fond et de forme prévues par la loi (article 80).

687. Caractéristiques. De cette définition, l'on peut retenir:

- que la concession perpétuelle n'est accessible qu'aux personnes physiques congolaises;

- qu'elle n'est pas limitée dans le temps dès lors que les conditions d'accession à ce droit sont remplies (occupation, mise en valeur et maintien de la mise en valeur) ;
- que ce droit est garanti par la loi d'une façon particulière dans la mesure où les causes de son extinction sont restrictivement prévues par la loi (article 101) et cette énumération est d'ordre public ;
- qu'il n'est transmissible et cessible qu'entre Congolais (article 82, al. 3). Toutefois, il peut l'être entre un Congolais et un étranger, dès cet instant, il ne sera plus perpétuel mais il deviendra alors ordinaire, c'est-à-dire, au regard du type de concession ordinaire, limité dans le temps.

§2. Sources de la concession perpétuelle

688. La concession perpétuelle a en réalité deux sources : contrat ou cession de contrat et conversion. Elle peut être obtenue à la suite d'un contrat passé entre un Congolais et l'État congolais (article 61) ou elle peut résulter de la conversion d'un droit acquis antérieurement à la loi du 20 juillet 1973 (art. 369 et s.) ou d'une cession de droit entre un concessionnaire perpétuel et une autre personne de nationalité congolaise.

Il y a lieu de souligner, parmi les sources des concessions, qu'aucune disposition légale ne mentionne le certificat d'enregistrement comme source génératrice de droits. Pourtant, tant la doctrine que la jurisprudence se laissent, sans raison légale, aller en reconnaissant une vertu créatrice des droits au certificat d'enregistrement.

A. *Contrat comme source de concession perpétuelle*

689. La concession perpétuelle suppose l'existence d'un contrat conclu entre l'État et le concessionnaire de nationalité congolaise. C'est en vertu de ce contrat qu'une personne devient concessionnaire et que le Conservateur des titres immobiliers dresse le certificat d'enregistrement[1]. Selon le prescrit de l'article 82, en tant que contrat, la concession perpétuelle

[1] Dans les mentions du certificat d'enregistrement, il est pris acte de ce que *« M. X. est enregistré comme concessionnaire d'un contrat de concession conclu le... »* ou *« en vertu d'un jugement coulé en force jugée... »*, ou enfin *« en vertu d'un contrat de vente notarié daté du... »*. Ce qui conforte notre opinion selon laquelle le certificat d'enregistrement ne crée pas le droit de jouissance foncière ou de propriété immobilière. Il le constate. Car ce droit préexiste.

comporte des droits et obligations à charge des parties. Il y a lieu de les analyser.

690. ***Droits de l'État.*** Si la concession est octroyée à titre onéreux, l'État a le droit de percevoir la redevance prévue au contrat (article 92).

Il peut reprendre le fonds en cas de non mise en valeur ou en cas de violation de ses obligations par le concessionnaire (article 91).

Il a le droit de faire ainsi résilier le contrat.

691. ***Obligations de l'État.*** L'État doit garantir au concessionnaire une jouissance paisible du fonds (art. 85). Cette obligation emporte la garantie contre l'éviction du concessionnaire. Celle-ci peut être totale ou partielle. Mais, si jamais cela peut arriver, l'État a des obligations particulières vis-à-vis du concessionnaire.

Ainsi, en cas d'éviction totale, l'État doit rembourser le prix de la concession diminué de 1/20e par tranche de 5 ans de jouissance révolue depuis la fin du contrat (art. 86).

En cas d'éviction partielle, l'indemnité sera réduite proportionnellement au préjudice subi par le concessionnaire encore que celui-ci peut faire résilier le contrat si la partie du fonds qui lui reste est sans intérêt pour lui (art. 88).

Si le fonds était totalement inculte lors de la conclusion du contrat, le concessionnaire aura droit, en plus de l'indemnité qui sera fixée à dire d'expert, à la valeur actuelle et intrinsèque des bâtiments, des plantations et ouvrages dont il aura enrichi le sol (art. 87).

Le concessionnaire peut cependant perdre la garantie si une faute lui est reprochée.

692. ***Droits du concessionnaire.*** La loi réserve des droits, parfois étendus, au concessionnaire.

Ainsi, aux termes de l'article 80 :

- il a le droit de jouir indéfiniment du fonds. Il s'agit d'une jouissance illimitée (art. 96) ;
- il a le droit de propriété sur tout ce qui est incorporé au sol (art. 97)[2] ;

---

[2] En vertu de la théorie de l'accession (article 21 de la loi et tout ce qui est dit au sujet des modalités d'accession à la propriété, Titre IV, *supra*, propriété immobilière distincte de la propriété foncière).

- il a le droit de construire, de planter, de disposer des constructions (propriété immobilière différente de la propriété du fonds); il peut transmettre, louer, hypothéquer son droit, le grever de servitude. Il peut le céder, l'aliéner en tout ou en partie. Le nouveau concessionnaire est subrogé aux droits et obligations du précédent concessionnaire (art. 100).

693. ***Obligations du concessionnaire.*** Si la concession est à titre onéreux, le concessionnaire doit payer la redevance convenue au contrat. Elle peut être en nature ou en argent. Mais la principale obligation est le paiement du prix de la concession. En fait, il convient de distinguer le loyer (redevance) et le prix de la concession.

B. Conversion en tant qu'autre source de la concession perpétuelle

694. ***Base légale: art. 74, 369, 371 et s. de la loi.*** Dans ses dispositions transitoires et finales, la loi a réglé le sort des droits fonciers et immobiliers acquis antérieurement à son entrée en vigueur. L'article 74 porte sur la conversion d'une concession ordinaire en concession perpétuelle laquelle conversion n'est possible qu'en faveur des Congolais. Quant à l'article 369, il s'agit des droits acquis par les Congolais personnes physiques; de ceux acquis par les étrangers personnes morales de droit public ou privé et de ceux acquis en vertu du droit coutumier. L'article 371 prévoit la conversion en concession (perpétuelle ou ordinaire) des anciens titres de propriété. Les modalités de conversion de ces titres sont réglementées.

695. ***Modalités de conversion des titres: arrêté n° 90-0012 du 31 mars 1990***[3]. L'article 2 de cet arrêté dispose que la demande de conversion de droit d'occupation en concession perpétuelle ou ordinaire est introduite auprès du conservateur des titres immobiliers du ressort de la parcelle sous couvert d'un livret de logeur ou titre similaire.

En fait, la conversion concerne les titres constatant ces droits. Il en a existé de trois sortes:

---

[3] Voy. le texte dans KALONGO MBIKAYI, *Code, op. cit.*, pp. 241-243 et aussi Voy. le texte dans *Code foncier, op. cit.*, pp. 156-158. En ce qui concerne les modalités de conversion des concessions forestières, voy. le décret n° 05/116 du 24 oct. 2005 fixant les modalités de conversion des anciens titres forestiers en contrats de concession forestière et portant extension du moratoire en matière des titres d'exploitation forestière, *J.O. de la RDC*, n° spécial, 25 oct. 2005.

- *droit d'occupation;*
- *livret de logeur;*
- *tout autre titre équivalent.*

Le dossier doit contenir:

- le livret de logeur ou titre similaire;
- la fiche cadastrale s'il y a lieu;
- tous renseignements et documents concernant la parcelle;
- l'identité du titulaire ou des titulaires du droit;
- l'acte attestant de la nationalité congolaise;
- le régime matrimonial du demandeur.

Lorsque la parcelle couverte par l'un des quelconques titres ci-dessus évoqués n'a pas été mise en valeur, ce titre sera remplacé par un contrat de location soumis aux prescriptions des articles 144 et suivants de la loi.

696. ***Sort des anciens titres.*** En attendant la conversion, les titulaires des livrets de logeur ou titres similaires gardent le droit sur les parcelles qu'ils occupent mais ils peuvent disposer du droit de jouissance de la parcelle quitte aux acquéreurs de se faire établir un certificat d'enregistrement (cf. articles 219 et 227 de la loi).

Il a été ainsi jugé qu'est fondé d'occuper un terrain et d'en jouir, une personne qui, en plus d'autres titres de propriété, en l'espèce le livret de logeur, produit au dossier un contrat de location signé avec la République du Zaïre sur le terrain querellé[4].

697. Aux termes de l'article 370 de la loi, sont confirmées, pour autant que leur terme n'est pas échu, les concessions qui ont été acquises régulièrement avant l'entrée en vigueur de la loi du 20 juillet 1973 et qui ont fait également l'objet d'une mise en valeur conforme aux lois sous l'empire desquelles elles ont été acquises.

Avant l'avènement de la loi du 20 juillet 1973, l'on distinguait:

- le régime foncier colonial dans les agglomérations urbaines;

---

[4] TGI Kinshasa/Matete, 28 mai 1988, RC 4822, Aff. Kal. c. Luk., in V. KANGULUMBA MBAMBI, «Revue critique de la jurisprudence de la CSJ...», *La loi du 20 juil. 1973..., op. cit.*, p. 136.

- les droits fonciers et immobiliers acquis en vertu du droit écrit;
- les droits acquis en vertu du droit d'occupation;

698. ***Régime foncier colonial des agglomérations urbaines.*** Il avait existé un régime de discrimination entre les agglomérations urbaines proprement dites (villes européennes) et les agglomérations africaines (cités africaines) bien souvent séparées physiquement par des zones tampon constituées des parcs ou des terrains[5]. Dans les agglomérations urbaines, il était possible d'occuper un terrain et l'on en devenait propriétaire qu'avec un certificat d'enregistrement. Cette propriété s'étendait au sol et à toutes les constructions y érigées. Elle était régie par le droit civil (code civil livre II).

Notons que certains Congolais pouvaient y accéder par le biais de l'immatriculation[6].

Dans les agglomérations africaines, appelées aussi cités africaines, centres extra coutumiers, les terrains lotis étaient attribués par l'Administration. Ces terrains faisaient partie du domaine privé de la Colonie ou appartenant aux pouvoirs concédants[7]. Et de ce fait, il y avait juridiquement deux titulaires: la Colonie et/ou les pouvoirs concédants et l'indigène propriétaire. La propriété était constatée par un simple titre administratif d'occupation.

1° Droits fonciers et immobiliers acquis en vertu du droit écrit

699. ***Base légale: décret du 10 février 1953: accession des Congolais à la propriété immobilière.*** Sous l'empire de l'EIC et du Congo belge, les Congolais ne pouvaient accéder à la propriété immobilière telle que réglementée par le droit écrit. Ils étaient régis par leurs coutumes. Avant 1953, ne pouvaient accéder à la propriété immobilière que ceux des Congolais détenteurs d'une carte de mérite et qui étaient appelés «immatriculés» ou «évolués». Les autres, qualifiés d'indigènes, étaient soumis

---

[5] Par exemple, le cas du terrain de golf, les jardins botanique et zoologique à Kinshasa/Gombe séparant la ville européenne et les cités indigènes à Kinshasa conformément à la politique coloniale.

[6] Il s'agit d'une procédure d'affranchissement, «certifiée par une carte attestant l'assimilation par le Congolais des manières et du comportement des civilisés (européens)».

[7] C'est notamment le cas du Comité Spécial du Kivu, Compagnie des chemins de fer du Katanga. Voy. G. KALAMBAY LUMPUNGU, vol. II., *Historique du régime foncier congolais*.

au droit coutumier. Avec l'évolution, c'est avec le décret du 10 février 1953 que les Congolais immatriculés ont accédé à la propriété foncière et immobilière.

Ces discriminations étant abolies, aux termes de l'article 369, tous ceux qui avaient pu acquérir des droits immobiliers pouvaient, sous certaines conditions, les convertir en concessions perpétuelles.

Il en est ainsi de :

- ceux qui avaient une concession à caractère résidentiel ou commercial et dont le délai de mise en valeur n'est pas encore expiré ;
- ceux qui avaient une cession se rapportant à un projet d'investissement conformément au Code des Investissements et conventions s'y rapportant ;
- ceux qui avaient une concession à caractère industriel portant sur des terres urbaines ou rurales, jusqu'à la partie qui aura été effectivement mise en valeur ;
- ceux qui avaient une concession à caractère agricole dont la mise en valeur porte au moins sur une superficie de 50 hectares ;
- ceux qui avaient une concession dont la mise en valeur n'a pas été réalisée ou est considérée insuffisante et qui prouvent s'être trouvés dans l'impossibilité d'assurer cette mise en valeur soit par cas fortuit, soit par force majeure ;
- ceux qui avaient une concession dont la mise en valeur et l'occupation a été poursuivie d'une manière régulière et ininterrompue en l'absence de toute réattribution.

L'ancien titre détenu par ces personnes est annulé au profit du nouveau issu de la conversion.

2° Droits acquis en vertu du droit d'occupation

700. ***Droit d'occupation : droit urbain.*** Le droit d'occupation a une certaine particularité qu'il convient de souligner avant de parler de la nature juridique et de la valeur actuelle du titre qui le constate. Il s'agit d'un titre conféré aux Congolais habitant les cités africaines et qui leur donnait le droit d'occuper des maisons à une époque où ils n'avaient aucun accès à la propriété immobilière.

701. ***Nature juridique du droit d'occupation.*** Le droit d'occupation est un droit *précaire* et *à durée indéterminée*.

Il est précaire dans la mesure où il n'assure pas un droit définitif et irrévocable. L'Administration est fondée à le révoquer à tout moment *(ad nutum)*. Comme le titre qu'il constate, ce droit est d'origine administratif auquel il reste donc soumis. Sa durée n'est pas à terme fixe. Il est un droit *personnel*, c'est-à-dire accordé en regard de la personne du requérant *(intuitu personae)* et il est délimité dans l'espace. Mais il est indirectement susceptible d'aliénation entre vifs ou pour cause de mort.

Notons que l'origine administrative du droit d'occupation ne le rapproche pas du tout du droit d'occupation reconnu aux indigènes sur les terres coutumières qui, lui, est plutôt civil tel qu'il résulte des article 387 et suivants de la loi.

702. ***Valeur actuelle du titre d'occupation.*** Nous avons souligné que le titre d'occupation, comme le droit qu'il constate, était d'origine administrative. Il n'avait donc qu'une valeur administrative, sans plus. De ce point de vue, il ne procurait pas de sécurité juridique à son titulaire, comme le serait celui qui détient un certificat d'enregistrement (art. 217 et s. de la loi). À l'heure actuelle, ce titre est supprimé. La loi ne reconnaît que le certificat d'enregistrement comme seul titre constatant l'existence légale de la propriété immobilière ou de droit de jouissance foncière (voy. article 59).

703. ***Principe.*** La loi est claire sur cette question : à compter de l'entrée en vigueur de la loi du 20 juillet 1973,

> *« [...] le droit d'occupation constaté par le livret de logeur ou par tout autre titre équivalent délivré dans une ville ou une zone de la République est supprimé »* (art. 390, al. 1).

704. **Jurisprudence.** La Cour Suprême de Justice a, dans plusieurs de ses arrêts, confirmé le principe de la valeur légale et probatoire du certificat d'enregistrement, et donc ne reconnaissant pas d'autres titres, en décidant que :

- la preuve du droit de propriété et des droits réels qui en découle sur les biens régis par le système de l'enregistrement organisé autrefois par le code civil livre II et actuellement par la loi du 20 juillet 1973 est exclusivement le certificat d'enregistrement établi par le conservateur des titres fonciers, actuellement, conservateur des titres immobiliers[8] ;

---

[8] CSJ, RC 100, 3 avr. 1976, *Bull. Arr.*, 1976, p. 64.

- la preuve du droit de propriété d'un immeuble n'est établie que par un certificat d'enregistrement[9];
- en déclarant une personne propriétaire d'un immeuble en l'absence d'un certificat d'enregistrement constatant ce droit de propriété, le juge viole les dispositions légales de l'article 219 de la loi du 20 juillet 1973 portant régime général des biens[10].

3° Tempérament au principe de la non-validité des anciens titres d'occupation

705. ***Base légale – art. 390 de la loi et 12 de l'arrêté n° 90-0012 du 31 mars 1990.*** Par principe, sur la base de l'article 390 de la loi, le titre d'occupation obtenu avant le 20 juillet 1973 reste valable mais son titulaire doit le convertir en certificat d'enregistrement. C'est ce qui ressort de l'article 12 de l'arrêté n° 90-0012 du 31 mars 1990 fixant les modalités de conversion[11]. Cependant, comme la plupart de dispositions de la loi du 20 juillet 1973, le fait de ne pas convertir ce titre n'expose son détenteur, en tout cas, à aucune sanction, par exemple, la déchéance[12]. Il n'existe donc aucune sanction organisée par cette loi en cas de non conversion des anciens titres !

706. **Jurisprudence.** Dans plus d'un cas, les cours et tribunaux ont reconnu la validité du titre d'occupation ou de tout autre titre antérieurement et régulièrement acquis.

Il a été ainsi jugé que :

- en l'absence d'un contrat de location ou d'un certificat d'enregistrement, modes légaux d'acquisition d'une portion de terre, le livret de loguer renferme en lui-même un certain crédit, étant donné qu'avant l'entrée en vigueur de la loi du 20 juillet 1973, la détention d'un livret de logeur, non seulement était souhaitée et

---

[9] CSJ, RP 998, 30 sept. 1987, in KALONGO MBIKAYI, *Code, op. cit.*, p. 201.

[10] CSJ, RC 1266, 5 sept. 1990, in KALONGO MBIKAYI, *ibidem.*

[11] Voy. le texte dans KALONGO MBIKAYI, *idem*, p. 241 et s.

[12] En plus, combien sont-ils à avoir converti leurs anciens titres ? Mieux, combien de personnes ont le titre requis constatant leur droit de jouissance ou leur propriété immobilière à Kinshasa ou ailleurs en RDC ? C'est un problème socio-juridique sérieux : les faits contredisent le droit ! Est-ce pour cette raison qu'ils ne sont pas titulaires de droit de propriété ?

requise, mais celui-ci constituait aussi en quelque sorte un signe, une preuve d'occupation légale d'une parcelle [13];

- le livret de logeur tient lieu d'un titre de propriété [14];
- une parcelle régie par un livret de logeur est un droit immobilier dont la vente ne peut être conclue qu'en présence d'un notaire et la vente faite par un simple agent de ventes publiques a été faite par un agent sans qualité [15];
- le livret de logeur et les attestations délivrées à [l'époque] par certaines autorités administratives ne constituent pas de titre de propriété mais règlent uniquement les rapports existant entre l'appelant et l'administration [16];
- la vente d'une parcelle non enregistrée (droit d'occupation) dans un centre urbain s'opère suivant les règles coutumières de la vente. En conséquence, la vente est parfaite et la propriété de la parcelle acquise à l'acheteur dès la conclusion de la convention et paiement d'au moins une partie du prix [17];
- en cas de vente, la remise du livret de logeur, rend parfaite en matière d'occupation de parcelle, la convention entre parties [18].

L'on devrait plutôt être très circonspect sur la valeur de ces titres, du moins, par rapport à l'époque de leur obtention. Ne sont ainsi valables, conformément à l'article 390 de la loi, que ceux des titres obtenus avant le 20 juillet 1973.

Mais qu'en est-il des droits acquis en vertu du droit coutumier?

4° Droits acquis en vertu du droit coutumier: évolution et situation actuelle

707. ***Coutume et droit coutumier: source des droits.*** Depuis toujours, les communautés locales (tribus, clans, familles, villages, collines, etc.) occupent des terres pour diverses fins.

---

[13] CA Kinshasa/Matete, RCA 854, 30 avr. 1993, *RAJZ*, 1998, p. 35.

[14] CSJ, RC 300, 13 mai 1991, 2001, *Bull. Arr.*, 2001, p. 220.

[15] Kin, RCA 10042, 3 mars 1983, *Bull. arr.*, année 1977, p. 54.

[16] Kin, 1er déc. 1964, *RJC*, 1970, p. 187, note de E. LAMY.

[17] Ville de Lubumbashi, 2e degré, 15 sept. 1967, *RJC*, 1970, p. 91, Note G. KALAMBAY LUMPUNGU.

[18] CSJ, RC 210, 26 mars 1980, in DIBUNDA KABUINJI, *Répertoire général...*, *op. cit.*, p. 201.

Bien que les terres des communautés indigènes soient collectives, elles sont en fait morcelées entre les membres de la communauté, grâce à des occupations individuelles ou familiales. La terre devient nécessairement l'objet des relations juridiques entre les membres de la communauté. Elles doivent être régies par les usages locaux.

Les différents régimes juridiques fonciers en droit congolais n'ont pas aboli ou supprimé ce type de droits de jouissance ou de propriété communautaire. Déjà, tant sous l'EIC que sous le Congo belge, ces terres ont été régies par un régime spécial, en ce sens qu'elles ont été régies par les usages locaux, quel que fut le statut juridique des membres de la communauté.

708. ***Nature juridique des droits des indigènes sur la terre: droit de propriété ou droit d'usage?*** Les Instructions du Gouverneur général du 8 septembre 1906[19] mentionnent que les droits indigènes sur les terres n'ont pas le caractère d'une propriété, même collective, d'un usufruit ou d'une servitude. «C'est plutôt un droit réel *sui generis*, grevant la propriété au profit d'une ou plusieurs collectivités». Il paraissait prématuré d'établir la nature de ces droits d'après la législation écrite.

> *«Les Noirs ont la notion de la propriété individuelle pour les meubles, les huttes et les champs de culture. Cette notion est moins abstraite que la nôtre; elle se rapproche de notre notion de la possession, de l'appropriation».*
>
> *«Dans certaines régions, cependant, telles le Bas-Congo et le Kwango, des autorités en matière coloniale attestent l'existence de droits de propriété collective de villages et de fractions de clan, sur certaines étendues de terres[20]».*

Sous l'empire de la législation coloniale, ces terres étaient soumises au régime d'occupation (art. 12). Ainsi, les droits de l'indigène seront tels que l'occupation les fera apparaître, et, si cette occupation est permanente et exclusive, il en résultera, pour les collectivités ou, éventuellement, les individus, des droits similaires à la propriété, d'autant plus que le législateur colonial reconnaissait aux collectivités le droit de disposer des terres, corrigeant ainsi la coutume selon laquelle les terres seraient frappées d'inaliénabilité perpétuelle.

---

[19] *B.O.,* 1906, p. 378.

[20] E. DE JONGHE, *Ethnographie du Congo, Revue des questions scientifiques,* Louvain, Mars-Mai, 1930, cité par Th. HESYE, *Domaine de l'État, Novelles,* t. 1, 1931, pp. 279-358.

La doctrine de l'époque signale, d'une façon assez générale, que le caractère individuel des droits d'usage assure pratiquement aux indigènes les avantages (les utilités) que pourrait leur donner une tenure individuelle de la terre, tandis que le caractère collectif de la tenure de la terre sauvegarde la subordination des intérêts individuels à l'intérêt général de la collectivité[21]. Il en résulte que la terre est exclue de toute propriété privée. Elle ne peut être qu'appropriée, c'est-à-dire affectée, exploitée ou occupée à des fins précisés, sans aucune idée de propriété privée et donc, d'aliénabilité.

709. ***Statut actuel des terres «indigènes».*** Les droits coutumiers sur les terres «indigènes» ou terres des communautés locales ont été reconduits par la loi du 20 juillet 1973 même si, au terme de l'article 387, ces terres sont devenues de terres domaniales conformément au prescrit de l'article 53 de la même loi. Elles y sont désignées comme des «terres occupées par les communautés locales».

710. ***Notion.*** «Les terres des communautés locales» se retrouvent dans plusieurs textes de lois notamment dans la constitution (art. 34), le code forestier[22] et, naturellement, dans la loi foncière. Par ailleurs, dans la doctrine, il est fait également état de «terres des communautés traditionnelles»[23].

En réalité, pensons-nous, l'expression légalement consacrée est celle de «terres des communautés locales». L'accent est plutôt mis sur la *localisation* et la *destination* des terres que sur la nature des communautés bénéficiaires.

Il a été ainsi jugé par la Cour d'Appel de Kananga qu'en vertu de l'article 386 de la loi foncière, une communauté traditionnelle ne peut revendiquer des droits que sur une terre qu'elle *habite, cultive ou exploite d'une manière quelconque* conformément aux coutumes. Faute de répondre

---

[21] VANDERKERKEN, *Le droit indigène*, ICI, Session de La Haye, 1927.

[22] Loi n° 011/2002 du 29 août 2002 portant code forestier, *J.O.* de la RDC, Kinshasa 31 août 2002.

[23] Voy. par exemple J.-P. KIFWABALA TEKILAZAYA, «À qui appartient la terre en RD Congo? À l'État ou aux communautés traditionnelles?», *Les An. Jur.*, n° 3/2004, p. 6 et «La nature des droits fonciers exercés par les communautés traditionnelles» Note sous RCR/C 20, 5 sept. 2003, *op. cit.*, p. 59; V. KANGULUMBA MBAMBI, «À propos des terres des communautés locales: qui en serait [encore] le propriétaire et quel en est le régime contentieux en droit congolais?», Note sous CA de Bandundu, (RDC), RCA 947, 28 sept. 2004, *Rev. de Dr. Afric.*, n° 35/2005, pp. 267-292.

à cette exigence, elle est sans titre pour revendiquer[24]. La définition des terres « exploitées » comprend toutes les terres dont les collectivités indigènes tirent une utilité à titre privatif, et, si des terres de chasse paraissent indispensables à l'alimentation de certaines collectivités, elles sont réputées comme appartenant auxdites collectivités[25].

Aux termes de l'article 1er, 17 du code forestier, « *une communauté locale est une population traditionnellement organisée sur la base de la coutume et unie par des liens de solidarité clanique ou parentale qui fondent sa cohésion interne. Elle est caractérisée, en outre, par son attachement à un terroir déterminé* ».

Cette définition se rapproche de celle de la loi foncière. Aux termes de l'article 388 de la loi, par « *terres occupées par les communautés locales* », il convient d'entendre celles que « *ces communautés habitent, cultivent ou exploitent individuellement ou collectivement conformément aux coutumes et usages locaux* ».

711. ***Étendue des droits des individus sur les terres des communautés locales.*** Le droit que les membres de la communauté en retirent est plus un droit égal d'usage collectif qu'un droit de propriété individuelle, sauf à le considérer comme une indivision. En effet, aucun membre de la communauté, fut-il le chef, ne peut mettre fin à l'indivision par voie de partage. La communauté elle-même n'a pas le droit d'aliéner les biens collectifs, c'est-à-dire, les biens revenant à la collectivité entendue comme entité territoriale. Cette restriction rapproche ces biens de ceux du domaine public de l'État en ce qu'ils ne sont pas aliénables tant qu'ils servent à la collectivité.

Il résulte de l'instruction du Gouverneur général du 8 septembre 1906[26] que les droits indigènes sur les terres n'ont pas le caractère d'une propriété, même collective, d'un usufruit ou d'une servitude. C'est plutôt, un droit réel *sui generis* grevant la propriété au profit d'une ou plusieurs collectivités[27].

---

[24] CA Kananga, RCA 937/959, 20 févr. 1996, *Les An. Jur.*, n° 3/2004, p. 72 et Note de J.-P. KIFWABALA TEKILAZAYA : « La représentation en justice des communautés traditionnelles ».

[25] Th. HEYSE, *Domaine de l'État, précité*, n° 33.

[26] *Bull. off. de l'État Indépendant du Congo*, 1906, p. 378.

[27] Voy. X. BLANC-JOUVAN, « Les droits fonciers collectifs dans les coutumes malgaches », *R.D.I.C.*, n° 2, 1964 ; R. RARIJOANA, *Le concept de propriété en droit foncier de Madagascar. Étude de sociologie juridique*, Paris, Éd. Cujas, 1967.

L'originalité du droit de propriété coutumière est que celui-ci est rattaché à la famille ou aux ancêtres et au territoire (terroir). Ce qui suppose un lien étroit entre la terre et la communauté[28].

Et, au Congo, ces espaces constituent la plus grande partie de terres non loties ou ne faisant pas partie des circonscriptions rurales, affectées à diverses activités et fonctions sociales et économiques.

Mais comment reconnaître ces terres des communautés locales régies par la coutume et les usages locaux?

712. ***Caractéristiques des terres des communautés locales.*** Il existe «deux critères principaux pour la reconnaissance du droit de jouissance individuelle sur le sol affecté à la communauté locale ou traditionnelle, à savoir l'appartenance à la communauté locale et la superficie effectivement mise en valeur par l'habitation et par la culture»[29].

Ainsi, «dans la coutume Kongo du Bas-Congo, il n'est pas concevable que deux clans qui coexistent sur une même terre aient les mêmes droits sur celle-ci. Dans pareil cas, l'un d'eux est toujours l'ayant droit coutumier foncier, celui qui a été le premier sur les lieux par rapport à l'autre, celui qui en a reçu la jouissance du premier, notamment comme fils.

Le clan qui ne conteste pas avoir reçu les terres de l'autre ne peut pas prétendre être ayant-droit foncier de la jouissance lui concédée sur les lieux.

713. ***Jurisprudence.*** Il a été jugé que ne statue pas *ultra petita*, le tribunal qui attribue la terre litigieuse suivant l'appellation de cette terre par l'intimé, si aux dires presque unanimes des témoins entendus à titre d'information, cette terre est la même et qu'elle est différemment appelée par les parties, en l'occurrence «Kikuba Kantu» suivant le clan Mbate zi Kongo de l'appelant, et «Kimbemba Makulu» suivant le clan Mankunku de l'intimé»[30].

---

[28] Voy. Trib. Terr. Madimba, RR 56/58, 5 mars 1958, «Affaire des terres Boko», in A. RYCKMANS et B. MWELANZAMBI BAKWA, *Droit coutumier africain, Proverbes judiciaires Kongo (Zaïre),* précité. Alors que les premiers plaideurs ont comparu en 1938, le procès était poursuivi par les ayants-droit et «clôturé» (et encore) en 1960!

[29] TGI Boma, Bas-Fleuve, RCA 215, 24 mai 1995, *RAJC*, 1997, p. 81.

[30] Trib. de Grande Instance des Cataractes et de la Lukaya, RA 711, 8 août 1995, *RAJC,* 1998, p. 71.

Selon la coutume Kongo (Bas-Congo) lorsque deux lignées sont en conflit à propos d'une terre coutumière, une troisième lignée départage les deux premières. En vertu de cette coutume, «le tribunal reconnaîtra à toutes les parties en cause le droit de jouissance d'une forêt s'il est établi par un croquis des terres tracé par l'autorité coloniale au moment où il n'y avait pas de conflit entre parties, que la forêt litigieuse fut une copropriété des ancêtres respectifs des deux parties au procès»[31].

Il convient de rappeler qu'en matière immobilière, le conflit doit être porté devant le tribunal de la situation de l'immeuble (art. 133 du Code de l'Organisation et de la Compétence judiciaires). Et de façon générale, il s'agit d'une compétence matérielle du tribunal de grande instance (art. 111 du COCJ). En ce qui concerne cependant les conflits fonciers de l'article 387, le tribunal de grande instance n'a pas une compétence principale.

En effet, «en vertu des dispositions de l'article 110 du COCJ, le Tribunal de Paix est compétent pour connaître de tout litige foncier collectif ou individuel régi par la coutume»[32].

Le tribunal de grande instance n'est compétent pour connaître d'un conflit collectif des terres coutumières qu'au cas où il n'existerait pas dans le ressort un tribunal de paix ou si le demandeur se décide de saisir ce tribunal en premier et dernier ressort (article 162 du COCJ).

Dans cette espèce, le tribunal de grande instance s'est rendu compétent en lieu et place du tribunal de paix en déclarant «fondée une demande de cessation de travaux sur une terre coutumière d'autrui, si le défendeur, dépassant les limites des terres ancestrales attribuées à son aïeul, pratique des cultures, fait l'abattage d'arbres et des destructions sur les terres coutumières appartenant aux demandeurs impliquant le fondement de la demande de réparation sur base de l'article 258 du CC livre III»[33].

---

[31] TGI Cataractes, RA 528, 12 mars 1991, *RAJC,* 1998, Fasc. 1, p. 39.

[32] Tribunal de Paix de Butembo (Nord-Kivu), RC 011/208/NGA, 6 sept. 1999, Note de V. KANGULUMBA MBAMBI, *Rev. de Dr. Afric.*, Bruxelles, n° 17/2001, pp. 109-101. Voy. J.-P. KIFWABALA TEKILAZAYA, «À qui appartient la terre en RD Congo?...», *op. cit.*; CSJ, RC2 2244, 21 juil. 2006 (cassation) de CA Bandundu, RCA 309, 8 nov. 1988 (appel) de TGI du Kwilu à Bulungu, RC 0584, 17 nov. 1987, in *Rev. de Dr. Afric.*, n° 39/2006, pp. 353-355, 355-359 et 365-366, note de V. KANGULUMBA MBAMBI, «Coutume, droit coutumier, violation de la coutume et existence légale des juridictions coutumières issues du décret du 16 sept. 1959», pp. 367-375.

[33] TGI Cataractes, Mbanza-Ngungu, 16 août 1996, RC 2327, *RAJC*, 2002, pp. 29-32, note Dibunda sur la compétence qui devrait, en principe, revenir au Tribunal de Paix.

Les terres occupées par les communautés locales sont celles régies par le droit coutumier (coutumes et usages locaux). Aussi, «pour obtenir un lopin de terre sur les terres coutumières, faut-il préalablement passer par le Chef coutumier qui doit constater le non lotissement et aliéner son droit de jouissance contenu dans ce lopin de terre; c'est après ces démarches seulement que le requérant ira aux Services du cadastre pour régulariser la procédure».

Dans cette occurrence, «n'a pas acquis un quelconque droit de jouissance d'une parcelle située sur une terre coutumière et commet l'infraction d'occupation illégale des terres, quiconque n'a pas contracté avec l'autorité coutumière requise avant l'obtention d'un contrat de location consenti par le conservateur des titres immobiliers»[34].

714. ***Compétence juridictionnelle.*** Aux termes de l'article 110 du Code de l'Organisation et de la Compétence judiciaires, le tribunal de paix connaît entre autre, des litiges fonciers collectifs ou individuels régis par la coutume. Il est de principe que les règles de compétence sont de strict respect en ce qu'elles sont d'attribution.

Mais, à plusieurs reprises, certains tribunaux de grande instance[35] se sont rendus compétents en violation, à notre sens, de l'article 110 du Code de l'OCJ précité.

Pourtant, la CSJ a eu à juger que:

– en statuant sur une action ayant pour objet l'expulsion d'une partie d'une parcelle située dans les anciens centres extra coutumiers de Kinshasa dont la réglementation est prévue exclusivement par ordonnance-loi n° 170/AIMO du 20 juillet 1945 et le décret du 23 février 1953 (abrogé à ce jour), régissant les cessions et concessions des terres dans les C.E.C. et les cités indigènes, les juridictions coutumières d'appel comme ceux de premier degré ont violé l'article 11 des décrets organiques coordonnés sur les juridictions indigènes qui disposent que celles-ci sont incompétentes pour connaître des contestations qui ne doivent être tranchées que par l'application des règles de droit écrit. Ce moyen proposé par le Ministère public est d'ordre public[36];

---

[34] TGI Kinshasa/Kalamu, RPA, 15 574, 17 mai 1994, *RAJZ*, 1995, p. 63.

[35] Par exemple, TGI du Kwilu à Bulungu, RC 0584, 17 nov. 1987, in *Rev. de Dr. Afric.*, n° 39/2006, pp. 365-366, précité, alors qu'il ne s'agit pour ce dégré de juridiction que d'une compétence supplétive.

[36] CSJ, RC 122, 28 juil. 1976, *Bull. Arr.*, 1977, p. 168; CSJ, RC 169, 28 juil. 1976, *Bull Arr.*, 1977, p. 173.

- les juridictions coutumières, en vertu de l'article 11 du décret sur les juridictions coutumières, devaient se déclarer incompétentes. Ce moyen d'ordre public entraîne cassation d'office[37].

Il importe de souligner que ce dernier arrêt date d'avant l'institution des tribunaux de paix et qu'à notre sens, les juridictions indigènes ont été, depuis, supprimées[38].

Plusieurs décisions vont dans le même sens (incompétence). Il a été jugé notamment que :

- «Le litige portant sur le droit d'occupation d'une parcelle située dans une zone de la ville de Kinshasa est régie par des dispositions de droit écrit ; partant les juridictions coutumières sont incompétentes pour en connaître et la juridiction d'appel qui omet à cet égard d'annuler la décision du tribunal de premier degré et de se déclarer elle-même incompétente viole l'article 11 du décret organique sur les juridictions coutumières. Cette violation constitue un moyen d'ordre public que la Cour peut soulever d'office[39].
- «Les juridictions coutumières sont incompétentes pour connaître des litiges parcellaires portant sur les immeubles couverts par les livrets de logeur. Les droits d'occupation constatés par ces livrets ayant été supprimés en faveur du régime de concession perpétuelle qui relève de la compétence des juridictions des droits écrits»[40].

715. ***Régime juridique.*** En principe, aux termes de l'article 389 de la loi, les droits de jouissance constatés sur les terres occupées par les communautés locales devraient être réglés par un décret présidentiel mais qui n'est jamais intervenu depuis la loi du 20 juillet 1973 !

Ces terres sont devenues des terres domaniales. Leurs droits de jouissance devraient être réglés par un décret présidentiel. Mais si ce décret se fait toujours attendre, les conflits autour de ces terres n'en demandent pas mieux. Dans ce cas, pour résoudre pareils conflits, en l'absence

---

[37] CSJ, RC 127, 18 juil. 1977, *Bull. Arr.*, 1978, pp. 81-82.

[38] Voy. V. KANGULUMBA MBAMBI, «Coutume, droit coutumier, violation de la coutume et existence légale des juridictions coutumières issues du décret du 16 sept. 1959», Note sous TGI du Kwilu à Bulungu, RC 0584, 17 nov. 1987, *Rev. de Dr. Afric.*, n° 39/2006, pp. 365-366, spéc. pp. 371-375. ***Contra*** : KILOMBA NGOZI MALA, «Le règlement des conflits fonciers régis par la coutume», in *La loi du 20 juil. 1973*, *op. cit.*, p. 187 et s.

[39] CSJ, RC 56 29 mai 1974, *Bull. Arr.*, 1975, p. 195.

[40] CSJ, RC 352, 25 mars 1981, in V. KANGULUMBA MBAMBI, *La loi du 20 juil. 1973…*, *op. cit.*, V° Terres coutumières.

d'un texte de loi spécifique, le recours aux autres sources du droit, en l'espèce à la coutume, devient la seule possibilité légale.

716. Pour palier cette lacune, la Cour suprême de Justice est intervenue pour décider judicieusement dans une affaire qu'en attendant ce texte, que ces terres sont régies par le droit coutumier (local)[41]. Et, spécialement, que les conflits qui peuvent surgir à ce propos sont de la compétence des tribunaux de paix, siégeant au premier degré en matière coutumière[42] en vertu de l'article 110 du Code de l'organisation et de la compétence judiciaires[43].

717. Cependant, un arrêt, à notre connaissance, très isolé et en plus *contra legem*, estime que toute règle coutumière en matière d'occupation des parcelles a été abrogée, celle-ci relève de la compétence de juridiction de droit écrit[44].

718. ***Soupçon de frictions des droits privatifs.*** L'existence ou la réalité du droit de propriété coutumière n'est plus à discuter. Il est vrai que le problème réside plus – *et pourquoi donc?* – dans la recherche de la qualification de ce droit comme on le fait souvent en droit écrit. Pourtant bien des notions, connues ici, sont inexprimables ou inadaptées dans le contexte coutumier.

À Madagascar, par exemple, la gamme parfois assez variée des tenures a égaré les théoriciens de droit. Les groupes familiaux ou les individus qui exploitent de génération en génération une parcelle de terre n'en sont pas nécessairement propriétaires.

En Afrique continentale, il peut s'agir de titulaires de droits de culture à qui le maître de la terre a confié l'exploitation de la parcelle moyennant le versement de redevances. Le maître de la terre lui-même n'est que le représentant d'un lignage ou d'un segment de lignage.

Encore à Madagascar, l'exploitant ne peut être qu'un membre de la communauté exerçant un droit de jouissance ou d'usage sur une terre de la collectivité villageoise. Ce peut être un cohéritier mettant en valeur les terres ancestrales[45].

---

[41] CSJ, RC 1032, 20 janv. 1988, *RJZ*, 1988, p. 7.

[42] *Idem*.

[43] Trib. de Paix de Butembo, RC 011/208/NGA, 6 sept. 1999 et Note de V. KANGULUMBA MBAMBI, «À propos de la compétence matérielle des tribunaux de paix (congolais) en matière foncière», in *Rev. de Dr. Afric.*, Bruxelles, n° 17/2001, p. 109 et s.

[44] CSJ, RC 334, 9 avr. 1980, *RJZ*, 1988, p. 8.

[45] R. RARIJAONA, *op. cit.*, p. 24.

Au Congo, les critères principaux de jouissance de ces terres sont aussi d'abord l'appartenance à la communauté (locale) et la mise en valeur de la superficie occupée[46]. Celui qui bénéficie d'un droit d'asile n'est pas un ayant-droit coutumier[47]. Véritablement, le *droit sur la terre* n'est pas le *droit à la terre*. Dans tous les cas, il faut être autorisé par la personne qui est habilitée à ce faire (représentant du clan, chef coutumier...). Ainsi, celui qui occupe une terre coutumière sans avoir contracté avec l'autorité coutumière, commet l'infraction d'occupation illégale des terres[48].

Tels sont, de façon globale, les principes qui régissent le droit de jouissance sur les terres des communautés locales.

C. *Cession du droit de jouissance foncière*

719. Il s'agit d'une autre source des concessions. Il n'est pas interdit à un concessionnaire de céder son droit de jouissance. La cession s'analyse comme une des modalités d'extinction du contrat de concession dans le chef du cédant et, en même temps, une source du même droit dans le chef du cessionnaire, lequel subroge le cédant dans ses droits et obligations vis-à-vis de l'État.

Pour revenir à la concession perpétuelle, comme tout droit, celle-ci connaît une naissance et une fin. Nous venons de le voir, elle peut donc trouver son origine dans la loi, en vertu d'un contrat ou dans la conversion des titres antérieurs à la loi du 20 juillet 1973. Il nous reste, pour l'instant, de voir comment ce droit peut s'éteindre.

Tels sont, de façon globale, les principes qui régissent le droit de jouissance sur les terres des communautés locales.

§3. CAUSES D'EXTINCTION DE LA CONCESSION PERPÉTUELLE (art. 101)

720. La concession perpétuelle est un droit fondé sur un contrat. Les causes normales d'extinction d'un droit ou de tout contrat lui sont applicables. Cependant, il est des causes qui lui sont particulières. Nous les examinons dans les lignes qui suivent.

---

[46] TGI Boma (Bas-Fleuve), RCA 215, 24 mai 1995, *RAJZ*, 1996, p. 51.

[47] TGI Boma (Bas-Fleuve), RCA 293, 15 févr. 1995, *RAJZ*, 1996, p. 51.

[48] TGI Kinshasa/Gombe, RPA 15 574, 17 mai 1994, *RJZ*, 1995, p. 63.

A. *Expropriation pour cause d'utilité publique*

721. Notion. Dans l'étude des circonstances qui mettent fin au droit de propriété, nous avons noté le cas de l'expropriation pour cause d'utilité publique. Il importe de souligner, s'agissant d'une atteinte grave au droit de propriété, que la loi exige que la procédure prévue à cet effet soit impérativement respectée et notamment en ce qui concerne le délai de déguerpissement ainsi que le montant de l'indemnité à allouer au propriétaire évincé.

Cependant, la loi du 22 février 1977 ne reprend pas la concession foncière parmi les biens expropriables. Peut-on concevoir que les droits réels immobiliers incorporés au fonds soient expropriés et non le droit de jouissance du fonds auquel sont rattachés lesdits biens immobiliers?

La réponse affirmative ne peut faire l'ombre d'aucun doute. Le fond est et restera la propriété de l'État. Seuls, s'ils sont la propriété du concessionnaire, les immeubles incorporés audit fond sont expropriables, moyennant indemnité équitable. Il n'est donc pas exclu que le concessionnaire bénéficie de la théorie des impenses quant aux constructions et plantations qu'il aura élevées sur le fonds.

B. *Rachat par l'État*

722. L'État propriétaire du fonds peut, s'il estime nécessaire et avec justes motifs, racheter la concession. Dès cet instant, la concession perpétuelle prend fin. Mais au cas où le concessionnaire a enrichi le fonds, il aura également droit à une indemnité en vertu de la théorie des impenses.

C. *Renonciation*

723. Notion. La renonciation est un acte unilatéral par lequel le concessionnaire ou ses ayants-droit déclarent expressément et par écrit délaisser à l'État le bien concédé et tous les immeubles qui s'y trouvent par incorporation ou par destination, même si ceux-ci font l'objet d'un certificat d'enregistrement[49].

---

[49] Art. 20 de l'ordonnance du 2 juil. 1974 portant mesures d'exécution de la loi n° 73 du 20 juil. 1973, in KALONGO MBIKAYI, *Code, op. cit.*, p. 231 et s.; *Code foncier, op. cit.*, p. 112.

Le concessionnaire peut donc renoncer à son droit. Mais cette renonciation doit être motivée. Comme pour toute autre situation, la renonciation équivaut à un abandon d'un droit acquis qui met fin à ce dernier. Toutefois, elle n'est pas si automatique que cela peut laisser apparaître.

Pour que le concessionnaire puisse renoncer à son droit, il faut :

- qu'il soit quitte vis-à-vis de l'État en ce qui concerne ses obligations ;
- qu'il ne connaisse ni de faillite ni de déconfiture[50] ;
- que le fonds soit libre de toute charge ou servitudes.

Naturellement, en cas de renonciation, l'État, en tant que propriétaire du fonds deviendra propriétaire de tout ce qui est incorporé audit fonds (art. 20 de la loi). Le concessionnaire aura droit au remboursement des impenses ou à une indemnisation pour tout ce qu'il aura incorporé au fonds.

D. *Résiliation*

724. Notion et sortes. En droit des obligations, la résiliation est la faculté que la loi reconnaît à une partie de pouvoir prendre l'initiative de la rupture du contrat au cas où l'une d'elles ne satisfait point à ses obligations. Elle peut être unilatérale ou bilatérale. Elle peut être aussi conventionnelle (amiable) ou judiciaire. Ainsi, si le concessionnaire ne respecte pas la destination du fonds ; ne paie pas la redevance après qu'il ait été mis en demeure de le faire, l'État peut demander la résiliation judiciaire du contrat.

725. Jurisprudence. Dans une affaire, la Cour d'Appel de Kinshasa Matete a eu à revenir sur l'obligation de mise en demeure préalable à toute résiliation. Ainsi, en se détournant de l'obligation de mise en demeure du détenteur du contrat de location qu'il entend résilier, le Conservateur des Titres Immobiliers a commis une faute en signant un second contrat de location avec un nouveau locataire au mépris du premier, violant ainsi l'article 4 du contrat résilié et l'article 94 de la loi foncière.

---

[50] La faillite est la sanction qui frappe un commerçant qui ne sait plus honorer ses engagements financiers et dont le crédit est ébranlé. Si la personne n'est pas commerçant, il sera en déconfiture.

Le second contrat de location est, dès lors, irrégulier et partant nul et de nul effet, car obtenu en fraude des droits du premier occupant[51].

E. *Reprise*

726. Notion. Le contrat de concession perpétuelle peut prévoir dans l'une de ses clauses que l'État pourra reprendre son fonds. Si cette condition est réalisée, le fonds retournera dans la pleine propriété de l'État. Il importe que cette reprise soit conforme à ce que le contrat prévoit.

F. *Déshérence successorale*

727. Notion. Aux termes de l'article 763, alinéa 1 du Code de la Famille, «à défaut d'héritiers de quatre catégories, la succession est dévolue à l'État. En pareil cas, l'hérédité sera provisoirement acquise à l'État un an à dater de la publication de l'existence d'une succession en déshérence».

Il peut arriver que le concessionnaire meure sans laisser d'héritier. Dès cet instant, l'État ne reprend pas le fonds ni ne le rachète mais, en sa qualité d'héritier en cas de déshérence, il succédera au *de cujus* en recueillant les éléments de son patrimoine ou la masse successorale.

L'on parlerait alors, non des «biens sans maître» mais des «biens vacants». En d'autres termes, des biens qui ont eu un maître mais que personne n'a réclamés après le décès dudit maître. Un bien est sans maître lorsqu'il ne revient à personne même pas à l'État, lorsqu'il n'est pas réclamé ou lorsque son propriétaire y renonce ou si les héritiers du de cujus ne sont pas connus. La vacance ne perdure qu'entre le décès et la reprise par l'État des éléments du patrimoine du de cujus. Il s'agit d'une dévolution et non d'un exercice d'un droit régalien ou de souveraineté (au sens de l'article 12)[52].

---

[51] CA Kinshasa/Matete, 5 mai 2006, RCA 5131, in *RAJC*, Fasc. II, juil.-déc. 2006, p. 13-20. Voy. aussi dans le même sens, Bukavu, 2 oct. 1990, RCA 1352/1500, *RJZ*, 1993, p. 22.

[52] TSHIBANGU TSHIASU KALALA, *Droit civil, op. cit.*, p. 166, n° 275, II et p. 232, n° 406.

G. *Prescription extinctive?*

728. Non : incompatible avec les exigences du certificat d'enregistrement. Parmi les modalités d'accession à la propriété, figure également la prescription mais il faut qu'elle soit de bonne foi. C'est ce que confirment les termes de l'article 51 de la loi qui dispose que l'on peut acquérir la propriété par prescription. Mais il importe de souligner tout de suite qu'il ne peut s'agir que de la prescription de la propriété mobilière qui se réalise, du reste, spontanément (art. 658 du code civil, livre III).

Par ailleurs, la disposition de l'article 107 ne concerne que *les droits fonciers et immobiliers du concessionnaire* acquis en faveur de l'État sur la base de l'article 648 du Code civil livre III !

Cependant, il y a lieu de rappeler et de souligner encore une fois que la prescription est inopérante en matière d'acquisition et d'extinction des droits fonciers et immobiliers en droit congolais. Dès lors, la prescription par 15 ans prévue par l'article 648 précité est en contradiction antinomique avec les dispositions de l'article 219 de la loi du 20 juillet 1973[53]. Il s'agit, comme le souligne avec raison Dikete, d'une disposition absurde et qui ne paraît pas s'expliquer[54].

La CSJ a cassé un arrêt motif pris de la violation de l'article 648 du CCC livre III, en ce que le juge d'appel qui a considéré à tort qu'une partie avait acquis par prescription la portion de terre empiétée, alors que la prescription acquisitive est incompatible avec la nécessité du certificat d'enregistrement imposée par l'article 219 de la loi du 20 juillet 1973 telle que modifiée par la loi du 18 juillet 1980, les droits fonciers ne devant être constatés et acquis que par certificat d'enregistrement[55]. Telle est la portée et le fondement légal de l'exclusion de la prescription en matière immobilière et foncière en droit congolais[56].

En vertu des principes arrêtés par la loi du 20 juillet 1973, il est inconcevable que l'on devienne propriétaire d'un droit immobilier ou d'un droit de jouissance foncier à la suite d'une prescription[57]. Les nécessités du certificat d'enregistrement sont incompatibles avec la prescription

---

[53] Elis., 18 avr. 1950, *JTO*, 1950-1951, p. 24.

[54] DIKETE ONATSHUNGU, *Du rôle de la volonté dans la transmission des droits réels immobiliers et de la sécurité des transactions immobilières*, Thèse de doctorat en droit, UCL, Louvain, 1976, pp. 594-595.

[55] CSJ, RC 752, 23 févr. 1987, *Bull. Arr.*, Année 1985-1989, Kinshasa, 2002, pp. 271-273.

[56] Voy. aussi A. STENMANS, « La transmission des droits immobiliers », in *Droit civil du Congo belge*, t. II, Larcier, 1956, n° 139-140.

[57] Dans ce sens également, J.-P. KIFWABALA TEKILAZAYA, *Droit civil, op. cit.*, p. 264.

extinctive ou acquisitive. Le droit de propriété immobilière ne s'éteint jamais et ne peut s'acquérir par prescription.

H. Conversion

729. Principe. Il n'est pas interdit à un concessionnaire perpétuel de solliciter la conversion de son droit en une concession ordinaire.

Aux termes de l'article 99, alinéa 2 de la loi, le concessionnaire peut convertir son droit en en faisant changer la nature au moyen de l'établissement d'un nouveau certificat d'enregistrement. Il importe de souligner que cette conversion doit recevoir l'approbation de l'autorité compétente.

Cette conversion est différente de celle des titres constatant des droits acquis antérieurement à la loi foncière. La conversion emportant l'extinction de la concession perpétuelle se passe – *intra muros* – dans le cadre de la loi du 20 juillet 1973. Les deux concessions sont des modalités de droit de jouissance foncier prévues légalement. Tels sont les principes et règles applicables à la concession perpétuelle. C'est l'instant d'étudier celles relatives aux concessions ordinaires.

Section 2:

CONCESSIONS ORDINAIRES

730. Base légale: articles 1er, 144 et 374 et s. de la loi. Il faut relever d'emblée que l'énumération des concessions ordinaires telles que faite par l'article 1 de la loi (les droits d'emphytéose, de superficie, s'usufruit, d'usage et d'habitation) devrait être complétée par d'autres dispositions. Cet article n'a pas du tout fait cas de ceux issus de la conversion en concession ordinaire des anciens titres constatant les droits acquis par les étrangers et les personnes morales. Il s'agit des concessions régies par les articles 371, 374 et suivants de la loi. Il en est ainsi de la location préparatoire à l'ancien titre de propriété foncière (article 144). Il importe de définir d'abord la concession ordinaire avant de voir son fondement et d'analyser ses sources et ses sortes.

§1. DÉFINITION

731. La loi ne définit pas la concession ordinaire même si elle en organise des types. On peut entendre par concession ordinaire, le droit que l'État reconnaît à une personne physique étrangère ou congolaise ou à une personne morale de droit congolais de jouir pendant une période déterminée de son fonds en respect des conditions prévues dans le contrat.

§2. FONDEMENT DES CONCESSIONS ORDINAIRES

732. À partir de la définition ci-dessus donnée, nous nous rendons compte de ce que, ne pouvant pas jouir ou mettre en valeur ses terres, l'État met à la disposition des personnes désireuses de son domaine privé pour des activités de diverses natures. Par là donc, l'État valorise son fonds et il peut en tirer ainsi de bénéfices financiers ou des ressources pour ses autres activités d'intérêt public.

§3. CARACTÉRISTIQUES

De leur définition, nous pouvons extraire les caractéristiques des concessions ordinaires: elles sont temporaires et sont accordées, en principe, aux étrangers et aux personnes morales.

733. ***Quant à la durée: droit temporaire.*** Aux termes des articles 70 et 377 de la loi, les concessions ordinaires ne sont consenties que pour un terme maximum de 25 ans renouvelable. Un terme inférieur à 25 ans n'est pas illégal encore qu'il existe des concessions ordinaires dont le terme est de 15 ans à l'instar du droit d'usage (article 141 de la loi) voire de moins de 5 ans comme le droit de location (article 144 de la loi).

En ce qui concerne les personnes morales, le terme des concessions ordinaires ne peut pas dépasser la durée de vie sociale (article 378). En cas de prorogation, celle-ci ne peut dépasser la nouvelle durée. Le renouvellement se fait aux conditions à convenir entre parties.

734. ***Quant aux bénéficiaires des concessions ordinaires: toute personne physique ou morale intéressée.*** En principe, aux termes de l'article 374 de la loi, les bénéficiaires des concessions ordinaires sont toutes personnes physiques étrangères et les personnes morales quelle que soit leur nationalité. Mais nous venons de voir que le titulaire d'une concession perpétuelle peut convertir son droit en concession ordinaire, mettant ainsi fin à ladite concession perpétuelle. Dès lors, il n'est pas interdit à un Congolais d'être titulaire d'une concession ordinaire. Mais un étranger ne peut obtenir une concession perpétuelle, il n'aura pas satisfait à la condition de la nationalité.

§4. SOURCES DES CONCESSIONS ORDINAIRES

Elles sont les mêmes que celles de la concession perpétuelle : la conversion (loi), le contrat de concession ordinaire et la cession du droit de jouissance foncière.

A. Conversion

735. Notion particulière. Par ce terme, il convient d'entendre le fait de changer la nature d'un droit impliquant ainsi un changement de titre. Aux termes de des articles 371, 374 à 386 de la loi, il est requis la conversion des anciens titres détenus par les étrangers et les personnes morales en concession ordinaire. Il en est ainsi de la location provisoire (art. 375 de la loi) convertie en concession ordinaire et en un titre de bail emphytéotique (art. 376 de la loi). La conversion participe à la fois de l'extinction et de la naissance des concessions (art. 101 de la loi). Dans tous les cas, s'agissant du droit de concession perpétuelle, sa conversion en un titre de concession ordinaire ne peut s'opérer qu'avec l'accord de l'autorité compétente qui a consenti la concession perpétuelle avant toute mutation (art. 108 et 59 de la loi).

Il faudrait rappeler qu'avant la loi du 20 juillet 1973, il a existé des titres de propriété foncière sur certaines terres du domaine privé de l'État. Les titulaires des droits sur ces fonds détenaient des titres de propriété foncière.

Ainsi, aux termes de l'article 369 de la loi, « tout droit de propriété foncière qui a été acquis régulièrement par les Congolais, personnes physiques, avant l'entrée en vigueur de la présente loi, est converti, pour autant qu'il ait été matérialisé par une mise en valeur conforme aux lois et règlements, en un droit de concession perpétuelle, telle que réglée par les articles 80 à 108 (...) ».

Le même traitement est appliqué au titre de propriété foncière acquis régulièrement par les étrangers, personnes physiques ou personnes morales de droit public ou de droit privé, avant la publication de la loi, pour autant qu'il ait fait l'objet d'une mise en valeur suffisante, ce titre est converti en une concession ordinaire (art. 374 de la loi).

B. Contrat

736. Source par excellence des droits subjectifs. Sous réserve des développements ultérieurs sur les vertus « vraies » ou « supposées » du certificat d'enregistrement en matière de transmission des droits réels immobiliers ou fonciers, il faudrait rappeler qu'aux termes des articles 49 à 51 de la loi, la convention est une des modalités essentielles d'accession à la propriété ou aux autres droits réels. Et dans la théorie des sources d'obligations, le contrat en est une source principale. Il est évident que la volonté joue un rôle déterminant dans la transmission des droits. L'État peut donc conclure avec un particulier un contrat de concession ordinaire (location de l'article 144). Ce contrat précisera les droits et obligations de chaque partie. Il s'agira en fait d'un *contrat préparatoire* à la concession-droit comme précédemment vu avec la concession perpétuelle, du moment que le locataire aurait respecté ses obligations. Au final, ce sera en vertu de l'existence de ce contrat qu'un certificat d'enregistrement peut être dressé.

C. Cession de concession

737. Précisons que la cession et la concession s'analysent comme des contrats. De ce point de vue, elles rentrent dans la catégorie des contrats comme source de concessions ordinaires. Mais au plan terminologique et des effets juridiques, une cession n'est pas une concession. La cession implique un transfert, une aliénation du droit de propriété sur un bien alors que la concession suppose que le concédant ne transfère que le droit d'usage ou de jouissance de son bien, s'en réservant le droit de propriété. Il peut paraître paradoxal de céder une concession, en termes dévoilés, « d'aliéner son droit de jouissance sur un bien » ! En réalité, loin s'en faut ![58]

[58] Les expressions en lingala telles que *« nasombi mabele », « na sombi lopango », « na teki mabele »* ou *« na teki lopango »* (en français, j'ai acheté un terrain ou une parcelle, j'ai vendu une parcelle) signifient **juridiquement** que j'ai acquis ou j'ai cédé ma concession. Car l'on ne peut vendre la terre ou le fonds qui est déclaré inaliénable par la loi (art. 53).

En droit congolais, rappelons-le à nouveau, l'État congolais a seul et exclusivement la propriété foncière. Les particuliers n'ont que le droit de jouissance sur le fonds appartenant à l'État. Mais ce droit est autonome et de type spécial en ce sens qu'il confère à son titulaire tous ou presque les attributs d'un propriétaire avec la jouissance indéfinie qu'il comporte (pour les Congolais) ou temporaire (25 ans) mais renouvelable (pour les étrangers et les personnes morales). Dès lors, le concessionnaire peut louer ou céder son droit. Dans ce dernier cas, le cessionnaire sera le seul obligé vis-à-vis de l'État; il se sera substitué à l'ancien concessionnaire. Cependant, nous l'avons souligné, en pareille circonstance, il faut l'accord de l'autorité qui a consenti la concession[59].

§ 5. SORTES ET EXAMEN DES CONCESSIONS ORDINAIRES

Les concessions ordinaires peuvent être réparties en deux groupes:

- celles issues de la conversion et portées aux articles 374 et 375 de la loi et;
- celles prévues par les articles 109 et s., soit l'emphytéose, la superficie, l'usufruit, l'usage et la location.

A. Concessions ordinaires issues de la conversion

738. Base légale: art. 374 et 375 de la loi. Il s'agit de concessions provenant de la conversion ou de la reconnaissance d'un droit en remplacement de l'ancien droit de jouissance foncière. Il en est ainsi des anciens titres de propriété foncière convertis en concession ordinaire et des locations provisoires converties en bail emphytéotique.

Dès que la conversion est réalisée, elle emporte une série des conséquences au titre desquelles il convient de citer:

- le titulaire du droit de concession ordinaire a le droit de propriété des bâtiments, constructions, plantations, arbres et ouvrages incorporés au fonds (art. 380 de la loi);
- il peut accorder aux tiers un droit de superficie, d'usufruit, d'usage et d'habitation sur ses bâtiments; il peut aussi les hypothéquer et les grever de servitudes (art. 381);

---

[59] Voy. les règles de compétence, art. 181 à 183.

- il n'est pas soumis à une redevance unique ou périodique pour jouir du fonds comme c'est le cas du concessionnaire perpétuel. La raison semble reposer sur le fait que son droit est temporaire ou limité dans le temps. Cependant, lors de la conversion, l'État peut soumettre le titulaire à certaines charges publiques d'intérêt général comme l'entretien des voiries ou l'entretien des parcs et espaces publics;
- le droit du titulaire d'une concession issue de la conversion ne peut s'éteindre qu'à l'échéance de 25 ans ou pour l'une des causes prévues pour la concession perpétuelle telles que la reprise, le rachat, la résiliation... ou la conversion de la concession ordinaire en concession perpétuelle (art. 382).

B. Concessions ordinaires issues des articles 109 et suivants de la loi

739. Aux termes de l'article 109 de la loi, les concessions ordinaires sont: l'emphytéose, la superficie, l'usufruit, l'usage et la location. En dehors de la location, les autres types de concessions ordinaires peuvent être précédés d'un contrat de location provisoire (art. 144, alinéa 2).

1° Emphytéose

740. ***Base légale et définition.*** La définition de l'emphytéose s'impose avant de voir les droits et obligations des parties dans le contrat du bail emphytéotique.

L'article 110 de la loi définit l'emphytéose comme étant *«le droit d'avoir la pleine jouissance d'un terrain inculte appartenant à l'État, à la charge de mettre et d'entretenir le fonds en valeur et de payer à l'État une redevance en nature ou en argent»*.

Cependant, il a existé sous l'empire de l'ancien droit colonial, et il existe encore aujourd'hui, un droit réel appelé «emphytéose» mais qui n'est pas une concession ordinaire. En effet, un concessionnaire perpétuel ou même ordinaire, peut bien conclure un contrat d'emphytéose avec une tierce personne sur le fonds dont elle a la jouissance. Généralement, il s'agit d'un bail de très longue durée (99 ans) consistant en des plantations ou des cultures étalées sur le temps, aux fins d'élevage ou agricoles[60]. Dans ce cas, l'emphytéose ne peut être constituée que par acte authentique puisqu'elle doit être enregistrée mieux inscrite au certificat d'enregistrement, à l'instar de la location de plus de neuf ans[61].

La concession ordinaire de droit emphytéotique porte, elle, sur des terres incultes ou non mises en valeur. Elle est consentie à titre gratuit (article 120 alinéa 2) ou onéreux. Dans ce dernier cas, la redevance que paie l'emphytéote est appelée canon emphytéotique.

En tant que concession ordinaire, la durée de l'emphytéose est de 25 ans renouvelable.

741. ***Le bail emphytéotique***. L'emphytéose, à l'instar des autres concessions ordinaires, suppose toujours l'existence d'un contrat, désigné par l'expression «bail emphytéotique». Bien qu'ainsi appelé, ce bail doit être distingué du bail ordinaire de droit commun. Il est vrai, dans certaines circonstances, que la différence n'est pas du tout évidente.

Cependant, il reste que le bail emphytéotique diffère du bail ordinaire par quelques points, dont:

- la modicité de la redevance (qui peut être même payée en nature ou par équivalent);
- l'emphytéote a parfois l'obligation de supporter les grosses dépenses pour améliorer le fonds;
- l'emphytéote a un droit réel foncier de par le contrat (sur tout ce qu'il a incorporé au fonds);
- enfin, il jouit de la liberté de disposition et de jouissance de tout ce qui se trouve sur le fonds. Ce qui n'est pas le cas du preneur ordinaire.

Cela étant précisé, il y a lieu de voir les droits et obligations des parties dans le cadre d'un bail emphytéotique.

742. ***Droits et obligations de l'emphytéote.*** Les droits sont prévus aux articles 112 à 117 de la loi. Ainsi, l'emphytéote a:

---

[60] Tel est le cas de la plupart des contrats concédés à des compagnies à charte, au Comité Spécial du Katanga ou du Kivu et à d'autres organismes pour 99 ans, prenant cours à l'époque de l'État Indépendant du Congo ou du Congo belge.

[61] Cf. article 220, dernier alinéa, de la loi.

- *le droit de jouissance du fonds dans les limites fixées par la loi:* puisqu'il doit construire, planter, l'emphytéote ne doit pas respecter la destination du fonds; il peut en changer donc la destination ou la nature pour en augmenter la valeur (art. 112); il peut élever des constructions nouvelles, en démolir des vieilles qui ne sont plus nécessaires pour l'exploitation du fonds;
- *le droit aux produits du fonds.* Mais ce droit n'est pas absolu. L'emphytéote a seul le droit de chasse et de pêche. Il peut extraire du fonds des pierres, de l'argile et autres matières semblables et en abattre les arbres pour les constructions et les améliorations qu'il y entreprend. Il peut exploiter les bois, à la charge de les aménager en taillis comme un bon propriétaire ou de faire des plantations pour les remplacer utilement.
- *le droit de disposition:* l'emphytéote peut aliéner son droit, le grever d'hypothèque et peut, pour les services de ses biens, accorder des servitudes foncières pour la durée de son droit (art. 113). Il s'agit là des avantages exorbitants qui ne peuvent être contrebalancés par des obligations équivalentes.

Ces droits ont une contrepartie, en termes d'obligations. Ainsi,

- l'emphytéote doit mettre en valeur le fonds et maintenir cette mise en valeur (art. 110);
- il doit payer la redevance ou le canon emphytéotique. Celle-ci peut être modique pour compenser les capitaux engrangés par l'emphytéote pour mettre le fonds en valeur et maintenir cette mise en valeur. Elle peut être invariable pendant toute la durée de la jouissance. Elle peut être revue en cas de renouvellement du contrat.

  En cas de stérilité du sol, de perte partielle ou de privation de récoltes, l'emphytéote ne doit aucune redevance, n'ayant rien retiré du fonds dont l'importance est de pourvoir aux cultures;
- *il doit occuper personnellement la concession* (art. 110);
- *il est tenu aux réparations* (art. 114); que celles-ci soient menues ou grosses et ce, sur tous les bâtiments construits sur son terrain. En effet, cela fait suite à la liberté qu'a l'emphytéote de pouvoir changer la destination du fonds et même d'en augmenter la valeur;
- il a l'obligation de payer les impôts fonciers relatifs à sa concession;
- il doit dénoncer toute usurpation (article 114);
- enfin, il doit jouir du fonds en bon père de famille.

743. ***Droits et obligations de l'État propriétaire du fonds.*** Le contrat de concession n'étant pas un contrat à titre gratuit, l'État, en tant que propriétaire du fonds, a le droit de retirer de son bien tous avantages. En revanche, il reste aussi tenu aux obligations résultant du contrat.

Au titre des droits, l'État a le droit de percevoir la redevance de façon régulière. Au cas où le concessionnaire ne l'a pas payée pendant trois ans, l'État peut faire prononcer la *déchéance* de l'emphytéote ; de même, en cas de négligence grave dans la mise en valeur et dans l'entretien du fonds ou en cas d'abus de jouissance.

Comme obligation, l'État en a une, assez spécifique : il doit faire jouir paisiblement le fonds à l'emphytéote et le garantir contre tout risque d'éviction et contre tout trouble de droit.

744. ***Cessation du contrat de l'emphytéose.*** Le bail emphytéotique cesse normalement ou de droit à l'arrivée du terme de 25 ans. Il peut également cesser de façon exceptionnelle en cas d'expropriation pour cause d'utilité publique, de reprise, de rachat, de résiliation, etc.

À la fin du contrat, l'emphytéote ne peut enlever les plantations et autres améliorations apportées au fonds ni même réclamer une quelconque indemnité à cet égard. En effet, tout ce qu'il aura fait sur le fonds doit l'avoir été en exécution du contrat avenu entre parties. Cependant, l'État lui doit une indemnité aux trois quarts de la valeur actuelle et intrinsèque desdites constructions et améliorations.

2° Superficie

745. ***Base légale et définition.*** Il y a lieu également de définir le concept de superficie, avant de voir les droits et obligations des parties dans ce type de concession.

Aux termes de l'article 123 de la loi, la superficie est le droit de jouir d'un fonds appartenant à l'État et de disposer des constructions, bois, arbres et autres plantes qui y sont incorporés.

746. ***Régime juridique.*** Les caractéristiques du droit de la superficie résultent de la définition même de ce droit. Ainsi, le superficiaire a deux droits essentiels : *la jouissance sur le sol* et *la propriété sur les constructions et plantations qui y sont incorporés*. Par ailleurs, comme toute concession ordinaire, la superficie est temporaire. Elle a une durée de 25 ans (art. 124).

Le contrat de superficie peut être à titre onéreux ou à titre gratuit; il peut être acquis par donation ou par testament. Mais le superficiaire reste tenu au terme du contrat qui ne peut excéder 25 ans et au principe qu'il ne peut y avoir de «superficie sans sol». En fait, ce droit n'est pas concevable sans existence d'une assiette sur laquelle il porte. Car, il s'agit d'un droit sur des biens incorporés au sol. Il ne peut être établi que sur une partie seulement d'un bâtiment (art. 125).

747. ***Droits et obligations du superficiaire.*** Aux termes de l'article 126 de la loi, le superficiaire a tous les droits de l'usufruitier, c'est-à-dire, l'usage et la jouissance de tout ce qui est incorporé au sol. Il a le droit de construire et de planter à son gré. Il a le droit de disposer même des constructions, bois, arbres et autres qui existaient dans le fonds lors de son entrée en jouissance.

Cependant, il ne pourra disposer des immeubles que s'il en paie la valeur à l'État, outre la redevance pour la jouissance temporaire du fonds; s'il s'engage à remplacer les immeubles par d'autres de valeur moins égale et de semblable utilité. Il peut céder son droit si le contrat n'en dispose pas autrement. Dans ce cas, il restera garant de l'exécution des obligations du nouveau concessionnaire envers l'État.

Comme obligations, il doit dénoncer toute usurpation portant atteinte au droit du propriétaire du fonds, qu'est l'État. Des obligations spéciales peuvent être prévues au contrat. Si le contrat est à titre onéreux, il doit payer la redevance.

748. ***Droits et obligations de l'État.*** En principe les droits de l'État sont précisés dans le contrat de concession de superficie. Si le contrat est conclu à titre onéreux, l'État a le droit de percevoir la redevance. Si d'aventure, le superficiaire ne respectait pas ses obligations, l'État a le droit de solliciter la déchéance de son droit sans préjudice des dommages et intérêts (art. 129).

En revanche, il va de soi que l'État soit obligé de garantir la jouissance paisible du fonds donné en superficie.

749. ***Cessation du contrat de superficie***. Le droit de superficie peut s'éteindre de façon normale par l'arrivée du terme de vingt-cinq ans ou, de façon exceptionnelle, avant ce terme. Nous avons noté que le superficiaire a notamment le droit de construire et de disposer de tout ce qui est incorporé au sol. Il peut se poser la question de savoir le sort réservé à toutes ces constructions. Faute d'une disposition expresse de la loi, il conviendra de se reporter à la théorie du constructeur de bonne foi et à celle des impenses dans la mesure où le superficiaire aura valorisé le fonds. L'indemnité éventuelle ne sera que proportionnelle à ce qu'il aura apporté au fonds.

S'agissant d'extinction, les dispositions applicables à l'emphytéose le sont également à la superficie. Il en est ainsi de l'expropriation pour cause d'utilité publique, de la reprise et du rachat.

La reprise n'est envisageable qu'au cours de 5 premières années. Au-delà, il sera indiqué de recourir à la procédure d'expropriation pour cause d'utilité publique. La reprise donne droit à une indemnité dans la mesure où le contrat aura cessé avant son terme.

Toutefois, ces ressemblances ont leurs limites.

L'emphytéote a droit à une indemnité équivalente à 3/4 de la valeur actuelle et intrinsèque des constructions. En cas de reprise ou d'expropriation, l'État lui doit le prix de l'emphytéose sauf si elle a été consentie à titre gratuit. Il aura droit à une indemnité intégrale pour les constructions érigées sur le fonds.

Si la superficie a été octroyée à titre gratuit, aucune indemnité n'est possible en cas de reprise. Sinon, l'indemnité consentie pour les impenses réalisées par le superficiaire ne peut excéder la différence entre la valeur des constructions et plantations dont il a disposé sans en payer le prix et la valeur des constructions et plantations qu'il a faites.

3° Usufruit et usage

750. ***Base légale (art. 132 et s. et 141 et s. de la loi) et définition.*** L'usufruit et l'usage sont deux droits presque semblables. Dans l'usufruit, l'usage de la chose constitue le droit principal du contrat. Cependant, il existe quelques différences essentielles entre ces deux sortes de concession ordinaire.

L'usage est le droit que l'État reconnaît à une personne de jouir du fonds soi-même avec sa famille, soit en y habitant, soit en y créant des entrepôts pour soi-même (art. 141, alinéa 1).

Il s'agit donc d'un droit qui a un *caractère personnel* et qui peut être consenti à titre gratuit.

Bien qu'il soit une concession ordinaire, le terme de l'usage est plutôt de 15 ans. Il est renouvelable. Les droits et obligations sont presque les mêmes que pour l'usufruit.

751. ***Régime juridique de l'usufruit.*** L'usufruit est le droit que l'État reconnaît à une personne d'user et de jouir d'un fonds comme l'État lui-même mais à la charge de le conserver dans son état (art. 132).

Ce contrat a pour but de fixer les droits et obligations des parties. Comme tous les précédents contrats, celui-ci peut être soit à titre gratuit soit à titre onéreux. Lorsqu'il est à titre gratuit, l'usufruit ne sera limité qu'aux biens de l'usufruitier et de sa famille. C'est le caractère *personnel* de l'usufruit. À titre onéreux, l'usufruitier peut jouir librement des fruits naturels et industriels provenant du fonds sauf si le contrat en dispose autrement.

L'usufruit est une concession ordinaire en ce sens que son terme est de 25 ans, renouvelable. Mais l'usufruit a un caractère *viager*. C'est-à-dire, il est lié à la durée de vie de l'usufruitier. Il s'éteint, avant son terme, à la mort de l'usufruitier (art. 135).

752. ***Droits et obligations de l'usufruitier.*** Il a le droit d'usage et de jouissance du fonds. Ainsi,

- il a le droit de jouir des fruits naturels, civils et industriels en plus du droit de jouissance sur le fonds ;
- il a le droit de propriété sur tout ce qui est incorporé au sol d'autant qu'à la fin du contrat, il a le droit d'enlever tout ce qu'il aura planté ou construit ;
- si les biens incorporés au sol présentent une certaine utilité, à l'extinction du contrat, l'usufruitier a droit à une indemnité. Celle-ci ne peut excéder la moitié de la valeur des biens. Cette indemnité peut être compensée par l'exonération ou la réduction des redevances.

Comme obligations, l'usufruitier est, entre autre, tenu

- de respecter la destination et conserver le bon état du fonds reçu en jouissance ;
- si l'usufruit est consenti à titre onéreux, il doit s'acquitter de sa redevance. Celle-ci peut être équivalente au quart de ses recettes ; elle est payable en nature ou par des services (art. 140) ;
- il ne peut céder son droit ni le donner en garantie (art. 139).

753. ***Droits et obligations de l'État.*** Il a le droit de percevoir la redevance si l'usufruit est à titre onéreux. Il a le droit de propriété sur tout ce qui est incorporé au sol si à l'extinction du contrat, cela n'a pas été enlevé et ce, sans qu'il doive une indemnité à l'usufruitier ou à ses ayants-droit.

En revanche, il doit garantir la bonne et paisible jouissance du fonds par l'usufruitier.

754. ***Extinction de l'usufruit.*** L'usufruit peut s'éteindre, de façon normale, par l'arrivée du terme ou, exceptionnellement, par la mort de l'usufruitier, vu le caractère viager de ce droit ou pour l'une des causes d'extinction aux concessions. Il en est ainsi de la déchéance pour abus de jouissance ou pour inexécution de ses obligations par l'usufruitier.

4° Location

755. ***Rappel – base légale et définition.*** Cette sorte de concession ordinaire a déjà fait l'objet d'étude [voy. n° 657 et s., *supra*]. Toutefois, il importe de souligner sa nature spécifique en ce qu'elle est préparatoire à une autre concession et, contrairement aux autres types de concessions, elle ne donne pas lieu à l'établissement d'un certificat d'enregistrement.

756. ***Régime juridique.*** Dans les dispositions spéciales relatives à la location (art. 148-151) et notamment aux termes de l'article 151, il est prescrit que la location de l'article 144 ne donne pas lieu à l'établissement d'un certificat d'enregistrement.

Pourtant, aux termes des articles 59, 219 et 227 de la loi, le droit de jouissance d'un fonds n'est établi, prouvé ou constaté que par un certificat d'enregistrement du titre concédé par l'État mais, exceptionnellement en ce qui concerne la location, le titre prouvant ce droit est le contrat de location provisoire.

757. **Jurisprudence.** Telle est la portée d'un arrêt de la Cour d'appel de Kinshasa/Matete laquelle a jugé que le *contrat de location* ou le *certificat d'enregistrement* sont les seuls modes légaux d'acquisition d'une portion de terre[62].

Mais quelle est la nature juridique de ce contrat? Est-ce un acte authentique ou non?

Dans une espèce soumise à la Cour d'appel de Lubumbashi, celle-ci a décidé que «le contrat de location dressé par le conservateur n'est pas un acte authentique, ce dernier étant un acte qui contient la volonté des

---

[62] CA Kinshasa/Matete, RCA 854, 30 avr. 1993, *RAJZ*, 1998, p. 35. Sauf à marquer notre réserve quant à «l'acquisition d'une portion de terre» par un contrat ou certificat d'enregistrement. Il devrait s'agir plutôt et plus correctement de *l'acquisition d'un droit de jouissance sur un fonds.*

particuliers présenté au magistrat ou à un fonctionnaire public appelé notaire pour être dressé conformément à des modalités prévues par la loi, c'est-à-dire le décret du 17 novembre 1953. Le conservateur qui a le pouvoir d'authentifier la volonté des particuliers, ne peut jouer le rôle du notaire lorsqu'il est lui-même partie à l'acte, comme c'est le cas dans le contrat de location où il est partie en tant que représentant de l'État[63]. De même, dans une autre espèce, la même Cour d'appel a jugé qu'un contrat de location n'est pas un acte authentique, car le conservateur le signe non en tant qu'officier ministériel mais en tant que partie dans l'acte comme représentant de l'État[64]. Qu'en penser?

Il importe de ne pas confondre un acte authentique et un acte notarié, bien que leur force probatoire soit égale.

En effet, les actes authentiques sont régis pas les dispositions des articles 199 à 203 du code civil livre III. Aux termes de l'article199, «un acte authentique est celui qui a été reçu par officiers publics ayant le droit d'instrumenter dans le lieu où l'acte a été rédigé, et avec les solennités requises». L'acte authentique fait foi de la convention qu'il renferme entre parties jusqu'à preuve littérale contraire (art. 201, CC livre III).

Un acte notarié est tout acte qui a été reçu par un officier ministériel ayant le pouvoir d'instrumenter selon les formes prévues par la loi. Les actes notariés sont régis par l'ordonnance-loi n° 66-344 du 9 juin 1966[65].

Aux termes de l'article 1er de cette ordonnance-loi, les actes notariés dressés conformément aux dispositions de ladite ordonnance-loi sont authentiques. La compétence de recevoir les actes authentiques (art. 2) sur le territoire de la République est réservée à une catégorie des personnes déterminées:

- pour la ville de Kinshasa, le notaire de la ville, désigné par le Ministre de l'Intérieur ou son délégué;
- en province par un magistrat ou un agent de l'Administration provinciale désigné par le Gouverneur;

---

63 CA Lubumbashi, RCA 10 948, 30 août 2002, in *Les An. Jur.*, Lubumbashi, n° 1/2004, pp. 63-76, Note de J.-P. Kifwabala Tekilazaya

64 CA Lubumbashi, RC 10775/10992, 29 mars 2004, in *op. cit.*, n° 4/2004, pp. 52-66.

65 Voy. le texte dans le *Code foncier, op. cit.*, p. 299. Voy. aussi, P. Diumula Wembalokonga, «La procédure d'authentification des actes de cession immobilière en droit congolais», in *La loi du 20 juil. 1973…, op. cit.*, pp. 205-212.

- le Conservateur des titres immobiliers, uniquement en matière de mutations des droits réels immobiliers (art. 18 de l'ordonnance-loi).
- S'il n'existe pas de notaire dans une localité déterminée, le Notaire peut déléguer, par écrit, ses pouvoirs à un agent de l'Administration locale (art. 14).
- À l'étranger, les agents diplomatiques et consulaires désignés par le Ministre des Affaires étrangères à la condition que les comparants soient tous de nationalité congolaise.

L'acte notarié a non seulement une force probante, comme tout acte authentique, mais aussi il a en plus une force exécutoire (art. 9). C'est ainsi qu'en matière de recouvrement d'une créance documentée par un acte notarié, le tribunal décide toujours de l'exécution provisoire nonobstant tout recours (article 21 du code de procédure civile).

Cela étant, peut-on considérer qu'un contrat de location n'est pas un acte authentique? Il nous semble que le fait qu'il soit signé par un Officier public, représentant de l'État, n'ôte pas à cet acte la foi que l'on peut lui porter. Il est de même des décisions rendues par les cours et tribunaux par des juges qui sont, aussi, fonctionnaires de l'État[66]. Ainsi, dans cette espèce où il a été jugé que le Parquet étant un service de l'État, ce dernier répond des actes de son préposé, en l'occurrence l'Avocat général signataire d'une réquisition d'information ordonnant la saisie de tous les biens qui avaient servi à la commission de l'infraction, si les objets saisis n'avaient pas servi à la commission de ladite infraction[67].

Il convient plutôt de relever que lesdits actes exigent un certain formalisme et que les autorités appelées à leur conférer une certaine force sont limitativement déterminées par la loi.

758. ***Durée de la location.*** L'article 144, alinéas 2 et 3, dispose que la location ne peut être accordée pour un terme excédant 3 ans. Mais généralement, les clauses contractuelles prévoient la possibilité de solliciter

---

[66] Dans le cadre de leur mission, les magistrats agissent au nom de l'État et, en cas de dommages commis par eux, ils engagent la responsabilité de l'État: il en est ainsi, par exemple, en matière de prise à partie (art. 60 à 67, Procédure devant la CSJ); en cas de détention préventive inopérante: Civ. Brux., 72e ch., 17 noovembre 2003, *J.T.*, 2004, p. 221.

[67] TGI Matete, RC 10 311, 21 févr. 1997, *RAJC*, 2002, p. 36. Sauf à relever qu'un magistrat ne peut être considéré comem le «préposé» de l'État. En tant que fonctionnaire, il est plutôt «organe», il représente et il engage l'État. En cas de faute, ce sera une responsabilité directe de l'État.

une prorogation de 2 ans, s'il y a des motifs légitimes ; de sorte que la durée maximum est de 5 ans. Il convient de noter que cette durée n'est envisageable que pour la location des terres urbaines.

En ce qui concerne les terres rurales, aux termes de l'article 155, le droit d'occupation provisoire est consenti pour 5 ans.

759. ***Droits et obligations du locataire.*** La location est régie et par les articles 144, 148 à 152 de la loi et par les clauses particulières du contrat.

Au titre des droits, le locataire a le droit de jouissance du fonds. Il a droit à tout ce qui est produit par le fond. Il a droit d'y construire. Il peut céder son droit mais avec l'accord de l'État (par ses fonctionnaires délégués). En ce cas, la cession de bail fait substituer l'ancien locataire par le cessionnaire dans les droits et obligations vis-à-vis de l'État. Il peut demander la résiliation du contrat avant terme. Mais dans ce cas, à titre d'indemnité, il restera redevable du loyer de l'exercice en cours.

En retour, si le contrat est à titre onéreux, le locataire est tenu de payer le loyer (redevance). Selon la convention des parties, ce loyer peut consister soit en une somme d'argent forfaitaire éventuellement révisible à période déterminée, soit en une remise de titres de participations dans une société ou en d'autres valeurs mobilières, soit en une participation dans les bénéfices du concessionnaire, soit encore dans l'exécution d'un travail déterminé. Il peut s'agir d'une quote-part des frais de construction et d'entretien de la voirie.

Dans tous les cas, le premier terme du loyer est calculé au prorata des mois entiers compris entre la signature du contrat et le 31 décembre suivant. Ce loyer est payable dès la signature du contrat. Les termes suivants sont plutôt payables par anticipation le 1er janvier de chaque année. Le défaut de paiement aux échéances fixées ouvre le droit pour l'État de postuler des intérêts de retard sur les sommes dues calculés sur la base du taux applicable en matière d'impôts, sans préjudice de tous autres droits.

Il est par ailleurs interdit au locataire[68] de sous-louer ou de céder le bail sans l'autorisation écrite de l'autorité compétente. En cas de sous-location, puisque l'État ignore le sous-locataire, le premier locataire reste seul tenu vis-à-vis de l'État dans l'exécution du contrat.

---

[68] Le législateur utilise le terme « preneur » applicable plutôt aux baux de droit commun. Il s'agit ici du « locataire » d'un fonds, désigné spécifiquement par le qualificatif « concessionnaire ».

760. ***Droits et obligations de l'État.*** Ceux-ci s'analysent comme des contreparties aux droits et obligations du locataire. Ainsi, l'État a droit à percevoir la redevance si le contrat est à titre onéreux. Il peut faire résilier le contrat en cas d'inexécution fautive de ses obligations par le locataire. Pour ce faire, l'État doit mettre en demeure le locataire. Il peut en ce moment soit reprendre son fonds, soit le donner en location à une autre personne.

En revanche, l'État a l'obligation de garantir au locataire la bonne jouissance du fonds. Dans un arrêt, la CSJ a décidé qu'un détenteur d'un contrat d'occupation provisoire a un droit à devenir concessionnaire. Il a ainsi qualité pour contester les titres délivrés en violation de son droit[69].

Et, dès lors que le locataire a respecté ses obligations, l'État doit lui concéder le titre requis pour constater son droit de jouissance : le certificat d'enregistrement.

761. ***Fin du contrat de location.*** Rappelons ici la nature spécifique de la location en ce qu'elle est régie par le droit administratif, le droit privé (art. 101 et 145 de la loi) et par les clauses du contrat, en vertu de l'article 152 de la loi.

Dès lors, en plus de celles particulières à ce type de contrat, les modalités d'extinction de ce droit sont pareilles et communes à toutes les concessions (art. 101 et 145 de la loi).

Ainsi, le contrat finit de façon normale ou de façon exceptionnelle. Dans cette dernière hypothèse, il peut s'agir du non respect des clauses du contrat, de cas de force majeure ou d'expropriation pour cause d'utilité publique. Rappelons que le locataire a l'obligation d'occuper et de mettre en valeur le fonds. Il doit y construire. Ce qu'il aura construit, doit être réputé l'avoir été de bonne foi. En conséquence, les dispositions de l'article 23 alinéa 1 de la loi lui sont applicables (constructeur de bonne foi).

762. ***Jurisprudence.*** La théorie des impenses dues au constructeur de bonne foi est applicable en matière de location provisoire.

Il a été jugé qu'est nul, en application du principe « nul ne peut transmettre à autrui plus de droit dont il ne dispose lui-même », le contrat

---

[69] CSJ, RC 1799, 03 août 1995, in *Les Analyses Juridiques*, Lubumbashi, n° 1, 2004, p. 45. Sauf, pour nous, d'émettre de grosses réserves quant à la portée de l'expression « droit à devenir concessionnaire ». Nous y reviendrons dans les développements ultérieurs sur la transmission des droits réels immobiliers.

de location signé par le conservateur en faveur d'une personne qui n'a pas acquis le droit du précédent détenteur d'un contrat de location en cours de validité; est nul, un contrat de location signé par le conservateur alors qu'il existe un litige pendant devant les juridictions au sujet de l'immeuble, objet du contrat. L'occupant, constructeur de bonne foi, a droit, lorsqu'il est condamné à quitter les lieux au remboursement de la valeur des constructions qu'il a érigées. Cette valeur devra être déterminée par expert immobilier [70].

Le locataire occupe le fonds en vertu d'un titre. Le contrat de location provisoire. De ce point de vue, il ne peut être considéré que comme occupant de bonne foi. *A contrario*, le seul fait d'occuper un terrain sans titre ni droit établit la mauvaise foi de l'occupant. L'occupant de mauvaise foi n'a droit à aucun remboursement des dépenses qu'il a faites, quand même il en résulterait une plus value du fond; le propriétaire peut exiger la démolition des constructions aux frais de l'occupant de mauvaise foi. En cas d'occupation illicite, la restauration du droit violé est faite par voie d'expulsion susceptible d'exécution directe [71].

Par ailleurs, lorsqu'une personne a été autorisée par un propriétaire à construire sur un fonds appartenant à ce dernier, la circonstance que la propriété (ou la concession) a changé de maître ne suffit pas à lui ôter sa qualité de possesseur de bonne foi et à la priver du bénéfice de l'article 24 alinéa 1 [de la loi du 20 juillet 1973].

À défaut de titre enregistré consolidant *erga omnes* son droit, le possesseur de bonne foi qui a ainsi construit doit être condamné à délaisser sa construction; en revanche, sa demande reconventionnelle en remboursement soit de la valeur des matériaux et du prix de la main d'œuvre, soit de la plus value qui en est résultée pour le fonds doit être agréée en application de l'article 24 alinéa 1 [de la loi du 20 juillet 1973] [72].

§6. PARTICULARITÉS DES CONCESSIONS ORDINAIRES

De façon générale, les concessions foncières s'établissent et s'éteignent de la même manière. Toutefois, il existe quelques spécificités propres aux concessions ordinaires.

---

[70] CA Lubumbashi, RCA 10721/11023, 18 mars 2004, in *Les An. Jur.*, n° 2/2004, pp. 70-81, Note de J.-P. KIFWABALA TEKILAZAYA («La notion de bonne foi dans l'article 23 de la loi foncière»).

[71] Kin, 4 avr. 1967, *RJC*, 1968, p. 57.

[72] Lub., 29 déc. 1972, KDL c/KTL, *RJC*, 1973, p. 180.

763. ***Établissement.*** Les concessions ordinaires sont des droits de jouissance foncière et en tant que telles, elles obéissent aux mêmes règles d'établissement des droits réels immobiliers et de jouissance foncière.

Ainsi donc, en vertu des articles 219 et 227 de la loi, les concessions ordinaires ne sont légalement établies que si elles font l'objet d'un certificat d'enregistrement. Il en est de même des droits incorporés au fonds qui en fait l'objet et qui doivent faire l'objet d'une mention au certificat d'enregistrement.

764. ***Bénéficiaires.*** Nous l'avons déjà souligné : sur la base de l'article 374 de la loi relatif aux droits acquis par les étrangers, personnes physiques et par les personnes morales de droit public ou privé, seuls, en principe, les étrangers et les personnes morales peuvent jouir d'une concession ordinaire. Toutefois, les Congolais, à qui est réservé la concession perpétuelle (art. 80 et 369 de la loi), ne sont pas exclus de ce bénéfice.

En effet, au titre des modalités d'extinction des concessions (art. 101, 8°, de la loi), nous avons noté la conversion. Celle-ci peut s'imaginer dans les deux sens : d'une concession perpétuelle en concession ordinaire (cas de cession des droits au profit d'un étranger ou d'une personne morale) ou vice versa (art. 382). La loi n'interdit aucunement aux Congolais de jouir d'une concession ordinaire bien qu'il s'agisse là, en tous cas, d'un curieux intérêt. Que pourrait-on avoir à gagner d'une concession ordinaire (temporaire) au détriment d'une concession perpétuelle ?

765. ***Durée* (art. 377 de la loi).** Contrairement donc aux concessions perpétuelles, les concessions ordinaires sont limitées dans le temps. Leur durée maximum est de 25 ans mais renouvelable. La loi ne délimite cependant pas le nombre des fois que ces concessions peuvent être renouvelées.

Toutefois, cette durée maximum n'est pas à généraliser. Il est des concessions ordinaires qui n'ont pas le même terme. Ainsi, la location provisoire de l'article 144 a une durée de 3 ans, renouvelable pour deux ans. De même, la location provisoire des terres rurales a une durée de 5 ans (art. 156). De même, l'usage foncier (art. 141) ne peut être concédé pour un terme dépassant 15 ans.

766. ***Extinction.*** Hormis les modes communs de l'article 101 de la loi, les concessions ordinaires étant temporaires, le mode normal de leur extinction est donc, même en cas de renouvellement ou de prorogation, l'arrivée du terme (25, 15, 5 ou 3 ans selon le type et la nature de la concession).

767. Les concessions foncières sont examinées comme étant des droits réels qui figurent dans l'actif du patrimoine. Dans la théorie du patrimoine, nous avons fait état de ce que ce dernier est composé des droits et des obligations; des avantages et des charges. Au titre des charges, nous pouvons faire citer ainsi les servitudes.

Section 3:

SERVITUDES FONCIÈRES

768. Mise au point. Aux termes de l'article 1er de la loi, les servitudes sont qualifiées de droits réels et accessoires. Nous pensons qu'il s'agit d'une erreur. Elles sont en réalité des charges qui grèvent un droit réel principal. Certes, du point de vue du propriétaire ou du concessionnaire du fonds dominant, il s'agira d'un droit. Mais c'est plus sous l'angle du fonds servant que les servitudes sont envisagées d'autant que mention en est faite au certificat du propriétaire ou concessionnaire de ce dernier fonds (art. 220, alinéa 2 de la loi). Il s'agit plus d'une charge que d'un droit comme le fait l'article 1er de la loi qui la range malencontreusement parmi les «droits réels»[73].

Il existe différentes sortes de servitudes dont l'examen s'impose. Mais qu'entendre d'ores et déjà par «servitude»?

§1. DÉFINITION

769. De manière générale, l'on entend par servitude réelle, le droit qu'a le propriétaire d'un (fonds) d'en augmenter l'utilité (ou agrément) au détriment d'un héritage appartenant à un autre propriétaire, de manière que celui-ci subisse une restriction des attributs de sa propriété.

Aux termes de l'article 169 de la loi, la servitude foncière est définie comme *étant une charge imposée sur un fonds pour l'usage et l'utilité d'un autre fonds.*

Aussi, peut-on définir la servitude comme *étant une charge imposée par la loi sur un fonds. Celle-ci peut être au profit d'un autre fonds, pour l'utilité publique ou pour l'utilité particulière.*

[73] Voy. aussi J. HANSENNE, t. II, n° 1084.

§ 2. SORTES, NATURE ET CARACTÈRES

770. ***Sortes.*** On distingue des servitudes foncières, réelles et personnelles. La servitude est dite parfois *foncière* en ce sens qu'elle est relative ou elle se rapporte à un fonds. Elle est tantôt désignée par l'expression *praédiale*. Elle est *réelle* lorsqu'elle est envisagée par rapport à une chose ou un fonds. Cela ne signifierait point qu'elle soit un droit réel (en tant que rapport direct entre une personne et une chose, comme le laisse entendre l'art. 1er de la loi) mais plus par opposition aux servitudes *personnelles* tels l'usufruit, l'usage et l'habitation) qui emporte une certaine privation – convenue avec des obligations réciproques, absentes dans le droit des servitudes – du droit de jouissance ou d'usage d'une chose par son propriétaire.

Enfin, dans certaines littératures, elles sont aussi désignées par les termes « services fonciers » ou « charges foncières ».

771. ***Nature.*** Il ressort de la définition de l'article 169 de la loi que la servitude est une *charge grevant un fonds* au profit d'un autre. On le verra, pour que l'on parle de servitude, il faut deux fonds appartenant à deux propriétaires différents et que l'un deux soit grevé d'une charge. Ainsi, la servitude établie par destination du père de famille (voir ci-après) n'obéit pas à ce critère. Par ailleurs, l'existence d'un fonds dominant n'est pas toujours essentielle à celle de la servitude.

La servitude a ainsi un caractère :

- *immobilier* car elle porte sur un immeuble par nature, par incorporation comme le bâtiment ;
- *accessoire* dans la mesure où elle nécessite l'existence d'un droit réel principal, le fonds ou le bâtiment ;
- *perpétuel* puisqu'elle est liée à un droit de propriété, en tant qu'accessoire, elle dure autant que le principal ;
- *indivisible* en ce qu'elle existe au profit du fonds dominant tout entier et à charge du fonds servant tout entier et non pour une partie de l'un ou de l'autre.

772. ***Servitude : droit réel ?*** Les servitudes foncières sont des charges. Cependant, à la lecture de l'article 1er alinéa 2 de la loi du 20 juillet 1973, les servitudes tout comme l'hypothèque, le gage et le privilège, sont repris comme « droits réels » !

En réalité, bien que constituant un avantage respectivement pour le fonds dominant ou un droit pour les créanciers, il s'agit des charges réelles. Elles sont regardées ainsi d'autant que la loi prévoit que toute charge réelle soit inscrite au certificat d'enregistrement. Cette inscription n'est faite qu'au seul certificat d'enregistrement du propriétaire ou du concessionnaire du fonds servant ou débiteur de la créance garantie par l'inscription au certificat d'enregistrement. Aussi, est-ce l'aspect «charge» qui prévaut plus que celui du droit.

§3. ÉLÉMENTS CONSTITUTIFS DES SERVITUDES

773. ***Préalables.*** La servitude est liée, en principe, à l'existence de deux fonds appartenant à deux propriétaires différents. En effet, aux termes de l'article 173 de la loi, il peut exister des servitudes sans pour autant qu'il y ait un fonds dominant. Il en est ainsi des servitudes établies par la loi et ayant pour objet l'utilité publique ou l'utilité particulière. Lorsqu'il existe deux fonds, la servitude est regardée surtout comme une charge imposée à l'un des fonds au profit de l'autre.

774. ***Existence de deux fonds.*** Il faut donc deux fonds. Celui sur lequel pèse la charge, *fonds servant*, et celui qui profite de la charge, *fonds dominant.*

Il ne suffit pas seulement qu'il y ait deux fonds. Encore faut-il qu'ils appartiennent à *deux propriétaires* ou *concessionnaires différents.* Dans cette mesure, la servitude par destination du père de famille n'est pas une véritable servitude car, les deux fonds actuellement séparés n'appartiennent qu'à un seul et même propriétaire. Enfin, les deux fonds doivent être *voisins ou contigus* pour que le service de l'un soit nécessaire pour l'usage de l'autre.

775. ***Servitude: charge imposée au fonds servant.*** La servitude confère un droit réel au propriétaire ou concessionnaire du fonds dominant sur le fonds servant avec cette conséquence que les droits du propriétaire ou du concessionnaire du fonds servant sont entamés ou diminués.

Il importe d'insister sur le fait que cette charge n'est imposée qu'au fonds et pour le fonds et non à une personne ni en faveur d'une personne. La servitude, avons-nous dit, est une charge réelle et non personnelle.

Ainsi, en tant que telle, c'est-à-dire attachée au fonds, elle se transmet avec le fonds servant sur lequel elle est grevée à tous les propriétaires successifs. En tout état de cause, mention doit en être faite sur le certificat d'enregistrement constatant le droit sur le fonds servant.

776. ***Servitude: charge organisée au profit du fonds dominant.*** Aux termes de l'article 169 de la loi, la servitude est une charge imposée au fonds servant au profit du fonds dominant. Cette situation emporte quelques conséquences sur le plan du droit:

- le bénéfice de la servitude doit être attachée au fonds et il se transmet avec ce dernier;
- la servitude dure autant que le droit sur le fonds contre lequel elle est établie et elle est perpétuelle (caractère accessoire);
- pour pouvoir profiter de la servitude, il faut être propriétaire ou concessionnaire d'un fonds dominant.

En commençant l'étude des servitudes, nous avons souligné entre autre qu'il en existe de plusieurs sortes. Il faut dire également que chaque type a de sources ou d'origines différentes qu'il importe d'examiner.

§4. SOURCES ET CLASSIFICATION DES SERVITUDES

Les servitudes sont classées selon leur origine, leur caractère ou leur mode d'établissement. Dans tous les cas, elles sont établies pour l'usage des bâtiments ou pour celui du fonds (art. 177).

A. Du point de vue de leur origine

777. Base légale: art. 170 de la loi. Aux termes de cet article, l'on distingue trois sortes de servitudes:

- les servitudes qui résultent de la situation des lieux ou *servitudes naturelles*;
- celles qui sont établies par la loi ou *servitudes légales*;
- enfin celles qui sont établies par la volonté de l'homme ou *servitudes conventionnelles.*

Ainsi, aux termes de l'article 171 de la loi, est une *servitude naturelle*, la situation des fonds intérieurs qui sont assujettis envers ceux qui sont les plus élevés, à recevoir les eaux qui en découlent naturellement sans que la main de l'homme y ait contribué d'une façon ou d'une autre. Pour ce faire, l'État ou le concessionnaire inférieur ne peut point élever des digues qui empêcheraient l'écoulement des eaux (servitude). Et, comme obligation correspondante, le titulaire du droit sur le fonds supérieur ne peut rien faire qui aggrave la situation du fonds intérieur (servant).

Les servitudes qui sont établies par la loi peuvent être d'utilité publique ou d'utilité privée. Elles sont à ce titre des *servitudes légales.* Et dans la plupart des cas, il s'agit de différentes obligations auxquelles la loi peut assujettir les propriétaires ou les concessionnaires l'un à l'égard des autres sans qu'il y ait une convention ou même l'existence d'un fonds servant.

L'article 1er de l'arrêté interministériel n° 0021 du 29 octobre 1993 portant application de la réglementation sur les servitudes[74] érige ainsi en servitudes :

- *les espaces verts ;*
- *les emprises des routes d'intérêt public conformément aux plans d'urbanisme et plans cadastraux ;*
- *les rives des cours allant jusqu'au moins 10 mètres à partir de la ligne formée par le niveau le plus élevé qu'atteignent les eaux dans leur période des crues normales ;*
- *les emprises des lignes de haute tension sur une distance de 25 m de part et d'autre ;*
- *les emprises des chemins de fer de 5 à 50 m suivant catégories ; les zones de sécurité des dépôts des liquides inflammables, des aéronefs, des établissements insalubres et des explosifs ;*
- *les emprises des cimetières ; les emprises des bâtiments publics ; les terrains de jeu et de loisir ;*
- *les périmètres REGIDESO, SNEL et [OCPT] ;*
- *les zones des carrières réservées à l'extraction des produits du sous-sol.*

Étant des servitudes légales, « toute occupation, toute construction et tout lotissement dans les servitudes telles que définies à l'article premier ci-dessus sont interdites (art. 2 de l'arrêté). Bien plus, ajoute l'article 3, « sans préjudice des poursuites judiciaires prévues par la loi à charge des contrevenants, toutes constructions érigées en violation des dispositions du présent arrêté ainsi que d'autres dispositions légales ou réglementaires en la matière seront démolies aux frais de leurs constructeurs ou propriétaires sans aucune indemnité ».

---

[74] *Code foncier, op. cit.*, p. 175.

778. Jurisprudence. Il a été jugé que l'existence d'un fonds dominant et d'un fonds servant n'est pas essentielle à l'existence d'une servitude créée par la loi[75]. Dans cette mesure, l'inobservation d'une telle servitude ne peut être invoquée par tout tiers que si elle lui cause un trouble personnel[76].

Aussi, dans un arrêt, la CSJ a-t-elle décidé dans le même sens en disant que viole les articles 173 et 175 de la loi du 20 juillet 1873, l'arrêt de la Cour d'Appel qui restreint la portée de la loi instituant cette servitude, en déclarant que l'empiétement de la servitude de passage par l'empiétement de la voie publique ne peut être invoqué que par la République, l'Hôtel de ville de Kinshasa et le Conservateur des titres immobiliers, car aux termes de l'article 173, la loi instituant la servitude de passage permet non seulement à l'autorité publique de l'invoquer, mais aussi à toute personne intéressée dans un litige foncier pour faire prévaloir ses droits[77].

Les servitudes d'utilité publique peuvent concerner des matières assez diverses et variées contrairement aux servitudes d'utilité privée, elles sont d'ordre public.

779. Elles peuvent *avoir un fonds dominant*. Il en est ainsi :

- du décret du 16 avril 1953, sur la servitude aéronautique, limitant la hauteur des constructions et plantations dans la zone avoisinant les plaines d'aviation[78] ;
- du décret du 10 octobre 1903 interdisant d'établir des toitures de chaume ou d'autres matières inflammables sur une bande de 100 m de chaque côté d'une voie ferrée[79] ;
- du décret du 11 avril 1949 interdisant de déboiser sur des pentes, afin d'éviter l'érosion et dans un rayon de 75 m autour des sources[80] ;

---

[75] Civ., 1re, 30 avr. 1963, *Bull. civ.*, I, n° 239 ; Civ., 3e, 11 déc. 1970, *Bull. civ.*, III, n° 699.

[76] Civ., 1re, 6 janv. 1972, *Bull. civ.*, III, n° 13.

[77] CSJ, RC 2379, 28 juil. 2000, *RAJC*, 2000, pp. 27-28 ; V. KANGULUMBA MBAMBI, « Revue critique de la jurisprudence de la CSJ... », in *op. cit.*, p. 150. ; Voy. aussi, même arrêt, in *Les An. Jur.*, 2/2004, pp. 49-53, mais avec Note de J.-P. KIFWABALA TEKILAZAYA.

[78] Voy. *Codes* [Piron], p. 1094.

[79] *Codes*, p. 1193. Sur ce que l'on peut entendre par « construction » : Cass., 17 janv. 1955, *J.T.*, 1955, *Pas.*, 1955, I, p. 510.

[80] *Codes*, p. 1146.

- du décret du 24 septembre 1937 grevant les terrains de la surface au profit de la protection et de l'exploitation des gisements souterrains[81];
- du décret du 6 mai 1952 relatives aux eaux souterraines, aux eaux des lacs et des cours d'eau[82];

780. Elles peuvent être *sans fonds dominant.* C'est le cas:

- du décret du 16 avril 1931 au profit des lignes de transport de force motrice et celui du 23 août 1940, pour les lignes télégraphiques et téléphoniques[83];
- de l'ordonnance du Gouverneur général du 14 février 1914 (art. 21) interdisant de construire une habitation ou un puits à proximité d'un cimetière[84];
- du décret du 16 août 1939 (art. 11) sur la protection des sites, monuments et productions de l'art indigène[85].

Il importe de noter qu'indépendamment des servitudes d'utilité publique, ci-devant énumérées, l'administration peut édicter différentes mesures tendant à limiter l'exercice du droit de propriété dans le cadre du respect de l'ordre public; c'est-à-dire des mesures tendant à préserver la tranquillité, la salubrité et la sécurité publiques[86].

Il en est ainsi des murs mitoyens dans les circonscriptions urbaines, la distance à observer pour le recul et la construction des voiries publiques, les vues, les égouts des toits, le droit de passage, les servitudes aéronautiques, etc. Il s'agit donc des restrictions au droit de propriété que des servitudes au sens plein du terme. Tel est le cas des murs mitoyens que nous ne considérons pas comme une sorte de servitude à défaut d'existence des éléments essentiels constitutifs des servitudes. L'article 176 de la loi ne précise-t-il pas que la mitoyenneté est régie par les dispositions des articles 39 à 48 de la loi (au titre de la propriété et ses formes).

---

81 *Idem*, p. 1135.
82 *Idem*, p. 1208.
83 *Idem*, pp. 1308 et 1353.
84 *Idem*, p. 1198.
85 *Idem*, p. 789.
86 En matière d'hygiène publique, d'économie générale (baux à loyer), d'urbanisme, de police et sûreté, etc.

781. ***Servitudes conventionnelles (art. 177 et s.).*** Enfin, il est possible que l'État ou les concessionnaires se conviennent d'établir sur leurs fonds respectifs telle servitude que bon leur semble, dans les limites d'exigence des servitudes, pourvu que celles-ci n'aient rien de contraire à la loi ou à l'ordre public. Ce type de servitudes est appelé *servitudes conventionnelles* ou *établies par le fait de l'homme.*

B. Du point de vue de leurs caractères

782. Base légale (art. 178 de la loi). De façon générale, selon les termes de cet article, les servitudes peuvent être continues ou discontinues; apparentes ou non apparentes. Une combinaison entre l'une et l'autre caractéristique est possible.

783. ***Servitudes continues ou discontinues.*** Les servitudes *continues* sont celles dont l'usage est ou peut être continuel sans avoir besoin d'un fait actuel de l'homme. Il peut en être ainsi de la servitude de passage. Il n'y a pas besoin d'une intervention particulière de l'homme pour que ce droit de passage s'exerce. Certes, il n'est pas exclu, au départ, que l'intervention de l'homme soit nécessaire pour qu'il y ait servitude (construction, tracé, délimitation, conduite des eaux, égouts et vues) mais dans la suite, elle n'est plus nécessaire ou requise.

Elles sont *discontinues* lorsqu'elles ont besoin du fait actuel de l'homme pour être exercées. Il peut y avoir une servitude de passage mais ce passage ne s'effectue pas continuellement. Il se fait de façon intermittente. C'est le cas du droit de puisage ou de pacage.

784. ***Servitudes apparentes ou non apparentes.*** Les servitudes sont *apparentes* lorsqu'elles se manifestent ou s'annoncent par des ouvrages extérieurs comme des portes, fenêtres, aqueduc. Elles sont *non apparentes* lorsqu'il n'existe pas de signes extérieurs de leur existence. Ainsi, l'interdiction de bâtir, d'élever un mur en hauteur, les servitudes aéronautiques...

L'apparence d'une servitude dépend d'un fait accidentel et non de la nature propre de la servitude. En effet, une même servitude peut être tantôt apparente, tantôt non-apparent suivant qu'elle se manifeste par des ouvrages extérieurs (chemin, sentier ou route, espace de recul) ou qu'elle s'effectue sans laisser des traces.

Dès lors, il peut y avoir:

- *servitudes continues et apparentes*: cas de vue au moyen d'une fenêtre, les conduites d'égout, les canalisations d'eau...

- *servitudes continues et non apparentes*: l'interdiction de construire ou d'habiter un site;
- *servitudes discontinues et apparentes*: le cas de servitude de passage;
- *servitudes discontinues et non apparentes*: servitude de passage sans porte ni chemin.

785. Droit comparé. Il est admis en droit belge, du point de vue de leur établissement, que seules les servitudes continues et apparentes s'acquièrent par prescription (et non en droit congolais); elles sont protégées par les actions possessoires et elles donnent naissance à la servitude par destination du père de famille. Enfin, elles ne s'éteignent pas par non-usage d'autant que leur extinction nécessite toujours un acte contraire à l'existence de la servitude.

§5. Mode d'établissement des servitudes

Les servitudes peuvent être établies soit par un titre soit par un acte juridiques; à la suite d'une prescription ou encore par destination du père de famille.

A. Établissement par titre

786. ***Notion de titre.*** Par le mot «titre», il convient d'entendre tout acte juridique qui donne naissance à une servitude. Il peut s'agir d'un acte réglementaire ou d'un contrat. Il en est ainsi en matière d'urbanisme où les Ministres compétents peuvent prendre des arrêtés, à titre supplétif, pour fixer les conditions et les modalités d'établissement des servitudes (art. 180).

En matière de contrat, il est toutefois requis que les parties ne puissent pas s'écarter de deux règles: respect de l'ordre public et la charge doit exister au profit d'un fonds (art. 177).

Il a été jugé que les servitudes, autres que les servitudes naturelles, ne peuvent s'établir que par titre, c'est-à-dire que par le certificat d'enregistrement[87].

---

[87] Elis., 27 févr. 1926, *Kat.*, II, p. 132; Bruxelles, 24 avr. 1937, *Jur. Col.*, 1938, p. 27.

B. *Par prescription acquisitive(?)*

787. ***Impossibilité légale.*** La loi n'envisage nulle part l'acquisition d'un droit réel immobilier par prescription, fût-elle de trente ans ou qu'il s'agisse des servitudes apparentes et continues. Cela irait à l'encontre des principes posés par les articles 219 et 220 de la loi en matière de transmission et d'acquisition des droits réels immobiliers ou fonciers. Pourtant, la servitude est une charge attachée à un fonds!

Relevons que ne peut être acquis par prescription qu'un droit et non une charge[88]. Par ailleurs, la servitude, si elle peut être considérée comme un droit réel, il ne peut s'agir qu'un d'un droit réel accessoire car elle suppose l'existence préalable d'un fonds. Or, déjà, un droit réel immobilier ne peut être acquis par prescription. Si cela n'est pas légalement possible pour le principal, et que dire alors de l'accessoire?

C. *Par destination du père de famille*

788. ***Notion.*** Il s'agit d'une institution relevant plus du cadre des principes généraux du droit mais plus façonnée par la pratique jurisprudentielle. Aucune disposition de la loi du 20 juillet 1973 ne prévoit cette sorte de servitude[89].

Elle est un acte par lequel le propriétaire ou le concessionnaire de deux fonds établit entre ceux-ci un rapport qui constituerait une servitude (continue et apparente) si les deux fonds appartenaient à deux maîtres différents.

Il y a servitude par destination du père de famille, lorsqu'une personne, ayant réuni entre ses mains deux fonds dont l'un était grevé d'une servitude au profit de l'autre, a maintenu l'aménagement des lieux consécutif de cet assujettissement[90].

789. L'établissement d'une servitude par destination du père de famille requiert, notamment, que la charge imposée entre les deux fonds, qui avant d'être séparés, relevaient du même propriétaire, revêtait, au moment de leur division, les caractères d'une servitude continue et apparente[91].

---

[88] Cette confusion est déjà visible dans l'énumération des droits réels faite par l'article 1er de la loi. Cet article cite à ce titre, entre autres, les servitudes!

[89] Comp. art. 692 du code civil français qui le prévoit expressément.

[90] Civ., 3e, 10 oct. 1984, *Bull. civ.*, III, n° 168.

[91] J. Paix, Menen, 28 nov. 1990, *JJP*, 1993, p. 330 et note.

Pour qu'il y ait donc servitude par destination du père de famille, il faut:

- d'abord, que les deux fonds qui sont actuellement séparés appartiennent au même propriétaire;
- ensuite, que l'aménagement soit le fait ou l'œuvre du propriétaire unique (du même propriétaire) et non celui d'un fermier, d'un locataire, d'un usufruitier, bref d'un détenteur précaire;
- et enfin, la destination d'un fonds au service de l'autre présente lors de la séparation juridique de deux fonds, les caractères d'une servitude continue et apparente.

D. *Quid de la distance à observer en cas de plantations ou de constructions?*

Les servitudes foncières constituent des limitations ou des restrictions au droit de propriété immobilière et au droit de jouissance foncière. La distance à observer pour les plantations en fait partie[92].

790. ***Base légale et définition.*** Aux termes de l'article 175 de la loi du 20 juillet 1973, «les différentes servitudes qui peuvent être établies par la loi sont, notamment, les murs mitoyens, la distance à observer et les ouvrages requis pour certaines constructions, les vues, l'égout des toits, le droit de passage, etc.».

791. ***Nature.*** Il s'agit, de toute évidence, d'une servitude légale. Elle résulte spécialement de la situation des lieux et elle se prête comme une servitude négative consistant à exiger d'un propriétaire ou concessionnaire voisin de s'abstenir de faire quelque chose, en l'espèce, ne pas construire ou planter. Carbonnier qualifie cette servitude de légale réciproque[93]. Ce sont «des servitudes négatives qui traduisent l'idée d'un espacement nécessaire entre les hommes, nécessaires à la paix de tous[94]».

792. ***Régime juridique.*** Un propriétaire ou un concessionnaire peut, en principe, construire à l'extrême limite de son fonds ou concession. Cependant, pour certaines constructions, puits, fosses d'aisances, cheminées, etc., dont le voisinage immédiat peut être dommageable,

---

[92] P.-P. RENSON, «Le point sur la distance de plantation», *J.T.*, 2007, p. 87.

[93] J. CARBONNIER, *Droit civil, 3. Les Biens*, Coll. Themis, Paris, PUF, 1969, p. 178 et s., n° 52.

[94] J. CARBONNIER, *Droit civil, 2*, Paris, PUF, 1967, p. 172.

des règlements administratifs ou des usages locaux (à défaut, le juge) peuvent lui imposer de respecter des distances ou d'élever à ses frais des ouvrages protecteurs ou des contre-murs.

Il en est de même des vues et jours (servitude de vue et de jour) ; des arbres ou plantations dont la proximité peut être pour les voisins une source d'incommodité (ombre, chute des feuilles, pénétration des racines, etc.). En principe, il convient de se référer à des usages locaux. Mais aux termes de l'article 176 de la loi du 20 juillet 1973, en dehors de la mitoyenneté, qui se prête plus et qui est déjà réglementée comme une forme de propriété et plus précisément une copropriété forcée, les autres servitudes devraient être réglementées par un arrêté conjoint du Ministre des Affaires foncières et celui de l'Urbanisme, mais qui n'est pas encore pris[95] !

La sanction en cas de respect de cette servitude est l'arrachage ou réduction de la taille de l'arbre à la hauteur normale[96].

§6. PRINCIPES EN MATIÈRE D'INTERPRÉTATION DES SERVITUDES

Les règles d'interprétation des servitudes dépendent en partie de leurs modes d'établissement.

793. ***Servitudes légales.*** Au regard de leur nature et de leur destination – *caractère d'ordre public, utilité publique* – les règles d'interprétation des servitudes légales sont de stricte interprétation.

794. ***Servitudes établies par titre.*** Les règles d'interprétation sont celles applicables à tous les actes juridiques. À défaut des indices clairs, l'on doit se reporter à la volonté cachée ou l'intention probable des parties. Mais celui qui invoque une servitude conventionnelle doit, en principe, prouver la réalité du titre, c'est-à-dire, le *negotium* dont il se prévaut par la production de l'*instrumentum* valable. Cependant, lorsque la servitude est établie par convention entre vifs à titre onéreux, elle peut résulter d'un accord soit verbal, soit tacite ; l'existence d'un tel accord peut être

[95] Que des dispositions et mesures qui attendent d'être prises ! L'amnésie et l'irrationnalité semblent bien être les plus grands défauts du législateur [des pouvoirs publics] congolais. En effet, rien que pour la loi qui nous occupe [loi du 20 juil. 1973], nous avons recensé plus d'une dizaine de textes qui devraient être pris mais qui ne l'ont jamais été ! Voy. V. KANGULUMBA MBAMBI, *La loi du 20 juil. 1973..., op. cit.*, pp. 31-54, («Évaluation de la loi»).

[96] Art. 652 du Code civil français.

prouvée par l'aveu de la partie à laquelle on l'oppose, ou se déduire de l'exécution que les parties ont donnée à leur convention[97].

795. ***Servitudes établies par prescription.*** En droit congolais, l'on ne peut acquérir une servitude par prescription.

796. ***Servitudes par destination du père de famille.*** Elles sont interprétées en recherchant l'intention du constituant et les circonstances dans lesquelles la charge a été créée. Il appartient au juge du fond d'apprécier souverainement l'intention de l'auteur commun qui a divisé le fonds d'assujettir l'un à l'autre[98].

§7. DROITS ET OBLIGATIONS DU PROPRIÉTAIRE OU CONCESSIONNAIRE DU FONDS DOMINANT

S'il est vrai que le propriétaire ou le concessionnaire du fonds dominant jouit de plus de droit que celui du fonds servant, il reste qu'il est également astreint à des obligations.

797. ***Droits***. Le propriétaire ou le concessionnaire du fonds dominant est le seul bénéficiaire des servitudes. Il peut faire ou réaliser tous ouvrages nécessaires à la servitude; tout ce qu'il faut pour en user et pour la conserver. Il a droit à des servitudes accessoires, en fait, tout ce qui est nécessaire pour user de la servitude principale.

798. ***Obligations***. Il s'agit d'une série d'interdiction, des obligations de ne pas faire, notamment il ne peut en user que suivant le titre, sans pouvoir ni dans le fonds servant, ni dans le fonds dominant, faire des ouvrages qui aggravent la condition du premier (art. 171).

Si le fonds dominant est divisé, en principe, suivant le titre, cette situation ne peut avoir pour effet d'aggraver celle du fonds servant.

§8. DROITS ET OBLIGATIONS DU PROPRIÉTAIRE OU CONCESSIONNAIRE DU FONDS SERVANT

En principe, le propriétaire ou concessionnaire du fonds servant n'a que des obligations de ne pas faire, des obligations négatives. Toutefois,

---

[97] Brux., 30 oct. 1964, *Pas.*, 1965, II, 232.

[98] Civ., 3e, 15 mai 1991, *Bull. civ.*, III, n° 144.

il a aussi des droits correspondant aux obligations du propriétaire du fonds dominant.

799. ***Droits.*** De toute évidence, le propriétaire ou le concessionnaire du fonds servant reste tout logiquement propriétaire de son immeuble (bâtiment) ou titulaire du droit de jouissance foncier (concessionnaire). Il est vrai que son droit de jouissance est entamé par l'existence de la servitude. Ainsi, il peut demander le changement de la servitude qui grève son immeuble.

800. ***Obligation.*** À ce titre, il ne doit rien faire sinon que subir la servitude. Même si le fonds servant est divisé, les nouveaux titulaires restent tenus dans les limites du titre d'établissement.

§ 9. EXTINCTION DES SERVITUDES

801. ***Principe.*** La loi du 20 juillet 1973 ne détermine pas comment les servitudes peuvent s'éteindre. Toutefois, les modalités d'extinction sont inhérentes à la nature même de la servitude concernée. En ce qui concerne les servitudes légales, par exemple, elles peuvent s'éteindre par l'abrogation même de la loi, la désaffectation du bien, la disparition de l'utilité publique. De même, pour les servitudes naturelles, si la nature en dispose autrement, cas d'irruption volcanique par exemple, le fonds dominant en disparaissant, la servitude qui l'affecte subira le même sort. En matière de servitudes conventionnelles, la volonté des parties primant, elle est la seule également à mettre fin à la servitude. Enfin, pour la servitude par destination du père de famille, tout dépendra de la volonté du propriétaire ou du concessionnaire de deux fonds. Dans le silence, nous recourrons aux principes généraux applicables en la matière et au droit comparé, dans la mesure où ceux-ci ne sont pas contraires à l'ordre public congolais.

Aux termes de l'article 710*bis* du code civil belge, les servitudes peuvent être supprimées par voie judiciaire pour inutilité. Dans cette mesure, la suppression judiciaire est une des modalités d'extinction des servitudes[99].

---

[99] Voy. Liège, 3e ch., 9 fév. 2005, *J.T.*, 2007, p. 94; P. LECOCQ, «Extinction des servitudes: des nuances en précisions», *J.T.*, 2007, p. 81.

802. ***Quelques causes.*** Ainsi, aux termes des articles 704 à 706 du Code civil belge[100] les servitudes peuvent s'éteindre par l'impossibilité d'exercice, par le non-usage pendant 30 ans (encore une raison pour faire la part des choses entre servitude en tant que charge et droit de propriété qui, lui, est perpétuel), la confusion ou par d'autres causes d'extinction des droits connus en droit commun.

803. ***Survivance des servitudes.*** En matière des servitudes conventionnelles, notamment celles relatives aux mines, il est possible qu'elles deviennent foncières en cas de cession et donc de changement de nature des droits miniers en droits fonciers. Dans ces conditions, il a été jugé que la clause d'exonération éventuelle en cas de dommage, constituant une servitude au profit de la mine, s'impose par conséquent aux tiers acquéreurs des terrains[101].

§10. Actions judiciaires possibles en matière de servitudes

804. ***Sortes d'actions.*** Il existe deux actions en matière de servitudes : l'action confessoire et l'action négatoire.

L'action confessoire consiste à faire reconnaître l'existence et l'étendue d'une servitude. Il s'agit d'une sorte de revendication. Ce type d'action est réservé au propriétaire ou concessionnaire du fonds dominant.

Quant à *l'action négatoire*, elle a pour objet de contester l'existence d'une servitude sur un fonds en disant que ce dernier est libre de toute charge. Cette action est logiquement réservée au propriétaire ou concessionnaire du fonds servant. Notons qu'il est extrêmement rare de rencontrer la jurisprudence congolaise sur ces matières.

---

[100] Que nous pouvons considérer comme des principes généraux applicables aux servitudes dans le silence des dispositions pertinentes de la loi du 20 juil. 1973.

[101] Cass. 20 nov. 1913, *Pas.* 1914, I, 7; Liège, 2 juil. 1912, *Pas.*, 1912, II, 318.

TITRE II

RÉGIME IMMOBILIER : LES DROITS RÉELS IMMOBILIERS

805. Bibliographie indicative:

DIKETE ONATSHUNGU, *Le rôle de la volonté dans la transmission des droits réels fonciers…, Thèse précitée*; DUFRENOY, P., *Précis de droit colonial, op. cit.*; FATAKI WA LUHINDI, D., *L'inattaquabilité du certificat d'enregistrement*, SED Ministère de la Justice, Kinshasa, 2005; JENTGEN, P., «Du droit à devenir propriétaire dans ses rapports avec le régime hypothécaire», *RJCB*, 1929, n° 10, pp. 266-299; KALAMBAY LUMPUNGU, G., *Droit civil, op. cit.*; KANGULUMBA MBAMBI, V., «Revue critique de la jurisprudence de la CSJ…», in *La loi du 20 juillet 1973, op. cit.*; KATUALA KABA KASHALA, «La jurisprudence congolaise en matière de preuve de propriété des droits immobiliers», in *La loi du 20 juillet 1973, op. cit.*, pp. 57-76; *Le certificat d'enregistrement et le livret de logeur*, Kinshasa, Éd. Batena Ntambwa, 1998; KIFWABALA TEKILAZAYA, J.-P., *Droit civil, op. cit.;* LAVAL, A., «Des opérations sur immeubles enregistrés au Congo belge et au Maroc», *RJCB*, 1930, p. 247; LUKOMBE NGHENDA, *Droit civil, op. cit.*; MOELLER, A., «Note concernant la transmission de la propriété immobilière et les effets de la condition résolutoire», *RJCB*, 1934, pp. 78-80.

806. Énoncé. Le présent titre étudie essentiellement les principes et les modalités d'établissement et de transmission des droits immobiliers.

Nous tenons à insister davantage sur la lecture attentive et discursive des dispositions de la loi (art. 219, 220 et 227) pour éviter, comme malheureusement c'est le cas en droit congolais, d'octroyer des vertus imméritées au certificat d'enregistrement[1]. La lecture apprise, parfois déclamatoire des dispositions de la loi du 20 juillet 1973, est à l'origine de mauvaises interprétations et, pour finir, des mauvaises décisions judiciaires que l'on n'arrête plus de ressasser ou, dans la meilleure des hypothèses, de renier comme étant du droit.

I. Rappel de la particularité de la loi

807. La loi du 20 juillet 1973 fait une distinction fondamentale entre les droits fonciers et les droits immobiliers. Aux termes des articles 208 et 210 de la loi, les premiers portent sur les immeubles par nature alors

[1] Voy., par exemple, la problématique de «l'inattaquabilité du certificat d'enregistrement», in V. KANGULUMBA MBAMBI, *La loi du 20 juil. 1973, op. cit.*, «Revue critique de la jurisprudence de la CSJ…», n° 19, pp. 143-147.

que les seconds, sur les immeubles par incorporation[2] et les immeubles par destination.

Les droits immobiliers visés par l'article 208 sont ceux qui portent uniquement :

- sur les immeubles par incorporation (bâtiments et leurs accessoires) et toutes les constructions inhérentes au sol ;
- sur les immeubles par destination ;
- sur les droits de créance tendant à acquérir ou à recouvrer un droit réel sur les immeubles cités ci-haut.

Il n'est pas exclu que ces immeubles fassent partie du domaine public ou du domaine privé de l'État. Tout dépend de leur affectation. S'agissant des biens du domaine foncier privé de l'État, nous avons vu qu'ils sont gérés soit par des organismes publics ou privés en ce qui concerne les immeubles (art. 217 de la loi) ; soit par le Conservateur des titres immobiliers, en ce qui concerne les concessions foncières (art. 223 de la loi). Et, de façon particulière, nous avons souligné que ces biens sont dans le commerce et peuvent faire l'objet de servitudes, d'hypothèque, de cession[3] ou de contrat de bail (article 212 de la loi).

Dans l'économie interne de ces contrats, notamment en matière de cession ou de bail, il convient de considérer que les droits et obligations des parties sont bien déterminés mais en respect du principe de l'inaliénabilité du sol sur lequel sont incorporés les biens ou sur lequel porte le droit de jouissance.

Aux termes des articles 215 et 216 de la loi, notamment dans ce dernier cas, s'il est reconnu au cessionnaire tous les droits de jouissance sur les biens immeubles, il n'en va pas du sol qui supporte ces immeubles, lequel est la propriété de l'État (art. 53 de la loi). Le droit de propriété qu'un tiers acquiert sur un immeuble appartenant à l'État ne préjuge pas de la propriété de ce tiers sur le fonds[4].

---

[2] En droit belge, tout comme en droit français, le sol et les bâtiments sont immeubles par nature (article 518).

[3] Voy. V. HALEWYCK DE HEUSCH, « De la cession et de la concession des immeubles domaniaux », in *J.D.C.* (jurisprudence et droit colonial), 1912, pp. 65-76.

[4] Voy. notam. CSJ, RC 373, 25 mars 1987, précité.

II. Plan du titre

808. Ces précisions données, l'examen de l'organisation du service chargé de gérer les terres du domaine privé de l'État s'impose en premier lieu, avant d'étudier les principes en matière d'établissement et de transmission des concessions et des droits immobiliers.

Ensuite, il est opportun de voir également les principes et les autorités habilitées à dresser le certificat d'enregistrement; la procédure en cas de perte, remplacement ou rectification d'un certificat d'enregistrement entaché d'erreur; le cas échéant, le régime de responsabilité y afférent.

En clair, ce titre examine successivement les aspects suivants:

1. Organisation administrative des circonscriptions foncières et rôle des différents services;
2. Établissement et transmission des concessions et des droits réels immobiliers;
3. Le certificat d'enregistrement;
4. Transmission des droits réels immobiliers et des concessions;
5. Conditions et formes de mutations;
6. Opposition au droit du propriétaire ou du concessionnaire;
7. Remplacement de certificats d'enregistrement.

CHAPITRE 1

ORGANISATION ADMINISTRATIVE DES CIRCONSCRIPTIONS FONCIÈRES ET RÔLE DES DIFFÉRENTS SERVICES

809. Liminaire. Le domaine foncier de l'État est divisé en domaine public et en domaine privé. Seules les terres du domaine privé sont concessibles. Pour la gestion administrative de ces terres, la loi a institué des circonscriptions foncières administrées par une autorité ou un fonctionnaire de l'État appelé «Conservateur des Titres Immobiliers [1]».

La loi confère à ce fonctionnaire la gestion des terres du domaine privé de l'État. Aux termes de l'article 182 de la loi, le Conservateur des titres immobiliers n'est pas la seule autorité à compétente. Les terres du domaine privé peuvent être également gérées soit par les organismes publics créés à cet effet; soit par des sociétés mixtes d'équipement et de promotions immobilières.

Il importe toutefois de différencier la gestion des terres de celle des immeubles du domaine privé de l'État. Aux termes de l'article 217 de la loi, les institutions désignées (administrations publiques, organismes privés ou publics ou mixtes) peuvent gérer le domaine privé immobilier de l'État. Cependant, ces institutions «à créer» (voy. art. 185 et 218 de la loi) n'ont pas encore vu le jour au point qu'il n'y a que le Conservateur des titres immobiliers qui gère les terres du domaine privé de l'État et le Ministère de l'Habitat et de l'Urbanisme qui gérerait les immeubles du domaine privé de l'État.

Pour que le Ministère des Affaires foncières applique convenablement la politique de l'État en matière d'affectation et de distribution des terres, des préalables sont nécessaires: ces terres doivent êtres loties, selon un plan général ou local d'urbanisme; cadastrées avant d'être distribuées aux particuliers.

---

[1] Notons que sous l'empire de la législation antérieure à la loi du 20 juil. 1973, l'on parlait de «Conservateur des titres fonciers». L'État étant désormais seul propriétaire foncier, les particuliers ne le sont plus. Ils ne peuvent être que des concessionnaires ou des propriétaires immobiliers. Aussi, le fonctionnaire qui est chargé de gérer ces matières est-il appelé «Conservateur des Titres Immobiliers».

810. Structure du chapitre. Le conservateur des titres immobiliers est donc l'autorité numéro un au sein de la circonscription foncière. Il lui revient la compétence d'accorder ou de refuser une demande de terre, de signer un contrat de location ou une concession. C'est donc à lui qu'on s'adresse en premier lieu pour ouvrir un dossier. Il est entouré de plusieurs bureaux qui se répartissent les taches dans les procédures engagées par les administrés: le bureau du domaine, le service d'urbanisme, le bureau de l'enregistrement et notarial, le bureau du contentieux et le bureau du personnel et, principalement, le service du cadastre.

Il importe de voir l'impact et le rôle de ces différents services dans la gestion des terres du domaine privé de l'État.

Section 1:

PLAN D'AMÉNAGEMENT LOCAL, RÉGIONAL ET PLAN GÉNÉRAL

811. Base légale et importance. Décret du 20 juin 1957[2]. Dans la gestion des terres du domaine privé de l'État, il existe des étapes préalables avant toute attribution de terre ou toute concession. En effet, les parcelles à concéder doivent être d'abord loties, identifiées, cadastrées (mesurées et bornées). Cette tâche n'est possible qu'à la suite d'un plan d'aménagement local ou général. Or, «la répartition des compétences en matière de planification urbaine en droit congolais semble se superposer sur les difficultés qui résultent de son inadaptation aux exigences qu'impose la nécessité de modeler l'espace urbain suivant l'impératif de la modernisation et de l'amélioration de la qualité de la vie»[3].

§1. NOTION ET SORTES

Il existe deux types de plan d'aménagement: il peut être local, régional ou général.

812. Notion. Un plan d'aménagement peut être compris comme une carte de représentation géographique, stratégique ou politique de l'implantation ou de l'organisation administrative, sociale et économique d'un espace ou d'une entité administrative. Il revient aux autorités administratives

---

[2] *Code foncier, op. cit.*, p. 166.

[3] J.N. VUDISA MUGUMBUSHI, «La législation congolaise en matière de planification urbaine...», *op. cit.*, p. 58.

compétentes de suggérer la création ou l'adaptation des plans d'aménagement.

813. Le plan local et particulier d'aménagement. Ce type de plan concerne le territoire des villes ainsi des localités que peut désigner le Président de la République. Il est établi par le Commissaire de district pour les villes et par le Gouverneur de province dans les autres cas. Mais il doit être approuvé par le Président de la République dans un délai de 18 mois (art. 1er du décret du 20 juin 1957).

Le plan local d'aménagement figure notamment :

- l'affectation générale de diverses zones du territoire à l'habitation, à l'industrie, à l'agriculture ou à tout autre usage, cette affectation pouvant impliquer des restrictions à l'exercice du droit de propriété, l'interdiction de construire y comprise ;
- les emplacements approximatifs réservés à une affectation déterminée, tels que : champs d'aviation, jardins publics, squares, plaines de sports et de jeux, parcs, et espaces libres divers, zones vertes, réserves boisées, établissements culturels, édifices, services publics, monuments ;
- le réseau existant de la voirie principale par terre, par rail et par eau, le tracé approximatif des modifications essentielles à apporter à ce réseau, ainsi que celui des nouvelles voies principales à créer (art. 4 du décret).

Quant au plan particulier d'aménagement, il comporte *mutandis mutandi* les mêmes prescriptions que le plan local, sauf à signaler :

- les prescriptions générales ou particulières à l'hygiène, à la sécurité et à l'esthétique, à appliquer à la voirie, aux constructions et aux plantations, ces prescriptions pouvant impliquer des restrictions à l'exercice du droit de propriété, l'interdiction de construire y comprise ;
- en cas de relotissement de biens-fonds, les limites des lots nouveaux avec mention, s'il y échet, que ces limites sont susceptibles de modification moyennant une permission préalable, expresse et écrite, sollicitée et accordée comme il est dit aux articles 20 et 21. (art. 5 du décret).

En ce qui concerne les villes, les dispositions du décret précité combinées à celles de l'ordonnance n° 74-148 du 2 juillet 1974 (mesures d'exécution de la loi du 20 juillet 1973) indiquent qu'il existe six types de plans d'urbanisme : plan d'aménagement locaux, plans d'aménagement particuliers, plans régionaux d'aménagement, plan général du Congo (pour le décret), plan parcellaire des terrains à concéder et plan annexe (ord.-loi n° 74-148).

814. Le plan régional d'aménagement. Il est de la compétence du Gouverneur de province, dans la mesure où ce plan concerne une région ou une province constituant un ensemble géographique ou économique (art. 13 du décret).

Dans ce plan figure notamment:

- l'affectation dominante des zones principales de la région. Cette affectation pouvant impliquer des restrictions à l'exercice du droit de propriété, l'interdiction de construire y comprise;
- les emplacements approximatifs réservés aux principales affectations d'intérêt régional telles que: champs d'aviation, ports, réserves boisées;
- le tracé approximatif des voies de communications d'intérêt régional.

815. Le plan général d'aménagement du Congo. Il est également approuvé par le [Président de la République], sur proposition du [Ministre de l'Intérieur] en ce qu'il concerne des règles générales d'aménagement se rapportant aux secteurs de la vie nationale: économie, sécurité, défense militaire, hygiène, esthétique, sauvegarde des beautés naturelles et des monuments, tourisme, plantations, voiries, constructions, y compris les ouvrages d'art.

§ 2. PROBLÈMES D'ATTRIBUTION DE COMPÉTENCES

816. Le décret du 20 juin 1957 a 50 ans d'existence. Il a été pris à l'époque du Congo belge ou sous la colonisation. En dehors de l'ordonnance n° 74-148 du 2 juillet 1974 précitée, encore qu'elle ne traite pas à titre principal de l'urbanisme, aucun texte n'a été pris par les pouvoirs publics congolais. Les autorités administratives désignées dans le texte de 1957 ne sont pas les mêmes que celles instituées par les textes actuels qui consacrent par ailleurs «une forte décentralisation des entités administratives»? Quelles en seraient alors les correspondances?

En procédant à l'analogie, par «essai et erreur», il y aurait de gros risques de dévolutions des compétences à des autorités qui ne devraient pas en être investies. Il est important qu'un texte fixe les compétences des uns et des autres.

Les principes sont déjà arrêtés par la loi fondamentale. Aux termes de l'article 203, 16° et 18°, de la constitution du 18 février 2006, sont de la compétence concurrente du pouvoir central et des provinces, entre autres, «*les droits fonciers et miniers, l'aménagement du territoire, le régime des eaux et forêts; la protection de l'environnement, des sites naturels, des paysages et la conservation des sites*».

Sont, par contre exclusives aux provinces (art. 204 constitution): «*1. le plan d'aménagement de la province; 23. le tourisme, le patrimoine historique, les monuments publics et les parcs d'intérêt provincial et local; 24. l'habitat urbain et rural, la voirie et les équipements collectifs provinciaux et locaux; 29. la planification provinciale*».

Il est à déplorer l'existence d'énormes conflits des compétences entre les différentes administratives en matière d'urbanisme, d'affectations et de désaffectations des terres et de lotissements, etc. En absence donc des textes clairs, sûrs et transparents, les autorités administratives se comportent comme des prédateurs pour brader la réglementation en vigueur au détriment des populations et des nécessités de vie urbaines[4].

§ 3. NÉCESSITÉ

817. Elle est tout aussi évidente que vitale. En ville, et même au village, tant que l'on vit en société, il est indispensable et requis de suivre les instructions et la réglementation en vue de permettre une vie plus fluide, plus adaptée et moins encombrante tant pour la santé que pour le travail. Il est dramatique qu'une «ville», comme Kinshasa par exemple, ne comporte qu'une seule voie terrestre d'entrée et de sortie de sorte que le matin, tout le monde marche dans le même et unique sens, et le soir de même; qu'elle accuse un défaut criant d'hygiène publique, d'espaces de loisirs (sauf pour certains d'aller à plus de 60 km sur la route de Matadi ou de Kenge pour humer l'air frais...; qu'elle soit la

[4] Voy. www.digitalcongo.net: «*Gangstérisme foncier: Venant Tshipasa déballe le gouvernement et consorts*», 7 nov. 2005; www.groupelavenir.net, «*L'incurie foncière en RD Congo*» à propos du lotissement du terrain de l'hôpital de Kintambo, du terrain de l'Institut Facultaire des Sciences de l'Information et des Communications (IFASIC), 5 nov. 2005. Comme si cela ne suffisait pas, il s'agit des terrains attribués à des institutions d'intérêt général (hôpital et faculté)!

De tels cas sont légion et souvent non portés à la connaissance du public: par exemple la désaffectation d'une partie du terrain de l'Athénée de la Garde au profit d'un particulier; des parties des terrains des jardins botanique et zoologique de Kinshasa pour des magasins des particuliers... Mais «*qui nous gardera contre les gardiens*»?

ville où un *quidam* peut se permettre de construire une maison sur la voie publique ou à un mètre d'une voie ferrée, sur autorisation «des services compétents» !

Comme l'écrit, Vudisa Mugumbushi, «c'est dans les plans d'aménagement urbains que sont exprimées les conceptions[5] que l'on se fait de la ville, en l'absence de véritable politique planificatrice (notons en passant que depuis le décret de 1957, il n'y en a plus eu d'autres), chaque habitant se construit un type de ville qui lui est propre. Il y aura donc une superposition des conceptions qui fera que la ville ne se présente plus comme une réalité saisissable par tous de la même manière»[6].

L'aménagement des villes et des cités reste un modèle de vie, une nécessité évidente. En ville, l'on ne s'installe pas où l'on veut ni l'on ne construit pas n'importe pas comment. D'où la nécessité de l'existence des plans d'aménagements et du respect de la réglementation lequel respect passe par des sanctions efficaces.

Section 2:

LOTISSEMENT

§1. NOTION

818. Le lotissement est la répartition en lots ou en parcelles d'un espace foncier. C'est la division d'un terrain destiné à l'habitation en des parcelles qui seront par la suite numérotées et fixées dans une carte à échelle d'une cité, d'une ville ou d'un territoire.

[5] Voy. les réflexions de E. BOSHAB, «L'image de la deuxième République à travers les ouvrages publics en RD Congo», *Rev. de Dr. Afric.*, n° 13/2000, Bruxelles, pp. 60-95, qui se demande finalement si ce sont «les ouvrages publics qui sont en ruine» ou si c'est «la ruine de l'État».

[6] *Idem.* Aussi, n'est-il pas étonnant, dans les grandes villes du Congo et à Kinshasa en particulier, de trouver toutes sortes de «vies»: villageoise, campagnarde, urbaine, solitaire (en hameaux), etc. De «Kin-la-belle» on est vite passé à «Kin-la-poubelle». C'est ce qui a poussé un auteur de parler de la «villagésisation des villes». Quel contraste!

§ 2. BASE LÉGALE

819. Base légale: décret du 20 juin 1957 – Décret du 20 juin 1969 et Ordonnance n° 98 du 13 mai 1963 portant mesurage et bornage de terres[7]. En tant qu'ils portent sur les aspects fonciers, ces deux textes fondent les prescriptions relatives au lotissement des terres ou parcelles.

Aussi, l'article 204 de la loi du 20 juillet 1973 dispose-t-il que, *« est nul tout contrat de concession conclu en violation des dispositions impératives de la présente loi; tout contrat contraire aux impositions impératives d'ordre urbanistique »*.

Or, d'après ces impositions, aucun terrain ne peut être attribué que selon la procédure légale consistant d'abord qu'il y ait lotissement, que les terrains soient préalablement mesurés et bornés, et qu'ils le soient par des autorités et par des services compétents.

820. Organisation et compétence. Le lotissement est une des mentions figurant aux plans parcellaires ou régionaux. La compétence en est dévolue à l'autorité administrative indiquée, selon l'importance, la localisation, l'étendue et la destination des terrains à lotir.

§ 3. NÉCESSITÉ

821. Le lotissement est l'une des opérations préalables et nécessaires à toute distribution des parcelles. Une parcelle, un terrain ou un espace non préalablement lotis ne peuvent, en principe, être mis sur le marché. En effet, il est possible d'avoir une concession sur un terrain non loti. Cependant, le plan de la configuration du terrain est requis, les mesurages nécessaires ainsi que la situation du terrain par rapport aux données sur les cartes officielles. Lorsqu'il s'agit d'un terrain loti, ces mesurages et bornages tels que configurés dans le plan qui crée le lotissement sont nécessaires pour établir la matrice cadastrale. Celle-ci permet de faciliter l'enregistrement des concessions par le Conservateur et de sécuriser les concessionnaires quant à l'emplacement et aux superficies réelles et officielles de leurs concessions.

---

[7] *Code foncier, op. cit.*, pp. 159-162.

Section 3 :

CADASTRE

Le cadastre est le pilier de toute politique d'urbanisme et d'attribution des concessions. Il existe plusieurs sortes de cadastres. Pour rester dans la matière qui nous occupe, il convient dès lors de définir d'abord le cadastre avant d'en ressortir les différences essentielles entre les différents types.

§1. BREF HISTORIQUE DE L'ORIGINE DU CADASTRE AU CONGO

822. Dans le cadre de sa politique foncière, l'État a entrepris la création d'un cadastre pour la gestion efficace dans la distribution de ses terres du domaine privé. Sur les plans de ce cadastre, figurent toutes les terres enregistrées. Suivant les règles prescrites par la loi, les propriétés non clôturées doivent être abornées.

Le cadastre a vu le jour à la création de l'E.I.C. Sous l'État Indépendant du Congo (EIC), l'organisation du cadastre a fait l'objet d'instructions de l'administrateur général des Finances des 31 octobre 1889, 14 octobre 1890, 9 et 12 février 1891. La formation des Arpenteurs a commencé en 1940, grâce à l'effort des missionnaires pour délimiter leurs concessions.

À partir de 1955, sous l'empire de la colonisation belge, l'administration coloniale prit la décision de créer ses propres Écoles d'Arpentage. Le service du cadastre vit alors la nécessité et la possibilité de former lui-même des agents d'assistance spécialisés dans les diverses branches du domaine des géomètres. C'est là l'origine de la formation des Arpenteurs brevetés dans les écoles d'Arpentage.

À l'indépendance du Congo, au regard du développement et du succès de ces écoles, il fut créé, en 1961, l'École Nationale du cadastre à Kinshasa. Avec l'option du cadastre fiscal, pour le système du cadastre fiscal, l'administration du cadastre congolais convint avec l'administration belge du cadastre à Bruxelles pour la formation des premiers géomètres experts immobiliers alors que le diplôme de géomètre était réglementé par l'ordonnance n° 97 du 13mai 1963[8].

En 1972, le service du cadastre comptait 183 Arpenteurs, 86 géomètres et 16 géomètres experts immobiliers. La formation des agents (actuels

[8] *M.C.*, n° 14 du 15 juil. 1963, p. 127.

notaires) vers 1979 était alors nécessaire pour permettre de bien mettre en application la loi foncière ainsi que ses mesures d'exécution. À ce jour, l'« École Nationale du Cadastre et des Titres Immobiliers » est une école officielle du Ministère des Affaires foncières[9].

§ 2. Notion

823. ***Base légale. Décret du 20 juin 1960 et ordonnance n° 98 du 13 mai 1963 sur les mesurages et bornages des terres***[10]. Le cadastre est un registre définissant, dans chaque commune d'une ville ou un territoire donné, la surface et la valeur des biens fonciers et servant de base à l'assiette de l'impôt foncier. Il y a lieu de souligner que le cadastre d'une commune ou d'un territoire déterminé est constitué d'un plan parcellaire, d'un tableau indicatif et d'une matrice cadastrale qui permettent de situer les différentes parcelles distribuées, occupées ou non.

Sur le plan descriptif, le cadastre est un ensemble d'opérations ayant pour but de déterminer l'étendue superficielle et la valeur des propriétés immobilières, pour servir de base à l'impôt. Comme nous le verrons, cette définition se rapporte plus à la dimension fiscale du cadastre.

À la lumière des éléments de la définition ci-dessus donnée, il apparaît clairement que le cadastre s'impose comme une base indispensable à l'établissement non seulement des rôles d'impôt foncier mais plus encore dans la politique d'affectation et de distribution des terres pour le contrôle et la maîtrise des titres concédés ou à concéder par l'État.

§ 3. Différentes sortes de cadastre en droit congolais

Comme le droit, chaque société est régi par des règles qui lui sont spécifiques, il en est de même du cadastre. Chaque système étatique fait le choix du genre de cadastre qu'il souhaite, tenant compte de son environnement, et qu'il se fixe suivant l'objectif qu'il voudrait atteindre. Ainsi, on distingue trois genres essentiels de cadastre : *cadastre fiscal, cadastre juridique, cadastre technique*.

---

[9] Arrêté ministériel n° 032/CAB/MIN/AFF.F/2003 du 28 nov. 2003, portant création des extensions de l'École Nationale du Cadastre et des Titres Immobiliers, dans les provinces du Bandundu, du Bas-Congo, de l'Équateur, du Maniema, du Sud-Kivu, du Nord-Kivu (Goma et Butembo) et du Kasaï-Oriental.

[10] *Mon. congolais*, n° 14, 15 juil. 1963, p. 130.

L'administration congolaise a opté pour le cadastre technico-juridique qui consiste essentiellement en une collection des fiches parcellaires, plans cadastraux et registres concourant, avec les registres fonciers, essentiellement à l'application du système d'enregistrement des propriétés immobilières et des concessions foncières.

En droit congolais, il existe trois sortes de cadastre : le cadastre foncier ; le cadastre fiscal et le cadastre minier [11]. Le premier type a été déjà défini. C'est lui qui nous intéresse dans le cadre de nos développements. Quant au cadastre fiscal, il est chargé d'établir, de mettre à jour et de conserver les documents se rapportant au cadastre foncier afin d'en déterminer le revenu, appelé « revenu cadastral foncier ou immobilier ».

824. Le cadastre minier – Origine. Il est l'œuvre, en droit congolais, du Comité Spécial du Katanga (CSK), chargé à l'époque par le décret du 16 avril 1919, en tant que pouvoir concédant, de concéder les mines dans son domaine, de tenir les livres miniers et la carte minière, de délivrer aux concessionnaires des mines les titres représentant leur concession. Le cadastre minier était donc rattaché au réseau triangulé du Katanga [12].

825. Organisation et fonctionnement actuels du cadastre minier (CAMI). Aujourd'hui, à la suite de la loi n° 007/2002 du 11 juillet 2002 portant code minier, il a été créé et organisé par le décret n° 068/2003 du 3 avril 2003 les statuts et fonctionnement du cadastre minier, en sigle, « CAMI ». Il s'agit d'une institution essentielle dans la gestion du domaine minier de l'État. Elle existe aux côtés d'autres institutions ayant soit des compétences administratives, soit des compétences techniques. Il en est ainsi du Président de la République, du Ministre des Mines, du Gouverneur de Province, du Chef de division provinciale, du Cadastre minier, de la Direction des Mines, de la Direction de géologie, du Service chargé de la protection de l'environnement minier.

Le CAMI est structuré en cadastres provinciaux et en cadastres locaux (art. 46 du décret n° 068/2003 du 3 avril 2003, précité). Il est une grande innovation du nouveau code minier. Il est placé sous la tutelle des deux ministres : celle du Ministre des Finances et de celle du Ministre des Mines. Quant à sa nature, le CAMI nous semble moins « une entreprise publique » [13] qu'un service public personnalisé ou un établissement public tels que régis par la loi du 6 janvier 1978.

---

[11] Il s'agit d'un etablissement public et d'un service technique en matière minière (art. 18 du Code minier).

[12] Th. HEYSE, *« La propriété immobilière », op. cit.*, n° 6.

[13] E. MUKENDI WAFWANA, *op. cit.*, n° 451.

Sa compétence consiste :

- à recevoir en dépôt les demandes et à notifier les décisions ;
- à émettre les avis cadastraux ;
- à délivrer et à conserver les titres ;
- à établir et à tenir les formulaires et registres ;
- à tenir les cartes de retombes ;
- à procéder à la radiation des reports sur les cartes des retombes minières ;
- à authentifier et à enregistrer les hypothèques, les mutations et amodiations des droits miniers et des carrières. Cette compétence du CAMI est exercée par son Directeur général (art. 18, 2, litera f du décret précité) qui, par ce fait, a des attributions du notaire comme l'est le Conservateur des titres immobiliers (art. 231 de la loi).

Tenant au sol, les risques de superposition des droits, et donc des conflits, sont grands entre le cadastre foncier et le cadastre minier ; entre les intérêts des concessionnaires miniers et ceux des particuliers ou des communautés locales.

Le code minier prévoit en son article 3, alinéa 2 que les gîtes minéraux, en tant que produits marchands (art. 1, 42 du code minier), sont la propriété du concessionnaire minier. Le concessionnaire foncier n'a pas le droit d'exploiter le sous-sol. Il faut qu'il en demande l'autorisation. Le concessionnaire minier a le droit d'occuper l'espace lui concédé en vue de son exploitation. Le concessionnaire foncier est tenu d'accepter, sur pied de l'article 223 du Code minier. Le problème est beaucoup plus complexe, s'il s'agit des communautés locales qui doivent être « expropriées » étant entendu qu'en matière des concessions minières, la superficie couverte est d'au moins 50 km^2.

§4. Organisation et rôle dans l'attribution des terres

826. L'administration congolaise a opté, avons-nous souligné précédemment, pour le cadastre technico-juridique qui consiste essentiellement en une collection des fiches parcellaires, plans cadastraux et registres concourant principalement avec les registres fonciers à l'application du système d'enregistrement des propriétés immobilières et des concessions foncières.

Dans chaque circonscription foncière, il existe un service cadastral. Celui-ci est appelé à jouer un rôle essentiel dans l'administration foncière.

A. *Rôle du cadastre foncier*

827. Sécurisation foncière. Afin de prévenir des doutes et des contestations sur la situation et les limites de chaque concession, la loi a organisé ainsi le service du cadastre dont la mission est double mais concourant finalement à la sécurisation des propriétés et concessions foncières. Toutefois, avec les interférences administratives, le cadastre est devenu un instrument technico-juridique : inventaire, documentation et assiette fiscale, etc.

Aujourd'hui, avec la fiscalisation des économies du monde basée sur divers impôts et taxes, le cadastre est un service essentiel de la contribution réelle, il revêt donc un caractère fiscal en ce qui concerne la fixation et la perception de la contribution foncière ou de l'impôt foncier.

En définitive, le cadastre a donc pour mission :

a. de fixer (bornage) des limites exactes des parcelles légalement occupées ;

b. de déterminer (mesurage officiel) la configuration et superficie exacte de chacune d'elles ;

c. de les situer (attachement ou canevas triangulé) sur un plan d'ensemble appelé plan cadastral ;

d. de constituer et de tenir à jour une documentation cadastrale (fiches, registres, plans) pour une situation foncière nette de l'occupation effective du sol et une assiette de l'impôt foncier.

Ces missions peuvent être reparties en deux : d'une part, il y a la mission essentielle et, de l'autre, les missions accessoires.

La mission essentielle peut être répartie en quatre pôles :

- dresser et tenir à jour le cadastre (l'inventaire des parcelles bâties et non bâties) sur l'ensemble du territoire ;
- diffuser les renseignements du cadastre à l'usage des administrations publiques et des particuliers ;
- prévenir et constater les infractions en matière d'occupation légale des terres ;

- veiller à l'exécution de la loi sur le mesurage et bornage des terres.

Quant à mission accessoire, le cadastre rempli une mission d'auxiliaire de l'enregistrement immobilier et du domaine foncier de l'État et il est aussi l'auxiliaire de topographie et de cartographie de l'administration.

Le cadastre apparaît donc un maillon essentiel de la politique et de l'administration foncière. À cet égard, il serait trop osé de dire que ses missions sont remplies de façon efficace vu les conditions de travail et le fonctionnement actuel de l'administration publique congolaise.

B. *Problèmes structurels du service de cadastre congolais*

828. Dysfonctionnement administratif. Par principe, une administration ne vaut que par les personnes chargées d'en animer les services. Et, celles-ci ne peuvent être performantes que si des bonnes conditions de travail leur sont assurées en termes de rémunérations, de matériels et de moyens techniques ou d'outils de travail. La modicité et l'irrégularité des salaires des fonctionnaires, le manque des outils techniques appropriés ont eu raison de la sécurité foncière tant attendue aussi bien par le législateur que par les administrés.

829. Causes. Les raisons essentielles de la contre-performance des services des Affaires foncières et particulièrement du service de cadastre peuvent être résumées comme suit :

Comme le souligne Tambwe Lubemba[14], si la loi foncière connaît d'énormes problèmes d'application et d'ignorance, cela est dû à plusieurs causes. Mais comme pour toute œuvre humaine, cette loi comporte de qualités mais surtout beaucoup de faiblesses au titre desquelles l'on peut citer :

- la non-vulgarisation de la loi foncière et les conséquences de cet état des choses
- l'ingérence de certains services de l'État en matière foncière ;
- l'incompétence ou l'incurie de certains fonctionnaires appelés à traiter de la matière foncière ;

[14] TAMBWE LUBEMBA, « La gestion de la loi foncière par les Services du Ministère des Affaires foncières », in *La loi du 20 juil. 1973...*, *op. cit.*, pp. 199-204, spéc., pp. 201-203.

- le manque total des moyens financiers pour faire le plan cadastral, pièce maîtresse dans l'administration et dans la gestion de la législation foncière.
- la dualité dans la délivrance des titres de propriété, malgré la suppression des livrets de logeur par la loi foncière.

C'est autant dire que tant que les conditions sociales et techniques ne sont pas améliorées, tant que les pouvoirs publics brilleront par une déconcertante incurie, l'on ne peut raisonnablement s'attendre à une meilleure situation.

Section 4:

SERVICES ADMINISTRATIFS ET TECHNIQUES

L'organisation de ces services mérite d'être comprise avant de voir les attributions que la loi leur confère.

§1. STRUCTURE

830. Base légale: article 57 de la loi. Il dispose que les terres du domaine privé de l'État peuvent faire l'objet d'une concession perpétuelle, d'une concession ordinaire ou d'une servitude foncière. Il faut rappeler que ce domaine est divisé en circonscriptions urbaines dans la gestion desquelles les règles de compétence sont de strict respect. Les structures de ces circonscriptions sont celles définies par les arrêtés ministériels de 1993 et 2004[15].

De façon générale, dans chaque circonscription foncière en province, on retrouve deux divisions: les titres immobiliers et le cadastre. Ils sont assistés du bureau du domaine, du bureau de l'enregistrement et notarial, du bureau du contentieux et du bureau du personnel.

---

[15] Voy. *Code foncier, op. cit.*, pp. 125-149.

§2. ATTRIBUTIONS

831. Bureau du domaine. Il est chargé de la gestion des demandes de terres, des demandes de travaux et des demandes de contrat de location. Il y a lieu de ne noter que la demande de travaux n'est pas une sorte de demande de permis de construire, mais une demande aux affaires foncières d'envoyer les géomètres du cadastre pour qu'ils constatent la mise en valeur d'un terrain, c'est à dire le fait que l'on bâtisse dessus ou tout du moins que l'on commence à bâtir.

832. Le bureau d'enregistrement et notarial. Ce service agit sur deux plans. En tant que bureau d'enregistrement, il agit en aval du bureau du domaine une fois qu'un terrain soumis sous contrat de location a été mis en valeur et que le bénéficiaire du contrat souhaite obtenir une concession, ou directement pour convertir les titres des terrains mis en valeur sans contrat de location (c'est-à-dire lorsque la parcelle a été jusque là gérée par les autorités communales). Nous verrons plus précisément toutes ces procédures dans la section suivante; il est cependant nécessaire de les citer pour comprendre le rôle de chaque service. En tant que bureau notarial, il joue le rôle d'un notaire.

833. Bureau du contentieux. Il est chargé de gestion des litiges. Mais dans la plupart des cas, il renvoie l'affaire au tribunal, ou les plaignants le saisissent directement car, il est la seule autorité qui peut trancher pour les cas où des documents n'émanant pas des affaires foncières sont en jeu. Et c'est le cas d'une majorité des conflits. Le bureau du contentieux a cependant son utilité, notamment dans les litiges concernant des empiétements entre propriétaires de concession ou de contrat de location.

834. Considérations. L'ensemble de ces services est appelé à concourir à la gestion du domaine privé de l'État sous la supervision du Conservateur des titres immobiliers. L'une des missions les plus essentielles du Conservateur des titres immobiliers est de dresser les certificats d'enregistrements qui sont des titres servant à l'établissement et à la transmission des droits réels immobiliers. C'est l'objet du chapitre suivant.

CHAPITRE 2

ÉTABLISSEMENT ET TRANSMISSION DES CONCESSIONS ET DES DROITS RÉELS IMMOBILIERS

835. Bibliographie indicative: COUNOTTE, P., «Quelle est la portée du décret qui régit les mutations immobilières», *RJCB,* 1950, p. 1; DERRICKS, J., «Note sur les mutations immobilières», *Jur. Kat.*, III, pp. 77 et 107; DIKETE Onatshungu, *Thèse précitée*; FATAKI WA LUHINDI, D., *op. cit.*; KALAMBAY LUMPUNGU, G., *Droit civil,* vol. II, *op. cit.*; KANGULUMBA MBAMBI, V., *La loi du 20 juillet 1973, op. cit.*; KATUALA KABA KASHALA, *op. cit.*; KIFWABALA TEKILAZAYA, J.-P., *op. cit.*; LUKOMBE NGHENDA, *Droit civil, op. cit.*; VAN DAMME, J., «Quelle est la portée du décret qui régit les mutations immobilières», *Belg. Col.*, 1947, p. 547 et 1951, p. 227; X., «Note sur les mutations immobilières», *RJCB,* 1937, p. 81.

836. État de la question. L'établissement et de la transmission des droits réels immobiliers et/ou des concessions foncières est une question capitale d'autant qu'elle touche à celle de la preuve des droits réels immobiliers et fonciers. Et à considérer les nombreux litiges soumis aux cours et tribunaux, il devient impérieux d'étudier la problématique par rapport aux dispositions pertinentes de la loi qui, soit noté en passant, ne se prêtent pas toujours à une interprétation claire et précise.

Il en est ainsi de la compatibilité entre les vertus du «contrat», comme source de droits réels fonciers d'avec celles du «certificat d'enregistrement» comme preuve de ce droit[1]. En d'autres termes, il s'agit du débat sur le rôle éminent ou non de la volonté dans la transmission des droits réels immobiliers[2].

En effet, dans l'étude des droits réels fonciers, autrement appelés droits de jouissance foncière, nous avons relevé que la concession est un contrat à part entière liant un particulier à l'État propriétaire du sol. Il en ressort ainsi de l'article 219 de la loi qui dispose que

---

[1] Voy. LUKOMBE NGHENDA, *op. cit.*, p. 523 et s., n° 233 et s.

[2] Voy. DIKETE ONATSHUNGU, *Le rôle de la volonté dans la transmission des droits réels fonciers…*, Thèse, UCL, 1976 et X., «Note sur les mutations immobilières», *op. cit.*, spéc. p. 82.

> « [L]e droit de jouissance d'un fonds n'est ***légalement établi*** *que par un* ***certificat d'enregistrement du titre concédé par l'État.***
>
> *La propriété privée des immeubles par incorporation, qui est toujours envisagée séparément du sol, n'est légalement établie que par l'inscription, sur le certificat établissant la concession. Elle peut être établie par un certificat d'enregistrement distinct dont il est fait annotation*[3] ».

837. Plan du chapitre. L'on se porterait bien à croire que ce principe est clairement énoncé pour qu'il ne puisse appeler aucune interprétation. Ce serait sans compter avec les problèmes pratiques qui se présentent dans la réalité et notamment, les interprétations en sens divers et contradictoires dudit principe. Aussi, nous proposons-nous de voir successivement la portée (section 1) et l'étendue de ce double principe (section 2).

Section 1:

ÉTABLISSEMENT DES DROITS RÉELS IMMOBILIERS ET FONCIERS

§1. BASE LÉGALE, EXÉGÈSE ET PORTÉE DU CONCEPT « TITRE »

838. Base légale: art. 219 de la loi. Cet article dispose que le droit de jouissance foncière (concessions) n'est légalement établi que par *un certificat d'enregistrement du titre concédé par l'État.* Les droits réels immobiliers n'existent que par leur immatriculation ou leur enregistrement à défaut de faire l'objet d'un certificat d'enregistrement à part. Cette première manche du principe mérite d'être compris. Et pour ce faire, il faut remonter dans l'histoire politique et juridique du Congo.

839. Brève exégèse du principe. Sans aller plus loin, nous pouvons relever que sous l'empire de l'EIC et du Congo belge, il était distingué trois sortes de terres: terres du domaine du Roi, terres indigènes et terres vacantes. Et, jusqu'en 1934, les indigènes du Congo belge ne pouvaient céder directement leurs terres à un particulier que moyennant l'autorisation du Gouverneur Général du Congo. Le cas échéant, et dans la perspective de protéger les indigènes contre tout préjudice, *l'acte de vente reconnu* par la Colonie *devrait être enregistré.* En effet, aux termes du décret du 31 mai 1934, les indigènes ne pouvaient céder leurs terres qu'à l'État qui pouvait la concéder ensuite à des personnes privées. Dans

[3] Mis en gras par nous.

ce second cas, le titre concédé par la Colonie devrait être enregistré. Par l'enregistrement, le terrain quittait le domaine de la colonie pour devenir une propriété privée. Or, sur la base de l'article 53 de la loi, jamais une portion de terre ne peut devenir une propriété privée !

840. Portée du terme « titre ». Aux termes de l'article 219, alinéa 1er de la loi, il est dit que « le droit de jouissance d'un fonds n'est *légalement établi* que par un certificat *d'enregistrement du titre concédé par l'État* ». Pour comprendre la portée de ce terme, il importe de partir du décret du 31 mai 1934 que nous venons d'évoquer et, bien mieux remonter à l'article 3 du décret du 9 avril 1893 qui portait clairement que :

> *« La propriété d'un immeuble se* ***constate*** *par un certificat d'enregistrement délivré par le conservateur des titres fonciers, conformément à l'article 1er du décret du 14 septembre 1886 ».*

Il est clair et logique que l'enregistrement opéré par le conservateur ne porte pas sur le droit de propriété ni encore moins ne crée ce dernier. Il s'agit plutôt de l'enregistrement du « titre ». Ce mot ne doit pas être pris dans le sens de « document » ou « instrument ». En effet, l'article [225] de la loi énumère les mentions que le conservateur doit insérer dans les deux exemplaires des certificats et il le fait en débutant par une formule impérative : *« Le certificat d'enregistrement contient »*, ce qui implique une énumération limitative des indications exigées.

En d'autres mots, le « titre » dont parle l'article [219] de la loi est le fait de la reconnaissance de la [vente] ou de la concession[4]. Celle-ci ne peut résulter que d'un droit préexistant et qui ouvre le droit à l'établissement du certificat d'enregistrement : jugement ou contrat (authentique). Telle est la précision apportée par le rapport du Conseil colonial « le titre authentique peut être une convention conclue avec le propriétaire du sol soit un jugement »[5].

841. Jurisprudence. Plusieurs décisions ont eu à confirmer cette façon d'interpréter l'article 219 de la loi. Il a été ainsi jugé :

- que [le droit de propriété du sol] n'est légalement établi que par un certificat d'enregistrement du titre reconnu ou concédé par la [Colonie][6] ;

[4] Cons. Colonial, *Compte-rendu analytique*, 1919, p. 608.

[5] Rapport relatif au décret du 28 mars 1949, *Code Piron*, Éd. 1954, bilingue, p. 77.

[6] Elis., 25 avr. 1931, *RJCB*, 1935, p. 185. Il s'agit, l'on s'en douterait, d'un arrêt antérieur à la loi du 10 juil. 1973 (il parle de la propriété privée du sol et

- que l'article 264 du code civil livre III ne trouve pas d'application en matière immobilière, mais l'accord des parties vaut vente, nonobstant le défaut de l'enregistrement, et donne à l'acheteur le droit de devenir propriétaire sur l'immeuble vendu et d'imposer au vendeur l'obligation de passer acte authentique et de transférer la propriété par l'enregistrement[7];
- que la preuve de droit de propriété et des droits réels qui en découlent est exclusivement le certificat d'enregistrement. Ce mode de preuve par l'investiture officielle de l'enregistrement tend à assurer la sécurité juridique des biens immobiliers ainsi que le crédit foncier qui en découle et il a un caractère d'ordre public[8];
- que la preuve du droit de propriété d'un immeuble n'est établie que par un certificat d'enregistrement[9];
- qu'en l'absence d'un contrat de location ou d'un certificat d'enregistrement, tout autre titre est inopérant pour établir ou transmettre un droit réel immobilier[10].

Il en résulte donc que le certificat d'enregistrement n'est qu'une preuve de l'existence ou de transfert des droits. Ces précisions apportées, il nous reste à voir l'objet de l'enregistrement et le moment de l'existence légale du droit de jouissance ou de la propriété immobilière.

§ 2. OBJET DE L'IMMATRICULATION

L'enregistrement ne porte que sur trois situations : la propriété privée des immeubles, les concessions et les charges réelles immobilières.

842. Propriété privée des immeubles et droit de jouissance foncière (concession). Aux termes de l'article 219, la loi exige que les droits

de la Colonie). Il suffit de remplacer et d'actualiser ces expressions alors que le fond du principe reste le même.

[7] Léo., 13 mai 1924, *Doc. Jur. Col.*, 1927, p. 102 ; Léo., 8 oct. 1946, *RJCB*, 1947, p. 16 avec note ; Elis., 20 nov. 1948, *RJCB*, 1949, p. 22. Contra : sur la vente d'un immeuble non inscrit au nom du vendeur, Léo., 9 févr. 1928 et 8 cotobre 1946, *RJCB*, 1928, p. 139 avec note.

[8] CSJ, RC 100, 3 avr. 1976, *Bull. Arr.*, 1976, p. 64 ; CSJ, RC 100, 3 avr. 1976, *Bull. Arr.*, 1977, p. 64.

[9] CSJ, RP 998, 30 sept. 1987, in KALONGO MBIKAYI, *Code, op. cit.*, p. 201.

[10] CA Kinshasa/Matete, 30 avr. 1993, *RAJC*, 1998, p. 35. Pour les commentaires critiques, voy. V. KANGULUMBA MBAMBI, « Revue critique de la jurisprudence de la CSJ... », in *op. cit.*, pp. 137-147.

immobiliers soient enregistrés. Toutefois, il convient de tempérer ce principe en ce qui concerne certains immeubles.

En effet, les immeubles par incorporation tels, les arbres, les plantes, les fruits et les récoltes ne font pas l'objet d'immatriculation d'autant qu'ils sont connus et naturellement attachés au fonds. De même, bien que par nature immobilière, les meubles par anticipation ne font pas non plus objet d'enregistrement. Les immeubles par destination, véritables bien mobiliers, ne sont pas non plus concernés. Enfin, la propriété foncière de l'État n'est pas non plus visée par cet article d'autant que ce dernier n'en fait aucunement mention. Seuls, aux termes de l'article 219 de la loi, les immeubles par incorporation comme les bâtiments (constructions) et le droit de jouissance foncière sont donc soumis à ce principe mais aussi les charges réelles y afférant.

843. Charges réelles. Il peut s'agir des servitudes ou de location de plus de neuf ans. L'article 220 alinéas 2 et 3 prévoit qu'à l'exception des servitudes légales, et sous réserve des mesures prises en application de l'article 180 de la loi, nulle charge ne frappe la propriété immobilière si elle n'est inscrite au certificat d'enregistrement. Doit également être inscrit au certificat, tout contrat de location fait pour une durée de plus de neuf ans.

Section 2:

ÉTABLISSEMENT OFFICIEL DU DROIT DE JOUISSANCE FONCIÈRE OU DE LA PROPRIÉTÉ IMMOBILIÈRE

Le droit de jouissance sur un fonds donne lieu à l'établissement du certificat d'enregistrement constatant ce droit alors que la propriété immobilière (immeuble par incorporation) n'est légalement établie qu'à partir de son inscription au certificat d'enregistrement de la concession. Ce principe mérite d'être explicité.

En effet, dans la doctrine congolaise, il est fait souvent état du principe de *« l'existence légale du droit de jouissance foncière ou de la propriété immobilière »*. Nous pensons qu'il s'agit là d'une traduction erronée de l'esprit et de la lettre de la loi. L'article 219 de la loi parle bien de *l'établissement* et non de l'existence légale du droit de jouissance ou de la propriété immobilière. Sinon, ce serait accréditer la thèse que la vente d'un immeuble n'est pas une manière légale d'en acquérir la propriété alors qu'elle est légalement organisée[11] !

844. Nécessité de l'enregistrement. L'immatriculation répond à la nécessité de *publicité, de la preuve ou de la situation juridique* des droits réels immobiliers ou des droits de jouissance foncière. L'enregistrement ne suppose pas la reproduction intégrale de l'acte ou de la convention impliquant le droit à la propriété.

§1. PROPRIÉTÉ PRIVÉE DES IMMEUBLES PAR INCORPORATION

845. Principe. En vertu de l'article 21 de la loi qui énonce une présomption de propriété des biens incorporés au fonds en faveur du propriétaire ou du concessionnaire, les immeubles par incorporation sont supposés appartenir à celui qui a le droit de jouissance sur le fonds. Sauf, preuve du contraire ou bonne foi (art. 23 de la loi). Mais cette propriété doit être matérialisée par l'enregistrement.

§2. EFFETS DE L'ENREGISTREMENT

846. La discussion est assez manifeste sur les *effets* attachés à l'enregistrement. S'agit-il d'un simple constat d'une situation préexistante? Ou d'un acte de naissance du droit?[12]

L'enregistrement est aussi considéré comme la *sanction* du titre de concession-droit. Il consacre la fin ou la séparation de deux étapes dans le processus de titularisation du droit de jouissance sur le fonds: la phase administrative de concession-contrat (préparatoire à la concession droit) prend fin alors que commence la phase de droit civil de la concession-droit[13].

Dès l'enregistrement, le détenteur du certificat d'enregistrement est *présumé propriétaire* de tout ce qui est incorporé au sol (art. 21). Aussi,

---

[11] Voy. notamm. le décret du 10 juil. 1920 sur la vente des biens immobiliers ou mobiliers; Ordonnance n° 76-200 du 16 juil. 1976 relative à la vente parée; article 264 du CC livre III; Article 52 de la loi du 20 juil. 1973 (modes d'accession à la propriété).

[12] LUKOMBE NGHENDA, *Droit civil: les biens, op. cit.*, pp. 947-985; 994-1036 et 1039-1079.

[13] Cf. art. 84 à 114 et 127 de la loi (location préparatoire à la concession) et les conséquences juridiques se rapportant à chacune de ces étapes sur le plan des modalités de l'extinction de droit.

comprend-t-on, en cas des mutations entre vifs ou pour cause de mort, qu'il y ait nécessité d'un nouveau certificat d'enregistrement (art. 220 de la loi).

Dans toutes les hypothèses, l'enregistrement a un *effet probatoire* de l'existence du droit réel immobilier ou de jouissance foncière ou de la charge réelle.

847. Jurisprudence. Pour souligner cet effet de l'enregistrement, il a été notamment jugé que :

- ce mode de preuve, par l'investiture officielle de l'enregistrement tend à assurer la sécurité juridique des biens immobiliers et que le crédit foncier qui en découle, a un caractère d'ordre public[14];
- viole ainsi la loi (art. 219), le juge qui déclare une personne propriétaire d'un immeuble litigieux en l'absence d'un certificat d'enregistrement[15];
- de même, le juge qui reconnaît le droit de jouissance et le droit de devenir concessionnaire sur une parcelle de terre à une personne démunie des titres prévus par la loi, en l'espèce la fiche parcellaire et le livret de logeur signés par un Commissaire de Zone[16];
- en l'absence d'un contrat de location ou d'un certificat d'enregistrement, tout autre titre est inopérant pour établir ou transmettre un droit réel immobilier[17].

§3. LE CERTIFICAT D'ENREGISTREMENT : CRÉATEUR DES DROITS ?

848. Principe de solution. Il importe de revenir à la question de la nature juridique du certificat d'enregistrement, plus précisément aux effets de l'enregistrement.

Dans une espèce, la Cour Suprême de Justice a décidé que « le juge d'appel n'a pas violé la loi, car en matière de transmission des droits immobiliers, *l'enregistrement est* un *acte créateur de droits immobiliers*. On ne peut dès lors soutenir qu'il constate et consacre une réalité

---

[14] CSJ, RC 100, 3 avr. 1976, *Bull. Arr.*, 1976, p. 64 ; CSJ, RP 998, 30 sept. 1987, in KALONGO MBIKAYI, *Code, op. cit.*, p. 201.

[15] CSJ, RC 1266, 5 sept. 1990, in KALONGO MBIKAYI, *idem.*

[16] CSJ, RC 1972, 24 juil. 1998, in *RAJC*, 1998, p. 12 et note de DIBUNDA KABUINJI. Mis en italiques par nous.

[17] CA Kinshasa/Matete, 30 avr. 1993, *RJAC*, 1998, p. 35.

juridique qui existait déjà par contrat de vente, celui-ci n'engendrant qu'un simple droit de créance[18]».

Nous pensons que cette position est discutable, pour ne pas dire erronée.

849. En effet, nous sommes d'accord avec le principe que la propriété immobilière et le droit de jouissance foncier *ne peuvent légalement être établis* (et non exister) que par le certificat d'enregistrement les constatant. Cela signifie que *matériellement* le *droit existe* mais il est *formellement inopérant* mieux, nous le verrons, *inopposable*, s'il ne passe pas par les formalités d'enregistrement. Car, sans tomber dans l'énigme «de la poule et de l'œuf», pour savoir qui descend de qui, un certificat d'enregistrement ne peut être dressé qu'en vue de constater, de fixer et de concéder un titre reconnaissant le droit d'un particulier. Dans cette mesure, l'on ne peut pas enregistrer, ni prouver quelque chose qui n'existe pas.

Ainsi donc, le droit constaté dans le certificat d'enregistrement existe de par le contrat d'aliénation[19], qui, certes, n'est opposable qu'*inter partes*, mais pour satisfaire à la condition de l'article 231, ce contrat doit être reçu en forme authentique et le droit transféré doit être constaté dans un acte appelé certificat d'enregistrement. Sinon la mutation manquerait à la formalité substantielle exigée par la loi. Mais le droit de propriété est transféré dès l'échange des volontés.

La CSJ a eu à se prononcer plusieurs fois dans ce sens que ne viole pas l'article 231 de la loi dite foncière, l'attribution par l'État des titres de propriété précaire sur un fond occupé par le défendeur lorsque le demandeur n'y détenait aucun titre et qu'il prétend à tort que l'acte de vente passé entre lui et le défendeur, parce que n'ayant pas été authentifié, n'avait pas opéré le transfert du droit de propriété en sa faveur[20]. Pourtant, à bon droit, décide encore la CSJ, l'article 231 de la loi foncière n'a jamais consacré l'authentification comme condition de validité du contrat de vente immobilière. Il concerne plutôt les mutations à opérer en vertu d'un contrat d'aliénation. La vente est valable

[18] CSJ, RC 265, 16 juin 1982, *Bull. Arr.*, 2001, p. 301; Kin, 16 janv. 1974, *RJZ*, n° 3, 1976, p. 82.

[19] Cfr sources des concessions dans lesquelles, le contrat est en bonne place. Par ailleurs, peut-on acquérir une propriété sans concours des volontés?

[20] CSJ, RPR 005/C, 11 mars 1998, *Bull. Arr.*, année 1990-1999, Kinshasa, 2003, p. 348.

lorsqu'elle remplit les conditions légales, notamment lorsqu'il y a accord des parties sur la chose et sur le prix[21].

Le rapport du Conseil colonial explicite bien cette position :

> *« [L']article 36 [219 actuel] assujettit à l'enregistrement l'acte de naissance de la propriété privée. La reconnaissance ou la concession administrative, qui marque le moment où la terre va entrer pour la première fois sous le régime de la propriété privée, constitue, en effet, pour chaque domaine une sorte d'acte de naissance, qui l'individualise dans son état physique et juridique tout ensemble. Cet acte ou titre est enregistré au grand livre foncier de la propriété foncière*[22] *».*

Mais comme le souligne judicieusement l'annotateur X. :

> *« [A]ucune des dispositions de [la loi] n'apporte, même, implicitement, une dérogation au principe des articles 37 et 264 du code civil livre III. Sans doute la mutation immobilière n'est opposable aux tiers qu'à partir de son enregistrement en vertu de l'article 37 du décret, mais l'acquéreur est en droit d'exiger la délivrance de l'immeuble cédé aussitôt que les consentements ont été échangés et sans qu'aucune demande n'ait encore été faite pour l'enregistrement. L'enregistrement n'est donc pas nécessaire à la translation de la propriété entre parties contractantes.*
>
> *L'immatriculation n'est pas un élément du contrat intervenu entre parties mais une obligation à charge de l'aliénateur. Si celui-ci ne s'en acquitte pas le Conservateur des titres [immobiliers] sera forcé d'y procéder à la requête de l'acquéreur.*
>
> *L'enregistrement n'est pas en effet un nouveau mode d'acquisition de la propriété, ne crée pas le droit de propriété, mais a pour but d'établir la propriété préexistante sur des bases indiscutables*[23] *».*

Par ailleurs, bien d'autres arguments sont invoqués pour nier toute vertu au consensualisme contractuel ou aux effets du contrat. L'un de ces arguments reposerait sur l'article 660 du code civil livre III qui énonce que *« les dispositions du présent livre ne sont applicables en matière de propriétés foncières que pour autant qu'elles ne sont pas contraires aux lois particulières sur le régime foncier ».*

Mais qu'est-ce à dire ?

---

[21] CSJ, RC2671/2672, 6 mai 2005, *Les An. Jur.*, n° 9/2006, p. 67.

[22] Rapport relatif au décret du 6 févr. 1920, *Code Piron*, Éd. 1954, bilingue, pp. 76-77.

[23] X., Note…, *op. cit.*, p. 94. Voy. aussi sous un autre angle, COUNOTTE, *op. cit.*

850. Exégèse et portée de l'article 660 du Code civil livre III. L'on soutient que les dispositions du Code civil des obligations, et notamment celles relatives à la vente, ne s'appliqueraient pas au droit des biens. Il n'y aurait l'ombre d'aucun doute que la compréhension de cet article suggère que le droit commun des obligations ou des contrats (les concessions n'en seraient pas un?) n'est pas exclu du droit des biens. Tout logiquement, chaque branche ayant ses particularités, l'applicabilité des dispositions du code des obligations est soumise à la condition de ne pas contrarier les dispositions particulières en matière foncière. Le droit commun des obligations est le décret du 30 juillet 1888, la loi du 20 juillet 1973 étant une loi spéciale[24].

En droit congolais, il existe une distinction fondamentale entre les droits *réels immobiliers* et *les droits réels fonciers*. Les premiers sont susceptibles de propriété et non les seconds. Cette distinction n'a été instituée que 85 ans (c'est-à-dire en 1973) après l'article 660 (qui date du 30 juillet 1888) qui parle de *«propriétés foncières»* et non de *«propriétés ou droits immobiliers»*. Faudrait-il conclure que le droit commun des obligations n'est strictement écarté que par rapport au *droit foncier* et non par rapport au droit immobilier? Mais quelle était la portée du terme «foncier» à l'époque et que visait cet article? En tous cas, telle semble être la démarche pour comprendre la portée de cette disposition.

Il importe donc de ne pas perdre de vue que ce qui est «foncier» n'est pas «immobilier» même si nous nous accordons de dire que le sol et les mines sont des *immeubles par nature* (art. 6 de la loi). Dans les principes, le sol (immeuble par nature) est inaliénable, imprescriptible et exclusif à l'État. Dans cette mesure, il ne peut faire l'objet des transactions. Or, l'article 660 du CC livre III exclut l'application de certaines dispositions de ce code aux «propriétés foncières».

Ledit article[25] est antérieur à la loi du 20 juillet 1973. L'on ne peut logiquement penser qu'il avait été pris pour exclure une matière née

---

[24] Notons que dans les droits belge et français, il existe un seul code civil (comprenant les personnes, les biens et les obligations). En droit congolais, les différents livres du code civil ont été introduits de façon très différée et pour cause? Lors de la fondation de l'E.I.C., le Roi s'est plus intéressé au droit foncier. Le premier texte qui a été pris concerne cette matière (D. 8 sept. 1886). Le code des obligations en 1888. Le code des personnes n'était pas appliqué aux indigènes car réservé aux seuls Belges (européens) et assimilés.

[25] Le Code civil des obligations existe depuis le *30 juil. 1888* alors que la loi du 20 juil. 1973 ou loi foncière, spécialement l'article 53, date du 20 *juil. 1973*. Ceci peut expliquer cela, c'est-à-dire *l'anachronisme* tant légal que dans l'interprétation de ces textes.

plus de quatre vingt-cinq ans après son entrée en vigueur ! La réalité est ailleurs.

851. Il est utile de rappeler que, entre 1885 et 1973, certains particuliers (européens et assimilés) étaient des propriétaires fonciers. Les indigènes l'étaient également par rapport aux terres indigènes (devenues terres des communautés locales). Ces terres pouvaient être vendues. Pour les mêmes raisons que celles de la nécessité de l'enregistrement des titres concédés par l'État, particulièrement de la distinction des terres, l'EIC avait pris des dispositions tendant à protéger les indigènes contre la dépossession de leurs terres par certaines personnes peu scrupuleuses. Par ailleurs, la catégorie des terres vacantes posait également problème par rapport à la conception des indigènes qui ne connaissaient ni la prescription ni le concept de « terres vacantes ». Une terre, fusse-t-elle inoccupée, a toujours un maître ! D'où, il sera inséré dans le code civil des obligations cette réserve de l'article 660 (qui n'a pas d'équivalent dans les codes d'inspiration belge ou français) soit la disposition selon laquelle la vente des terres (des indigènes) est régie par des textes particuliers et ces terres ne sont pas soumises à la prescription, en particulier, à la prescription de l'article 648 (prescription acquisitive par 15 ans d'immeuble)[26].

Les terres étaient classifiées en quatre groupes :

a) Terres indigènes (régies par la coutume et par un statut légal spécial) ;

b) Terres enregistrées (régies par le droit écrit) et faisant objet d'un droit de propriété, d'un droit réel ou d'un droit de location de plus de neuf ans au profit de personnes physiques ou morales.

c) Terres domaniales :

- terres du domaine public ;
- terres concédées (grevées d'un droit de jouissance ou d'un droit quelconque au profit de tiers mais non enregistrées comme le Comité Spécial du Katanga (CSK) ou le Comité National du Kivu (CNK) ;

d) Terres vacantes (inoccupées et disponibles) qui font partie du domaine privé de l'État et dont celui-ci pourra disposer sous réserve du respect de la législation sur la matière. Ce domaine peut comprendre des terres enregistrées au nom de l'État et qu'il possède au même titre que les personnes privées

---

[26] Elis. 18 avr. 1950, *J.T.O.*, 1950, p. 124, note P. JENTGEN.

852. Protection des droits fonciers indigènes. Dès sa création, l'EIC, par une série de dispositions édictées à diverses époques, a marqué sa préoccupation de protéger les indigènes contre les tentatives de spoliation et leur inexpérience. Il en a été ainsi de textes suivants:

- L'ordonnance du 1er juillet 1885 et les décrets des 14 septembre 1886 et 3 juin 1906 disposaient que *tous contrats en vue de l'occupation à un titre quelconque ou comportant la disposition des terres indigènes au profit des tiers, ne peuvent avoir d'effet et donner lieu à enregistrement que s'ils sont autorisés par le Gouverneur général du Congo, qui pourra déterminer les formes et conditions à suivre dans la conclusion desdits contrats. Nul ne peut acquérir les terres indigènes par prescription*[27]*;*
- L'article 1er de l'ordonnance précitée prévoyait que «*le contrat par lequel les indigènes disposent, en tout ou en partie, des droits exercés par eux sur les terres qu'ils occupent, sous l'autorité de leurs chefs, soit en vertu de la coutume, soit en vertu d'attribution faite en exécution du décret du 3 juin 1906,* ***est passé en forme authentique.***»

La compréhension actuelle de l'article 660 du code civil livre III passe, nous semble-t-il, par ce rappel. Et dans son interprétation, nous devons avoir à l'esprit que la loi prévoit une procédure spécifique pour la vente des immeubles enregistrés. Si la vente était ou est inapplicable aux immeubles, le législateur n'aurait pas pris de textes en la matière[28] ni réprimer le stellionat[29] situations ayant justement des effets dans la mutation des droits immobiliers.

853. Considérations. En définitive, indépendamment de l'énonciation de l'article 660 du code civil livre III, en vertu des principes fondamentaux du droit des biens, il va de soi, en droit congolais, que la vente foncière et la prescription quel qu'en soit le terme, soient inconcevables. Car l'article 53 de la loi qui proclame la propriété foncière de l'État et les articles 219 et 227 de la même loi instituent le certificat d'enregistrement comme seul mode, nous ajoutons en cas de concours de titre de

[27] Voy. L. DE CLERCK, *op. cit.*, p. 264 et s.; Ord. 30 sept. 1922, *Bull. Adm.*, 1922, p. 687.

[28] Décret du 10 juil. 1920 sur la vente des biens immobiliers ou mobiliers; Ordonnance n° 76-200 du 16 juil. 1976 relative à la vente par voie parée, in *Code foncier, op. cit.*, pp.

[29] Voy. notam. CSJ, RP 833, 17 juin 1986, *Bull. Arr.*, Année 1985-1989, Kinshasa, 2002, p. 164; CSJ, RP 1650, 28 mai 1996, *Bull. Arr.*, Année 1990-1999, Kinshasa, 2003, p. 150; CSJ, RP 1753, 30 déc. 1997, *idem*, p. 305.

diverses natures, de preuve des droits réels fonciers et immobiliers. La jurisprudence le confirme dans plusieurs cas.

854. Jurisprudence sur la vente immobilière. Revenant au débat de la nature de l'enregistrement, pour souligner la licéité de la vente en matières immobilières, il y a lieu de relever que la jurisprudence a notamment décidé que :

- les ventes successives d'immeubles non suivies de mutation ne sont pas opposables aux tiers, mais sont parfaites entre parties par le seul accord de leur volonté sur la chose et sur le prix. La vente de l'immeuble de l'acquéreur est licite, encore que l'immeuble reste inscrit au nom du premier vendeur[30] ;
- l'enregistrement ne confère pas le droit de propriété, mais il le constate officiellement de façon à le rendre inattaquable ; l'acte translatif du droit de propriété est le pacte de la vente, lequel renferme la volonté des parties et fait la loi de celles-ci[31] ;
- lorsque les parties sont d'accord sur la chose et sur le prix, la vente de l'immeuble se trouve parfaite entre elles, indépendamment de l'acte authentique destiné à le constater[32] ;
- un contrat peut stipuler que l'acheteur ne serait propriétaire de la chose vendue qu'après la réalisation de la condition suspensive. Cette obligation ne modifie en rien l'existence du contrat de vente qui était parfait entre parties, dès leur accord sur la chose et sur le prix[33] ;
- le fait de borner un terrain et d'y ériger des constructions dans le délai légal ne fait pas naître le droit de propriété sans titre préalable (contrat de vente)[34] ;
- le droit de propriété sur un immeuble est régulièrement transféré à la suite d'une vente parfaite advenue entre parties dès lors que l'acte de vente a été authentifié et qu'en plus le livret de logeur a été remis au nouvel acquéreur en vue de sa conversion en certificat d'enregistrement[35].

---

[30] Léo., 8 oct. 1946, *RJCB*, 1947, pp. 236-237.

[31] Kin, RCA 788, 25 août 1977, in KENGO WA DONDO, *Mercuriale, op. cit.*, p. 36.

[32] Kin, RCA 8063/8071, sept. 1977, *ibidem.*

[33] CSJ, cass. civ., RC 224, 11 avr. 1979, *idem.*

[34] CSJ, cass. civ., RC 117, 20 nov. 1976, *idem*, p. 37.

[35] TGI Kinshasa/Kalamu, RC 10709/10720, 10 févr. 1999, in *Rev. de Dr. Afric.*, Bruxelles, n° 16/2000, pp. 559-562 et Note de V. KANGULUMBA MBAMBI ; Voy. aussi

855. L'enregistrement couvre-t-il les vices de l'acte en vertu duquel il est dressé? Dans la procédure de mutation, le certificat d'enregistrement est dressé sur présentation de l'acte originaire qui doit avoir été reçu en forme authentique conformément à l'article 231 de la loi. Quel serait le sort d'un certificat d'enregistrement établi sur base d'un acte vicieux, nul ou faux? Par ailleurs, aux termes de l'article 227 de la loi, les droits constatés par le certificat d'enregistrement sont inattaquables! Est-ce à dire qu'un certificat d'enregistrement dressé sur des bases inexistantes maintiendrait la validité ou l'existence des droits qui y sont ainsi constatés?

Des réponses sont données en sens divers. En effet, que l'État ait souhaité prendre part à toute aliénation d'un bien immobilier peut se comprendre. De là, à accréditer la thèse qu'avant l'intervention de l'État (enregistrement), il n'y a aucune volonté expressive ou transmissive de droit, ne nous semble pas juridiquement correct. Sinon, l'on admettrait alors que l'enregistrement se ferait *ex nihilo*, sans base. Pourtant, cette dernière existe juridiquement[36]. Dans cette mesure, un certificat d'enregistrement irrégulièrement dressé n'est pas «inattaquable»[37]. L'inscription au livre foncier ne couvre pas les vices de l'acte en vertu duquel elle a été dressée[38] même si, pour des raisons de sécurité des «transactions», ces droits constatés par le certificat d'enregistrement ne devraient plus être remis en cause. Il y a là un équilibre juridique fragile.

856. Existence et preuve des droits réels immobiliers non enregistrés. Sur un autre registre, la preuve des droits immobiliers réglementée par l'article 231 de la loi ne concerne logiquement et légalement que les droits immobiliers incorporés aux concessions enregistrées. Comment peut-on prouver un droit réel immobilier portant sur un terrain non cadastré ou dont le droit de jouissance n'a pas fait l'objet d'enregistrement? Quelle serait la qualité du détenteur?

Cette question fait, entre autres, rejaillir celle de l'existence des droits réels immobiliers ou du droit de jouissance foncière. En effet, toutes les terres du domaine privé de l'État ne sont pas nécessairement ni cadastrées, ni loties, ni urbaines, ni rurales ni appartenant aux communautés

---

notre «Revue critique de la jurisprudence de la CSJ...», *op. cit.*, p. 130, sur la validité du contrat de vente en matière immobilière; CSJ, RC 747, 16 déc. 1986, *Bull. Arr.*, 1985-1989, Année 2002, p. 230; CSJ, RPA 121, 23 déc. 1986, *idem*, p. 239; CSJ, RC 440, 25 mars 1987, *idem*, p. 296; CSJ, RC 994, 29 juil. 1987, *idem*, p. 357.

[36] A. STENMANS, *op. cit.*, p. 234, n° 43.

[37] KENGO WA DONDO, *op. cit.*, p. 46; LUKOMBE NGHENDA, *Droit civil: les biens, op. cit.*

[38] DIKETE ONATSHUNGU, *op. cit.*, p. 61.

locales. Pourtant, des particuliers y exercent des droits. Quelle serait leur situation, notamment en matière de cession desdits droits?

857. Jurisprudence. Dans une espèce, la CSJ a décidé qu'en cas de vente d'un immeuble non encore enregistré, le transfert de sa propriété à l'acheteur s'opère dès le paiement par ce dernier du prix intégral convenu[39].

Encore une fois, cette décision de la CSJ laisse voir que le certificat ne crée pas le droit, il le consacre, il l'entérine pour lui donner les effets voulus par la loi.

858. Charges réelles. Les droits réels immobiliers tels que l'usufruit, l'usage, l'habitation font l'objet d'inscription au certificat d'enregistrement pour pouvoir attester de leur existence. Mais qu'en est-il des charges réelles ou des servitudes?

Nous l'avons souligné, en matière de servitudes, il faut en faire une distinction selon la nature ou le mode d'établissement. Les servitudes naturelles et les servitudes légales, puisque censées connues de tous, ne font pas l'objet d'inscription au certificat d'enregistrement. Seules, les servitudes conventionnelles doivent être inscrites au certificat d'enregistrement pour qu'elles soient connues et donc opposables. C'est le régime de *publicité légale.*

Ainsi, l'article 220, alinéa 3 prévoit-il que doit également être inscrit au certificat d'enregistrement, tout contrat de location (bail) fait pour une durée de plus de neuf ans. L'on peut se poser la question de savoir pourquoi cette obligation si l'on sait que le bail n'est pas une charge réelle?

Il importe de souligner, quelque soit sa durée, que le bail n'est pas un droit réel. Cependant, s'il est consenti pour plus de 5 ans, il est considéré non plus comme un acte d'administration mais plutôt comme un acte de disposition. Par ailleurs, du fait de sa longue durée et du fait de l'indisponibilité juridique consentie par contrat par le bailleur, ce

---

[39] CSJ, RPA 210, 2 févr. 1998, *RAJC,* 1998, 1er fascicule, pp. 32-34, Note DIBUNDA; Voy. aussi, Ville Lubumbashi, 24 févier 1967, *RJC,* 1970, p. 197, Note G. KALAMBAY LUMPUNGU (vente d'une maison non enregistrée); Ville. Lubumbashi, 2e degré, 15 sept. 1967, *RJC*, 1970, p. 91, Note G. KALAMBAY LUMPUNGU; Lubumbashi, 9 avr. 1968, *RJC*, 1971, Note J.Cl. NTAMBWE, p. 130; Lub., 28 avr. 1972, *RJC*, 1972, p. 170; Lub., 28 avr. 1972, *RJC*, 1972, p. 170; Lub., 12 nov. 1973, *RJC*, 1974, p. 91 et Note DIBUNDA KABUINJI; ILUNGA KALENGA, «Note sur la vente publique des biens immobiliers non enregistrés», *RJZ*, 1985, p. 16.

bail se prête comme une charge. D'où, les tiers doivent être avisés de cette situation par son inscription au certificat d'enregistrement.

CHAPITRE 3

LE CERTIFICAT D'ENREGISTREMENT

859. En invoquant notamment les dispositions des articles 219 à 221 de la loi, nous avons touché en fait à l'importance et à la nature du certificat d'enregistrement considéré comme *preuve* et *titre légal de propriété immobilière ou de droit de jouissance foncière.*

Nous allons d'abord définir le certificat d'enregistrement, scruter sa nature juridique et relever les mentions requises pour sa validité, avant de voir son incidence dans la transmission des droits réels immobiliers.

Section 1:

DÉFINITION ET NATURE

§1. DÉFINITION

860. Le certificat d'enregistrement - objet, instrument ou cause d'un grand nombre des conflits immobiliers –, n'a pas, au sens strict, une définition légale en droit congolais. Il reste cependant que l'étude et la combinaison des dispositions légales qui s'y rapportent sont à même de permettre une définition de ce concept.

De ces dispositions (art. 222 et s. de la loi), en effet, il ressort que l'autorité compétente pour établir le certificat d'enregistrement est un fonctionnaire de l'État appelé «conservateur des titres immobiliers»; que le document qu'il dresse a comme fonction d'attester d'un droit réel en faveur d'une personne déterminée et qu'enfin, cet acte a une valeur probante supérieure aux actes sous-seing privés.

Aussi, comme l'a décidé la Cour Suprême de Justice, pouvons-nous définir le certificat d'enregistrement comme un «document ou un titre attestant le droit de propriété immobilière ou de jouissance foncière enregistré conformément à la loi, par un fonctionnaire, en l'occurrence le conservateur des titres immobiliers, ayant pour but d'établir et de transmettre la propriété immobilière»[1].

Il est bon de relever déjà, à ce stade, que nous ne partageons pas le point de vue de la CSJ sur la dernière manche de la définition. En effet, le certificat d'enregistrement n'a pas nullement pour vertu «de transmettre la propriété immobilière». Il constate officiellement, par l'enregistrement, qu'il y a eu transfert de propriété entre deux ou plusieurs personnes, au départ d'un acte qui peut être sous seing privé ou authentique.

§2. NATURE

861. Dans le processus d'établissement de certificat d'enregistrement, intervient une autorité administrative, fonctionnaire de l'État, appelée Conservateur des Titres immobiliers. Nous savons qu'en droit administratif, la nature des actes dépend en partie de la qualité et de l'étendue des pouvoirs que la loi reconnaît aux autorités habilitées.

Le certificat d'enregistrement est donc un acte authentique rédigé par un fonctionnaire public, compétent, dans les conditions prévues par la loi et qui est inattaquable au point de vue de la force probante[2]. Mais la nature d'acte authentique du certificat d'enregistrement, voire du contrat de location préparatoire à la concession-droit, est discutée en doctrine comme en jurisprudence.

Dufrénoy, par exemple, soutient que si le conservateur confère l'authenticité à certains actes, c'est-à-dire, en principe une valeur de preuve spéciale aux contrats de vente, d'hypothèque, etc., mais les certificats qu'il dresse ne sont pas des actes authentiques. Il n'est pas un notaire mais il en exerce, à des occasions spécifiques, les fonctions. Il n'est pas fonctionnaire d'autorité[3].

---

[1] CSJ, RC 100, 3 avr. 1976, *Bull. Arr.*, 1977, p. 64 précité. Voy. aussi, KATUALA KABA KASHALA, *Le certificat d'enregistrement*, Kinshasa, Éd. Bena Ntambwa, 1998, p. 7; D. FATAKI WA LUHINDI, «La portée du principe de l'inattaquabilité du certificat d'enregistrement entaché de faux ou falsifié en droit congolais,», *Rev. de Dr. Afric.*, n° 22/2002, pp. 175-201, spéc., pp. 177-178; MATUKA LUMINA NTOKA, «Le certificat d'enregistrement en droit foncier zaïrois», in *RJZ*, 1990-1991, p. 113; DIBUNDA KABUINJI, «Portée exacte du caractère inattaquable du certificat d'enregistrement, des droits fonciers et immobiliers en République du Zaïre», *op. cit.*

[2] L. DE CLERCK, *op. cit.*, p. 301; HEYSE, Th., *La propriété immobilère, op. cit.*, n° 18.

[3] P. DUFRENOY, *op. cit.*, p. 91, n° 127; App. Léo., 9 févr. 1928, *RJCB*, 1929, p. 139.

Cette opinion est partiellement fondée. Mais, pour autant qu'il est un acte établi par un fonctionnaire public habilité et compte tenu de la force probante ou de la foi qu'il inspire, le certificat d'enregistrement est à la fois, dans une portion moindre, un *acte administratif* – il est vrai un peu particulier, ne serait qu'en ce qu'il échappe au contentieux administratif d'annulation – et, essentiellement, un *acte authentique*[4].

Section 2:

PROCÉDURE ET FORME, MENTIONS ET PRINCIPES RELATIFS AU CERTIFICAT D'ENREGISTREMENT

L'établissement du certificat d'enregistrement obéit à une procédure et à des formalités particulières lesquelles justifient et participent ainsi à sa nature juridique.

§1. PROCÉDURE ET FORME

862. Cette procédure passe par trois étapes essentielles à savoir la demande de terre, la signature du contrat de location et de la concession qui aboutiront à l'octroi d'un certificat d'enregistrement[5].

Le processus pour l'obtention du certificat d'enregistrement débute par *la demande de terre* formulée par le requérant à l'endroit du conservateur des titres immobiliers. Celui-ci est épaulé dans sa tâche par le bureau du domaine et par celui du cadastre.

Le *bureau du domaine* est chargé d'examiner la demande de terre introduite par le requérant. Cet examen porte sur la destination des terrains, les conditions posées par l'administration. Dans le cas où cet examen s'avérait concluant, le bureau du domaine communique ce dossier au bureau du cadastre qui attribue au requérant un numéro cadastral. En outre, le bureau du cadastre vérifie si la mise en valeur a été effectuée endéans trois ans.

---

[4] Voy. art. 199 du CC livre III et 227 de la loi foncière. Pour l'acte adminitsratif, lire Cl. KABANGE NTABALA, *Droit administratif*, t. 1, Kinshasa, Impr. Vina, 1997, p. 28; FATAKI WA LUHINDI, art. précité, *Rev. de Dr. Afric.*, n° 22/2002, p. 178.

[5] G. KALAMBAY LUMPUNGU, *Thèse précitée,* p. 422.

Après *la mise en valeur*, le conservateur des titres immobiliers émet son avis avant de renvoyer par la suite le dossier au bureau du domaine pour l'élaboration d'un projet de contrat de location à soumettre à sa signature. Dès que le contrat est signé en faveur du requérant, celui-ci passe à la seconde phase, celle du contrat de concession qui offre à son bénéficiaire le droit de jouir pleinement de la parcelle pourvu qu'il maintienne la mise en valeur du terrain. À défaut de la mise en valeur suffisante ou inexistante, le conservateur peut résilier le contrat de location. Si cette condition est remplie, le conservateur doit procéder à l'enregistrement du titre concédé par l'État conformément à l'article 219 de la loi.

Aux termes de l'article 225 de la loi, le certificat d'enregistrement est dressé en *double*; *il est daté, scellé et signé* du conservateur. L'un des exemplaires est dressé dans le livre d'enregistrement, l'autre est délivré au titulaire du droit enregistré. En fait, l'exemplaire remis au titulaire du droit est appelé *certificat mobile* alors que celui consigné dans le livre d'enregistrement est le *certificat fixe*. En cas de copropriété, il n'y a lieu à l'établissement que d'un seul certificat. Il n'y aura pas autant de certificats qu'il y aurait des copropriétaires. Le principe est qu'il y a un certificat d'enregistrement par fonds.

§2. MENTIONS

863. Il est évidemment requis que les deux exemplaires du certificat d'enregistrement (fixe et mobile) soient en tous points identiques quant aux mentions relatives :

- à l'indication précise du ou des titulaires de droit;
- au titre en vertu duquel le certificat est dressé;
- à la situation, à la description, à la superficie et au croquis de l'immeuble;
- aux locations de plus de 9 ans et aux charges réelles autres que les servitudes légales dont l'immeuble est grevé en vertu du principe posé par l'article 225 alinéa 2 de la loi.

§3. PRINCIPES FONCTIONNELS RELATIFS AU CERTIFICAT D'ENREGISTREMENT

Il convient d'énoncer le principe avant de passer en revue la fonction et le rôle conféré au certificat d'enregistrement.

864. Énoncé. Le certificat d'enregistrement a pour fonction d'assurer *la publicité réelle* (art. 220) et aussi de faire *preuve de l'existence* du droit réel immobilier (art. 227 et 237 de la loi).

Mais plusieurs principes ont été avancés pour asseoir la portée et la nature juridiques du certificat d'enregistrement. Il y en a donc, à notre sens et à la suite de Dufrénoy, des faux et, aussi, des vrais ou corrects.

865. *Les faux principes* peuvent être ramenés essentiellement à cinq :

- *le certificat d'enregistrement établit seul la propriété privée* (art. 36). Il convient de souligner la confusion faite ici sur la sortie de la propriété de l'État de son domaine ou la constatation des droits préexistants avec les mutations de particulier à particulier ;
- *à chaque mutation*, comme autrefois dans les coutumes de nantissement, *le fonds est censé faire retour à [l'État]* qui en investit le nouveau titulaire (Rapport de M. Galopin) ;
- les contrats sont impuissants à opérer le transfert des droits réels, même entre parties contractantes (*idem*, Galopin). Pourtant, il ne faut pas distinguer entre les parties contractantes et les tiers. Rien n'est plus faux et moins conforme à l'*Act Torrens* ;
- l'article [227] donne à la propriété une assise inébranlable en dissociant pour toujours le contrat générateur de l'obligation et la transmission effective de la propriété par l'intervention du conservateur des titres immobiliers ;
- les mutations par décès ne peuvent se faire qu'en vertu d'une ordonnance du tribunal. Cet article donne lieu à des difficultés presqu'inextricables notamment lorsque les héritiers omettent pour une raison quelconque de demander la mutation. Dans ce cas, la propriété est « vacante ». Elle repose sur la tête du *de cujus*, elle n'appartient pas aux héritiers ! Mais, dans une espèce, contrairement à ce qui est prévu à l'article 231, il a été jugé qu'une mutation peut être inscrite après la mort de l'aliénateur si un acte authentique a été fait[6].

866. *Les vrais principes.* En réalité, le droit de jouissance foncière et la propriété privée des immeubles par incorporation doit être immatriculée. L'immatriculation ne vaut que vis-à-vis des tiers, les conventions restent valables entre parties contractantes. L'établissement du certificat d'enregistrement ne peut se faire qu'après un acte authentique, ou

[6] App. Léop., 21 mai 1933, *RDJC*, 1938, p. 140.

sous-seing privé passé devant le notaire ou le conservateur des titres immobiliers. Ce dernier principe a été ainsi justifié :

> *« Il a paru que dans une colonie ouverte à des inconnus de toutes sortes, il est dangereux d'autoriser des mutations solennelles par la production des simples actes sous seing privé dont rien ne garantit la sincérité. Ce qui se fait en Australie ne peut se faire actuellement*[7] *au Congo. Le mandataire doit être muni d'une procuration spéciale et authentique ».*

Cette vision charrie une erreur et sème la confusion. En effet, pour Dufrénoy, la mutation n'est pas un acte solennel. Pas plus que l'acte authentique n'a une valeur particulière d'autant que la mutation n'en garantit aucune sincérité. C'est la raison pour laquelle, dans le système Torrens, le Conservateur a des pouvoirs très étendus : il doit tout vérifier ; il peut refuser de passer mutation ; exiger des parties des formalités supplémentaires, etc. (article 231, al. 2 et 3).

Le but visé par l'*Act* Torrens est assurément de rendre certain à l'égard des tiers – les seuls en fait intéressés et qui l'ignorent – le transfert de propriété intervenu et non de permettre aux particuliers de se soustraire à leurs engagements[8].

De ce qui précède, deux principes nous semblent pertinents : *la publicité réelle* et *la force probante.*

A. *Principe de publicité réelle*

867. Dans le processus d'établissement du certificat d'enregistrement, l'intervention du Conservateur des Titres immobiliers est indispensable. C'est lui qui dresse l'acte, « conserve » le livre d'enregistrement qui reprend les noms, par ordre alphabétique, des titulaires et le registre journal où il y a la mention de tous les certificats, annotations et actes quelconques de son office et de tous les actes, requêtes et documents qui lui sont remis (art. 229 de la loi).

Les livres d'enregistrement et le répertoire sont *publics*. On peut cependant le consulter, moyennant paiement d'une taxe, sous la surveillance du Conservateur des titres immobiliers. En fait, dans les systèmes où il est adopté, le certificat d'enregistrement assure finalement la traçabilité de l'histoire d'un immeuble au travers de ses propriétaires successifs. Toutefois, nous pouvons nous poser des questions quant à la réalité de la publicité ainsi conférée à l'enregistrement en droit congolais.

---

[7] Notons que nous sommes en 1920.

[8] P. DUFRENOY, *Précis de droit colonial*, Bruxelles, Bruylant, 1946, p. 83.

868. Une précision doit être d'abord faite: la publicité porte non sur le certificat mobile, remis ou détenu par le titulaire du droit, mais sur celui fixe consigné dans le livre d'enregistrement. Toutefois, sur le plan pratique, il semble qu'il s'agisse plus d'une présomption de publicité qu'une réelle et efficace publicité susceptible de conférer la sécurité juridique vantée tant dans l'exposé des motifs de la loi que dans la doctrine.

En effet, si déjà la loi (foncière) – *publiée* – pose problème et elle est ignorée, au propre comme au figuré, *a fortiori* un acte administratif dont par ailleurs, la conservation et le classement sont le moindre des soucis de l'administration !

Mais comment se réalise ou devrait se réaliser la véritable publicité foncière ?

869. ***La publicité en matière foncière.*** Nous avons choisi de parler volontiers de la *publicité foncière* (au sens large) en ne perdant pas de vue qu'en droit congolais, en gardant à vue la distinction entre *l'immobilier* et *le foncier*. Il reste que le procédé s'applique tant aux immeubles qu'aux concessions.

870. ***Notion.*** La publicité foncière est l'ensemble des règles relatives à la publicité des droits réels portant sur des immeubles. Elle concerne principalement les droits réels immobiliers mais aussi, de manière surprenante, certains droits personnels, à partir de l'instant où ces droits sont relatifs à un immeuble.

Du point de vue téléologique, il s'agit d'un *ensemble des règles destinées à faire connaître aux tiers intéressés la situation juridique d'un ou de plusieurs immeubles.*

La publicité foncière concerne ainsi diverses branches du droit (les sûretés, les biens, les obligations, par exemple, en matière de vente, la priorité sera donnée à celui qui a publié le premier son droit et non au premier acquéreur).

De façon essentielle, l'on peut dire que la publicité foncière revêt deux sens :

- au sens large, il s'agit de la publicité de la plupart des droits réels ou de certains droits personnels portant sur un immeuble ;
- au sens étroit, elle est la publicité des droits autres que ceux réels accessoires (privilège, hypothèque) qui font l'objet d'inscription.

871. Modalités de la publicité foncière. Aux termes de l'article 228 de la loi, le *livre d'enregistrement* et *le répertoire alphabétique sont publics*. Moyennant paiement de la taxe fixée par les règlements, toute personne peut les consulter sous la surveillance du conservateur.

Outre les registres dits «livre d'enregistrement», registres à souches dits «registre de certificats» et le «registre-répertoire alphabétique», le conservateur doit tenir un «registre-journal» de tous les certificats, annotations et actes quelconques de son ministère et de tous les actes et requêtes et documents qui lui sont remis (art. 229). Enfin, il doit faire parvenir mensuellement au conservateur en chef une copie certifiée conforme de tous les certificats qu'il a inscrits à son livre d'enregistrement ainsi que les annulations et annotations par lui faites. Et ce, pour parer au cas de perte ou de destruction du livre d'enregistrement, la copie faisant la même foi que l'original (art. 230).

872. Efficacité de l'enregistrement. On entend par enregistrement le fait de transcrire des données ou des mentions d'un acte dans un registre déterminé. Appliqué au certificat d'enregistrement, il s'agit de transcrire les données figurant dans le double du certificat (certificat mobile) remis au titulaire du droit dans un registre fixe tenu par le Conservateur des titres immobiliers. En principe, avec un dispositif pareil, l'on ne peut raisonnablement s'imaginer l'existence, la circulation concomitante ou le concours de plusieurs titres immobiliers sur le même fonds. Par ailleurs, pour renforcer et rendre pratique et efficace la publicité réelle, et ainsi diminuer le risque de duplicité, on aurait pu organiser la tenue, la publication et l'affichage dans les circonscriptions foncières des journaux reprenant la situation des fonds, les titres immobiliers et, éventuellement, leurs titulaires. Mieux, informatiser le système d'enregistrement de sorte qu'à la première demande que l'on sache la situation juridique d'un fonds dans tous éléments d'identification[9]. Mais nous ne perdons pas de vue que ces précautions ne suffisent pas: il s'agit plus d'une question de volonté politique et de responsabilité administrative des pouvoirs publics. L'administration doit être cependant consciente de sa mission et de ses devoirs vis-à-vis des administrés. Pour ceux-ci, il y va de leur sécurité et du respect de leurs droits fondamentaux constitutionnellement consacrés.

873. Exclusion des biens meubles. La publicité réelle ne concerne pas les biens meubles. Ceux-ci en sont exclus en raison de leur moindre

---

[9] Voy., dans ce sens, TAMBWE LUBEMBA, «La gestion de la loi foncière par les Services du Ministère des Affaires foncières», in V. KANGULUMBA MBAMBI, *La loi du 20 juil. 1973..., op. cit.*, pp. 199-204, spéc., pp. 201-203.

importance économique et du fait qu'ils n'ont pas d'assise fixe et intangible, de la fréquence et de la rapidité des transactions, du rôle de la possession avec la présomption de propriété qui s'ensuit (art. 658 : « en fait de meubles, possession vaut titre »). Il convient de tempérer la mesure de l'importance économique prétendument « moindre » des biens meubles ainsi que leur exclusion du système d'immatriculation. Il en est en effet qui valent plus que certains immeubles et qui sont soumis à immatriculation [10].

874. ***But de la publicité.*** L'enregistrement doit être compris comme la transcription des titres concédés par l'État dans un registre dit livre d'enregistrement. Dans la vue du législateur congolais, le certificat d'enregistrement a été institué pour procurer une *sécurité juridique aux transactions.* Il en résulte que le but de la publicité foncière est d'assurer la sécurité du commerce immobilier. Cette exigence ne sera pas atteinte si les informations sont livrées par les parties elles-mêmes. Pour ce faire, le législateur a prévu que ces renseignements seront consignés dans un registre public et accessible, tenu par une autorité neutre et objective [11].

Cette formalité est donc nécessaire d'autant qu'elle tend à sauvegarder les intérêts des tiers, absents lors de l'échange des volontés. D'occultes, les conventions deviennent publiques et dès lors, elles sont *opposables à tous.* Le formalisme supplante le consensualisme dans *l'unique but de rendre la convention opposable aux tiers,* prévenus, désormais par ce procédé, des conflits des droits réels et s'ils advenaient, être certains de les résoudre. L'acte soumis à publicité ou transcription existe même si cette formalité n'est pas remplie. Toutefois, il ne sera pas opposable aux tiers [12].

Par ailleurs, le principe même de l'opposabilité du droit n'est pas à l'abri des critiques justifiées. En effet, la distinction n'est-elle pas artificielle dès lors que l'objet du contrat est de transférer ou de constituer un droit dont le propre est d'être opposable à tous (un des caractères du droit de propriété) ? Pour un contrat translatif ou constitutif de droit réel, il revient au même de ne pas exister ou de ne pas être opposable [13] ».

---

[10] Tels, les navires, bateaux et les aréonefs qui font l'objet d'immatriculation.

[11] SIMLER et DELEBECQUE, *Les sûretés. La publicité foncière*, n° 706.

[12] Mons, 28 mai 2004, *J.T.*, 2005, 642 ; J. HANSENNE, *op. cit.*, I, 1996, p. 538, n° 611 ; M. GRÉGOIRE, *Publicité foncière, sûretés réelles et privilèges*, Bruxelles, Bruylant, 2006, n° 125.

[13] J. FLOUR, *Quelques remarques sur l'évolution du formalisme*, Éd. Ripert, LGDJ, 1951, t. 1, p. 93 et s., spéc., p. 102 ; Ph. MALAURIE, L. AYNES et P.Y. GAUTIER, *Les contrats spéciaux*, Paris, E.JA., Defrenois, 2003, p. 191 et s., n°s 251 et 252.

Il a été ainsi jugé que la preuve de la propriété est étrangère à la question de l'opposabilité des actes aux tiers. La vente est considérée comme une preuve et non comme un contrat[14].

Ainsi donc, le fait de procéder à l'enregistrement ne devrait pas dire, à notre sens, que le droit transféré n'existe pas encore jusqu'à ce que l'enregistrement ait été réalisé[15].

875. L'enregistrement crée-t-il le droit transféré? Cette question est récurrente, à considérer la définition donnée par la CSJ au certificat d'enregistrement. Nous avons défini «l'enregistrement» comme un procédé tendant à faire connaître aux tiers la situation d'un droit réel immobilier par sa fonction de publicité et d'opposabilité pour que «nul n'en prétexte désormais l'ignorance», pour reprendre une formule chère aux exploits judiciaires d'huissier.

En fait, pour enregistrer un droit, celui-ci doit avoir préexisté à la formalité d'enregistrement. L'on ne peut dire que le droit naît avec l'enregistrement!

L'immatriculation ne crée ni la propriété, ni le propriétaire. Ce n'est pas l'acte de naissance de la propriété individuelle, mais un acte de reconnaissance. La propriété existait déjà: la volonté des parties l'avait créée. Mais l'acte qui renfermait l'expression de cette volonté pouvait être faux, vicié par une cause quelconque. La propriété tombait alors, entraînant dans sa chute les droits des ayants cause subséquents.

L'immatriculation ne fait pas surgir la propriété du néant; s'il en était ainsi, le *registrar* (le conservateur des titres immobiliers) ne devrait tenir aucun compte des titres antérieurs. Or, il se base sur les actes. Il les étudie. Loin de constituer un commencement, elle n'est qu'une suite.

Le but de l'enregistrement est d'asseoir l'immatriculation sur des droits incontestables, au dessus de toute discussion. L'immatriculation n'est pas à l'origine du droit. Elle n'intervient que si la preuve du droit est faite. Elle met un terme à l'insécurité du titre: elle ne le remplace pas[16].

Tout comme en matière de mariage, celui-ci existe même si l'enregistrement (prévu par les articles 368 et s. du Code de la Famille) n'en est pas encore fait. Le mariage non enregistré produira des effets entre parties et à l'égard des tiers qui ont assisté à la célébration d'un tel mariage

---

[14] Civ. 3e, 5 mai 1982, *Bull. III*, n° 116; Civ. 3e, 23 août 1981, *idem*, n° 86.

[15] Voy., dans ce sens, A. MOELLER, «Note concernant la transmission de la propriété immobilière et les effets de la condition résolutoire», *RJCB*, 1934, pp. 78-80.

[16] P. VANDE WIELE, *op. cit.*, p. 61.

(en l'occurrence, le mariage coutumier célébré en famille) mais il ne peut être opposé à ceux des tiers qui n'en étaient point informés.

Cette opinion est si pertinente que l'on relit les mentions requises et portées dans le certificat d'enregistrement, il y a celle du titre en vertu duquel celui-ci est dressé : un contrat d'aliénation (mais qu'aliène-t-on ? sinon qu'un bien ou un droit) ou un jugement (art. 231 et 233 de la loi) !

876. Jurisprudence. Dans une espèce, il a été jugé que le certificat d'enregistrement a pour seul but d'assurer la preuve et la transmission des droits immobiliers, il n'a pas pour vertu de conférer aux biens le caractère immobilier ou mobilier[17]. Aussi, la décision par laquelle est expulsée d'un immeuble une personne détentrice d'un certificat, est-elle illégale et mérite cassation[18]. Nous y reviendrons à l'occasion de l'examen des conditions et des effets de la mutation.

Cela étant, la sécurité recherchée ou conférée à la publicité des droits réels ne l'est que dans l'intérêt des tiers, absents en tous cas à la naissance des droits réels immobiliers soumis à enregistrement. Parmi ces tiers, l'on peut retrouver des éventuels acquéreurs. Et s'ils sont mis en concours, l'acquéreur détenant la preuve de la publication de son droit sera préféré à celui qui ne l'aurait pas fait.

877. *Qui peut être traité de «tiers»?* Le droit congolais ne renferme pas, sinon au titre de principe général, une disposition semblable à l'article 30, alinéa 1 du Code civil français qui énonce que :

> *«Les actes et décisions judiciaires soumis à publicité par application du 1° de l'article 28 sont, s'ils n'ont pas été publiés, inopposables aux tiers, qui, sur le même immeuble, ont acquis du même auteur, des droits concurrents en vertu d'actes ou de décisions soumis à la même obligation de publicité et publiés, ou ont fait inscrire des privilèges ou des hypothèques. Ils sont également inopposables, s'ils ont été publiés, lorsque les actes, décisions, privilèges ou hypothèques, invoqués par ces tiers, ont été antérieurement publiés».*

Entre parties, l'acte non publié est donc valable[19] en vertu de l'effet relatif des contrats. Mais, s'il existe juridiquement, l'acte non publié ou transcrit ne peut être opposable aux tiers. Sont ou peuvent être tiers :

---

[17] CSJ, TSR, 001/RC 356, 21 déc. 1983, in DIBUNDA KABUINJI, *Répertoire...*, *op. cit.*, p. 30, n° 9.

[18] CSJ, RC 174, 30 nov. 1977, *Bull. arr.*, 1978, p. 148.

[19] Cass., 3e civ., 10 juil. 1996, *Bull. civ.*, III, 185 ; Cass., 3e civ, 28 mai 1997, *Bull. civ.*, III, 122.

- les ayants-cause à titre particulier du même auteur ;
- le titulaire d'un droit concurrent portant sur un même immeuble mais le droit concurrent du tiers doit avoir été publié[20].

Sont exclus de la qualité de tiers :

- les personnes chargées de publier pour le compte d'autrui (conflit d'intérêts) comme le cas du mineur et de son mandataire, du client et de son avocat), du conservateur des titres immobiliers ;
- les témoins ayant assisté à la transaction, toute autre personne dont la connaissance de la transaction peut être démontrée et
- tous ceux qui auront frauduleusement publié leur droit.

En clair, le seul tiers pouvant exciper de l'ignorance d'un droit réel, est celui qui n'a pas, d'une façon ou d'une autre, pu être mis au courant de l'existence du droit en conflit. Il s'agit de tiers complètement tiers comme le créancier gagiste ou hypothécaire ; les ayants-cause (locataires, en cas d'achat de l'immeuble loué) ; des passants (blessés par les objets tombés de l'immeuble) ; les voisins (victimes des troubles de voisinage)[21].

B. Principe de force probante

Il convient de donner la substance de ce principe avant d'en examiner la portée, les cas d'application et les pistes de solution à la problématique de la force probante.

878. ***Énoncé du principe.*** Il est contenu dans l'article 227 de la loi qui dispose que

> *« Le certificat d'enregistrement fait pleine foi de la concession, des charges réelles et, éventuellement, des droits de propriété qui y sont constatés.*
>
> *Ces droits sont inattaquables et les actions dirigées contre eux ne peuvent être qu'en dommages-intérêts.*
>
> *Toutefois, les causes de résolution ou de nullité du contrat ou de l'acte, l'erreur de l'ordonnance d'investiture donnent, dans les deux années depuis la mutation, ouverture à une action en rétrocession, avec dommages-intérêts s'il y a lieu ».*

---

[20] A. PIEDELIÈVRE, *Droit des biens*, Paris, LGDJ, n° 205.

[21] Ph. MALAURIE, L. AYNES et P.Y. GAUTIER, *Les contrats spéciaux*, *op. cit.*, p. 97.

Le système d'enregistrement des droits réels immobiliers et fonciers répond, avons-nous souligné, à une finalité évidente: la sécurité des transactions et du crédit. En effet, le but d'un régime foncier idéal est d'établir un statut immobilier qui ait pour effet que celui qui achète soit certain d'être propriétaire et que celui qui prête soit sûr d'être remboursé. Le propriétaire inscrit comme tel est toujours à considérer comme le propriétaire véritable pour les tiers qui contractent avec lui[22]. Toute menace d'éviction étant écartée.

Pour le législateur congolais, «le certificat d'enregistrement fait pleine foi de la concession, des charges réelles et, éventuellement, des droits de propriété qui y sont constatés». C'est-à-dire qu'on ne peut les contester car le certificat est *un acte authentique*. Cependant, sur le plan de la théorie générale du droit, les actes authentiques font foi jusqu'à inscription de faux ou jusqu'à preuve littérale contraire. Dès lors, l'on conçoit qu'un certificat d'enregistrement faux ou falsifié soit déclaré nul et qu'il ne puisse produire aucun effet. Sa nullité ou son caractère faux emportera la valeur et la validité des droits qu'il constate.

879. Jurisprudence. En dépit du principe de *l'inattaquabilité des droits constatés* dans le certificat d'enregistrement, plusieurs décisions, auxquelles nous nous rallions, reconnaissant le caractère faux ou nul du certificat d'enregistrement ont déclaré nuls des droits qui y sont constatés.

Ainsi, un certificat obtenu irrégulièrement, en l'occurrence en cours d'instance[23], ou par fraude est inopérant. Pour l'établissement de l'infraction de faux en écriture, il n'est pas nécessaire que l'écriture émane du prévenu. Il suffit que celui-ci ait, avec intention de nuire, fait des fausses déclarations qui ont donné lieu à l'établissement d'un acte faux[24]. Pour ce faire, le juge pénal n'a cure des fictions de droit privé et en l'espèce, il n'applique pas et n'a pas à appliquer l'article 227 de la loi du 20 juillet 1973 en ce qu'il annule un certificat d'enregistrement, produit d'une infraction. Par conséquent, il ne viole pas cette disposition[25].

---

[22] V. GASSE, *Les régimes fonciers africains et malgaches, Evolution depuis l'indépendance*, Paris, LGDJ, 1971, p. 13.

[23] CSJ, RC 450, 22 juin 1983, *Bull. Arr.*, 2001, p. 394.

[24] TGI Kinshasa/Kalamu, RPA 1951, 29 nov. 1995, *RAJC*, 1996, p. 70; voir aussi, p. 9; FATAKI WA LUHINDI, «La portée de l'inattaquabilité du certificat d'enregistrement entaché de faux ou falsifié», *op. cit.* et «Le sort du certificat d'enregistrement établi sur base de faux», in *La loi du 20 juil. 1973…, op. cit.*, pp. 87-114.

[25] CSJ, RP 1451, 30 avr. 1991, *RJZ*, 1993, p. 20.

880. ***Portée exacte du principe.*** De la lecture attentive de l'article 227 alinéa 3 de la loi, il résulte que cette disposition parle de *l'inattaquabilité des droits constatés dans le certificat d'enregistrement* et non de ***l'inattaquabilité du certificat d'enregistrement***. Le certificat en soi est attaquable mais, en principe, non les droits qui y sont constatés. Nous convenons qu'il est aussi, en apparence, paradoxal de dire que le certificat est attaquable alors que les droits qu'il constate ne le seraient pas ! La loi énonce simplement que les droits constatés dans le certificat d'enregistrement sont *intangibles*, ne peuvent plus être remis en cause, *sauf* si l'on agit, pour ce faire, dans les deux ans de leur mention audit certificat d'enregistrement.

L'interprétation indiquée de l'article 227 de la loi est de dire que ces droits ne sont ou ne deviennent inattaquables qu'au-delà de deux années. Autrement dit, ils peuvent (doivent) être attaqués *dans les deux années de leur mention au certificat d'enregistrement* et non, comme cela est souvent mal compris, dans les deux années de l'établissement du certificat d'enregistrement.

881. Jurisprudence. Il arrive souvent que l'inscription au livre foncier soit faite sur base d'un acte vicié, nul ou inexistant. Tel, un certificat d'enregistrement établi sur base d'un jugement réformé suite à l'exercice d'une voie de recours. Quelle peut être la solution à une pareille problématique ?

En principe, le principe d'inattaquabilité empêche de revenir sur des choses déjà établies, et créer ainsi de l'insécurité juridique, alors que ce titre est supposé conférer justement la sécurité juridique. La seule action possible est celle en dommages et intérêts.

Dans cette mesure, a été cassée la décision d'un juge qui a ordonné le déguerpissement d'une personne détentrice d'un certificat d'enregistrement, en l'espèce, un ancien locataire devenu propriétaire. Cette décision a méconnu le principe d'inattaquabilité du certificat d'enregistrement et donc de la pleine foi des droits y constatés[26].

Comme on peut le noter dans cette décision, la CSJ entretient la même confusion en ce qui concerne le principe de l'inattaquabilité du certificat d'enregistrement. En effet, il s'agit moins de l'inattaquabilité du certificat d'enregistrement que des droits y constatés. Nous l'avons souligné,

---

[26] CSJ, RC 104, 5 déc. 1979, *Bull. Arr.*, 1979, p. 348; Voir aussi CSJ, RC 1870, 29 août 1996, in KALONGO MBIKAYI, *op. cit.*, p. 203.

cette inattaquabilité n'a d'effet qu'après l'écoulement du délai de 2 ans. Avant l'échéance et endéans les 2 ans, ces droits sont attaquables[27].

882. Tempéraments au principe de l'inattaquabilité des droits constatés dans le certificat d'enregistrement. La loi n° 80-008 du 18 juillet 1980 a porté quelques amendements aux effets attachés à ce principe. Ainsi, aux termes de l'article 227, alinéa 3 de cette loi «*les causes de résolution ou de nullité du contrat ou de l'acte, l'erreur de l'ordonnance d'investiture donnent dans les deux années depuis la mutation, ouverture à une action en rétrocession avec dommages et intérêts s'il y a lieu*».

Dans un arrêt, la Cour suprême de Justice a dû trancher que pour déclarer valable l'exercice de l'action en rétrocession par l'aliénateur de la concession d'un fonds ou de la propriété d'un immeuble, il est requis que le bien aliéné soit intact sur la tête de l'acquéreur[28].

La doctrine ne tarit pas de se demander sur la vertu «sécuritaire» du certificat d'enregistrement et sur le bien-fondé du délai (pudique) de deux années qui en fait favorise les personnes rusées[29]. Mais comment les tiers pourraient-ils savoir qu'il y a eu mutation? Et le sait-on souvent? Certes, les livres d'enregistrement sont publics, et nul n'est censé ignoré la loi! Mais, nous semble-t-il, il est temps de se rendre à l'évidence que ce pan de l'article 227 occasionne bien d'abus et qu'il faudrait repenser ce délai de forclusion au lieu de vivre dans l'illusion[30].

883. *Titulaires de l'action en rétrocession.* Cette action est reconnue à toute personne intéressée, y compris à l'aliénateur[31]. Souvent, la

[27] Voy. V. KANGULUMBA MBAMBI, «Revue critique de la jurisprudence de la CSJ...», in *La loi du 20 juil. 1973..., op. cit.*, pp. 143-147, n° 19.

[28] CSJ, RC 202, 1er sept. 1977, *Bull. arr.*, 1977, p. 123.

[29] Voy. notam. DIBUNDA KABUINJI, «Portée exacte du caractère inattaquable du certificat d'enregistrement, des droits fonciers et immobiliers en République du Zaïre», *op. cit.*; TSHILOMBO MUNYENGAYI, «La force probante du certificat d'enregistrement: évolution et situation actuelle», in *Rev. de Dr. Congolais*, 2/1999, pp. 44-58; KADIMA MUELA BITUHA, «La nature juridique des accommodements à l'intangibilité des droits concédés par le certificat d'enregistrement», in *RJZ*, 1990-1991; D. FATAKI WA LUHINDI, «La portée du principe de l'inattaquabilité du certificat d'enregistrement entaché de faux ou falsifié en droit congolais», in *Rev. de Dr. Afric.*, n° 22/2002, pp. 175-201; V. KANGULUMBA MBAMBI, «Revue critique de la jurisprudence de la CSJ...», in *La loi du 20 juil. 1973..., op. cit.*, pp. 143-147, n° 19.

[30] Voy. V. KANGULUMBA MBAMBI, «Revue critique de la jurisprudence...», in *La loi du 20 juil. 1973..., op. cit.*, pp. 144-146.

[31] CSJ, RC 845, 25 mai 1988, in KALONGO MBIKAYI, *op. cit.*, p. 203.

formulation de l'alinéa 3 de l'article 227 laisse croire que l'action reviendrait à l'acquéreur. Elle est prévue plutôt au bénéfice de l'aliénateur ou de toute personne qui aurait intérêt à ce que l'aliénation n'ait pas lieu. L'acquisition n'en serait pas un.

884. Jurisprudence. Dans un curieux arrêt, la CSJ a dit que cette action doit être intentée dans les deux ans à partir de la mutation des droits. Le *dies a quo* est donc la date de l'établissement du certificat et non le jour où la personne intéressée a eu connaissance de la situation[32].

Il importe de relever ici le fait que la CSJ charrie encore une de ces confusions. L'action en rétrocession court dans les deux années, à partir, non de l'établissement du certificat d'enregistrement mais plutôt à dater de *l'inscription ou de la mutation des droits réels litigieux* audit certificat (art. 227, al. 3 de la loi).

Sous cette réserve, il a été décidé que :

- en matière de mutation entre vifs, l'action appartient au débiteur dans la mesure où il peut y avoir une cause de résolution ; que la concession soit intacte ou non ;
- lorsqu'il s'agit d'une erreur de l'ordonnance d'investiture, l'action en rétrocession sera fondée sur le droit successoral et elle reviendra au tiers lésé. Notons qu'en soi, l'ordonnance d'investiture ne constitue pas un acte de juridiction contentieuse, mais gracieuse. De ce fait, elle n'est pas revêtue de l'autorité de la chose jugée[33] ;
- en cas de nullité de l'acte, de vice entachant le certificat d'enregistrement ou d'établissement d'un certificat d'enregistrement en violation de la loi (par exemple, personne incompétente, mentions fausses, etc.), il y a lieu à une action en rétrocession ;
- la conséquence logique de l'attaquabilité du certificat d'enregistrement est que son invalidité entame aussi celle des droits réels y constatés. Mais, l'on peut concevoir que le certificat d'enregistrement ne soit pas mis en cause et que l'on ne s'attaque uniquement qu'aux droits et charges réelles qui y figurent. Aux termes de la loi, cela doit se faire dans les deux ans. Au-delà, il y a inattaquabilité de ces droits. Et cette dernière s'étend même aux concessions (art. 227 de la loi) ;

---

32 *Idem.*

33 CSJ, RC 1262, 30 août 1989, in KALONGO MBIKAYI, *op. cit.*, p. 205.

- dès lors qu'un certificat est reconnu faux[34], le juge en ordonne non seulement la confiscation mais aussi la destruction. Dans ces conditions, le conservateur de titres immobiliers doit délivrer un nouveau certificat au titulaire indiqué. Voilà qui remettrait en cause le fondement juridique de ce titre et la sécurité qu'il est censé apporter aux particuliers[35].

885. ***Concurrence ou superposition des titres sur un même fonds, quel serait le titre valable?*** Il ne s'agit pas d'une vue d'esprit. Il arrive souvent que deux ou plusieurs personnes, également détentrices d'un titre, prétendent aux mêmes droits sur le même fonds. De pratique sociale courante, plusieurs «titres immobiliers» peuvent être en circulation.

Ainsi:

- deux personnes peuvent être détentrices, chacune, d'un contrat de location et d'un livret de logeur portant sur le même fonds;
- deux personnes peuvent être détentrices, chacune, d'un livret de logeur portant sur le même fonds;
- une personne peut avoir un livret de logeur et une autre, un certificat d'enregistrement sur le même fonds;
- deux personnes peuvent avoir chacune un certificat d'enregistrement sur le même fonds;
- à l'occasion des mutations des droits immobiliers, le conservateur peut n'avoir pas repris l'ancien certificat pour l'annuler laissant finalement deux titres immobiliers en circulation.

Dans deux espèces soumises, inédites, au Tribunal de Grande Instance de Kinshasa/Gombe, il résulte que sur le même fonds existent au moins trois certificats d'enregistrement non annulés.

En effet, au départ morcelée en deux parcelles et donnant lieu à deux certificats d'enregistrement, la parcelle querellée a été réunifiée et un troisième certificat d'enregistrement a été dressé sans que les premiers aient été annulés. Le concessionnaire de l'une de deux parties morcelées, sur base du certificat constatant le droit réel sur le fonds désormais réunifié, vendit son droit alors que les précédents certificats n'avaient jamais été annulés!

---

[34] Voy. FATAKI WA LUHINDI, *op. cit.*

[35] Voy. KABUMBU MBINGA BANTU, «Les conflits relatifs aux immeubles concernés par la décision du Bureau Politique du MPR du 15 sept. 1971», in, *La loi du 20 juil. 1973...*, *op. cit.*, pp. 77-85, spéc., pp. 81-83.

Le **18 mars 1998**, Monsieur B. T. titulaire du certificat d'enregistrement AL vol. 356, Folio 8 du 19 mars 1997 (portant sur la partie 6805 de la parcelle querellée) assigna, sous RC 70 231, le Conservateur des titres immobiliers de la Division de Lukunga devant le Tribunal de Grande Instance de Kinshasa/Gombe, pour s'entendre, entre autre condamné à annuler le morcellement de la propriété 964 du plan cadastral Gombe en 6804 et 6805 et ordonné l'établissement d'un certificat d'enregistrement unique en sa faveur.

Faute pour le défendeur (Conservateur) d'avoir comparu, le tribunal retint le défaut à sa charge et il fit droit à la demande de M. B. T. sans pour autant ordonner que le premier certificat fût annulé.

Le **21 février 2001**, Monsieur B. IM. titulaire du certificat d'enregistrement AW vol. 336, Folio 17 du 23 mars 1993 portant sur l'autre partie morcelée, ayant été mis au courant de cette décision assigna à son tour, sous RC 77.120, en tierce opposition, Monsieur B. T. et le Conservateur pour que le Tribunal de Grande Instance de Kinshasa/Gombe annule le premier jugement et qu'il dise que les deux parcelles (morcelées) sont distinctes et ne reviennent pas au même titulaire et qu'il le reconnaisse concessionnaire perpétuel sur la partie qui lui revient (6804).

Le tribunal, recevant cette tierce opposition, a annulé le jugement attaqué et a reconnu Monsieur B. IM comme concessionnaire perpétuel sur la parcelle 6804.

Le **21 septembre 2001**, c'est-à-dire pendant qu'ils étaient en instance de tierce opposition, Monsieur B. T. obtient un autre certificat d'enregistrement sur base du jugement RC 70 231 pourtant attaqué, et donc non coulé en force de chose jugée. En vertu de ce nouveau certificat, il va vendre son droit de jouissance à une troisième personne…

Finalement, il y a eu au moins trois certificats d'enregistrement en circulation; non annulés et dressés par le même conservateur ou, du moins, dans la même Division Urbaine des Affaires foncières alors que les droits qui y sont constatés sont devenus inattaquables parce que le délai de deux années, depuis la mutation, ait été dépassé.

En l'absence d'annulation de l'un quelconque des titres, quel serait celui que l'on peut considérer comme valide en droit[36]? Plus géné-

---

[36] Voy. G. KALAMBAY LUMPUNGU, «Protection juridictionnelle des droits de l'homme en matière immobilière: Cas des parties détentrices chacune d'un certificat d'enregistrement légalement inattaquable», in *Revue de la Faculté de Droit*, UPC, *L'État de droit*, n° 1, 1999, pp. 267-275; TAMBWE LUBEMBA, «La gestion de la loi foncière par les Services du Ministère des Affaires foncières», in V. KANGULUMBA MBAMBI, *La loi du 20 juil. 1973…, op. cit.*, spéc., pp. 202-203.

ralement, quel titre peut être considéré lorsqu'il y en a plusieurs en circulation?

Cette question devrait surprendre des esprits critiques car, à regarder de près la procédure et les mécanismes que la loi a organisés pour obtenir un certificat d'enregistrement, il est inconcevable, que sur le même fonds existent plus d'un certificat d'enregistrement! Et pourtant, cela est le lot quotidien et la trame essentielle des litiges immobiliers.

886. ***Principe de solution***. Plusieurs dispositions de la loi doivent être combinées pour la solution à ce type de problématique[37].

- Aux termes de l'article 219, alinéa 1, de la loi, le droit de jouissance d'un fonds n'est *légalement établi* que par un certificat d'enregistrement du titre concédé par l'État.
- S'agissant des droits antérieurement acquis à la loi du 20 juillet 1973, l'article 369 de la même loi prescrit que ces droits doivent être convertis en un droit de concession perpétuelle, si la mise en valeur du fonds a été conforme aux dispositions légales et réglementaires.
- L'article 390 de la loi, en son alinéa 1 dispose qu'à dater de la publication de la loi, c'est-à-dire à dater du 1er février 1974,

  le «droit d'occupation» constaté par le «livret de logeur» ou par tout autre titre équivalent délivré dans une ville ou une zone de la République est supprimé.

  Ceux des Nationaux qui détiennent pareils droits sur des terrains du domaine privé de l'État lotis et cadastrés, se verront octroyer un titre de concession perpétuelle sur le fonds occupé (al. 2).

  Ne sont pas concernés ceux qui sont encore liés par un contrat de location-vente avec un organisme public (cas de l'ONL) (al. 3).
- Le conservateur ne peut délivrer ou dresser un nouveau certificat d'enregistrement sans s'être fait remettre l'ancien et sans l'avoir frappé du timbre ou du sceau «annulé» (art. 235 et 242 de la loi).
- Enfin, aux termes de l'article 204, est nul tout contrat de concession conclu en violation des dispositions impératives de la loi; tout contrat contraire aux impositions impératives d'ordre urbanistique.

---

[37] V. KANGULUMBA MBAMBI, «Revue critique de la jurisprudence de la CSJ...», in *La loi du 20 juil. 1973..., op. cit.*, pp. 125-126, n° 7.

Ces principes apparaissent, d'ores et déjà, comme étant les dispositions légales violées par les uns et les autres.

887. ***Applications.*** En cas de pluralité ou de concurrence des titres, il importe de se référer notamment aux dispositions qui viennent d'être citées, pour savoir si les titres en présence sont ceux légalement requis, c'est-à-dire, s'il s'agit d'un certificat d'enregistrement ou, en cas de livret de logeur ou titre équivalent, si ceux-ci datent d'avant l'entrée en vigueur de la loi du 20 juillet 1973.

Si les titres sont donc conformes à la loi, il conviendra de voir *le moment* et la *régularité* de leur obtention. En effet, un livret de logeur obtenu régulièrement avant la loi du 20 juillet 1973 prévaut à un certificat d'enregistrement obtenu sous l'empire de la loi du 20 juillet 1973. Le premier détenteur doit être protégé.

888. **Jurisprudence.** Dans ce cas de figure, il existe plusieurs décisions qui confirment la prévalence du livret de logeur ou tout autre titre équivalent obtenu ou détenu régulièrement avant l'avènement de la loi du 20 juillet 1973.

Il a été ainsi jugé que lorsqu'il y a pluralité de certificats d'enregistrement portant sur le même fonds ou immeuble, l'on retient celui qui est premier en date *(prior in tempore, prior in jure)*[38]; pourvu que l'on détienne un certificat ou un titre régulier[39]. Car, le titre authentique ou le certificat d'enregistrement antérieur acquis n'est pas forcément légitime. Pour être propriétaire, il ne suffit pas d'avoir un quelconque titre, mais faudrait-il encore exercer sur ladite propriété tous les droits reconnus à un propriétaire[40].

Par ailleurs, dans un arrêt, la Cour d'Appel de Matadi a décidé que l'inattaquabilité du certificat d'enregistrement – *encore une confusion du principe* – ne peut être admise lorsqu'elle fait coexister deux droits au

---

[38] Cet adage signifie que celui qui détient un titre le plus ancien, doit être préféré parce que détenant également le droit le plus ancien: CSJ, TSR, 001.RC 356, 21 déc. 1983, précité; TGI Kinshasa/Gombe, 30 avr. 1992, *RJZ*, 1995, p. 64; TGI Kinshasa/Ndjili, Appel, 12 mars 1985, in V. KANGULUMBA MBAMBI, « Revue critique de la jurisprudence de la CSJ... », in *La loi du 20 juil. 1973..., op. cit.*, p. 126.

[39] CSJ, RC 349, 16 avr. 1980, in KALONGO MBIKAYI, *op. cit.*, p. 203; CSJ, RC 1630, 8 mai 1998, *RAJC*, Fasc. 1, 1999, p. 24.

[40] CA Kinshasa/Gombe, RCA 19521, 22 janv. 1990, *Rev. de Dr. Afric.*, Bruxelles, 15/2000, pp. 402-406.

profit de deux titulaires différents, détenteurs chacun d'un certificat d'enregistrement sur le même bien[41].

889. Plaidoyer pour la réforme du fonctionnement du système d'enregistrement. En définitive, des telles situations ne devraient pas arriver si le fonctionnaire chargé de ces attributions appliquait rigoureusement la loi. Faute de ce faire, les abus sont possibles et ils deviennent très préjudiciables pour les parties en présence alors que la responsabilité du Conservateur, même mise en jeu, ne suffirait pas à lui faire grande impression. Aussi, la doctrine n'a-t-elle pas raison de parler de l'échec du système d'enregistrement congolais pour en appeler une réforme[42]. Celle-ci, pensons-nous, devrait être focalisée non sur le principe en soi mais sur son fonctionnement, sur un personnel qualifié, outillé, motivé, contrôlé, et le cas échéant, sanctionné conformément à la loi.

§4. LES FRAIS D'ENREGISTREMENT ET/OU D'ÉTABLISSEMENT DU CERTIFICAT D'ENREGISTREMENT

890. La loi prévoit que les titulaires des droits réels immobiliers ou les concessionnaires paient, au titre des frais et taxes d'enregistrement, un certain montant de la valeur de leur concession. Les textes de référence sont le décret du 14 février 1956 ainsi que l'ordonnance loi n° 70-082 du 30 novembre 1970 et l'arrêté interministériel n° 026/CAB/FIN/AFF-ECNPF/99 du 12 octobre 1999 portant fixation des tarifs de frais en matière foncière immobilière, cadastrale et régime des eaux et d'enregistrement[43]. Ce texte fixe les frais de la manière suivante:

- établissement du contrat: 10 FF (francs fiscaux);
- avenant et annulation du contrat: 40 FF;
- arrêté ou actes portant concession ou autorisation: 100 FF.

Mais, concernant les droits d'enregistrement, il n'existe pas de tarif adapté ou actualisé de sorte que le texte y afférent conserve

---

[41] CA Matadi, RCA 1254/1242, 1er déc. 1994, *RAJZ*, 1995, p. 60, in V. KANGULUMBA MBAMBI, *op. cit.*, p. 126.

[42] Voy. notamment J.-P. KIFWABALA TEKILAZAYA, *op. cit.*, p. 441. Mais il faut aussi chercher à maîtriser les causes d'un tel dysfonctionnement! Il n'y aurait pas que la mauvaise foi ou la cupidicité des agents et fonctionnaires des Affaires foncières, les pouvoirs publics ne sont pas non plus exempts de tout réproche dans la situation économique et sociale des agents et fonctionnaires.

[43] Voy. le texte dans *Code foncier et immobilier, op. cit.*, p. 247.

la tarification dans une monnaie n'ayant plus cours en République démocratique du Congo.

891. ***Droits d'enregistrement.*** Aux termes de l'article 1er du décret du 14 février 1956, «les droits d'enregistrement sont fixes ou proportionnels». L'article 2 précise que «les droits fixes sont:

- pour la création du certificat d'enregistrement ne comportant qu'une page d'écriture: Z 25;
- pour chaque page ou partie de page supplémentaire: Z 15;
- pour chaque annexe: Z 15;
- pour l'inscription ou la radiation d'un droit réel: Z 25;
- pour le renouvellement de l'inscription d'un contrat de location: Z 15;
- pour toute autre inscription, mention annotation ou annulation d'inscription ou de mention effectuée postérieurement à la création d'un certificat d'enregistrement: Z 15.»

892. ***Droits proportionnels.*** Ils sont de différents ordres en fonction des droits transférés:

- de 6 % pour la mutation de toute propriété immobilière ou part de propriété déjà enregistrée. (art. 4);
- 3 % en cas de mutation par décès (art. 6);
- 1,50 % en cas d'indivision, pour un enregistrement ultérieur (art. 7);
- 6 % lorsqu'un co-partageant avait acquis conventionnellement une part indivise de l'immeuble (art. 8).

Ces montants devraient être adaptés à la monnaie ayant cours légal au Congo, pour en avoir le taux exact. Mais dans la pratique, les choses se présentent autrement. En effet, bien souvent, ces frais sont si élevés qu'ils découragent les titulaires des droits de chercher à opérer une mutation ou à obtenir un certificat d'enregistrement. Ces frais varient de 20 à 30 % de la valeur du fonds. Or, généralement, cela représente parfois la valeur vénale ou d'acquisition du fonds. D'où, le dilemme et la tendance à chercher à obtenir d'autres titres de propriété, souvent non reconnus par la loi, mais à des prix abordables dont le plafond des droits proportionnels ne dépasse pas les 6 % !

Les frais que l'État perçoit sur les transactions immobilières peuvent être à charge de l'aliénateur, dont le patrimoine est censé s'enrichir par le produit de la transaction ou à charge des personnes qui deviennent propriétaires d'un immeuble, tels les héritiers en cas de mutation.

Il a été jugé qu'aucun texte n'interdit à un établissement ou une entreprise publique (en l'espèce le Comité Spécial du Katanga) ou à l'État (à l'époque des faits, à la Colonie) de se constituer des droits de propriété privée en ayant recours à la formalité de l'enregistrement. Et si une mutation d'immeubles ainsi enregistrés intervient, le droit de 4 % sera dû sur le prix de vente[44].

---

[44] Elis., 25 avr. 1931, *RJCB*, 1935, p. 185.

CHAPITRE 4

TRANSMISSION DES DROITS RÉELS IMMOBILIERS ET DES CONCESSIONS

Faute de l'avoir comprise conformément à la loi, la problématique relative au transfert ou à l'acquisition des biens immeubles est une des questions récurrentes et qui divise la jurisprudence et la doctrine congolaise. Il importe de nous appesantir préalablement sur le terme «transmission» avant d'en voir les modalités possibles.

Section unique:

BASE DES MUTATIONS EN MATIÈRES FONCIÈRE ET IMMOBILIÈRE

§1. NOTION ET PRINCIPE

893. ***Notion.*** Dans le commerce juridique, les actes que posent les sujets de droit consistent soit à donner, à faire ou à ne pas faire quelque chose. Dans le cas d'une prestation positive, celle-ci génère le plus souvent un droit: il en serait ainsi dans le contrat de vente. L'obligation de l'acheteur de payer le prix au vendeur et de celui-ci de livrer la chose vendue. En d'autres termes, il s'agit de transférer la propriété de la chose vendue à l'acheteur. On parle dans ce cas du transfert du droit de propriété afférent à la chose vendue. De façon plus stricte, l'on parle de transmission de droit en cas de succession.

La transmission est donc le transfert de la propriété d'un bien d'une personne à une autre. La propriété est ainsi dérivée car l'acheteur ne crée pas ce droit lequel a existé dans le chef du vendeur qui le transfère à l'acheteur. L'on ne peut donner que quelque chose que l'on possède *(non dat quod non habet)*. Il ne s'agit donc pas d'un mode originaire d'accession à la propriété lequel, le cas échéant, ne nécessiterait aucun transfert, *aucune mutation*, pour que le créateur du droit en devienne propriétaire.

894. ***Principe.*** Il résulte de l'article 220 de la loi, alinéa 1 que «les mutations, soit entre vifs, soit par décès, de la propriété immobilière ne s'opèrent que par un nouveau certificat d'enregistrement».

En relisant cette disposition, l'on devrait se rendre à l'évidence que le législateur parle des «mutations» qui ne «s'opèrent» que par un nouveau certificat d'enregistrement. La mutation n'est rien d'autre que le changement de titulaire des droits réels immobiliers ou de jouissance foncière. Ce principe veut donc simplement dire que lorsqu'une personne a vendu sa propriété immobilière (ou son droit de jouissance foncière), *la mutation* [le changement des noms du (des) titulaires] donne lieu à un nouvel enregistrement de ce nouveau droit au nom du nouvel acquéreur.

§ 2. MODALITÉS

La transmission des droits ne peut se faire que selon des modalités légalement reconnues. Elle peut l'être essentiellement par contrat ou jugement, entre vifs ou pour cause de mort selon les modalités de droit commun ou spécifiques de droit des biens.

895. ***Modalités de droit commun.*** Aux termes de l'article 49 de la loi, la propriété des biens s'acquiert et se transmet par donation entre vifs, par testament, par succession et par convention. Ces modalités, l'insistance en vaut la peine, ne portent que sur la transmission ou le transfert des droits préexistants.

896. ***Modalités spécifiques au droit des biens.*** Nous ne pourrons aller jusqu'à exclure l'application, en droit des biens, des dispositions des autres branches du droit civil. Les modalités évoquées à l'article 49 de la loi du 20 juillet 1973 sont soit régies par le code civil des obligations, soit par le code de la famille. Mais s'agissant du droit des biens, la loi prévoit que cette transmission donne lieu à un nouveau certificat. Les conditions de la mutation font l'objet d'un chapitre à part (voir chapitre 2, *infra*).

Il importe également de dire que pour qu'il y ait mutation, il faudrait que la propriété immobilière ou la concession elles-mêmes aient été préalablement enregistrées. Sans cela, il peut y avoir établissement d'un nouveau certificat d'enregistrement alors qu'il n'en existe pas un qui serait repris, annulé et conservé.

897. *Modalités distinctes de transfert des biens meubles et immeubles: justification.* Des raisons d'intérêt économique et de preuve président à la distinction des modalités de transfert de ces deux sortes de biens.

En effet, les biens meubles sont souvent des biens sans grande valeur économique et pour lesquels le transport des droits y afférents ne pose pas de problème particulier. «*Res mobilis, res vilis*», disaient les latins (choses mobilières, choses viles). Pour ces biens, qui ne posent pas déjà des difficultés majeures quant à leur circulation, la propriété se transmet immédiatement, sans aucune formalité. L'on n'est présumé propriétaire d'un tel bien rien que par le fait de la possession: «en fait de meuble, possession vaut titre» (article 658 du code civil livre III). Mais il faut qu'il s'agisse d'une possession de bonne foi sinon l'acquisition sera retardée (30 ans).

Mais, en ce qui concerne les immeubles, compte tenu de leur valeur économique importante, et considérant que les intérêts d'autres personnes que celles qui passeraient l'acte sont également impliqués, la loi a institué une procédure pour sécuriser les uns et les autres. Ainsi, pour ces tiers, la preuve des droits réels immobiliers est le certificat d'enregistrement du titre concédé par l'État. En cas de transfert de la propriété, celle-ci, comme à son établissement, nécessite un nouveau certificat d'enregistrement (art. 219 et 220 de la loi). C'est alors que l'on parle des mutations immobilières auxquelles nous consacrons les développements qui suivent.

CHAPITRE 5

CONDITIONS ET FORMES DES MUTATIONS

898. Rappel. Il y a mutation lorsque par suite d'un acte ou d'un fait juridique quelconque, le conservateur des titres immobiliers est obligé de procéder au changement de l'identité du concessionnaire ou du propriétaire telle que reprise dans le certificat d'enregistrement. Dans ce cas, le conservateur des titres immobiliers est tenu de dresser un nouveau certificat en remplacement de l'ancien.

Il en sera ainsi en cas des contrats entre vifs comme la vente, la donation ou en cas de transmission pour cause de mort du concessionnaire ou du propriétaire; en cas de jugement tranchant sur la propriété d'un immeuble ou sur la validité d'un certificat d'enregistrement comme le cas d'un certificat d'enregistrement établi sur la base d'un jugement frappé d'appel et dont l'exécution provisoire était refusée[1] ou enfin en cas d'accession immobilière de l'article 23.

Nous allons examiner d'abord la base des mutations de concessions et des propriétés immobilières avant de voir les formes de mutation.

Section 1:

PRINCIPES RELATIFS AUX MUTATIONS EN MATIÈRES FONCIÈRE ET IMMOBILIÈRE

899. La mutation est l'acte par lequel le conservateur des titres immobiliers constate le transfert les droits réels inscrits dans le certificat d'enregistrement d'une personne à une autre,

Un arrêt de la CSJ semble jeter le doute en disant que le terme mutation vise, sans autre précision, le transfert d'un patrimoine dans un autre d'une propriété immobilière[2]. En effet, le terme transfert ne vise pas seulement que la propriété immobilière. Nous pensons qu'il y a de gros risque de confusion dans la portée du terme «transfert». Il existe

[1] CSJ, RC 837, 5 mars 1986, *ibidem;* CSJ, RC 450, 22 juin 1983, *idem.*
[2] CSJ, RC 378, 27 juin 1984, in KALONGO MBIKAYI, *op. cit.*, p. 204.

une nette différence entre «mutation» et «transfert». La mutation ne consiste pas à transférer, au sens de *aliéner* des droits. Il s'agit plutôt à procéder administrativement au changement de l'identité des titulaires du droit dans le certificat d'enregistrement. Le transfert juridique de la propriété s'étant déjà opéré par le jugement ou le contrat d'aliénation qui a servi de base à ladite mutation. Les droits étant déjà enregistrés, il s'agit, par la mutation, de procéder au changement de l'identité du titulaire.

Il importe de souligner que tout établissement de certificat d'enregistrement n'implique pas forcément une mutation (art. 235 de la loi). Il en est ainsi des mutations ordonnées par la justice. La mutation suppose en tout cas la remise de l'ancien certificat et l'établissement d'un nouveau qui constate non seulement le changement des droits, par exemple, en cas de morcellement d'une concession, mais aussi de leurs titulaires.

Pour ce faire, il existe des conditions pour que la mutation soit régulièrement opérée. Celles-ci tiennent tout à la fois à la forme et au fond des actes qui sont présentés au Conservateur des titres immobiliers.

§1. PRINCIPES

900. Nécessité d'un acte authentique – Base légale: art. 231 de la loi. Le principe posé par cette disposition est que les mutations en vertu des contrats d'aliénation ne peuvent être opérées que si ceux-ci sont passés en forme authentique. Et les mutations en vertu de jugements ne peuvent être opérées que s'ils sont passés en force de chose jugée. En d'autres termes, il n'y aura mutation que lorsqu'il n'est plus possible d'exercer une voie de recours contre le jugement qui y ouvre le droit.

En ce qui concerne les mutations par décès, elles ne peuvent être opérées qu'en vertu d'une ordonnance du juge du tribunal de grande instance de la situation de l'immeuble (art. 233, alinéa 1). Elles ne s'opèrent que par un nouveau certificat d'enregistrement[3].

Dans un arrêt, riche en enseignements, la CSJ a eu à décider que

> *«[L]'article 231 de la loi foncière n'a jamais consacré l'authentification comme condition de validité du contrat de vente immobilière. Il concerne plutôt les mutations à opérer en vertu d'un contrat d'aliénation. La vente*

[3] CSJ, RA, 8 et 13, 12 janv. 1974, *Bull. Arr.*, 1974, p. 6.

> *est valable lorsqu'elle remplit toutes les conditions légales, notamment lorsqu'il y a eu accord des parties sur la chose et sur le prix*[4] ».

En effet, cette décision de la CSJ doit être approuvée en ce sens qu'aucune disposition légale n'impose, en droit congolais, l'aliénation d'un bien par acte authentique. Tout au plus, la formule d'authentification n'est requise qu'en vue de conférer à l'acte d'aliénation, et ce, en cas de contestation, une force probante supérieure et à laquelle sont tenus les tiers. L'aliénation d'un droit n'a donc pas besoin d'une preuve supplémentaire que l'acte de vente.

Il importe donc de distinguer selon qu'il s'agit d'une mutation en vertu des contrats d'aliénation (vente, cession, échange, etc.), d'un jugement ou en cas de décès. Dans tous les cas, les mutations peuvent s'opérer entre vifs ou pour cause de décès.

§2. En ce qui concerne les mutations entre vifs

901. Principe. Il est repris à l'article 231, alinéas 1 à 3. Les contrats aliénatifs doivent être passés en forme authentique. Les actes sous-seing privés sont inopérants pour faire opérer une mutation. Le contrat n'est valable qu'entre parties. Il ne peut servir de mutation que lorsqu'il est passé ou présenté au notaire ou au conservateur. En toute hypothèse, il ne peut y échapper étant donné que l'établissement du certificat d'enregistrement, qui doit constater et dans lequel la mutation doit être opérée, est une attribution du seul conservateur des titres immobiliers.

Dans une affaire soumise au tribunal de 1re instance d'Élisabethville, celui-ci avait décidé qu'un jugement n'est pas un titre authentique. Il a été cassé en appel, pour ce motif, par le Conseil Supérieur qui a reconnu ce caractère au jugement en question[5]. Mais qu'entendre par acte ou titre authentique?

902. Notion d'acte authentique. Un acte est dit authentique lorsqu'il fait foi jusqu'à preuve littérale contraire. La foi qui lui est accordée est fonction des autorités qui l'ont attesté ou dressé. L'authentification est donc l'œuvre d'une autorité publique investie de ce pouvoir. Cela peut être le cas du Notaire, du Procureur de la République là où il n'y

---

[4] CSJ, RC 2671/2672 du 6 mai 2005, in *Les An. Jur., op. cit.*, n° 9/2006, pp. 67-76.

[5] 1re Inst. Elis., 1er mars 1922; Cons, Sup., 28 avr. 1923, *RDJC*, 1923, p. 43.

pas de notaire, des agents consulaires congolais à l'étranger[6] et aussi, du Conservateur des Titres immobiliers[7], en vertu de l'article 18 de l'ordonnance précitée qui dispose que

> *«Les conservateurs des titres [immobiliers], conjointement avec les magistrats et agents désignés conformément à l'article 2, ont qualité pour donner l'authenticité à tout acte ayant pour objet la création, la transmission entre vifs, la déclaration ou l'extinction d'un droit dont l'existence entre parties ou vis-à-vis des tiers est subordonnée à une inscription dans les registres fonciers ou miniers.*
>
> *Ils ont également qualité pour donner l'authenticité à toute procuration relative à l'un des actes prévus à l'alinéa premier du présent article».*

En effet, le contrat d'aliénation peut être passé devant le Conservateur, qui en dresse l'acte avant l'enregistrement. Le conservateur n'instrumente qu'après s'être fait assurer de l'identité et de la capacité des contractants (art 231, alinéa 2). Le Conservateur est un officier public habilité à authentifier certains actes. Il exerce donc spécifiquement, en matière immobilière, les attributions du Notaire.

Aux termes des articles 235 à 238 de la loi, sauf le cas où la mutation est ordonnée par décision de justice, nulle mutation ne peut être opérée qu'après remise au Conservateur des titres immobiliers du certificat à remplacer. L'ancien certificat est frappé d'un timbre d'annulation et d'une annotation indiquant les motifs de l'annulation, la date et le numéro du nouveau certificat conformément aux dispositions de l'article 226. Il n'est pas détruit mais il reste gardé.

Lorsque l'aliénateur est représenté, la procuration spéciale doit être authentifiée et conçue en termes exprès. Il a été jugé qu'une procuration faite en termes généraux ne vaut pas mandat spécial[8]. Il appartient au Conservateur de vérifier les pouvoirs ainsi que la validité des actes étrangers ou du notaire (art. 231 al. 3).

Il arrive souvent que le mandant réside à l'étranger et le mandataire se trouve au Congo. En quelle forme la procuration sera-t-elle reçue?

---

[6] Voy. article 2 de l'ordonnance-loi n° 66-344 du 9 juin 1966 relative aux actes notariés, *Moniteur congolais*, 1966, p., 560.

[7] Voy. G. KALAMBAY LUMPUNGU, «Les attributions du Conservateur des titres immobiliers», in *op. cit.*, pp. 243-265; P. DIUMULA WEMBALOKONGA, «La procédure d'authentification des actes de cession immobilière en droit congolais», *op. cit.*, pp. 205-212.

[8] Voy. CSJ, RC 274, 6 août 1980, in DIBUNDA KABUINJI, *Répertoire..., op. cit.*, pp. 75-76, n° 1.

903. Vente et procuration passées à l'étranger. Il existe une abondante doctrine et jurisprudence, bien que cette dernière soit chancelante, sur cette question.

904. Bibliographie indicative: de BURLET, J., *Précis de droit international privé congolais*, Kinshasa, Université Lovanium, Bruxelles, Larcier, 1971. (Forme et validité des actes privés, contrats et autres); DIBUNDA KABUINJI, «Forme, force probante et preuve de l'authenticité d'une procuration établie à l'étranger en vue de la représentation en justice au Zaïre», *R.J.Z.*, 1985, pp. 1-5; GOHR, «Conditions de forme auxquelles la force probante et la force exécutoire au Congo des actes authentiques métropolitains sont subordonnés», *Jur. Cong.*, 1912, p. 7 et s.; IPALA NDUE NKA, R., «Réflexions sur la fin du mandat de représentation judiciaire pour cause de décès en droit congolais», *Rev. de Dr. Afric.*, n° 33/2005, Bruxelles, pp. 35-65; MINEUR, G., «La forme des testaments en droit congolais», *Belg. Col.*, 1948, p. 142; NKATA BAYOKO, *Force probante au Congo de l'écrit étranger*, Kinshasa, Éd. Kinsel, 2004, 48 p; RUBBENS, A., «La force probante des contrats attestés», *R.J.Z*, 1987, pp. 1-4; VERSTRAETE, M., «À propos de la forme des testaments mystiques et par acte public au Congo», *Belg. Col.*, 1948, p. 615.

En principe, le mandat est régi par le droit commun des contrats. Il en existe de plusieurs sortes. Nous ne saurons pas nous y étendre, il nous suffit de renvoyer à la doctrine, notamment celle citée ci-avant, qui a traité plus ou moins en profondeur la problématique. Il reste, en matière d'aliénation des biens, et notamment des biens immeubles, qu'il existe des dispositions spécifiques régissant cette matière.

905. Dispositions spécifiques aux actes d'aliénation des biens immeubles. Il s'agit des articles 231 de la loi du 20 juillet 1973 et 11 du décret du 20 février 1891 (statut des étrangers, *Code civil*, livre 1er) – Ordonnance-loi n° 66/344 du 9 juin 1966 sur les actes notariés – Ordonnance-loi du 11 novembre 1970 sur les radiations et inscription de droits de propriété et de droits réels de jouissance sur les immeubles enregistrés en République démocratique du Congo[9].

Ces différents textes traitent d'une façon ou d'une autre des questions relatives aux contrats, procuration et mandats portant sur l'aliénation des immeubles et dont le prix dépasse toujours les «deux mille francs».

---

[9] Ce texte n'a jamais fait l'objet de publication au Congo. Il l'a été dans la revue du notarait belge, 1981, p. 382. Mais il est reproduit dans le Larcier (*Codes RDC*, t. 1, 2003), p. 149.

Or, aux termes de l'article 217, alinéa 1 du Code civil des obligations,

> *«Il doit être passé acte authentique ou sous signature privée, de toutes choses excédant la somme ou valeur de deux milles francs, même pour dépôts volontaires».*

L'article 231, al. 3, *in fine*, de la loi du 20 juillet 1973 prévoit que

> *«Lorsque le contrat d'aliénation a été passé devant un autre officier public sur le territoire national ou à l'étranger, l'acte de ce contrat est remis au conservateur, ou en minute ou en copie certifiée conforme. Le conservateur s'assure de la validité de l'acte. S'il y échet, il en exige la légalisation».*

L'article 11 du statut des étrangers, quant à lui, dispose que

> *«[L]a forme des actes entre vifs est régie par la loi du lieu où ils sont faits. Néanmoins, les actes sous seing privé peuvent être passés dans les formes également admises par les lois nationales de toutes les parties. Sauf intention contraire des parties, les conventions sont régies, quant à leur substance, à leurs effets et à leur preuve, par la loi du lieu où elles sont conclues (...)».*

Aux termes de l'article 20 de l'ordonnance-loi n° 66-92*bis* du 7 mars 1966, il est porté que

> *«Indépendamment des actes passés à l'étranger conformément au dernier alinéa de l'art 2, les actes passés à l'étranger ont sur le territoire du Congo, la même force probante que dans les pays où ils ont été dressés. La preuve de leur authenticité résultera notamment de la légalisation effectuée par les autorités désignées par le Ministre des Affaires étrangères.»*

Ces différentes dispositions sont souvent invoquées en matière de validité de procuration établie à l'étranger.

Le conservateur doit s'assurer des qualités véritables des comparants. Il doit également connaître le fond de l'acte. Il lui est interdit de recevoir des actes contraires à la loi, aux bonnes mœurs ou à l'ordre public. Il doit aussi s'assurer que l'acte renferme bien l'expression de la volonté des parties. Enfin, en cas de mutation, il doit confronter l'ancien certificat d'enregistrement au nouveau quant à leurs mentions respectives. Il peut y avoir opposition au droit du concessionnaire ou du propriétaire.

Il faut souligner, aux termes de l'article 2 de l'ordonnance-loi du 30 novembre 1970 précitée, sauf exceptions[10] que le délai pour présenter les actes d'aliénation et/ou les décisions judiciaires coulées en force de chose jugée, est de **six mois** à partir de la date de l'acte ou de celle où le jugement a acquis l'autorité de la chose jugée. Mais ce texte ne dit rien de la sanction en cas de non respect de ce délai. Il nous semble qu'il soit logique de réactualiser la procuration ou de solliciter une actualisation du jugement.

Dans plus d'un cas, la doctrine[11] et la jurisprudence congolaises ont confondu l'authentification d'un acte et la légalisation de la signature. Il s'agit en réalité de deux procédés totalement différents de nature et d'effets. Il y a authentification lorsqu'un acte a été reçu par un notaire ou un officier ministériel dûment compétent. Cet acte a une force non seulement probante mais aussi exécutoire. La légalisation est le simple fait pour une autorité (bourgmestre) ou un fonctionnaire (officier de l'état civil) d'attester de la conformité de la signature d'une personne par rapport à celle figurant sur un document d'identité. Pourtant!

Sur le plan du droit international privé, la forme des actes tant publics que privés est régie par la loi du lieu où ils ont été établis. Comme nous venons de l'évoquer, la jurisprudence congolaise est d'autant désorientée qu'elle n'arrête pas de se contredire et de se dédire.

906. Jurisprudence. Il a été jugé notamment que:

- Si la preuve de son authenticité n'a pas été fournie conformément à l'article 20 de l'ordonnance-loi n° 66/344 du 9 juin 1966 sur les actes notariés *[actes authentiques, reçus par notaires, qui n'ont de validité que s'ils sont reçus par notaire]*, notamment par la légalisation effectuée par les autorités désignées par le Ministère des Affaires étrangères, le juge d'appel peut à bon droit appliquer à une

[10] Il existe 5 exceptions:
a) Actes soumis à autorisation ou approbation d'une autorité publique: date de l'autorisation ou de l'approbation;
b) Actes de donation, lorsque l'acceptation, lorsque l'acceptation n'a pas été faite dans l'acte même de donation, à la date d'acceptation;
c) Actes constatant l'adjudicationaux enchères publiques, à la date de remise d'une copie de l'acte à l'adjudicataire;
d) Actes d'expropriation pour cause d'utilité publique, à la date à laquelle l'indemnité d'exprorpriation a été payée;
e) Actes passés à l'étranger, à la date à laquelle l'acte a été légalisé par le fonctionnaire qualifié du ministère congolais de la Justice.

[11] Dans ce sens, voy. DIBUNDA KABUINJI, «Forme, force probante...», *op. cit.*, Voy. NKATA BAYOKO, *Force probante au Congo...*, *op. cit.*

procuration spéciale passée à l'étranger la *lex fori [en l'espèce la loi congolaise qui n'exige pas la procuration soit en forme authentique]*, en l'occurrence, l'article 7 de l'ordonnance-loi susmentionnée selon lequel une procuration en blanc n'est pas valide [12];

- La preuve de l'authenticité des actes passés à l'étranger résulte notamment de la légalisation effectuée par les autorités désignées par le Ministre des affaires étrangères [13];
- Les actes passés à l'étranger ont sur le territoire (congolais) la même force que dans le pays où ils ont été dressés mais la preuve de leur authenticité résultera notamment de la légalisation effectuée par les autorités (congolaises) [14];
- Une procuration établie à l'étranger, en l'occurrence à Londres, doit être légalisée par l'Ambassade du (Congo) à Londres [15].

Ainsi qu'on peut le remarquer, les décisions qui précèdent confondent «légalisation» et «authentification». Ce ne sont pas les contrats qui sont soumis à légalisation mais bien la signature (du mandant). Le contrat, lui, peut être authentifié, c'est-à-dire reçu par notaire ou par le conservateur des titres immobiliers dans les cas prévus par loi. Un contrat est valable même si il n'est pas authentifié. La procédure d'authentification tend à conférer au contrat une force exécutoire supérieure et une opposabilité aux tiers.

Aux termes de l'article 11 du décret du 20 février 1892, une procuration établie à l'étranger a, non seulement la même force probatoire que celle établie sur le territoire national, mais en plus, elle reste soumise aux règles de forme et de fond du lieu où elle a été rédigée. S'agissant du contrat d'aliénation, il est régi par le même principe, sauf qu'aux termes de l'article 231 alinéa 3 de la loi, ledit contrat et non ledit acte (comme cela est erronément écrit) doit être remis au conservateur en minute ou en copie certifiée conforme.

907. *Quid* de la vente d'immeubles non enregistrés? Quelle serait la preuve du droit de propriété sur ces immeubles? La question revêt

[12] CSJ, RC 310, 30 nov. 1983, in DIBUNDA KABUINJI, *Répertoire général, op. cit.*, pp. 185-186; CSJ, RC 310, 30 nov. 1980, *RJZ*, 1985 (procuration à authentifier). Et même en forme sous seing privé, il existe des mentions pour la validité de tout acte (art. 8 du CC livre III: consentement, identité des parties, objet, cause).

[13] CSJ, RC 389, 20 mars 1985, KALONGO MBIKAYI, *Code civil et commercial congolais*, p. 347.

[14] CSJ, RC 502, 05 mars 1986, *ibidem.*

[15] CSJ, RC 959, 13 août 1985, *idem;* CSJ, RC 1425, 22 févr. 1989, inédit. (s'agissant d'une délégation des pouvoirs)

une importance capitale en droit congolais lorsque l'on doit rappeler les dispositions des articles 219 et 227 de la loi du 20 juillet 1973 (force probatoire du certificat d'enregistrement).

Par immeubles non enregistrés, il convient d'entendre les immeubles qui ne sont pas administrativement connus des services des Affaires foncières soit qu'ils n'aient jamais fait l'objet d'enregistrement, soit qu'ils aient été construits sans l'intervention et l'ordre des services compétents.

Il existe, de façon empirique, plusieurs immeubles dans cette situation. Quelle serait la nature des droits que les propriétaires de ces immeubles auraient sur ces derniers à défaut du certificat d'enregistrement entendu comme seule preuve légale du droit de propriété immobilière? Comment se transfère le droit de propriété de ces immeubles en cas de vente?

En effet, sous le régime ancien, le *rapport* du Conseil colonial sur le décret du 31 mars 1906 portant sur les droits d'enregistrement en matière foncière souligne que «les droits proportionnels ne frappent pas les cessions de terres domaniales non encore enregistrées faites par la Colonie. C'est ce qui a justifié, pour éviter toute confusion, l'intercalé «*déjà enregistrée*». Est-ce à dire que les ventes opérées sur ces immeubles sont valablement faites même si ceux-ci ne sont pas enregistrés?

908. Jurisprudence. Il existe une jurisprudence constante en matière de vente d'immeubles non enregistrés.

En effet, il a été jugé:

- en cas de vente d'un immeuble non encore enregistré, le transfert de sa propriété à l'acheteur s'opère dès le paiement par ce dernier du prix intégral convenu. Sinon, l'acheteur sera coupable d'escroquerie et de stellionat s'il venait à vendre, à son tour, ledit immeuble[16];
- la vente d'une parcelle non enregistrée (droit d'occupation) dans un centre urbain s'opère suivant les règles coutumières de la vente. En conséquence, la vente est parfaite et la propriété de la parcelle acquise à l'acheteur dès la conclusion de la convention et paiement d'au moins une partie du prix[17];
- le différend concernant une vente d'une maison sise dans un centre non soumis à la législation foncière écrite (livre II du CC congolais)

---

[16] CSJ, RPA 210, 2 févr. 1998, *RAJC*, Fasc. 1, Kinshasa, 1998, pp. 32-33.

[17] Ville, Lubumbashi, 2e degré, 15 sept. 1967, *RJC*, 1970, p. 91, Note G. KALAMBAY.

est régi par la coutume urbaine de la situation de la maison. Dès que le contrat de vente est conclu, le vendeur et l'acheteur peuvent procéder au transfert de la maison au nom de l'acheteur. En cas de contestation sur le transfert de la maison, le tribunal peut être saisi et ordonner la mutation au nom de l'acheteur. En conséquence, le jugement ainsi rendu et passé en force de chose jugée est un acte authentique qui peut servir de base aux services compétents à la mutation immobilière[18];

- la vente d'une parcelle, c'est-à-dire d'un droit d'occupation et éventuellement des constructions érigées dans une circonscription non soumise à obligation d'enregistrement par le conservateur des titres fonciers, s'opère suivant les règles ordinaires de la vente. Lorsque l'acheteur a payé l'intégralité du prix exigé par le vendeur, il peut sommer celui-ci ou son mandataire d'accomplir toutes les formalités prévues par le règlement relatif au transfert du droit d'occupation et de la maison en son nom. Le fait de ne payer à personne pendant cinq ans environ des loyers pour une maison et ce sans opposition est une preuve suffisante de la qualité de propriétaire de cette maison[19];
- dans l'exécution des prêts à la construction consentis par l'ONL, l'emprunteur devient propriétaire de l'immeuble bâti ou acquis au moyen des fonds empruntés dès le jour du paiement de la dernière mensualité. Dans ces mêmes contrats, le non paiement d'un certain nombre d'échéances est une simple condition résolutoire qui n'opère pas de plein droit. La résolution doit être demandée en justice. Dès lors, doit être déclarée nulle, toute résiliation opérée unilatéralement par une des parties, sans mise en demeure préalable[20].

§3. EN CE QUI CONCERNE LES MUTATIONS À LA SUITE D'UN JUGEMENT

909. Principe: jugement coulé en force de chose jugée. Base légale: article 231, alinéa 4 de la loi. Pour servir de titre à la mutation, le jugement doit être définitif. En effet, un jugement est réputé tel lorsqu'il n'est plus susceptible de voies de recours. Il en sera ainsi soit en raison de forclusion, soit en cas d'épuisement des voies de recours de sorte qu'il ne reste plus qu'à exécuter la décision intervenue. Celle-ci est alors dite coulée en force de chose jugée.

---

[18] Ville Lubumbashi, 24 févier 1967, *RJC*, 1970, p. 197, Note G. KALAMBAY.
[19] Ville Lubumbashi., 6 févier 1967, *RJC*, 1970, p. 202, Note G. KALAMBAY.
[20] Lubumbashi, 9 avr. 1969, *RJC*, 1971, p. 132, Note J. Cl. NTAMBWE.

Le jugement peut ordonner la rétrocession; entériner un acte translatif d'un droit ou ayant pour conséquence de modifier la situation d'un droit réel immobilier. Il en est ainsi des mutations à la suite de saisie immobilière, de faillite, d'expropriation pour cause d'utilité publique mais celles-ci sont réglées par des dispositions spéciales[21]. Dès ce moment, le jugement servira de titre pour la mutation.

Aussi, a-t-il été jugé que les conservateurs ne sont pas admis à effectuer une mutation en vertu d'un jugement non définitif, même si celui-ci est exécutoire par provision. Le jugement définitif, même exécutoire par provision, ne peut servir de base à mutation[22]. Du reste, en droit judiciaire privé, un tel jugement n'est pas définitif et l'exécution n'est poursuivie qu'aux risques et périls du requérant[23].

§ 4. MUTATIONS POUR CAUSE DE DÉCÈS

910. **Principe et base légale. Articles 233 de la loi du 20 juillet 1973 et 807 du code de la famille.** Aux termes de l'article 33 de la loi foncière, les mutations [pour cause] de décès ne peuvent être opérées qu'en vertu d'une ordonnance du *juge du tribunal de grande instance* de la situation de l'immeuble, sur *requête de l'héritier ou légataire*, laquelle doit être publiée dans un ou plusieurs journaux de l'État à désigner par le juge. Cette disposition, mal inspirée et mal formulée, entre en conflit ouvert[24] avec le code de la famille.

En effet, réglant la même procédure, l'article 807 du Code de la famille dispose que la requête en investiture, en vue d'opérer la mutation par décès des biens fonciers et immobiliers de la succession, sera introduite par *le liquidateur au tribunal de paix* pour les héritages ne dépassant pas 100.000 zaïres et *au tribunal de grande instance* pour les autres

[21] Voir article 234 de la loi et les lois et procédures particulières régissant ces matières.

[22] CSJ, RC 450, 22 juin 1983, in *Les Analyses Juridiques*, n° 1, 2004, Lubumbashi, p. 53 et Note de KIFWABALA TEKILAZAYA; *RJZ*, 1990-1991, p. 125.

[23] Voy. MATADI NENGA GAMANDA, *op. cit.*, n°s 396 et 495 et s.; MUKADI BONYI et KATUALA KABA KASHALA, *Procédure civile*, Kinshasa, Éd. Batena Ntambwa, 1999, V° Exécution provisoire.

[24] Mal formulée, en ce qu'elle parle de mutation «par décès» en lieu et place de mutation pour cause de décès. Mal inspirée, traitant d'une question de successions dans une loi générale et manifestement manquant d'anticipation, lorsqu'elle prescrit la publication dans un ou plusieurs journaux de l'État! Combien y en aurait-il déjà en 2006?

héritages, en indiquant ceux qui viennent à la succession, la situation des fonds, des immeubles et leur composition.

La procédure n'est ouverte qu'en cas de décès du titulaire du droit. Il a été ainsi jugé que cette procédure ne concerne que le droit soumis à la mutation et non la location[25]. Ce qui ouvre la voie à une dévolution successorale. La question est discutée de savoir qui du légataire, de l'héritier ou du liquidateur est qualifié pour introduire la procédure et sur la base de quel texte?

911. ***Personne qualifiée pour introduire la requête en investiture et base légale: art. 233 de loi du 20 juillet 1973 ou 807 de la loi du 1er août 1987 portant code de la famille?*** Aux termes de l'article 233 alinéa 2, la loi du 20 juillet 1973 précise que la requête de l'héritier ou du légataire doit être publiée dans un ou plusieurs journaux de l'État à désigner par le juge. Ainsi donc, cet article reconnaît l'héritier ou le légataire comme personne qualifiée pour saisir le tribunal de grande instance!

À notre avis, cette disposition rajoute la confusion et accentue la difficulté traînée par la loi. L'on peut se poser des questions:

- s'agit-il du légataire, de l'héritier (art. 233 de la loi foncière) ou du liquidateur (art. 803 du Code de la famille) en matière d'introduction de la requête en investiture? Il faut noter que le liquidateur n'est pas toujours héritier ou successible: il peut être désigné par décision judiciaire ou à l'amiable par le Conseil de famille[26];
- la procédure elle-même serait-elle menée sur la base de l'article 233 de la loi du 20 juillet 1973 ou sur celle des articles 758 et 807 du Code de la famille? Quelle serait la disposition spécialement indiquée? Poser la question, c'est y répondre. Cependant, les réponses sont de différentes natures.

912. ***Principes de solution.*** Dans la doctrine, l'unanimité n'est pas acquise. Pour une partie de la doctrine[27], la procédure à suivre est celle de l'article 233 de la loi du 20 juillet 1973. Nous n'en sommes pas convaincu, suivant en cela l'interprétation tant légale qu'exégétique.

---

[25] 1re Inst. Elis., 16 oct. 1941, *RJCB*, 1942, p. 134.

[26] Voy. art. 795 et 804 du code de la Famille; F. TSHIBANGU TSHIASU KALALA, *op. cit.*, nos 432 et 433, p. 249.

[27] Voy. LUKOMBE NGHENDA, *op. cit.*, pp. 933-934; G. KALAMBAY LUMPUNGU, *Droit civil, op. cit.*, 1989, p. 264; H. MUPILA N., *Droit congolais des successions, op. cit.*, p. 20.

913. ***Interprétation exégétique et rationnelle**: **inutilité de l'article 233 de la loi du 20 juillet 1973.*** La procédure, à notre avis, n'est ouverte qu'au liquidateur, conformément au Code de la famille. Elle est introduite par requête et, s'agissant d'une matière gracieuse, le juge saisi peut y répondre par une ordonnance; mais, souvent, les juges répondent par jugement aux requêtes[28]. Telle nous semble être la raison d'être des articles 758 et suivants du Code de la famille[29].

Notre opinion se fonde non seulement sur la cohérence systémique, sur les vertus de la *lex posterior* (postériorité du Code de la famille en vigueur depuis le 1er août 1988) mais aussi sur la spécialité des textes en présence.

Au point de vue de la cohérence systémique, les lois sont faites pour ne pas se contredire bien que, s'agissant d'une œuvre humaine, les conflits de loi soient probables. Par ailleurs, sur ce registre, notre système juridique est organisé de sorte que chaque droit objectif est régi par une loi ou un ensemble des lois particulières. Ainsi, il n'est pas admissible, par exemple, qu'une disposition du code pénal ait pour finalité de régir une matière de droit civil de la famille, sinon qu'en vertu d'une exception.

Au point de vue temporel pris comme moment de l'entrée en vigueur, le Code de la famille est plus récent que la loi du 20 juillet 1973. Il faut souligner, puisqu'on le perd souvent de vue, que le texte de l'article 233 n'est pas une innovation de la loi du 20 juillet 1973. Il s'agit de la version originaire figurant dans l'ancien code civil livre II (des biens) datant de l'époque coloniale. Et, que l'on s'en souvienne aussi, non seulement que les Congolais n'avaient aucun accès à la propriété immobilière, du moins jusqu'en 1953 et sauf à être immatriculé, les successions des Congolais n'étaient pas réglées par une loi. Elles étaient régies par leurs coutumes. Ayant abrogé l'article 232 de cette loi, il devient encore logique que ce soit le code de la famille qui fixe alors les modalités d'accession aux biens en cas de succession.

S'agissant de la spécialité des textes, il est acquis que le code de la famille règle les dispositions de droit applicables aux rapports dans le cadre de la famille, notamment les questions de successions ou la dévolution des biens d'un défunt. La loi du 20 juillet 1973, elle, ne régit que les rapports des sujets de droit avec leurs biens. La disposition querellée concerne

---

[28] Cas de jugements supplétifs d'acte de naissance.

[29] Voy. en ce sens, KALAMBAY N., «De l'harmonisation des articles 233 de la loi foncière et 807 du Code de la Famille», in *Annales de la Faculté de droit*, vol. XI-XXVII, PUK, 2004, pp. 323-327.

l'introduction de l'action en matière de successions mais par rapport à une question des biens. Dans cette mesure, la question principale (préjudicielle) doit être réglée selon le code de la famille (loi pertinente en matière des successions, spéciale par rapport au droit commun des biens réglé par la loi du 20 juillet 1973) et celle subsidiaire, selon le droit des biens. L'article 807 du code de la famille est donc la disposition spéciale à appliquer. Il ne revient pas au législateur du 20 juillet 1973 (droit commun) de réglementer une question spéciale de statut personnel ou de famille, à moins de reprendre, à défaut d'y renvoyer, les dispositions de l'article 807 du Code de la famille.

914. Jurisprudence. Cette interprétation est conforme à l'esprit du texte originaire et à la jurisprudence y afférente. Le droit congolais ne connaît en matière de mutation par décès d'autre procédure que celle de l'investiture. Il n'appartient pas aux tribunaux de se substituer au juge chargé de l'octroyer[30].

À défaut de cette qualité, le prétendant se rendrait coupable d'une infraction de faux et sa requête sera déclarée irrecevable[31]. Il reste que l'ordonnance d'investiture n'est qu'un acte de juridiction gracieuse et en tant que tel, elle n'emporte aucune autorité de chose jugée[32].

Toutefois, il a été également jugé que l'ordonnance d'investiture est aussi un titre exécutoire qu'il incombe au Conservateur des Titres Fonciers d'exécuter. La loi a exclu en matière d'investiture l'intervention de ce fonctionnaire. Sans pouvoir de refuser d'exécuter une décision de justice, il a le droit et le devoir de vérifier la régularité d'un contrat d'aliénation intervenu entre particuliers. Le rôle actif du Conservateur consisterait à attaquer une ordonnance d'investiture irrégulière et à en poursuivre l'annulation devant les tribunaux[33].

Dès lors, la question de procédure et de la qualité pour introduire la requête en investiture étant désormais réglée par l'article 803 du Code de la famille, l'article 233 n'a plus de raison d'être, sauf à renvoyer en disant que cette question est réglée conformément à l'article 807 du code de la famille. Sinon, il mérite d'être abrogé comme – argument *a*

---

[30] Elis., 2 avr. 1929, *RJCB*, 1929, p. 200. En droit judiciaire privé, nous savons qu'il y a une différence d'acception entre un « tribunal » et « un juge ». Voy. A. RUBBENS, *Droit judiciaire congolais, Le pouvoir, l'organisation et la compétence judiciaire*, Larcier, Bruxelles, 1971. Voy. aussi l'article 51 de l'ancien Code civil, livre II.

[31] Voy. TGI Kinshasa/Kalamu, RPA 1951, 29 nov. 1995, *RAJZ*, précité, p. 70.

[32] CSJ, RC 1262, 30 août 1989, in KALONGO MBIKAYI, *op. cit.*, précité, p. 205.

[33] Elis. 29 déc. 1959, *RJC*, 1960, p. 32.

fortiori de l'applicabilité du Code de la famille – l'article 232, justement abrogé par l'article 920 du Code de la famille.

915. ***Procédure d'investiture.*** Avant d'ordonner la mutation, sur la base de la requête, le juge doit vérifier tous les éléments ou documents justifiant les droits ou les prétentions du ou des requérant(s). Le Procureur de la République doit donner son avis par écrit sur la requête ainsi introduite du moins si la requête est introduite devant un tribunal de grande instance (art. 807 du Code de la Famille)[34].

Section 2:

PROCÉDES POUR LES MUTATIONS

916. **Rappel.** Par mutation, il convient d'entendre le changement opéré par le conservateur quant à l'identité des titulaires d'un droit immobilier ou de jouissance foncière. Ce changement est ponctué absolument par la délivrance d'un nouveau certificat d'enregistrement contre la remise de l'ancien certificat. Mais tout établissement de certificat d'enregistrement ne présuppose pas forcément une mutation.

§1. REMISE DU CERTIFICAT D'ENREGISTREMENT

917. **Principe et base légale.** Aux termes de l'article 235 alinéa 1 de la loi, sauf le cas où la mutation est ordonnée par un jugement et par des lois particulières prévues par l'article 234 de la loi, nulle mutation ne peut être opérée qu'après remise au Conservateur du certificat à remplacer.

Le conservateur doit se faire restituer le certificat d'enregistrement existant et délivrera en son remplacement un autre certificat au nom du nouveau propriétaire ou concessionnaire. Si la parcelle est morcelée, il délivrera autant de nouveaux certificats qu'il y aura de nouvelles parcelles.

---

[34] Voy. TGI Kinshasa/Gombe, 3 nov. 1998, RC 71.356, inédit; TGI Kinshasa/Gombe, RC 81.486, 12 mai 2003, inédit), le Président du tribunal a été saisi respectivement par requête de tous les héritiers et par celle de la liquidatrice judiciaire. Le Tribunal (Président) a statué non pas par ordonnance mais par un jugement.

L'ancien certificat inscrit au livre d'enregistrement est frappé d'un timbre d'annulation et d'une annotation indiquant les motifs de l'annulation ainsi que la date et le numéro du nouveau certificat[35].

§2. ÉTABLISSEMENT DU NOUVEAU CERTIFICAT

918. Principe: un certificat d'enregistrement par fonds. Aux termes de l'article 219 de la loi, il ne peut y avoir qu'un certificat par droit de jouissance d'un fonds. Le conservateur n'opère la mutation qu'en dressant un nouveau certificat à délivrer au nouveau concessionnaire. Il fera mention de toutes les charges réelles anciennes ou nouvelles qui peuvent grever le fonds ou les immeubles incorporés (art. 236 de la loi).

Ainsi, en cas de copropriété, il n'y aura qu'un seul certificat d'enregistrement. Les indivisaires doivent s'entendre sur celui d'entre eux à qui le certificat collectif est délivré, à la charge d'en aider les consorts à toute réquisition. Sinon, le conservateur peut régler la situation (art. 237). Le certificat collectif doit faire mention des biens à usage commun et des biens privatifs. En cas de mitoyenneté, la charge doit être mentionnée au certificat d'enregistrement de chaque propriétaire.

919. Exception: pluralité de certificats d'enregistrement. Il peut y avoir lieu à l'établissement de plusieurs certificats d'enregistrement. Il en est ainsi en cas d'échange, du partage ou de tout contrat emportant des prestations immobilières réciproques. Le conservateur va délivrer aux parties autant de nouveaux certificats qu'il y a de nouveaux concessionnaires ou de nouveaux propriétaires. Et en cas de mutation partielle, le conservateur remplace le certificat de l'aliénateur par autant de nouveaux certificats qu'il y a des droits en présence.

---

[35] Le professeur Kalambay qualifie le certificat à remplacer de «certificat primaire», et le nouveau certificat de «secondaire»: *Droit civil, op. cit.*, p. 253 et «Protection juridictionnelle des deux personnes toutes détentrices d'un certificat d'enregistrement...», dans la *Revue de la Faculté de droit de l'UPC, op. cit.*

Section 3:

EFFETS DES MUTATIONS

920. Rappel du principe de base. Aux termes de l'article 231 de la loi, il existe trois sortes de mutations: en vertu des contrats d'aliénation (ou entre vifs); par jugement et pour cause de mort. Le principe énoncé par cette disposition est qu'aucune mutation ne peut s'opérer que si elle est passée en forme authentique (devant notaire ou toute autre autorité équivalente et/ou par le conservateur des titres immobiliers) ou en force de chose jugée, s'il s'agit d'un jugement.

§1. Portée du principe

921. La mutation est donc l'acte par lequel le conservateur procède au changement de l'identité du propriétaire dans le certificat d'enregistrement lorsqu'il y a eu transfert de propriété ou de droit de jouissance. Dans cette vue, la mutation (ou l'enregistrement) n'est pas à l'origine de l'aliénation du droit de propriété ou du droit de jouissance foncière puisqu'il s'agit en fait de prendre acte d'une situation déjà consommée par les parties dans le contrat d'aliénation.

Il a été ainsi jugé que lorsque le conservateur a opéré la mutation, il est inutile d'examiner *la validité du fait générateur du droit immobilier*, mais de discuter de la légalité de l'intervention du conservateur[36]. La question que l'on peut se poser est celle des effets attachés aux mutations.

§2. Effets des mutations

922. Base légale: articles 219 et 235 de la loi. Il y a deux effets principaux rattachés aux mutations.

Le premier résulte de l'article 219 de la loi en ce que par la mutation (changement des données relatives au titulaire du droit sur l'immeuble aliéné), le nouvel acquéreur a une preuve officielle ou légale de son droit. Le droit de jouissance d'un fonds n'est légalement établi que par un certificat du titre concédé par l'État et la propriété privée des

[36] Kin, 10 juil. 1980, RCA, 8812, V. Kangulumba Mbambi, «Revue critique de la jurisprudence de la CSJ…», in *La loi du 20 juil. 1973, op. cit.*, pp. 126.

immeubles par incorporation attestée par l'inscription qui en est faite sur le certificat d'enregistrement.

Dans plusieurs espèces, la CSJ a cassé un arrêt qui reconnaissait le droit de propriété à une personne qui ne détenait aucun titre consacré par la loi comme preuve légale[37].

Le deuxième effet (qui est double) est que dès qu'il y a mutation, il y a *annulation* de l'ancien certificat détenu par l'aliénateur et *établissement* du nouveau au nom de l'actuel propriétaire ou acquéreur. Aux termes de l'article 235 de la loi, sauf dans les cas où la mutation est ordonnée par justice ou par des lois particulières (expropriation pour cause d'utilité publique, par exemple) nulle mutation ne peut être opérée qu'après remise au conservateur du certificat à remplacer.

Comme nous le verrons dans le chapitre qui suit (opposition aux mutations), l'ancien certificat est frappé du timbre «annulé» et d'une annotation marginale datée, scellée et signée, indiquant les motifs de l'annulation ainsi que la date et le numéro du nouveau certificat d'enregistrement. Enfin, il est requis du Conservateur de garder et d'inscrire tous les actes et pièces qui lui ont été remis pour la mutation qu'il a dû opérer[38].

Ces principes et ces effets des mutations paraissent assez clairs pour qu'il y ait des interprétations en ordre dispersé de ce que l'on attend des mutations. Pourtant, la tendance est à l'assimilation de la «mutation» à la «vente», «preuve du droit réel immobilier» et «acte générateur du droit réel immobilier».

923. Jurisprudence. Il a été jugé que la vente et la mutation des immeubles sont deux opérations distinctes en droit et en fait. En conséquence, *les droits de mutation* ne peuvent être considérés comme *frais de vente* au sens de l'article 274 du code civil livre III et la clause portant que les «frais de vente» ou les «frais d'acte» sont à la charge du vendeur ne s'étend pas aux droits de mutation[39].

Ce jugement est conforme à l'esprit de la loi. Dans le *rapport* du Conseil colonial sur le décret du 31 mars 1906 (portant sur les droits d'enregistrement en matière foncière), il est souligné «qu'il n'est peut-être

---

[37] CSJ, RC 1972, 24 juil. 1998, *RAJC*, 1998, 2ᵉ fasc., Note DIBUNDA, pp. 12-14; CJS, RC 174, 19 juil. 1977, *Bull. Arr.*, 1978, p. 148; CSJ, RP 998, 30 sept. 1987, in KALONGO MBIKAYI, *Code, op. cit.*, p. 201; CSJ, RC 1266, 5 sept. 1980, *idem*, p. 201.

[38] Voy. art. 224, 228 à 230 de la loi.

[39] 1ʳᵉ inst. Elis., 2 juil. 1928, *RJCB*, 1928, p. 341.

pas superflu de faire remarquer dans le décret, le terme «mutation» ne s'applique pas comme en Belgique *aux contrats ayant pour objet le transfert de propriété, mais uniquement au fait de l'enregistrement*».

Plus récemment encore, la CSJ a eu à décider que l'article 231 de la loi foncière n'a jamais consacré l'authentification comme condition de validité du contrat de vente immobilière. Il concerne plutôt les mutations à opérer en vertu d'un contrat d'aliénation. La vente est valable lorsqu'elle remplit toutes les conditions légales, notamment lorsqu'il y a eu accord des parties sur la chose et sur le prix[40].

Les mutations ne sont pas à l'abri d'erreurs ou d'incorrections. Il est possible que celles-ci soient entachées d'erreur, d'omission ou de tout autre fait préjudiciable. Comment y remédier, alors que les droits constatés dans le certificat d'enregistrement sont inattaquables, c'est-à-dire, ne peuvent plus être remis en question?

---

[40] CSJ, RC 2671/2672 du 6 mai 2005, in *Les An. Jur., op. cit.*, n° 9/2006, pp. 67-76. Voy. aussi, **sur la vente des immeubles**: CSJ, RP 1445, 28 janv. 1992, *Bull. Arr.*, Année 1990-1999, Éd. du Service de la Documentation et d'Études du Ministère de la Justice, Kinshasa, 2003, p. 63; CSJ, RC 104/TSR, 29 déc. 1993, *idem*, p. 97; Trib. de paix de Kisangani/Makiso, RP 1541/CD, 6 janv. 2003 (stellionat, vente par un seul copropriétaire d'un immeuble en copropriété), in *Les An. Jur., op. cit.*, n° 9/2006, p. 86, note de KIFWABALA TEKILAZAYA.

CHAPITRE 6

OPPOSITION AU DROIT DU PROPRIÉTAIRE OU DU CONCESSIONNAIRE

924. Énoncé et plan. Dans l'étude du certificat d'enregistrement, nous avons relevé qu'il s'agit d'un titre authentique qui confère une foi aux mentions qu'il comporte. Cependant, ce titre n'est pas à l'abri d'erreur qui peuvent éroder la force probante desdites mentions. Ainsi, la mutation n'est pas une opération imparable. En cas d'erreur, omission ou toute autre cause donnant lieu à une action en rétrocession, l'on peut s'opposer à toute mutation. Mais, il est indispensable de déterminer les personnes qualifiées pour ce faire (section 1) et de connaître les effets de l'opposition (section 2).

Section 1:

PERSONNES SUSCEPTIBLES DE FAIRE OPPOSITION

Ces personnes doivent justifier d'une certaine qualité pour pouvoir faire opposition.

§1. PERSONNES QUALIFIÉES

925. ***Base légale: article 239 de la loi.*** Il s'agit de toute personne intéressée et qui peut prouver qu'elle est préjudiciée par le fait ayant permis la mutation. Dans tous les cas, aux termes de l'article 204, alinéa 1, de la loi, est nulle et de nullité absolue tout contrat de concession conclu en violation des règles impératives de ladite loi.

Aussi, l'action ou la requête en opposition est-elle ouverte:

- au créancier hypothécaire du certificat d'enregistrement;

- au créancier muni d'un titre exécutoire[1];
- au précédent concessionnaire ou propriétaire ayant un droit à rétrocession d'une cause de résolution ou de nullité du contrat de cession;
- au curateur de la faillite;
- au détenteur du droit à devenir concessionnaire ou propriétaire.

926. ***Critique de l'article 239.*** Cet article comporte des aspects difficilement admissibles en droit. Dans l'énumération des personnes qui peuvent s'opposer à la mutation, il est fait mention du «créancier hypothécaire du certificat d'enregistrement»[2] et du «détenteur du droit à devenir concessionnaire ou propriétaire»!

S'agissant de s'opposer à la mutation, il nous semble que le terme «mutation» n'a pas le sens qu'il a dans cette disposition. Nous venons de le dire, la mutation est le changement d'identité du titulaire d'un bien immobilier constatant le transfert d'un bien d'un patrimoine à un autre. Cela s'opère par un (nouveau) certificat d'enregistrement. Pour s'opposer à ladite mutation (opération), il faut avoir été averti et être présent à l'opération. Or, généralement, la mutation s'opère hors la présence des tiers. Ceux-ci ne le sauront, éventuellement, que plus tard encore que, pour s'y opposer, cela doive se faire dans les deux ans de la mutation! C'est dire donc que la validité de la mutation n'est définitive qu'à l'échéance de deux ans.

En ce qui concerne les personnes qualifiées, qu'entendre par «créancier hypothécaire du certificat d'enregistrement» ou par «détenteur du droit à devenir concessionnaire ou propriétaire»?

Ces expressions sont incompréhensibles, à notre sens, en droit.

En droit des sûretés, l'hypothèque constitue un droit ou une charge réelle. Elle n'est concevable que pour les immeubles. Aux termes de l'article 250 alinéa 1 de la loi, l'hypothèque est un droit réel sur un bien immobilier et affecté à l'acquittement d'une obligation. L'article 251 énumère les biens susceptibles d'hypothèque parmi lesquels l'on ne trouve aucune mention d'un bien immeuble nommé «certificat d'enregistrement». Mais comment, peut-on hypothéquer un certificat d'enregistrement qui n'est pas un bien mais un titre constatant un

---

[1] Un jugement coulé en force de chose jugée, un acte authentique, une promesse reconnue (article 21 du Code de procédure civile).

[2] Voy. aussi R. KASHAMA TSHIKONDO, «La réforme de la loi foncière en 1980: une erreur de législation», in *Les An. Jur., op. cit.*, n° 9/1006, p. 4.

droit réel? Vraisemblablement, il s'agit d'une monumentale erreur du législateur, non du 20 juillet 1973, mais du 18 juillet 1980, qui avait modifié la disposition originaire qui parlait, elle, du «créancier gagiste» alors qu'il aurait dû s'agir du créancier hypothécaire.

Il en est de même de cette catégorie de personnes «hors série», «le détenteur du droit à devenir concessionnaire ou propriétaire» qui n'est ni concessionnaire, ni propriétaire mais qui serait en passe de le devenir! En théorie, l'on penserait au cas du locataire de l'article 144 (préparatoire à la concession-droit); de l'héritier (requête en investiture de l'article 807 du Code de la famille) ou de toute personne qui a un acte translatif de propriété mais qui n'est pas encore devenu propriétaire. Il a été jugé que le détenteur d'un contrat d'occupation provisoire a un droit à devenir concessionnaire. Et, à ce titre, il a ainsi qualité pour contester les titres délivrés en violation de son droit[3].

Mais, dans l'entre-temps, quelle serait la qualité de cette personne qui n'est ni l'une ni l'autre mais «entre deux eaux»?

927. Considérations. Les expressions «droit à devenir propriétaire» ou «à devenir concessionnaire» sont vainement confuses. Nous savons, en droit, que dès qu'il y a un contrat translatif de propriété d'un bien (comme la vente, la cession) le droit y attaché est transféré dans le patrimoine de l'acquéreur par le seul fait du consentement ou de l'accord des parties, sauf réserves ou conditions (notamment apurement du solde, prix intégral). Celles-ci n'ont pour effet, en réalité, que de retarder le transfert de propriété lequel est déjà acquis. Dès lors, comment comprendre, en cas de vente d'immeuble, que l'acheteur ait un «droit à devenir propriétaire» que certains auteurs appellent «un simple droit de créance» mais à quoi serait relatif ce droit?

Cette confusion est issue en fait de la fausse «vertu» conférée au certificat d'enregistrement. Nous avons déjà discuté de ce qu'est véritablement le certificat d'enregistrement: il ne s'agit que d'un titre ou d'une preuve qui constate le droit de propriété.

Toutefois, l'on peut comprendre qu'une personne ait un droit à devenir concessionnaire. Une concession n'est accordée par que l'État propriétaire sur un terrain de son domaine privé. À défaut, l'occupant ou le constructeur serait sans titre ni droit et de mauvaise foi même si dans la

---

[3] CSJ, RC 1799, 3 août 1995, in *An. Jur., op. cit.*, n° 1, janv. 2004, Lubumbashi, p. 45 et Note de KIFWABALA TEKILAZAYA. L'auteur stigmatise les zones d'ombre sur la nature exacte de ce droit. S'agit-il d'un droit réel, d'un droit de créance ou d'un droit *sui generis*?» (se demande-t-il). Voy aussi, son *Droit civil: les biens*, t. 1., PUL, 2004, p. 387 et s.

pratique, il suffit pour certaines personnes de trouver un lopin de terre loti, cadastré ou non, pour y construire ! Pour devenir concessionnaire, il y a non seulement des conditions mais aussi des étapes à suivre : de la demande de terre, en passant par le contrat de location provisoire et enfin le contrat de concession perpétuelle ou de concession ordinaire.

928. Titulaires de l'action en rétrocession : lecture combinée des articles 227 et 239 de la loi ? Seules les personnes que la loi a énumérées sont en droit d'intenter une action en rétrocession dans la mesure où elles sont présumées avoir intérêt à le faire. Mais, il est indispensable que la preuve de cet intérêt soit donnée.

Dans une affaire, la CSJ a décidé qu'en vertu de l'article 227, alinéa 2 de la loi, tout tiers intéressé a le droit d'intenter une action en rétrocession des droits constatés par un certificat d'enregistrement[4].

Toutefois, nous craignons qu'il ait été fait une mauvaise lecture et une mauvaise application de cet article par la CSJ, principalement en son dernier alinéa. À y regarder de plus près, qui a droit à la rétrocession et pour quelle raison? N'existerait-il pas une distinction entre « opposition » et « rétrocession » même si les deux actions tendraient vers la même fin : le rétablissement du prestin état?

Il nous semble qu'il y a une distinction entre l'action en rétrocession et celle en opposition. Dans le premier cas, il peut s'agir de tout tiers ayant des droits à faire valoir et qui serait lésé alors que dans le second, il faut être l'une des personnes énumérées par l'article 239 de la loi.

Il a été jugé que l'action en rétrocession prévue par l'article 49 du CC livre II [art. 239 de la loi foncière] n'est ouverte qu'à l'aliénateur et l'acquéreur ne pourrait se prévaloir de cette disposition pour intenter cette action[5].

Dans tous les cas, les personnes énumérées à l'article 239 doivent justifier de leur qualité pour agir. À défaut, leur requête pourra être rejetée. Le conservateur fait annotation de l'opposition dans la forme indiquée par l'article 226 de la loi en indiquant les motifs, datant, signant et scellant le timbre de l'annotation. Dès lors, les modifications peuvent être apportées.

---

[4] CSJ, RC 997, 26 oct. 1989, *RJZ*, 1990-1991, p. 129.

[5] Elis., 1er mars 1960, *RJC*, 1962, pp. 20-21.

§ 2. FORME, OBJET ET EFFETS DE LA REQUÊTE EN OPPOSITION

Il convient de ne pas confondre l'opposition et l'opposabilité. Cette dernière consiste à se prévaloir de son droit à l'égard des personnes qui sont censées en connaître l'existence. L'opposition quant à elle, est une action tendant généralement s'opposer à tout exercice de droit sur une chose ou un bien.

929. Forme. Au regard des effets paralysant de l'annotation, il est indispensable, pour respecter le droit de propriété des particuliers tel que garanti par la Constitution, que la requête se fasse selon les règles et formes précises permettant de juger non seulement du sérieux des motifs mais aussi de la qualité du requérant.

Toutefois, la lecture de l'article 240 ne laisse entrevoir aucune forme particulière que la requête en opposition doit revêtir. Dans la pratique, il s'agit de toute correspondance adressée au Conservateur, avec toutes les mentions requises (identité, qualité, objet, bien querellé), motivée susceptible de le convaincre de la nécessité de prendre acte de ladite requête. Le conservateur peut rejeter ou agréer la requête. Mais, il serait plus équitable que celle-ci soit adressée en ampliation à d'autres parties intéressées qui peuvent avoir des objections légitimes à élever.

930. Objet. La requête en opposition a pour objet de faire suspendre la mutation et de solliciter la rétrocession ou le retour du bien dans le patrimoine que ledit bien a quitté. Encore une fois, cet aspect des choses fait distinguer la mutation de l'aliénation.

931. Effets en cas de prise en compte de la requête : paralysie du droit de disposition de l'acquéreur. Dès qu'une requête en opposition a été déposée auprès du Conservateur, le concessionnaire ou le propriétaire ne peuvent, pendant la durée de l'opposition, faire toutes conventions notamment disposer de leurs biens.

L'opposition apparaît ainsi comme une restriction légale du droit du concessionnaire ou du propriétaire dans la mesure où l'annotation qui en est faite paralyse le droit de ce dernier pendant *6 mois* dès l'instant où elle est faite (art. 240). Toutefois, ils peuvent, pour des motifs sérieux, en demander la mainlevée auprès du Conservateur. Et en cas de refus, saisir le juge du tribunal de grande instance.

Section 2:

EFFETS DE L'OPPOSITION

L'opposition a pour effet de paralyser pendant une durée de 6 mois le droit de disposer du concessionnaire ou du propriétaire. Par ailleurs, cette durée est renouvelable pour un motif grave agréé par le juge.

§1. INDISPONIBILITÉ DU DROIT PENDANT SIX MOIS

932. Aux termes de l'article 240 de la loi, l'opposition annotée par le conservateur rend indisponible le bien concerné pendant 6 mois. Mais cette durée peut être renouvelée pour une période de même durée par une ordonnance du juge du Tribunal de grande instance et ce pour motif grave. La loi précise qu'aucune mutation ne peut être opérée avant l'expiration du délai légal ou judiciaire sauf s'il y a eu mainlevée de l'opposition par l'opposant ou par un jugement passé en force de chose jugée. En ce cas également, annotation en est faite régulièrement et le conservateur retient l'acte ou le jugement relatif à la mainlevée et l'inscrit à son livre-journal.

En tout état de cause, lorsqu'elle est reçue par le Conservateur, l'opposition emporte restriction du droit du concessionnaire ou du propriétaire à pouvoir disposer de son bien. Comme toute atteinte ou limitation au droit d'autrui, elle est soumise à certaines règles de forme pour qu'elle puisse produire les effets attendus.

§2. FORME ET EFFETS DE L'ANNOTATION

933. Forme. Elle est faite à la fois et sur le certificat d'enregistrement mobile et sur le certificat d'enregistrement inscrit au livre. De même, mention de l'opposition est faite sur le certificat d'enregistrement reproduit au livre d'enregistrement signée, datée et scellée par le conservateur des titres immobiliers.

934. Effets. Aux termes de l'article 240 de la loi, l'annotation de l'opposition paralyse le droit de disposition du concessionnaire ou du propriétaire pendant six mois à dater de l'instant où elle est faite. Elle peut être renouvelée pour la même durée par décision du juge s'il y a des motifs graves.

L'opposition peut prendre fin de deux façons soit normalement, par l'arrivée du terme soit, exceptionnellement, en cas de mainlevée avant l'expiration du délai. Dans ce second cas, elle le sera à l'initiative du requérant (celui qui fait opposition) ou à la suite d'un jugement passé en force de chose jugée.

§3. FORME DE LA MAINLEVÉE

935. Dans la pratique, en plus problème de l'efficacité, il se pose aussi la question de la forme de la demande de mainlevée de l'opposition. Une simple lettre suffirait-elle? Faudrait-il opter pour une requête adressée au Président du Tribunal territorialement compétent?

Aux termes de la loi, la mainlevée n'est pas soumise à une forme spéciale. Elle est faite en procédant par annotation au certificat d'enregistrement (art. 241). Le conservateur peut se fonder sur un acte ou un jugement. L'acte sous-seing privé n'est pas exclu. Mais, afin de s'assurer de la levée et d'éviter des rebondissements du conflit, nous pensons qu'une main levée judiciaire est plus sécurisante que celle décidée par le Conservateur des titres immobiliers.

936. Jurisprudence. Il a été jugé que ne viole pas l'article 240 de la loi foncière, le juge d'appel qui a refusé d'annuler les mutations intervenues pendant la période interdite, car s'il est vrai qu'il fut procédé aux mutations dénoncées en violation de la disposition légale visée, cette violation n'est pas sanctionnée de nullité[6]. Nous pensons qu'en dépit du défaut de sanction de nullité, pareille situation devrait faire engager la responsabilité du Conservateur en cas de préjudice aux droits de la partie requérante sur la base des articles 258 du code civil et 223 de la loi du 20 du 20 juillet 1973.

Enfin, en absence de l'opposition, le Conservateur des titres immobiliers ne peut-il que procéder à la mutation des droits sollicités[7]. En le faisant, il ne commet aucune faute.

---

[6] CSJ, RC 467, 25 mars 1987, *Bull. Arr.*, Année 1985-1989, Kinshasa, 2002, pp. 299-302.

[7] Kin, RCA 17475, 6 janv. 1995, *RAJZ*, 1995, p. 60.

CHAPITRE 7

REMPLACEMENT DES CERTIFICATS D'ENREGISTREMENT

937. Énoncé et plan. Dans l'établissement du certificat d'enregistrement, le conservateur n'est pas à l'abri des erreurs tant matérielles que d'omissions. Logiquement, celles-ci doivent être redressées. Mais comment et à quelles conditions? (Section 1)

En cas d'erreur, d'inexactitude ou d'omission ou à la suite d'un jugement ordonnant mutation des titres, le certificat d'enregistrement doit être remplacé. Il importe de dire que toute erreur ou omission n'exige pas toujours le remplacement du certificat d'enregistrement. En droit, il y a une nuance de nature entre «erreur» et «faute». Dans le premier cas, le conservateur des titres immobiliers peut toujours, d'une manière ou d'une autre, y pourvoir mais dans le deuxième cas, lorsqu'il aura causé par son fait dommage autrui, le conservateur des titres immobiliers engagera la responsabilité de l'État. Tous ces aspects sont étudiés dans la section 2 du présent chapitre.

Section 1:

CAS D'INEXACTITUDES OU DE CERTIFICAT D'ENREGISTREMENT INCOMPLET

Il est important de noter, d'entrée de jeu, que toutes les erreurs ou inexactitudes ne donnent pas forcément lieu au remplacement du certificat d'enregistrement. Aussi, nous semble-t-il indiqué d'examiner d'abord l'objet sur lequel porte l'inexactitude ou la mention incomplète avant de considérer les effets possibles.

§1. PRINCIPE

938. Base légale: art. 242, al. 1 de la loi. Aux termes de cet article, il est requis de respecter deux conditions:

- que l'inexactitude ou l'omission porte soit sur l'indication de la superficie, soit sur le croquis;
- que l'omission, la rectification ne soit pas de nature à porter atteinte aux droits enregistrés du voisin.

Dans sa nature, le certificat d'enregistrement constitue une preuve de droit de propriété ou de concession. Les mentions qu'il énonce sont inattaquables et font foi. Aussi, lorsqu'il est appelé à établir un certificat d'enregistrement, le conservateur doit-il scrupuleusement veiller à certaines mentions sans lesquelles l'on ne peut identifier ni le titulaire du droit ni l'objet du droit.

Aux termes de l'article 225 de la loi «le certificat d'enregistrement contient:

- l'indication précise du ou des titulaires des droits;
- la situation, la description, la superficie et le croquis de l'immeuble;
- les locations de plus de neuf ans et les charges réelles autres que les servitudes légales, dont l'immeuble est frappé selon les règles de publicité prescrites par la loi».

Mais nous pensons qu'une mention essentielle n'a pas été reprise par cette disposition: il s'agit du titre en vertu duquel le certificat est dressé. En effet, s'agirait-il d'un contrat de concession perpétuelle ou ordinaire; d'un contrat de location provisoire; d'une mutation pour cause de décès (la mention du jugement ou d'ordonnance d'investiture est requise) ou à la suite d'un jugement ou d'un acte ou contrat translatif de propriété)? Ces mentions nous paraissent indispensables et essentielles à l'établissement du certificat d'enregistrement qui n'est, rappelons-le, qu'un titre probatoire et non générateur de droit de propriété ou de jouissance foncière.

Dès lors qu'une de ces mentions substantielles viendrait à manquer, le certificat d'enregistrement n'aurait plus aucune valeur d'acte authentique. Il demanderait à être remplacé.

§2. FORME DU REMPLACEMENT

939. Portée et effet du remplacement. Il importe de souligner que tout remplacement du certificat d'enregistrement ne donne pas lieu à mutation. La mutation est le fait pour le Conservateur de procéder administrativement au changement des titulaires du droit sur un fonds en établissant un nouveau certificat en remplacement du précédent. Cependant, l'on peut procéder au remplacement de certificat d'enregistrement sans qu'il y ait mutation. Il en est ainsi en cas d'erreur, d'omission ou de perte de l'ancien certificat. Dans ces différentes situations, le Conservateur peut délivrer un nouveau certificat. Celui-ci ne peut être juridiquement différent de l'ancien sauf quant aux mentions corrigées ou complétées.

940. Remise de l'ancien certificat. Tout comme pour la mutation, le Conservateur doit se faire remettre le certificat erroné ou inexact avant d'en établir correctement un autre. Ceci évitera d'avoir plus d'un certificat d'enregistrement sur un bien, fussent-ils erronés ou inexacts. L'ancien certificat sera annulé au livre d'enregistrement conformément à l'article 235.

941. Effet : annulation ou nullité du titre erroné ou irrégulier. Il y a lieu de distinguer l'annulation de la nullité du certificat d'enregistrement.

L'annulation est un acte du conservateur des titres immobiliers tendant à retirer de la circulation un certificat qui n'a plus de valeur ni de validité juridique (cas de mutation ou même d'erreur, art. 235 de la loi).

La nullité, elle, est une sanction judiciaire privant le certificat de tout effet juridique lorsqu'il vient à violer une règle ou une disposition légale impérative (art. 204 et 205 de la loi). Il peut en être ainsi d'un deuxième certificat établi alors que le premier est encore valable. Le deuxième serait ainsi, aux yeux de la justice, nul et sans valeur.

942. Jurisprudence. Dans une espèce, la CSJ a dit pour droit qu'a légalement motivé sa décision, le juge d'appel qui, reconnaissant qu'il existe deux titres authentiques couvrant la même parcelle, en l'occurrence deux certificats d'enregistrement, fait un choix en faveur de celui détenu par le défendeur en cassation en fonction de l'antériorité et de la régularité de la procédure suivie pour son obtention[1]. En fait, lorsque les parties disposent des titres authentiques, le principe d'antériorité dans l'acquisition desdits titres permet au tribunal de départager les prétendants[2].

De même, au plan pénal, un certificat falsifié ou reconnu faux est nul et doit être confisqué et détruit. Il existe une abondante et constante jurisprudence[3].

---

[1] CSJ, RC 1630, 8 mai 1998, *RAJC*, Fasc. 1er, 1999, p. 24.

[2] TGI Kinshasa/Gombe, 30 avr. 1992, *RAJZ*, 1995, p. 64.

[3] Voy. notam. D. FATAKI WA LUHINDI, *Le principe de l'inattaquabilité du certificat d'enregistrement…*, *op. cit.*; V. KANGULUMBA MBAMBI, « Revue critique de la jurisprudence de la CSJ. », *op. cit.*, pp. 136-142.

La CSJ pose en principe que «le juge pénal a le droit de statuer librement et selon son intime conviction sur les faits infractionnels qui lui sont soumis et n'est pas lié par un jugement civil produit pour établir la preuve du droit de propriété.

Commet ainsi l'infraction de faux en écritures la personne qui, dans l'intention de se procurer des avantages illicites, vend une parcelle en se basant sur un certificat d'enregistrement annulé qu'elle sait faux puisqu'annulé, et cause ainsi des préjudices au propriétaire.

Le juge qui décide ainsi ne peut encourir aucun reproche. Dès lors, n'est pas fondé un moyen de cassation, tiré de la violation des articles 226 et 227 du CC livre III qui reproche au juge pénal d'avoir déclaré faux les titres de propriété obtenus par le demandeur en cassation en vertu d'un jugement civil coulé en force de chose jugée, *car un jugement civil statuant sur le droit de propriété n'exerce aucune autorité sur un jugement pénal statuant sur la fausseté des titres conférant ce droit»*[4].

Enfin, «n'applique pas et n'a pas à appliquer l'article 227 de la loi foncière, le juge pénal qui annule un certificat d'enregistrement en tant que produit de l'infraction. Il ne viole par conséquent pas cette disposition légale[5]».

Section 2:

CAS DE PERTE OU DE DESTRUCTION DU CERTIFICAT D'ENREGISTREMENT

Nous examinerons d'abord le principe avant d'évoquer le procédé de remplacement et la question de la remise de duplicata de certificat d'enregistrement.

§1. PRINCIPE

943. Base légale: art. 243 al. 1 de la loi. En cas de perte ou de destruction de certificat d'enregistrement, le concessionnaire ou le propriétaire

---

[4] CSJ, RP 1808, 28 janv. 1998, *RAJC*, 2e fasc., 1998, Note DIBUNDA, pp. 28-29. Souligné en italiques par nous; Tribunal de Paix de Kinshasa/Gombe, RP 16.377/IV, 9 févr. 2000, Sou. c. Boss. Iy., cité par FATAKI WA LUHINDI.

[5] CSJ, RP 1451, 30 avr. 1991, *RJZ,* 1993, pp. 20-21.

peut en réclamer un nouveau à la charge de rendre vraisemblable la perte ou la destruction qu'il allègue.

Soulignons qu'il ne suffit pas de prétendre avoir perdu son certificat d'enregistrement, il faudrait en outre prouver, par tous moyens, convaincre le conservateur de la vraisemblance de ses déclarations. Celui-ci doit donc s'assurer de la réalité de la destruction ou de la perte du titre pour éviter qu'il y ait en circulation deux titres constatant éventuellement les mêmes droits sur le même fonds, comme évoqué précédemment.

Pour ce faire, le déclarant doit faire une requête par écrit dans laquelle il prend l'engagement de la responsabilité des conséquences dommageables que la délivrance du nouveau certificat pourra causer aux tiers.

Le conservateur apprécie les faits et le bien-fondé de la requête. Il peut la rejeter. En cas de refus, le recours contre la décision du conservateur est ouvert devant le tribunal de grande instance.

§ 2. FORME

944. Absence de formalisme. La requête n'obéit à aucune forme particulière sinon qu'elle doit être faite par écrit. Ce qui permettra au conservateur d'apprécier convenablement les faits exposés, de vérifier l'identité du requérant. Pour ce faire, le conservateur doit ou peut exiger une attestation d'identité au cas où celle figurant dans la requête ne lui paraît pas certaine. Ladite attestation d'identité doit émaner d'un magistrat ou d'un fonctionnaire de l'état civil.

Il s'agit de veiller et d'éviter la circulation d'une pluralité des titres que certaines personnes ont la fâcheuse habitude de se permettre.

945. Identité des titres. Le nouveau certificat doit être exactement le même que celui remplacé tel qu'il figure au livre d'enregistrement, avec renvoi au folio antérieur (de l'ancien certificat) et mention du motif de son remplacement ainsi que l'engagement pris par le concessionnaire victime de la perte du premier certificat. Celui-ci doit être annulé comme le prévoit l'article 235.

§3. *QUID* DE LA PRATIQUE DE LA REMISE DE « *DUPLICATA* » DES CERTIFICATS D'ENREGISTREMENT ?

946. État de la question. En principe, lorsque le conservateur dresse un nouveau certificat, l'ancien ne peut plus revivre car il est remplacé par un nouveau. Celui-ci doit être conforme à l'ancien dont l'exemplaire fixe doit être frappé de mention ou de timbre «annulé».

Cependant, dans la pratique, l'on rencontre des duplicata de certificat d'enregistrement (perdu, volé, pillé...). Cette pratique, illicite, est à l'origine de l'insécurité juridique en matière foncière. Les détenteurs des *duplicata* sont, souvent, en même temps détenteurs des originaux de certificats d'enregistrement portant sur les mêmes biens. Ce qui leur permet de passer deux ou plusieurs transactions avec des différentes personnes sur les mêmes biens, créant ainsi des litiges immobiliers inextricables.

947. Principe de solution. Juridiquement, il n'existe pas et il ne peut exister de duplicata de certificats d'enregistrement. Nulle part, la loi prévoit de délivrer des *duplicata* des certificats d'enregistrement. La perte, la destruction ou le vol de tout certificat perdu doit être déclaré afin que le conservateur porte la mention «annulé» dans ses livres avant de délivrer un nouveau certificat en remplacement de l'ancien, qui ne doit plus avoir cours. Il ne peut y avoir deux titres pour un même fonds, ni pour une même personne sur le même fonds.

§4. *QUID* DE LA REMISE OU DU GAGE DU LIVRET DE LOGEUR ?

948. Problématique : un «mort» qui hante les «vivants» ! Légalement, tous les anciens titres de propriété ont été supprimés (art. 369 de la loi). Parmi ceux-ci, il y a le livret de logeur. Il arrive souvent, pour garantir une obligation, qu'une personne donne en gage le livret de logeur. De même, en cas de vente, celle-ci se réalise par la remise du livret de logeur. Mais l'opération ne s'arrête pas là. La même personne va se faire délivrer un certificat d'enregistrement constatant son droit sur le même fonds que celui dont le droit est constaté dans le livret de logeur. Qu'adviendrait-il ?

949. Principe de solution. Il convient d'abord de rappeler qu'en vertu de l'article 390 de la loi, le droit d'occupation constaté par le livret de logeur ou tout autre titre équivalent délivré dans une ville ou une zone de la République est supprimé. La loi ne reconnaît comme preuve ou titre de propriété que le certificat d'enregistrement (art. 219 et 227).

Mais conformément au deuxième alinéa de cette disposition, les livrets de logeur ou autres titres d'occupation acquis avant la loi du 20 juillet 1973 et portant sur des fonds suffisamment mis en valeur sont reconduits mais doivent être convertis en certificat d'enregistrement. Dès lors, avant leur conversion, ces titres ont la même valeur que le certificat d'enregistrement.

950. Jurisprudence. Dans un arrêt, la CSJ l'a confirmé en disant qu'en matière d'occupation de parcelles, si le droit d'occupation est établi par le livret de logeur, la seule remise de ce livret rend parfaite la convention de vente (verbale) intervenue entre parties[6]. Le livret de logeur ne constitue pas un bien meuble, car il n'est qu'un titre administratif qui permet d'identifier un bien, en l'occurrence une parcelle, et son propriétaire[7].

Mais l'on devrait être très circonspect quant à la régularité de ce titre. Légalement, le témoin de la validité ou de la prise en compte du livret de logeur est la date de son établissement. Un livret de logeur obtenu après le 20 juillet 1973 n'a aucune valeur et enfreint la loi du 20 juillet 1973 (art. 390). Il revient à l'Administration de veiller et de ne pas abuser de la légitime confiance des administrés.

§5. En cas d'erreur ou d'omission dans l'établissement du certificat d'enregistrement : l'imputabilité de la charge de la responsabilité

Il est discuté ici la question de savoir qui est tenu à la réparation lorsque dans l'établissement du certificat d'enregistrement, il est déploré quelque erreur ou omission fautive.

951. Base légale : art. 223 al. 2 de la loi. Aux termes de cet article, l'État est responsable des erreurs du conservateur.

Dans l'étude des mécanismes et des personnes chargées de la gestion du domaine privé de l'État, nous avons noté que cette attribution est reconnue au Conservateur des titres immobiliers. Celui-ci est un fonctionnaire de l'État. Il engage ce dernier dans toutes les matières qui lui sont dévolues par la loi. Il en est ainsi de l'établissement du certificat d'enregistrement. Dès lors, en cas d'erreur ou d'omission préjudiciable, il n'est que logique que la responsabilité en incombe à l'État.

---

[6] CSJ, RC 210, 26 mars 1980, *RAJC*, 1999, Note DIBUNDA, pp. 10-11.

[7] TGI Kinhasa/Ndjili, RC 1202, 7 oct. 1999, *RAJC*, 1999, p. 74.

952. Fondement. Les raisons du principe de cette responsabilité peuvent être relevées dans le *Rapport* du Conseil colonial. En effet, nous pouvons y lire que

> *« [L]e projet (devenu texte de loi) ne fait pas du conservateur des titres [immobiliers] un fonctionnaire passif, comme le conservateur des hypothèques sous le code belge. Il lui impose le devoir de s'assurer, à chaque demande de transfert, qu'aucun obstacle ne s'oppose à l'enregistrement, que l'acte d'aliénation est régulièrement établi et que les parties ont la capacité légale de contracter ; il lui donne mission d'apprécier les requêtes en annotation d'opposition au droit du propriétaire et celles en remplacement des certificats détruits ou perdus. Il importe de mettre en relief le principe que ses décisions ne sont point souveraines, qu'elles peuvent être réformées par les tribunaux ordinaires. C'est à quoi la commission a proposé de satisfaire par un nouveau texte placé sous cette rubrique... »*[8].

Ainsi, aux termes de l'article 223 alinéa 2 de la loi, l'État est responsable des erreurs commises par le conservateur (A). Cependant, il n'en est responsable qu'à concurrence d'une certaine hauteur ; au delà, le conservateur est personnellement responsable (B).

A. *Responsabilité de l'État*

953. Base légale : art. 258 et 259 du CC liv. III et 223 de la loi du 20 juillet 1973. L'État est responsable du fait fautif du Conservateur. Il ne s'agit pas d'une responsabilité du fait d'autrui ou d'une responsabilité indirecte de l'État. L'État est directement responsable sur la base combinée des articles 258 et 259 du code civil livre III et 223 alinéa 2 de la loi foncière. Le conservateur étant un fonctionnaire, il a le pouvoir d'engager l'État[9]. Dans cette dernière hypothèse, il s'agit d'une responsabilité directe de l'État, différente de celle que ce dernier encourait du fait de ses agents et préposés.

954. Fait générateur de la responsabilité : erreur ou faute ? Voilà une question qui peut déranger. Ces deux concepts sont souvent pris pour pareils alors que sur le plan strictement juridique, ils sont différents même si, au final, ils peuvent avoir les mêmes effets.

---

[8] Voy. le texte de cet extrait dans le Code Piron (Éd. 1960), sous l'article 61 du Code civil livre II.

[9] Il en serait ainsi des ministres, magistrats, des militaires ou des policiers. Voy. V. KANGULUMBA MBAMBI, *La réparation des dommages causés par les troubles en droit congolais (responsabilité des pouvoirs publics)*, Bruxelles, Éd. RDJA, 2000, 168 p.

Une erreur est une mauvaise appréciation d'une situation. Il en est le cas du conservateur qui établit un certificat au nom d'une personne de sexe masculin alors que celle-ci est une dame et qui résiderait à une adresse différente de celle mentionnée par le Conservateur. Celle-ci peut être corrigée ou rectifiée. Mais cette erreur peut devenir fautive. Il en sera ainsi lorsque ce fait cause dommage à une personne.

La faute est, elle, tout fait quelconque (volontaire ou non, par négligence, par erreur ou non) illicite qui cause dommage à autrui (article 258 et 259 du code civil congolais livre III). En ce qui concerne la faute commise par le Conservateur, elle engage, dans une certaine mesure, la responsabilité de l'État.

955. Procédure. La loi prévoit que le recours est porté devant le tribunal de grande instance par voie d'assignation, donc, dans les formes ordinaires de la procédure civile (art. 244).

Il existe deux procédures possibles : l'une contre une décision (art. 244) et l'autre fondé sur un fait préjudiciable (art. 223). Toutefois, le conservateur étant un fonctionnaire de l'État, les actes qu'il pose sont soumis au régime de droit administratif.

D'ordinaire, la loi prévoit que les recours contre les actes ou les décisions administratives sont portées devant la Section administrative de la Cour d'appel territorialement compétente [10]. Mais alors, comment comprendre que les décisions ou les actes d'un fonctionnaire, en l'espèce, le conservateur des titres immobiliers, soient soustraits de la procédure administrative « naturelle » (recours gracieux, hiérarchique et juridictionnel) pour relever du droit commun ?

En outre, comment comprendre que le conservateur engage la responsabilité de l'État à l'occasion d'une activité administrative et que celle-ci soit appréciée par les règles de droit commun et non celles exorbitantes de droit administratif ?

Nous sommes enclin à penser que la théorie de l'organe s'applique au Conservateur. En effet, l'article 223 ne dit pas que l'État est civilement responsable des erreurs du conservateur (ce serait en cas de faits ou erreurs imputables à l'agent, art. 260 al. 2 du Code civil livre III) plutôt que *l'État est responsable* de ces erreurs. Il en est tenu comme s'il les a personnellement commises lui-même (théorie de l'organe, responsabilité directe : art. 258 et 259 du code civil livre III) [11].

---

[10] Art. 146 du Code de l'Organisation et de la Compétence judiciaires.

[11] Voy. J.-L. FAGNART, *La responsabilité des pouvoirs publics*, Extrait, Bruylant, Bruxelles, 1991 ; V. KANGULUMBA MBAMBI, *La réparation des dommages causés par les*

L'interprétation logique et légale consiste à considérer que les dispositions de la loi du 20 juillet 1973 sont d'abord dérogatoires au droit commun (code civil livre III) et, ensuite, aux règles et principes du droit administratif normalement applicables à cette situation. L'on peut dès lors appliquer le principe que «*specialia derogant generalibus*».

Par ailleurs, le certificat d'enregistrement n'est pas en soi un acte administratif comportant *une décision*, à l'instar du procès-verbal de non-conciliation de l'Inspecteur du Travail. Or, les actes soumis au contentieux d'annulation sont ceux qui comportent une décision susceptible de modifier un droit quelconque.

956. Jurisprudence. Dans plusieurs espèces, il a été jugé que le certificat d'enregistrement pouvait faire l'objet d'un contentieux d'annulation. Pour la Cour Suprême de Justice, «l'article 102 de la Constitution (loi constitutionnelle de 1978) impose à toutes les juridictions de ne pas appliquer un acte administratif illégal. Il en est ainsi d'un certificat d'enregistrement litigieux [12]».

Mais la jurisprudence de la CSJ n'est pas assez point claire. En effet, la même Haute Cour a eu à se prononcer encore une fois dans le sens de l'annulation du certificat d'enregistrement. Ainsi, «lorsque l'immeuble litigieux ne peut aucunement lui être rétrocédé, la République du Zaïre n'a aucun intérêt à solliciter en justice l'annulation du certificat d'enregistrement y relatif» [13].

Dans une autre espèce, elle a dit pour droit qu'«est fondé et entraîne annulation de l'arrêté entrepris et de tous les actes juridiques dont il a servi de fondement, en l'occurrence les huit contrats de locations établis en faveur des tiers, un moyen d'annulation tiré de la violation des articles 201 du CC livre III, 219 et 227 de la loi foncière, qui reproche la violation de la foi due aux actes à un arrêté du Ministre des Affaires Foncières portant morcellement d'une parcelle au motif qu'aucun document juridique ne couvrait ladite parcelle, alors que le demandeur en annulation avait un certificat d'enregistrement de cette parcelle en cours de validité et ayant une ancienneté de plus de deux ans.

---

troubles en droit congolais, op. cit., spéc. pp. 36-46 (responsabilité de l'adminstration ou des pouvoirs publics).

[12] CSJ, 26 déc. 1984, RC 569, in KATUALA KABA KASHALA, *Le certificat d'enregistrement et le livret de logeur*, Kinshasa, Éd. Bena Ntambwa, 1999.

[13] CSJ, R.C. 1101, 27 juil. 1988, cité par V. KANGULUMBA MBAMBI, «Revue critique de la jurisprudence de la CSJ...», in *La loi du 20 juillet..., op. cit.*

Pour Dibunda Kabuinji, avec raison, la section administrative de la Cour d'appel est incompétente pour connaître d'un recours en annulation d'un certificat d'enregistrement, s'agissant d'un simple acte ne comportant aucune décision[14].

À notre sens, le certificat d'enregistrement ne sert qu'à *la publicité* et il ne fait que constater les droits qui y sont inscrits et il sert à *la preuve* de l'existence des droits réels immobiliers de telle sorte qu'il échappe en tous cas au contentieux de l'annulation pour n'être régi que par les dispositions de la loi foncière[15] et soumis au contentieux du droit commun[16].

Il en a été ainsi dans deux espèces typiques, où il a été décidé que les tribunaux sont en droit, sans violer le principe de la séparation des pouvoirs, d'enjoindre, à la demande des parties, au conservateur des titres [immobiliers] de réparer l'erreur commise et de procéder, à tel devoir dont l'accomplissement fait disparaître le préjudice, objet de l'assignation[17]. Toutefois, il ne leur appartient pas de lui faire des injonctions lorsque le conservateur des titres immobiliers agit dans les limites de ses fonctions[18].

En définitive, l'on peut admettre que la disposition de l'article 244 de la loi foncière, en tant que particulière, déroge au droit commun (naturel) des actes administratifs.

B. Responsabilité personnelle du conservateur

957. Base légale : art. 223 al. 2 de la loi. Le principe est que l'État est responsable des erreurs du conservateur. Cette responsabilité, précise l'alinéa 2, ne peut excéder la valeur de la concession et des constructions et plantations à l'époque ou l'erreur a été commise, cette valeur augmentée d'un cinquième. En d'autres mots, le conservateur est personnellement responsable pour l'excédent !

---

[14] Voy. DIBUNDA KABUINJI, « Incompétence de la Cour d'appel pour connaître d'un recours en annulation contre un certificat d'enregistrement », in *RJZ*, 1984, pp. 71-74.

[15] *Idem.*

[16] En matière pénale, voy. D. FATAKI WA LUHINDI, « L'inattaquabilité du certificat d'enregistrement… », *op. cit.*

[17] Léo., 9 févr. 1928, *RJCB*, 1928, p. 139 ; Elis., 15 juin 1940, *RJCB*, 1940, p. 172.

[18] Elis., 17 déc. 1932, *RJCB*, 1932, p. 20.

958. Problème d'efficacité de deux régimes de responsabilité. Nous nous demandons si les deux régimes de responsabilités sont efficaces pour assurer aux particuliers une protection et une garantie suffisantes.

La question reste de savoir si ces régimes de responsabilité du conservateur servent effectivement à quelque chose par rapport aux attentes et du législateur et des victimes des erreurs ou omissions de ce fonctionnaire. Des voix se sont élevées pour réclamer un régime de responsabilité plus contraignant et même pour souhaiter que le Conservateur garantisse sa responsabilité en offrant en hypothèque ses biens.

En effet, soutient Kalambay Lumpungu, pour renforcer sa responsabilité personnelle, le Conservateur doit, avant d'entrer en fonction, fournir une caution en immeubles comme c'est le cas du Conservateur des hypothèques en droits belge et français et qu'il ait une formation spéciale[19].

Lors des travaux de la Conférence Nationale Souveraine (1992), la Commission Juridique a levé la même option. Le Conservateur Tambwe Lubemba est également du même avis et ajoute, avec raison, que l'on peut avoir comme conservateurs les citoyens les plus qualifiés ou les plus compétents qui soient, tant que les conditions matérielles, sociales et l'environnement professionnel ne sont pas propices (non payement des salaires, déjà modiques, inexistence de matériels ou d'outils de travail performant, sinon qu'ils sont vétustes; pressions et trafic d'influence)[20], la situation, et donc l'irresponsabilité généralisée du Conservateur, ne manquerait pas de nous étonner. D'ailleurs, aucune sanction pénale n'a jamais été prononcée contre un conservateur, pour éventuellement le rappeler à mettre beaucoup plus du cœur à l'ouvrage[21].

Mais cela ne doit pas voiler ou occulter le véritable responsable: l'État qui doit tout faire pour améliorer les conditions de travail des fonctionnaires et envisager un système approprié de responsabilité de ses agents et aussi du sien propre. Il s'agit là d'un autre défi, fondé sur le combat pour le droit et la justice, à relever dans le cadre, dans sa généralité, du régime du contentieux foncier et immobilier[22].

---

[19] G. KALAMBAY LUMPUNGU, «Nécessité d'une formation spéciale des Conservateurs des titres immobiliers», in *Annales de la Faculté de droit*, Presses de l'Université de Kinshasa, 1984.

[20] TAMBWE LUBEMBA, *op. cit.*

[21] Voy. aussi notre «Rapport final: la loi du 20 juil. 1973 après trente ans d'existence: Evaluation globale et propositions de réforme», in *La loi du 20 juil. 1973..., op. cit.*, pp. 217-220.

[22] Ce sera l'objet du tome II du présent *Précis*.

BIBLIOGRAPHIE PRINCIPALE*

I. Codes

1. *Code civil et commercial congolais*, Kinshasa, CRDJ, 1997.
2. *Codes et lois du Congo belge*, Bruxelles, Larcier, Léopoldville, Éd. des Codes et lois du Congo belge, 1960 et Suppléments, 1970.
3. *Codes de la République Démocratique du Congo*, Bruxelles, Larcier, 2003.
4. *Code foncier, immobilier et régime des sûretés*, *J.O. de la Rép. Démocratique du Congo*, numéro spécial, avril 2006, Kinshasa, 2006.

II. Doctrine

1. ARSOM, *L'ordre juridique colonial belge en Afrique centrale. Éléments d'histoire. Recueils d'études*, Bruxelles, ARSOM, 2004, 438 p.
2. FATAKI WA LUHINDI, D., *Les limites du principe d'inattaquabilité du certificat d'enregistrement en droit congolais*, Kinshasa, Ed. SDE, Ministère de la Justice, 2005.
3. KALAMBAY LUMPUNGU, *Droit civil. Régime foncier et immobilier*, 2 vol., Kinshasa, PUZ, 1999.
4. KANGULUMBA MBAMBI, V., *La loi du 20 juillet 1973 portant régime génarl des bines, régime foncier et régime immobilier et régime de sûretés au Congo. Trente après : quel bilan ? Essai d'évaluation*, Louvain-la-Neuve, Academia-Bruylant, Kinshasa, Éd. Kazi, 2004, 238 p.
5. KATUALA KABA KASHALA, *Le certificat d'enregistrement et le livret de logeur (jurisprudences et notes de lecture)*, Kinshasa, Éd. Batena Ntambwa, 2000.
6. KENGO WA DONDO, *De l'acquisition et de la transmission des droits immobiliers en droit zaïrois*, Mercuriale, Kinshasa, Cour Suprême de Justice, 1980, pp. 5-22.
7. KENGO WA DONDO, *La confiscation*. Mercuriale prononcée à l'audience solennelle de rentrée de la CSJ du 20 septembre 1973, CSJ, Kinshasa, 1973.

* Sans préjudice de la consultation utile des auteurs et des documents cités tant en début des titres, des chapitres ou des sections que de ceux cités en notes de bas de page.

8. KIFWABALA TEKILAZAYA, J.-P., *Droit civil. Les droits réels fonciers*, t. 1, Lubumbashi, Presses Universitaires de Lubumbashi, 2004, 446 p.
9. LAPIKA DIMONFU (dir.), *Problèmes fonciers et politiques agricoles en Afrique centrale.* Actes de la rencontre des sociologues et anthropologues de l'Afrique centrale, Kinshasa 27-29 juin 1988, Kinshasa, Cerdas, 1988, 223 p.
10. LOUVEAUX, M., *Les biens, in Droit civil du Congo belge*, t. II, Bruxelles, Larcier, 1956.
11. LUKOMBE NGHENDA, *Droit civil. Les biens*, Kinshasa, Éd. PUC, 2003, 1259 p.
12. LUKOMBE NGHENDA, *Zaïrianisation, radicalisation et rétrocession en République du Zaïre,* Kinshasa, PUZ, 1979.
13. MAFIKIRI TSONGO, *La problématique foncière au Kivu montagneux (Zaïre)*, Cahiers du CIDEP n° 21, Paris, L'Harmattan, 1994.
14. MUGANGU MATABARO, S., *La gestion foncière rurale au Zaïre. Réforme juridique et pratique foncière locale. Cas du Bushi*, Louvain-la-Neuve, Academia-Bruylant, Paris, Karthala, 1997, 341 p.
15. NYAMUGABO MPOVA, *Loi foncière et mesures d'exécution, Textes légaux et réglementaires coordonnés et mis à jour (juin 2000)*, Éd. Berje, 2000.
16. SOHIER, J., *Répertoire général de la jurisprudence et de la doctrine coutumières du Congo et du Ruanda-Urundi, jusqu'au 31 décembre 1953*, Bruxelles, Larcier, 1957.
17. TSHIBANGU TSHIASU KALALA, F., *Droit civil*: *Régimes matrimoniaux, successions et libéralités*, Kinshasa, Éd. CADICEC, 2003, 453 p.
18. VANDERLINDEN, J., *Les titres juridiques des Européens à l'occupation du sol africain avant 1876*, Extrait de la Conférence de Géographie de 1876, Bruxelles, ARSOM, 1976.

INDEX

Les chiffres renvoient aux numéros des paragraphes
nbp: en note de bas de page

TABLE DES MATIÈRES

INTRODUCTION GÉNÉRALE

PREMIÈRE PARTIE

THÉORIE GÉNÉRALE DES BIENS

TITRE PREMIER
THÉORIE GÉNÉRALE DES BIENS ET DU PATRIMOINE

TITRE II

APPARENCE DE PROPRIÉTÉ OU DROITS PROCHES DE LA PROPRIÉTÉ : THÉORIE DE LA POSSESSION ET DE LA DÉTENTION PRÉCAIRE

TITRE III

THÉORIE ANALYTIQUE ET CRITIQUE DE LA PROPRIÉTÉ

SOUS-TITRE I

THÉORIE ANALYTIQUE : LA PROPRIÉTÉ ET SES FORMES

TITRE II
RÉGIME IMMOBILIER: LES DROITS RÉELS IMMOBILIERS

Imprimé en France
par Arts'Print Numeric - 24, rue de Vire - 14110 Condé-sur-Noireau
N° d'Imprimeur : 00102 - Dépôt légal : février 2013
Tel. 06 73 66 85 80 - mail : artsprintnumeric@gmail.com

www.ingramcontent.com/pod-product-compliance
Lightning Source LLC
LaVergne TN
LVHW050051061026
849532LV00001BA/51
9782872098750